U0541217

中国金融报告

2020 新发展格局下的金融变革

张晓晶 主 编
张 明 副主编

中国社会科学出版社

图书在版编目（CIP）数据

中国金融报告 2020：新发展格局下的金融变革 / 张晓晶主编. —北京：中国社会科学出版社，2021.3
ISBN 978 - 7 - 5203 - 8048 - 5

Ⅰ.①中⋯ Ⅱ.①张⋯ Ⅲ.①金融业—经济发展—研究报告—中国—2020 Ⅳ.①F832

中国版本图书馆 CIP 数据核字（2021）第 040722 号

出 版 人	赵剑英
责任编辑	王　衡
责任校对	杨　林
责任印制	王　超

出　　版	中国社会科学出版社
社　　址	北京鼓楼西大街甲 158 号
邮　　编	100720
网　　址	http://www.csspw.cn
发 行 部	010 - 84083685
门 市 部	010 - 84029450
经　　销	新华书店及其他书店

印　　刷	北京君升印刷有限公司
装　　订	廊坊市广阳区广增装订厂
版　　次	2021 年 3 月第 1 版
印　　次	2021 年 3 月第 1 次印刷

开　　本	710×1000　1/16
印　　张	25
插　　页	2
字　　数	348 千字
定　　价	98.00 元

凡购买中国社会科学出版社图书，如有质量问题请与本社营销中心联系调换
电话：010 - 84083683
版权所有　侵权必究

代　序

充分发挥金融在构建新发展格局中的关键作用

谢伏瞻[*]

2020年，面对新冠肺炎疫情、世界经济陷入深度衰退、国际秩序和国际格局加速演变的"三重冲击"，以习近平同志为核心的党中央观大势、谋大局，统筹推进疫情防控和经济社会发展，交出了一份人民满意、世界瞩目、可载入史册的答卷：率先控制疫情、率先复工复产、率先实现经济增长由负转正，全年GDP增长2.3%，是全球唯一保持正增长的主要经济体；农村贫困人口全部脱贫，贫困县全部摘帽；污染防治攻坚战阶段性目标任务圆满完成；金融风险处置取得重要阶段性成果，宏观杠杆率增幅逐季收窄；科技创新取得重大进展，改革向纵深推进，对外开放在逆境中取得新突破；民生改善，社会大局和谐稳定。

未来一个时期，国内外环境的复杂性与不确定性加大，中国金融发展要树立底线思维，加强党对金融工作的领导，紧紧围绕建设具有高度适应性、竞争力、普惠性的现代金融体系这一目标，大力推进金融供给侧结构性改革，切实提升金融服务实体经济能力，维护金融稳定，保障金融安全，充分发挥金融在构建新发展格局中的关键作用。

---

[*] 中国社会科学院院长、党组书记、学部主席团主席。

一　深化金融改革　维护金融稳定

中国金融改革发展各项工作要继续坚持"稳中求进"工作总基调，处理好深化金融改革与维护金融稳定的关系；在做好"六稳"工作，实现"六保"任务的前提下，围绕金融服务实体经济的痛点难点和堵点断点，推进金融供给侧结构性改革，促进血脉畅通，激发肌体活力，迈好构建新发展格局的第一步。

（一）深化金融供给侧结构性改革

习近平总书记2019年2月22日发表的有关金融供给侧结构性改革的重要讲话，是中国当前和今后一个时期内金融改革发展的总纲。金融供给侧结构性改革的要义，是通过金融结构的调整，金融产品和金融服务的创新，激发市场主体的活力和创造力，从而发挥市场在资源配置中的决定性作用，提高资源配置效率，推动经济高质量发展。

推进要素价格市场化改革，是金融供给侧结构性改革的关键抓手，关乎市场能否在资源配置中发挥决定性作用。市场化的利率、汇率、收益率等一系列价格指标，有助于引导市场参与者将金融资源配置到最能发挥效力的领域或用途中去，进而提升实体经济的资源配置效率。进一步看，利率的市场化有利于市场主体将有限的资源配置到效率更好的领域；汇率的市场化有助于我们高效利用国内国际两个市场、两种资源；国债收益率曲线的进一步完善则有助于提升中国金融产品定价的自主性、合理性和科学性。三者都是金融资源配置效率提升的重要支撑。因此，要把健全基准利率和市场化利率体系、完善人民币汇率市场化形成机制、更好发挥国债收益率曲线定价基准作用作为深化金融供给侧结构性改革的"牛鼻子"，以定价机制改革带动市场体系的优化和市场功能的完善，从而畅通国民经济循环，提升资源配置效率。

优化金融体系结构、提升金融服务供给的有效性和针对性，是深化金融供给侧结构性改革的主攻方向。首先，要优化金融市场体系，加强资本市场基础性制度建设，稳步推进股票发行注册制改革，建立常态化退市机制，完善强制退市和主动退市制度，提高上市公司质量。其次，要优化金融机构体系，构建与实体经济结构和融资需求相适应、多层次、广覆盖、有差异的银行体系，大力发展保险、养老金等拥有长期资金来源的金融机构，积极发展信托、证券、基金等非银行金融机构，进而形成商业性金融、开发性金融、政策性金融、合作性金融等多种业态分工合理、相互补充的金融机构体系。

在金融与科技加速融合发展的新形势下，金融数据资源呈现爆发式增长态势，其在金融发展中的重要性日益凸显。在保障数据安全的前提下提升数据资源的配置效率，也将成为金融供给侧结构性改革的新维度。这包括：加快培育发展数据要素市场，建立数据资源清单管理机制，推动完善数据流转和价格形成机制，发挥社会数据资源价值；对数据权属进行确认及分类界定，从法治化角度进行数据保护，维护国家、公民的数据安全，调解和规范数据交易活动；推进数字政府建设，加强数据有序共享，依法保障各交易主体利益；完善反垄断立法，扎牢制度的笼子，打破数据垄断，促进数据要素有效流动。

（二）提升金融服务实体经济能力

金融的使命是服务实体经济。构建金融有效支持实体经济的体制机制是中国金融改革发展的迫切任务。

第一，推动不同市场主体公平竞争，大力发展普惠金融。一要加大向中小企业的金融服务供给，支持发展民营银行、社区银行等中小金融机构。二要完善各类企业融资增信支持体系。在此基础上，还可鼓励金融机构在信贷活动中扩大抵押物的范围，并按照企业不同产品的生命周期来确定贷款的期限，以更好地满足各类企业不同的融资需求。三要健全直接融资支持制度。特别是为中小型科技企业的上市、发债等直接融资活动创造更加便利、更加顺畅的体制机制。

第二，围绕碳达峰与碳中和目标，大力发展绿色金融。"十三五"时期，中国成为全球绿色金融的倡导者和引领者，绿色金融蓬勃发展。2020年上半年，中国绿色信贷余额超过11万亿元，位居世界第一；绿色债券的存量规模1.2万亿元，位居世界第二。中国提出碳达峰与碳中和目标，为绿色金融发展带来巨大机遇。为此，需要进一步完善绿色金融体系：一是完善绿色金融标准；二是完善绿色金融激励机制；三是强化碳市场在碳减排和配置绿色金融资源中的作用，发展碳金融产品和碳排放权抵质押融资。

第三，把科技创新置于现代金融体系建设的核心地位，不断提升中国金融科技的发展水平和竞争力。近年来，中国在以人力资本投资为主、研发周期较短的若干金融科技产业领域（如移动支付等）实现了弯道超车，金融机构数字化转型深入推进，在提高金融服务效率和普惠性方面发挥了重要作用，金融科技整体水平已进入世界前列。但也要看到，中国金融科技发展还存在不少短板，例如基础研发投入不足，关键领域原始创新能力较弱，金融信息基础设施自主可控程度亟待增强，金融标准化建设尚不能适应金融科技大发展的要求，金融科技领域的资本无序扩张与行业垄断问题不容忽视，金融科技监管制度建设仍处于摸着石头过河的探索阶段等。要在防范系统性风险的前提下鼓励金融科技创新，把科技自立自强作为中国金融发展的战略支撑，加强金融科技发展的顶层设计；完善金融科技领域共性基础技术供给体系，实现关键技术自主可控；发挥企业家在金融科技创新中的重要作用，培养具有国际竞争力的青年金融科技人才后备军；加快金融基础设施领域的智能化运用，增强中国金融科技企业在全球的核心竞争力。

(三) 创新完善金融宏观调控

货币政策的功能在于通过调节利率、货币和信用，熨平经济波动，为经济长期增长和创新发展创造稳定的宏观环境。2021年全球新冠肺炎疫情走势依然存在不确定性，世界经济形势仍然复杂严峻，复苏不稳定、不平衡。在晦暗不明的外部环境之中，中国货币政策的主基调是"稳"。只有稳住了经济金融基本盘，才能为金融改革顺利推进创造宽松环境。

第一，按照2020年中央经济工作会议的总体部署，努力保持宏观政策的连续性、稳定性、可持续性。在货币政策操作上，要更加精准有效，注重直达性，不急转弯，把握好稳增长与防风险之间的平衡。要保持货币供应量和社会融资规模增速与反映潜在产出的名义经济增速基本匹配，既为实体经济的复苏和高质量发展提供合理充裕的流动性，又保持宏观杠杆率基本稳定。要用好已有的货币政策直达工具，并根据实体经济需要继续设计新的结构性货币政策工具，以支持小微、民营、涉农等领域企业发展。

第二，加强货币政策与财政政策的协调配合。货币与财政政策协调配合程度的高低直接影响资金配置效率和宏观调控效果。为此，货币与财政两大部门之间要建立多层面的政策沟通协调机制，统筹进行重大政策调整的综合评估和协调，既要避免单项政策各自为政，也要避免政策之间效力相互抵消或过度叠加。同时，要汲取发达经济体财政赤字货币化的教训，在财政部和中国人民银行之间建立"隔离网"，实施独立的央行财务预算管理制度，保持央行资产负债表的健康，维护人民币币值稳定。

第三，继续有效防范重大金融风险，努力实现稳增长与防风险的长期均衡，从更"强"的监管转向更"好"的监管。一是精准处置重点领域金融风险，多渠道补充中小银行资本金，积极稳妥化解地方政府债务风险。二是加强薄弱环节金融监管制度建设，消除监管空白，强化地方政府属地金融监管职责和风险处置责任，形成风险处置合力。三是强化综合监管，突出功能监管和行为监管，制定交叉性金融产品监管规则，补齐监管制度短板。四是建立健全金融消费者保护基本制度。

二 统筹金融开放与金融安全

在双循环新发展格局中，金融高水平双向开放更加重要且急迫，是内外两个市场统筹和内外两个循环相互促进的必然要求和必要保障。金融开放加速推进，使得金融稳定和金融安全面临的不确定性更大。金融安全是国家安全的重要组成部分，统筹金融开放与金融安全是构建双循环新发展格局的基本遵循。金融开放并不必然引致金融安全冲击，但要行稳致远，稳中求进。中国要在经济金融决策自主性、货币稳定、金融基础设施安全、数据安全等方面进行有效部署，维护金融安全。

（一）更加重视金融高水平双向开放

2018年以来，中国先后推出了一系列重大的金融开放举措，金融开放呈现加速推进的状态。一是基本取消银行、证券、基金、期货、人身保险以及评级机构等领域的外资持股比例限制；二是实质扩大外资金融机构业务范围；三是着力提高资本市场双向开放互动水平；四是探索实施准入前国民待遇加负面清单管理制度。

加快构建新发展格局要求进一步扩大金融高水平双向开放。在国内大循环为主、国内国际双循环相互促进的新发展格局下，为了进一步发挥市场在资源配置中的决定性作用，金融开放是必然要求。虽然在全球新冠肺炎疫情肆虐和个别国家试图"硬脱钩"背景下，全球产业链加快重构，国内部分高科技企业面临冲击，但全球经济一体化和内外市场互动持续深化仍是不可逆转的历史潮流。只有实施更大范围的金融开放，实现更深层次的内外市场互动，才能加快构建新发展格局，并通过国际循环提升国内大循环的效率和水平，改善中国生产要素质量和配置水平，推动经济高质量发展。

（二）切实保障国家金融安全

金融安全是国家安全的重要组成部分，维护金融安全，是关系到中国经济社会发展全局和现代化国家建设的战略性考量。金融安全是在国家主权基础之上货币资金融通的安全和整个金融体系的稳定，以保障资金顺畅融通、市场平稳运行和资源有效配置的动态均衡。一般地，金融安全涉及金融政策主权、国家货币稳定、金融基础设施、市场体系稳定、金融数据安全以及国际金融治理等领域。这些领域是中国在国内国际双循环相互促进以及金融开放加快推进过程中所需要重点关注的。

2005 年以来，中国以人民币汇率形成机制为代表的改革为金融政策主权、币值稳定以及国际金融治理等领域的安全问题提供了重要的支撑。迄今为止，中国已建立以市场供求为基础的管理浮动汇率制度，且市场供求的作用持续上升。十多年来，人民币整体处于稳步升值状态，是 2008 年国际金融危机以来二十国集团中最为强势的货币之一。2015 年人民币进入国际货币基金组织特别提款权货币篮子，并成为其中第三大货币。2019 年特朗普政府违背评判标准将中国贴上"汇率操纵国"标签，仅数月后就悄然取消。这些事件表明中国金融开放取得积极进展，同时金融安全得到了更为扎实的保障。

（三）把握金融安全的重点领域

在双循环新发展格局构建中，金融开放更加深入，外部不确定性也在增强，统筹金融开放与金融安全将面临更多挑战。

一是金融基础设施安全。以支付清算为代表的全球金融基础设施仍是一个以美元为核心的系统。通过 SWIFT 报文信息以及 CHIPS 美元支付清算系统，美国政府可以通盘掌握国际资金调拨与流动状况。更为重要的是，美国可以通过各种类型的金融制裁将所谓各类"实体"纳入名目繁多的"清单"之中，要求美国或他国的机构及个人不得与被制裁"实体"发生交易，部分制裁还直接禁止相关"实体"使用美元结算系统。这本质上就是对一国金融基础设施安全的挑战。自2015年起，美国致力于构建一个更加现代化的支付清算体系，其本质目标是进一步强化其在全球金融基础设施的地位。

二是币值稳定与资本项目开放。2020年8月，美联储实行了"平均通胀目标制"，通过跨期、超调和平均的思维来实现经济增长。平均通胀目标制将使得美国非常规宽松政策持续时间更长，美元指数不确定性更高，国际资本流动更加不稳定。包括人民币在内的"外围"经济体，将承担美联储政策调整、美元指数波动和国际资本流动变化的主要成本，人民币币值稳定、国家金融安全以及双循环发展格局的外部冲击将十分严峻。人民币币值稳定与金融开放，特别是资本项目开放进程紧密相关。一直以来，中国金融开放整体采用循序渐进、稳步推进的策略，同时还保留必要的资本项目管制，这保证了人民币币值的稳定以及人民币资产的安全。金融开放涉及金融服务业的开放，同时也涉及资本项目开放，这两个方面是紧密关联但又需要区别对待的。如果资本项目完全自由化，那么国际资本流动就更加自由，也更加考验金融管理当局应对风险的能力。更为本质的是，这与中国是否要取消资本项目管制这一"最后防火墙"直接相关。虽然更加开放、更加多元、更加市场化的金融系统具有内在的风险缓释能力，但在一个不平等、不均衡和不稳定的美元本位国际货币体系之中，特别是中美博弈日益深化的情形下，"最后防火墙"不能轻言取消。过往经验表明，资本项目开放大多是一个不可逆的过程，它对中国金融安全的潜在影响需要得到更加全面系统的评估。

三是数据安全。数据是未来金融体系最核心的资产，数据也是未来金融国际竞争力的核心，谁占有数据谁可能就具有主导权。数字化系统具有更强的要素集聚功能、跨界网络效应以及"赢者通吃"效应，这就使得数据采集、存储、分析和应用等的安全从技术层面提高到国家层面。这是数字化时代给我们带来的新课题、新挑战，但也可能是中国金融竞争力弯道超车的新机遇。

四是谨防内外风险与安全因素共振。新发展格局中的金融安全必定是内外统筹的金融安全。进入新发展阶段，应重点防范内外风险与安全因素共振引发系统性金融风险或全局性金融安全问题。习近平总书记强调，"防止发生系统性金融风险是金融工作的永恒主题"。金融开放、金融稳定和金融安全的有效统筹是构建新发展格局的应有之义。中国金融开放的基本逻辑是以中国国情为基础，以开放推动改革为目标，同时充分考虑到中国金融市场的承受能力，并与中国金融监管能力相匹配，避免为追求开放而开放，最终实现金融改革开放促进国内经济发展的目的。金融安全是更高程度上的金融稳定，是主权维度下的金融稳定。我们既要推进高水平金融开放，又要坚守金融安全底线。金融稳定是金融安全的基础，金融安全是国家安全的重要组成部分，把握好金融改革、金融稳定与金融安全的平衡，对于构建双循环新发展格局至关重要。

在世界百年未有之大变局加速演进，中国经济发展进入新阶段的关键时期，加强党对金融工作的集中统一领导是推动金融高质量发展、服务新发展格局的组织保障。必须深刻认识党对金融工作领导的理论逻辑，遵循金融发展规律，完善党对金融工作领导的实现机制，确保金融改革发展保持正确方向，促进经济和金融良性循环、均衡发展。

目　　录

主报告　新发展格局下的金融变革 ……………………………………（1）
　一　2020年中国金融形势回顾 …………………………………（1）
　二　中国金融发展面临的风险挑战 ……………………………（8）
　三　新发展格局与新金融 ………………………………………（23）
　四　2021年展望与政策建议 ……………………………………（35）

第一章　全球产业网络视角下的"双循环" ……………………………（40）
　一　社会经济网络与国际产业分工 ……………………………（40）
　二　对外开放在中国经济转型与发展中的角色 ………………（44）
　三　全球产业网络的政治经济维度 ……………………………（49）
　四　"双循环"与产业网络的重构 ………………………………（53）
　五　结语 …………………………………………………………（57）

第二章　流动性视角下的国际金融大循环 ……………………………（59）
　一　理解当前的流动性环境 ……………………………………（59）
　二　金融循环的失衡背景 ………………………………………（63）
　三　货币分层与影子银行 ………………………………………（66）
　四　金融大循环的资产负债表观察 ……………………………（75）

  五 全球价值链视角下的金融循环困境 ………………… (83)
  六 中国在国际金融大循环中的角色 …………………… (89)

第三章 非线性期望框架下的在险增长：G-VaR 方法 ……… (93)
  一 引言：从 GaR 到 G-VaR ……………………………… (93)
  二 在险增长的 G-VaR 度量 ……………………………… (97)
  三 实证结果及其经济含义 ……………………………… (102)
  四 结语及展望 …………………………………………… (108)
  附录一 与正文相关的非线性期望理论结果 …………… (109)
  附录二 参数不确定的例子 ………………………………… (112)

第四章 基于高频指数的宏观经济金融形势分析 ……………… (115)
  一 测度宏观经济与金融运行的研究基础 ……………… (116)
  二 测度宏观经济与金融运行的指数特征 ……………… (118)
  三 指数构建方法及核心模型概述 ……………………… (120)
  四 样本数据和参数估计 ………………………………… (121)
  五 高频指数的相关计量检验 …………………………… (124)
  六 宏观经济运行分析 …………………………………… (129)
  七 宏观金融运行分析 …………………………………… (133)
  八 对系统性风险的测度：基于高频指数的扩展应用 … (140)
  九 2021 年总体趋势及展望 ……………………………… (142)

第五章 新发展格局下的信贷资金配置 …………………………… (145)
  一 中国信贷资金的时空配置 …………………………… (145)
  二 信贷资金配置效率的影响因素 ……………………… (151)
  三 信贷资金配置中存在的问题 ………………………… (160)
  四 优化信贷资金配置构建新发展格局的路径 ………… (164)

目 录

第六章 房地产与畅通国内大循环 (169)
- 一 房地产健康发展是畅通国内大循环的要件 (169)
- 二 房地产长效机制的目标和理念 (177)
- 三 房地产长效机制的主要抓手 (187)

第七章 人口老龄化与养老保险第三支柱建设 (196)
- 一 中国人口老龄化形势 (197)
- 二 老年人收入和财产状况：中美比较 (201)
- 三 养老保险的第一支柱和第二支柱分析 (206)
- 四 养老保险的第三支柱力量薄弱 (216)
- 五 加快建设养老保险第三支柱的对策建议 (222)

第八章 资本市场高水平开放的战略 (232)
- 一 中国资本市场开放的简要回顾 (233)
- 二 资本市场对外开放的短板 (237)
- 三 新发展格局对资本市场开放的新要求 (239)
- 四 "十四五"时期中国资本市场开放面临的国内外环境 (242)
- 五 "十四五"时期资本市场开放的战略框架 (245)

第九章 扩大金融开放促进双循环 (249)
- 一 中国金融开放40年回望 (250)
- 二 金融服务业开放的政策实践：基于负面清单的比较 (256)
- 三 金融开放在双循环中的重要作用 (264)
- 四 加大金融开放力度实现高水平开放的政策改进 (274)

第十章 双循环背景下金融科技的助力与挑战 (279)
- 一 双循环与金融科技的发展概况 (280)

二　金融科技对加快构建双循环新发展格局的作用………………（284）
　三　金融科技助力双循环面临的问题…………………………（292）
　四　金融科技助力双循环的发展策略与政策建议………………（299）
　五　结语…………………………………………………………（307）

第十一章　数字金融视角下中小微企业融资制度……………（309）
　一　数字金融视角下中小微企业融资支持作用机理……………（313）
　二　数字金融视角下中小微企业融资支持的国际实践…………（317）
　三　中国中小微企业融资制度特色与发展完善…………………（322）
　四　结语及政策启示……………………………………………（331）

第十二章　构建金融支持创新驱动的体制机制…………………（333）
　一　金融支持创新的理论线索…………………………………（333）
　二　国内金融体系支持创新的阻碍何在………………………（344）
　三　金融如何更好地支持国内创新……………………………（349）
　四　结语…………………………………………………………（353）

参考文献…………………………………………………………（355）

后记………………………………………………………………（382）

主报告

新发展格局下的金融变革

2020年是极不平凡的一年。新冠肺炎疫情蔓延、世界经济陷入严重衰退、美国的打压持续升级"三重冲击",外加国内经济的"三期叠加",对中国经济金融平稳健康发展构成严峻挑战。

沧海横流,方显英雄本色。一方面,全球经济几乎停摆,产业链供应链循环受阻,"逆全球化"加剧;各国政策刺激力度空前,全球杠杆率大幅攀升。另一方面,面对"三重冲击"与"三期叠加",中国政府创造性应对,化危为机,不仅实现了2020年主要经济体中唯一的正增长,保持了经济金融的平稳运行,而且积极主动扩大金融开放,成为"大封锁"与"逆全球化"阴霾下的一抹亮色。

新发展格局的提出为金融发展与变革指明了方向。金融(包括金融科技)如何更好地服务实体经济,提升金融效率,促进二者的畅通循环;如何保持宏观杠杆率的基本稳定,守住不发生系统性金融风险的底线;如何统筹好金融开放与金融安全等,成为中国金融发展进入新阶段所面临的重大课题。

一 2020年中国金融形势回顾

2020年,百年不遇的新冠肺炎疫情对中国乃至全球经济带来前所未有的冲击。受疫情影响，全球经济活动被迫按下暂停键，从供给和需求两端对全球金融市场、贸易、产业链、供应链等均产生了巨大的破坏效应。国际货币基金组织在2020年4月发布的《世界经济展望》指出，全世界已陷入了"大封锁"状态，经济崩溃的规模之大、速度之快堪与1929年大萧条相提并论；全球经济正面临着巨大的不确定性，即便疫情在2020年第二季度得到控制，2020年全球经济增长率也将降至-3%[①]。国际货币基金组织在更新的预测报告中指出，2020年，全球经济估计萎缩3.5%[②]。

疫情的蔓延进一步强化了"逆全球化"态势。一方面，出于防控疫情的需要，很多工厂被迫关闭，全球供应链、产业链出现了局部的中断；另一方面，疫情冲击也使得各国认识到一些关键产品（如口罩、呼吸机等）的生产需要掌握在自己手里，从而推动产业链的区域化、本土化，进一步强化了"逆全球化"潮流。2018年以来的中美经贸摩擦作为"逆全球化"的"主角"，在疫情冲击下愈演愈烈，在科技、贸易、金融等领域的打压措施日益公开化。

遭遇疫情蔓延、世界经济陷入严重衰退与美国的打压持续升级"三重冲击"，中国金融当局积极落实金融支持实体经济政策措施，着力化危为机：一方面在守住不发生系统性风险底线的前提下，充分发挥货币金融政策在熨平经济波动、优化经济结构、推动复工复产、激发市场主体活力等多个层面的积极作用，与财政政策等其他宏观调控工具协同发力，为疫情防控做出了重要贡献，并有效维护了宏观稳定；另一方面深化金融改革和扩大金融开放，着力增强中国金融体系的竞争力和韧性，在诸多方面取得了新进展。

[①] IMF，2020，"World Economic Outlook：The Great Lockdown"，https://www.imf.org/en/Publications/WEO/Issues/2020/04/14/weo-april-2020.

[②] IMF，2021，"World Economic Outlook Update"，https://www.imf.org/en/Publications/WEO/Issues/2021/01/26/2021-world-economic-outlook-update.

(一) 金融抗疫成效显著

新冠肺炎疫情暴发之后，中国金融当局采取一系列政策组合，致力于增加有效资金供给，优化信贷投向结构，降低企业融资成本，守住"六保"底线。其间，货币政策、金融监管政策与财政、就业、产业、区域等政策协同发力，在统筹疫情防控和经济发展进程中发挥了积极作用。

2020年1月下旬以来，中国人民银行强化预期引导，通过公开市场操作、常备借贷便利、再贷款、再贴现、降低法定准备金率等多种货币政策工具，提供充足流动性，保持金融市场流动性合理充裕，维护货币市场利率平稳运行，引导金融机构加大信贷投放支持实体经济。2020年1—4月，广义货币（M2）同比增速进入上升轨道，增长率从1月末的8.4%升至4月末的11.1%。这表明为了适应逆周期调节需要，货币投放持续适度增加，银根放松，宏观调节力度显著增强。同时，央行运用再贷款、再贴现等结构性货币政策工具，2020年以来先后三次增加普惠性再贷款、再贴现额度，支持银行加大对疫情防控重点，以及企业、涉农、小微和民营企业的信贷投放力度，到9月末，此项政策执行进度已超过80%，支持地方法人银行向140万户企业发放优惠利率贷款，加权平均利率为4.23%，有力推动了经济复苏和结构调整。

除了常规货币政策操作之外，中国人民银行还根据疫情防控需要，新设直达实体经济的两类货币政策工具[①]，推动货币政策直达实体经

---

① 第一类工具是通过特定目的工具（SPV）与地方法人银行签订利率互换协议，进而向地方法人银行提供400亿元再贷款资金，增强银行给予符合条件的中小微企业延期还本付息安排的激励，缓解企业延期还本付息压力。激励资金为地方法人银行延期贷款本金的1%。第二类工具是提供4000亿元再贷款资金，面向经营状况较好的地方法人银行，通过特定目的工具与其签订信用贷款支持计划合同，对符合条件的地方法人银行于2020年3月1日至12月31日新发放的期限不少于6个月的普惠小微企业信用贷款，向地方法人银行按其实际发放信用贷款本金的40%提供优惠资金支持，缓解小微企业因缺乏合格担保品而导致的融资难问题。截至2020年9月底，累计发放普惠小微信用贷款2.3万亿元，同比多发放7961亿元。参见刘国强《创新直达实体经济的货币政策工具》，《中国金融》2020年第24期。

济，助力疫情防控和保市场主体。2020年6月1日，中国人民银行又创设普惠小微企业贷款延期支持工具和普惠小微企业信用贷款支持计划两类新工具，将货币政策操作与金融机构对企业的支持直接联系，用市场化方式对金融机构行为进行引导和激励，从而加大金融机构支持中小微、民营、"三农"等国民经济重点领域和薄弱环节的力度，提升金融体系的普惠性。

在稳健的货币政策要更加灵活适度的同时，金融监管政策也及时做出调整以应对疫情冲击。2020年2月25日的国务院常务会议确定了金融体系按市场化、法治化原则支持中小微企业复工复产的基本方略，对受疫情冲击的中小微企业采取延期还本付息安排。这类金融支持是有时限的，如果超过时间期限企业仍不能还本付息，则仍要按规定计入不良贷款。该政策一方面旨在缓解疫情冲击给中小微企业造成的流动性困难，为安全有序复工复产提供了必要的流动性支持；另一方面，也要坚持市场化法治化原则，避免给经营失败的僵尸企业上"呼吸机"。

（二）稳增长与防风险的平衡

相比于疫情冲击下全球金融市场的剧烈动荡，中国金融市场运行总体平稳，展现出较强的韧性。一方面，与全球股市大起大落不同，2020年中国股市较为稳健。在受疫情冲击最为严重的2020年第一季度，中国股票市场价格未出现明显的大幅波动，上证综指累计下跌9.83%，深证成指累计下跌4.49%。与中国股市的相对平稳走势迥然不同，全球其他主要经济体的股市在第一季度纷纷大幅下跌，例如道琼斯工业指数下跌23.2%，标普500下跌20%，纳斯达克指数下跌14.18%，英国富时100下跌24.8%[①]。特别是3月，在美股估值过高、疫情快速蔓延

---

① Wind数据库。

和原油价格暴跌等因素影响下，市场恐慌情绪升级，美国大量投资者同时抛售资产，导致美国股市在短时间内剧烈下跌，史无前例地在连续8个交易日内发生4次熔断。这表明，中国疫情防控的积极成效、复工复产的快速推进和经济金融形势的相对稳定，使得以人民币定值的金融资产具备了较强的韧性和一定的避险资产特征。另一方面，中国国债市场相对于全球其他市场保持了较高的收益率。自2009年以来，中国十年期国债收益率总体上明显高于美日欧等主要发达经济体。疫情暴发以来，中美两国十年期国债利差持续扩大，达到近年来的最高水平。在全球普遍进入到超低利率（甚至负利率）时代的背景下，持续高位运行的无风险利率表明，中国是未来极少数能够提供较高收益和高质量资产的国家，也是极少数仍有潜力能够在未来承接大量国际资本沉淀的投资目的地。此外，防范化解重大金融风险取得重要成果。对包商银行、恒丰银行、锦州银行等高风险金融机构有序处置、分类施策，有序化解了重大风险。局部的债券市场违约引起市场情绪波动，但在有关部门及时采取有效举措情况下，没有蔓延成系统性风险。

特别要强调的是，在百年不遇的疫情冲击下，全球杠杆率大幅抬升，中国杠杆率增幅大而有度。如图1所示，根据国际金融协会（IIF）的最新数据（当前仅公布到2020年第三季度末），发达经济体杠杆率从2019年年底的273.5%升至2020年第三季度末的304.2%，共上升30.7个百分点；新兴经济体从2019年年底的186.7%升至208.4%，增长21.7个百分点；全球杠杆率从2019年年底的241.0%升至268.4%，增长27.4个百分点。由于大部分国家在2020年下半年遭受疫情冲击仍然严重，预计第四季度杠杆率仍会上升。全球杠杆率的抬升主要是由政府杠杆率攀升所致。2020年第三季度末，发达经济体政府杠杆率从2019年年底的109.5%增至131.49%，上升了21.9个百分点，占到全部杠杆率增幅的55.3%；全球平均的政府杠杆率从2019年年底的88.4%上升到104.8%，上升了16.4个百分点，占全部杠杆率增幅的

49.8%。与国际相比，中国的财政刺激方案相对温和，政府杠杆率全年仅上升了 7.1 个百分点，占全部杠杆率增幅的 30.1%，远低于发达经济体和全球平均水平。

2020 年中国宏观杠杆率增幅为 23.6 个百分点，不但低于 2009 年 31.8 个百分点的增幅，也低于发达经济体 2020 年前三季度 30.7 个百分点的增幅。与此同时，中国实际 GDP 增长 2.3%，名义 GDP 增长 3.0%，是全球唯一实现正增长的主要经济体。这充分显示：面对百年不遇的疫情冲击，政策当局的扩张与扶持政策仍有节制，不搞"大水漫灌"，给未来发展留有政策余地；寻求稳增长与防风险的平衡，体现出政府的克制以及跨周期调控的意图。

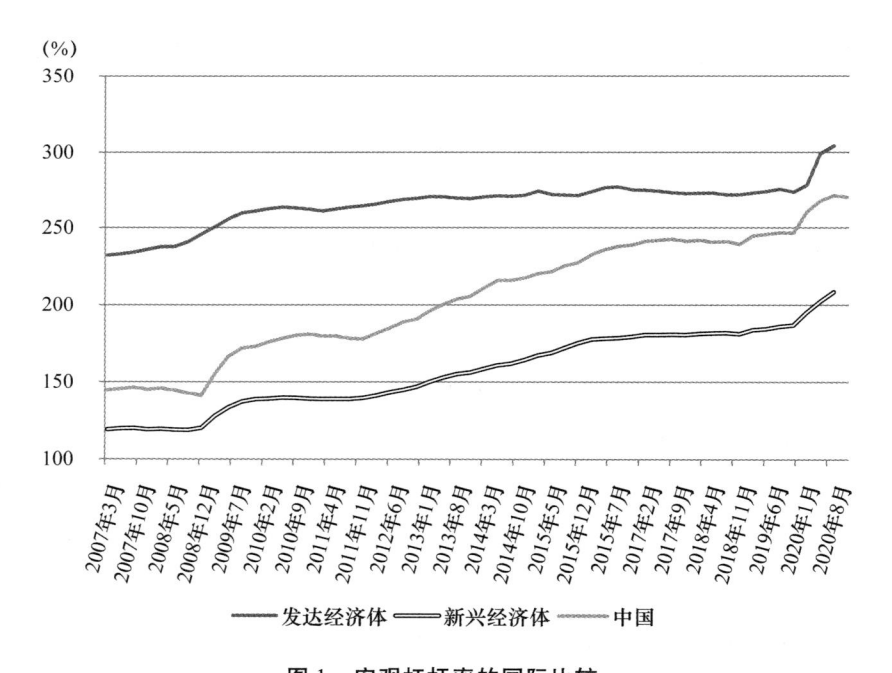

图 1　宏观杠杆率的国际比较

资料来源：国际金融协会（IIF）、国家资产负债表研究中心（CNBS）。

(三) 资本市场基础性制度建设新进展

2020 年中国在中小银行改革、完善现代金融企业制度、优化融资结构、加强资本市场基础性制度建设等方面均有新的突破。其中，资本市场基础性制度建设方面的突破具有战略性、全局性意义，成为要素市场化改革的亮点，为资本要素的自由流动与畅通循环奠定了基础。

一是资本市场的进入。2019 年 7 月 22 日，科创板正式开市，中国资本市场迎来了一个全新板块。在科创板正式运营之后，以信息披露为核心的注册制顺利落地，发行上市、保荐承销、市场化定价、交易、退市等领域的新制度相继推出，制度变革的红利持续释放。这些制度变革为中国重大创新活动的实施打通了资本关口，带动了新一轮科技创新投资的热潮。2020 年，中央政府决定，要吸收科创板注册制改革的良好实践，推进创业板改革并试点注册制，为下一步中小板和主板注册制改革奠定基础。2020 年 8 月 24 日，创业板注册制首批 18 家企业挂牌上市，这标志着以注册制为代表的中国资本市场基础性制度变革从科创板增量市场向创业板存量市场推进，具有重要战略意义。

二是资本市场的退出。在发行上市制度越来越富有包容性的状况之下，如何把握好推进注册制改革与提升上市公司质量之间的关系，成为一个新的重要课题，也凸显出退市制度改革的重要性。美国的资本市场之所以强大，一个重要原因是在市场竞争机制的驱动下，每年退市的公司数量均超过了 IPO 公司数量，持续不断的"创造性破坏"进程使得美国资本市场的新陈代谢十分旺盛，将最有竞争力的公司筛选出来，推动着上市公司质量不断提高。有鉴于此，在新股发行不断加快的新形势下，经营不善的公司也应当及时被淘汰，中国资本市场亟待建立一套常态化的退市机制。2020 年以来，退市制度建设有了新的进展，初步形成了包括主动退市、强制退市和重组退市在内的多元化退市机制。2020 年 10 月，国务院印发《关于进一步提高上市公司质量的意见》（国发

〔2020〕14号），对健全上市公司退出机制等工作进行了全面部署。应用好面值退市等中国特色退市机制，从严加快空壳公司与僵尸公司退市，形成"有进有出"的良性循环。

（四）金融开放度明显提高

2020年，中国继续推动实现更大范围、更宽领域和更深层次的金融双向开放，鼓励中外机构在产品、股权、管理和人才等方面开展合作，拓展开放广度和深度。与此同时，由于中国在全球范围内率先恢复经济正增长而且国内循环顺畅、利率水平相对较高，形成了对全球资金要素的引力场。金融开放与经济增长双重效应叠加，正在成为引领新型全球化的重要动力。

其中，对外资控股国内若干类型金融机构的限制将于2020年年底全面取消，这将是中国金融开放进程中的一个标志性事件。2019年7月20日，国务院金融委办公室发布《关于进一步扩大金融业对外开放的有关举措》，将原定于2021年取消证券公司、基金管理公司和期货公司外资股比限制的时点提前到2020年。自2020年1月1日起，中国正式取消经营人身保险业务的合资保险公司的外资比例限制。自2020年4月1日起，证监会取消证券公司外资股比限制。6月23日，国家发展改革委、商务部发布的《外商投资准入特别管理措施（负面清单）（2020年版）》中明确，取消证券公司、证券投资基金管理公司、期货公司、寿险公司外资股比限制。到2020年年底，更多类型金融机构的外资股比限制将取消或进一步放开，中外资银行市场准入将有统一标准。

二 中国金融发展面临的风险挑战

中国金融发展面临国际国内双重挑战。就国际而言，一方面，全球经济增长动力不足，动荡源和风险点增加，金融运行不稳定不确定因素增多；另一方面，主要发达经济体应对疫情冲击所实施的无限量宽政策也可能给全球经济带来诸多负面影响。就国内而言，一方面，潜在经济增速放缓，以及由此带来的"水落石出"效应将加速金融风险的暴露；另一方面，金融科技在助力中国金融发展"弯道超车"的同时，也带来资本无序扩张的新挑战。

防范和化解金融风险，是"十四五"时期中国金融实现高质量发展的前提性任务。坚持问题导向，标本兼治，循序渐进地化解金融风险，建立动态稳定、协调有效的管理金融风险的框架，是构建新发展格局的题中应有之义。

（一）宏观杠杆率攀升引发多重风险

宏观杠杆率是金融脆弱性的总根源。金融领域诸多风险点的不断爆雷，或远或近，或直接或间接，都与宏观杠杆率的攀升有很大关系。疫情冲击下，各国都面临着"生存还是毁灭"的抉择，因此，宏观政策的大幅扩张，大有"哪管洪水滔天"之势。相对于发达经济体，中国杠杆率的攀升有度，体现出政府的克制以及在稳增长与防风险平衡方面的追求。

尽管如此，截至2020年第三季度，中国实体经济部门的债务相当于GDP的2.7倍，处在非常高的水平，特别是高出新兴经济体杠杆率（208.4%）61.7个百分点。疫情冲击导致中国总体金融风险进一步上升，称其为债务"灰犀牛"一点也不过分。宏观杠杆率的攀升引发其他金融风险的暴露。

1. 国企信用债违约

2020年，中国发生了多起地方国企信用债违约事件，如沈阳盛京能源两只存续PPN违约、青海国投永续债延期、华晨私募债违约、紫光集团不赎回"15紫光PPN006"、河南永城煤电债券违约事件等。冰冻三尺非一日之寒，地方国企违约现象的频发与十余年来地方国企与融资平台债务迅速上升的走势息息相关。2008 年国际金融危机爆发之后，中国企业杠杆率激增。2007 年年底至 2020 年 9 月底，中国宏观杠杆率由 145% 上升至 270%，其中非金融企业部门杠杆率由 96.1% 上升至 164.6%。企业杠杆率在过去十多年的快速攀升，一方面反映了信贷资源配置效率显著下降，另一方面也意味着企业未来违约风险的上升。

其中，地方融资平台与地方国企的负债状况尤其令人担忧。例如，根据国际货币基金组织 2020 年 10 月发布的《全球金融稳定报告》的测算，中国约 75% 的地方融资平台债务（约 26 万亿元）没有能力按期还本付息（定义为净债务与盈利之比超过 15 倍，或者盈利为负）。此外，地方国企不能偿付的债务也高达 10 万亿元。

如此巨大的潜在风险并未迅速体现在地方国企的信用违约行为上。虽然近年来信用债违约事件已经屡见不鲜，但总体来讲，地方国企违约现象还不多见。因此，债券投资者倾向于认为，地方国企债券背后有地方政府的隐性担保，一旦地方国企债券有违约风险，地方政府就会介入进行协调以避免债券违约。迄今为止的信用评级也将这种隐形担保充分考虑进来，导致地方国企信用债信用评级普遍偏高，评级严重低估了地方国企债务违约风险。

2020 年的一系列地方国企信用违约事件表明，刚性兑付及政府隐性担保幻觉最终是要破灭的。进一步地说，打破刚兑是以市场化方式化解公共部门债务风险的重要途径。

由于债务规模巨大，2012 年以来中国每年利息负担相当于增量 GDP 的 1.5—2.0 倍。在实体经济总债务中，企业债务占六成；企业债务中，国有企业债务占比接近七成；而国有企业债务中，近一半为融资平台债务。如果我们以私人部门（含居民部门、非国有企业部门）与公共部门（含中央政府、地方政府、国有企业和融资平台）来对杠杆率结构作一下划分，那么就会得出：公共部门债务大大超过私人部门债务，前者相当于后者的1.4倍。这与全球债务的结构恰恰相反：全球债务中公共部门债务占比远低于私人部门。由此看出，债务"灰犀牛"的风险很大程度上是公共部门债务风险。而如果政府仍以隐性担保方式扭曲风险定价，从而扭曲信贷资源配置，那么公共部门债务积累模式将会延续——公共部门仍将以更低的成本并且更便利地进行债务扩张，风险向公共部门集中的态势会越来越严重，这才是政府不能承受之重。因此，允许国企或融资平台债务违约，是新发展格局下债务积累模式调整的重要方向。取消政府隐性担保，打破信用债的刚性兑付，推进风险定价的市场化是大势所趋。

当然也要注意到，地方国企的违约可能引爆债务违约的雪崩行为，从而引发区域性甚至系统性风险，并对金融机构造成显著负面影响。因此监管部门与地方政府要把握好度，不能任由此类事件自发蔓延，而是要积极行动，避免债务违约现象演变为一场信用"雪崩"。一是通过修订完善公司法、破产法，推动新的相关立法，促进对债权人权益的保护，完善破产清偿制度，提升债券违约处置的法治化、市场化水平。二是严厉打击发债企业的恶意逃废债行为。三是对国企债券违约问题进行合理问责与追责。四是督促地方国企在宣布信用违约之前，与作为主要债权人代表的机构投资者（尤其是商业银行）进行及时、细致的沟通，力争取得债权人的理解与认可。五是在信用违约案例集中爆发，债市收益率显著上升并可能引爆系统性风险的情境下，进行及时干预。六是继续加强对机构投资者与个人投资者的投资风险教育，特别是要让投资者清楚，刚性兑付的格局必将被打破，而且正在被打破。

2. 地方政府债务风险持续积累

疫情冲击和宏观杠杆率攀升引发的风险也体现在地方政府债务风险的持续积累上。2020年地方政府债务增长了4.35万亿元，年底地方政府债务余额达到25.66万亿元，地方政府杠杆率达到25.6%。从这部分地方政府的显性债务来看，债务规模和杠杆率并不算高，但近几年来增速较快，尤其是2020年，地方政府杠杆率上涨了4个百分点。

不过，官方数据显著低估了地方政府债务的实际规模。低估的地方政府债务主要包括两部分：一是由地方政府显性或隐性担保的地方融资平台债务有不少被划入企业债务，但实质上应该算作地方政府债务；二是过去几年地方政府通过PPP（政府与社会资本合作）新增的债务。特别是在应对疫情冲击的过程中，金融机构加大对实体经济支持，对地方政府隐性债务的化解力度有所减弱，为拉动基建投资所形成的新增隐性债务有所增加，地方政府隐性债务风险依然较大。2020年前11个月PPP项目投资总额同比上升了9.2%，扭转了2018年和2019年连续两年负增长的局面。在积极财政政策支持"六稳""六保"的大环境下，需要警惕PPP项目可能加大地方政府债务风险。

在疫情冲击之下，还有诸多负向冲击推动地方政府债务风险进一步高企：第一，疫情冲击导致地方政府财政收入下降，还本付息能力进一步降低；第二，地方政府抗疫支出导致财政支出规模上升，财政赤字进一步扩大；第三，中央政府对房地产的持续调控使得地方政府预算外土地出让金规模下降，以及土地储备资产的抵押价值缩水。事实上，地方政府债务恶化也是导致前述地方国企信用债违约加剧的重要原因之一。未来一个时期内，地方政府债务、地方融资平台债务与地方国企债务三者将交织在一起，相互影响、相互强化，如何妥善化解地方政府债务风险将是未来的重大挑战。

3. 商业银行坏账风险上升

疫情冲击还放大了商业银行的坏账风险。2020年，为应对疫情冲击，并完成金融支持实体经济和普惠金融的目标任务，商业银行普遍放松了风险监控要求，扩大了信贷资产的风险敞口。商业银行不良贷款率大幅上升，从2019年年底的1.86%上升至2020年第三季度末的1.96%。整体上看，中国商业银行不良贷款率并不算高，尚位于2%以下的安全区间；但从结构上看，城市商业银行和农村商业银行不良贷款率相对较高，尤其是农村商业银行的坏账风险更大。农村商业银行的不良贷款率从2019年年底的3.90%上升至2020年第三季度末的4.17%，三个季度增加了0.27个百分点，在已经很高的水平上又进一步上升。2020年出台的部分权宜性货币政策安排主要是为了应对疫情的短期冲击和维持企业生存而提供的流动性支持，而并非对新增经济活动的融资。这部分贷款对于宏观经济稳定意义重大，但也必须做好部分企业在货币政策正常化时不能维持正常经营，从而使得贷款转化为商业银行坏账的准备。2020年，银保监会通过清收、核销、转让等多种形式，已处置不良资产3.02万亿元。处置力度前所未有，处置规模也是历年最高。银保监会预测，2021年银行坏账处置力度还可能加大。从抗疫需要及"六稳""六保"角度看，商业银行不良资产上升，是应对疫情冲击所必须付出的代价。因此，各方面对此要有思想准备，在不良率上升情况下，守住不发生系统性风险的底线。

（二）中国金融科技发展面临挑战

中国金融科技的发展在世界范围内处于第一方阵。在新冠肺炎疫情暴发之后，金融科技在保障金融服务供给方面发挥了不可替代的重要作用，显示了新技术在提升服务效率、降低服务成本等方面的强大力量。但是，我们需要冷静地看到中国金融科技发展面临的风险挑战。疫情不仅推动了中国金融科技与数字经济的发展，也给全球各国的数字化转型按下了"快进键"，推动着世界各国政府和科技企业朝着支持数字优先和发展无接触金融服务方向前进。国内大型科技企业（BigTech）的迅猛发展既有提升金融供给效率和增强金融普惠性的积极效应，也带来了资本无序扩张、市场垄断加剧以及数据隐私与安全等诸多挑战。

1. 中国金融科技的优势与短板

在激烈的金融科技国际竞争中，我们应当冷静分析自身的优势与短板，沉着应对挑战。

总体而言，中国的金融科技发展路径是将前沿技术不断应用于金融领域，通过建设各类移动金融服务平台，构建起政务、医疗、交通、旅游等众多便民生活场景，并围绕实体经济和人民群众的多层次金融服务需求，逐渐形成移动支付、信用、理财、消费金融、互联网保险等诸多数字金融服务业态。这些业态以人力资本投资为主，重在运用新一代信息技术对金融服务业实施流程创新，研发周期比较短，有利于中国企业实现"弯道超车"。

进一步分析，中国拥有全球最大的人口基数，由此形成超大规模国内金融市场。长期以来，中国拥有一个以大银行为主导的金融结构，在动员金融资源、助力经济赶超方面发挥了重要作用。但毋庸讳言，此类金融结构在金融服务普惠性、适应性和竞争力等方面亦存在明显短板，导致金融服务供给不平衡不充分。换言之，超大规模市场中的庞大金融服务需求并没有得到有效满足，中国金融服务消费者对新型金融服务模式的接受程度远高于发达经济体。这就为新一代信息技术在金融服务供给方面的大规模应用和金融科技企业的高速成长提供了重大战略机遇。总体而言，市场需求的强力拉动是中国金融科技发展的主要优势所在。

与此同时也要看到，中国金融科技发展尚存在两块明显的短板：核心技术创新未能领先；基础制度建设有待健全。把自己的事情做好，尽快补齐这两块短板，是中国应对金融科技领域的竞争与挑战的治本之策。

中国金融科技发展中的核心技术创新仍明显落后于发达经济体。迄今为止，金融科技领域中的大多数新概念，如人工智能、哈希加密算法、云计算等均发源于美国，一批BigTech推动了美国底层基础技术的持续创新，推动科技与金融深度融合。而传统金融行业也纷纷积极谋求转型，不断增强研发投入力度。仅摩根大通一家机构，2019年的技术预算就高达114亿美元，而且多用于在机构内部实施具有颠覆性的"创造性破坏"。相较之下，中国金融科技领域的基础研发投入严重不足，人才供给亦难以满足需要，导致核心技术的创新速度较为缓慢。以人工智能技术为例，近年来，中国人工智能行业的融资事件及融资规模虽然持续走高，但资本主要流入各种人工智能应用场景，以追逐短期经济收益，研发所需的长期资金存在瓶颈；此外，中国人工智能领域的人才供应严重短缺，相关学科的高级人才培养，特别是基础理论人才培养也才刚刚起步。未来要把核心和关键技术创新置于现代化金融体系建设的核心，致力于实现金融科技发展的自立自强。这是中国金融科技高质量发展之本。

此外，与金融科技持续健康发展的要求相比，中国在基础性制度建设方面还有差距。特别是中国长期存在着金融压抑，市场竞争尚不充分，从而形成明显的制度性利差和高额的"租金"，导致企业家利用各种办法去钻制度的空子，寻求监管套利，分享垄断利润。可见，消除金融压抑，放宽市场准入，稳定创新预期是推动中国金融科技持续健康发展的又一重要前提。

2. 围绕BigTech的防风险与反垄断工作任重道远

近年来，BigTech进军金融业并引领金融科技的发展，成为一个全球现象，中国也不例外。在审慎包容的监管环境之下，中国的BigTech凭借其在数据分析、客户网络体系等方面的独特优势，降低金融服务供给成本，提升金融服务可得性，并获得多个金融牌照，建立了综合性金融平台，实现了自身在支付、基金、信贷、保险、征信、理财等领域的快速扩张。但是，金融科技并未改变金融的风险属性。正如Pan所言，由于金融科技跨界、混业、跨区域经营的特征，相关风险的扩散速度更快、波及面更广、溢出效应更强[1]。不仅如此，BigTech的快速发展也带来了赢者通吃、数据垄断与数据滥用、不正当竞争、违规监管套利、损

---

[1] Pan Gongsheng, 2021, "How China is Tackling Fintech Risk and Regulation", *Financial Times*, January 27.

害消费者权益、诱发系统性风险等多重隐患，不利于金融业的持续健康发展。

BigTech发展带来的挑战主要有两点：一是防风险，二是反垄断。

从防风险特别是从狭义的金融风险防范角度，有三方面问题值得关注。第一，BigTech的扩张常常伴随着其对数据资源的追逐和占有。一些企业通过抢占入口和渠道，大量汇集信息流、资金流、产品流，成为数据寡头。然而，将用户数据全部储存于网络基础设施上的数据寡头一旦发生网络安全问题，不仅会造成大量用户隐私外泄，也会对平台运营产生巨大的不良影响，使得信息泄露风险高度集中。无论是在互联网业务的运营流程，还是在后台的网络维护、技术管理等环节，任何技术漏洞和管理缺陷等都会导致整个业务系统瘫痪，进而影响机构的正常运营。特别是一些BigTech在小额支付领域占据主导地位，其运营状况影响广大公众利益，具备了重要金融基础设施特征。在金融科技大发展的背景下，掌握相关技术的机构有发展成新型"大而不能倒"机构的潜在可能，一旦上述问题发生在该类机构，很可能导致系统性金融风险迅速传播，甚至发展成金融危机。

第二，在BigTech巨额研发投入的推动下，金融科技领域的技术创新和更迭速度显著加快，新技术转化为金融产品或在金融领域实现应用的周期大大缩短。而监管者可能无法以同样的高速率来更新知识库存，专业资源的配备也往往无法及时更新，这就导致金融科技创新的规避监管行为越来越多。

第三，BigTech开展的业务类型种类繁多，既包括实业板块，也包括金融板块，有明显的跨界混业经营特征。虽然这些企业强调自身的科技属性，但金融业务仍是其利润的重要来源。在2020年9月《国务院关于实施金融控股公司准入管理的决定》（国发〔2020〕12号）发布之前，监管部门缺乏从制度上隔离实业板块与金融板块的有效抓手，难以有效阻断风险的跨行业、跨市场传染。

从维护公平竞争、激发创新和保护消费者利益角度，围绕 BigTech 展开的强化反垄断和防止资本无序扩张关系到一国经济的长远未来。在这方面，美国的经验教训值得深入总结。21 世纪以来，美国的科技巨头利用技术上的优势将新兴小企业排斥在竞争之外，或使它们沦为自己的技术附庸。同时，美国的反垄断机构忽略了允许前沿企业收购潜在竞争对手的负面影响，进一步固化了巨型科技企业在产业中的话语权和强制力[1]。双重力量推动着数字技术释放出赢家通吃的巨大力量，使得技术领导者与落伍者的技术差距持续扩大。Bils 等发现，21 世纪以来，美国产业内全要素生产率的方差处于上升趋势，这表明技术扩散进程出现放缓迹象，从而导致美国经济整体生产率增长的持续放缓[2]。美国众议院司法委员会下属反垄断小组委员会发布的《美国数字市场竞争调查报告》[3] 指出，近几十年美国初创型企业数量急剧减少，创业率（以初创企业与年轻企业占行业比重来衡量）由 1982 年的 60% 降至 2011 年的 38% 的历史低点。科技型初创企业融资数量由 2015 年的 10000 左右下降到 2018 年的 6000 多一点。越来越多的证据表明大型互联网平台企业已严重削弱美国经济的创新和创业潜能。

当前中国金融科技行业已经出现了市场集中度上升的势头，也存在着 BigTech 利用市场优势地位排斥同业经营者的现象。这些 BigTech 往往利用数据垄断优势，阻碍公平竞争，获取超额收益[4]。这些企业获取

---

[1] 董昀、张明、郭强：《美国技术扩散速度放缓：表现、成因及经济后果》，《经济学家》2020 年第 7 期。

[2] Bils Ma, P. J. Klenow, and R. Cian, 2020, "Misallocation or Mismeasurement?", NBER Working Paper No. 26711.

[3] Subcommittee on Antitrust, Commercial and Administrative Law of the Committee on the Judiciary, 2020, "Investigation of Competition in the Digital Markets", https：//judiciary. house. gov/uploadedfiles/competition_ in_ digital_ markets. pdf.

[4] 郭树清：《金融科技发展、挑战与监管》，《中国银行保险报》2020 年 12 月 9 日。

垄断地位的主要方式之一是通过"烧钱"进行直接补贴或利用其他业务盈利进行交叉补贴等不公平竞争方式，抢占市场份额使自己成为"赢家"，然后再把其他竞争者打掉或兼并①。

另外，党的十九届四中全会已经将数据视为与劳动、资本、技术并列的生产要素，是经济发展的重要动力。BigTech 实际上拥有大量数据的实际控制权，但现行法律尚不能准确界定数据财产权益的归属。这一状况导致客户数据被过度采集，客户隐私受到侵犯，表明数据资源的产权界定和保护工作难以适应数字经济大发展的需要。

3. 欧美数字规制给中国 BigTech 的冲击

2020 年 12 月 15 日，欧盟委员会发布《数字服务法》和《数字市场法》。两个法规涉及数字经济"超大型平台"、垄断、数据共享与数据安全、金融合规、国家数字主权、国际标准等问题，引发国际社会高度关注。无独有偶，2020 年 10 月 6 日，美国众议院司法委员会下属反垄断小组委员会正式颁布《数字市场竞争调查报告》。这是自美国电信业市场反垄断调查后近几十年来，美国会首次重启的大型反垄断调查，一方面在为美国的数字新规"预热"，另一方面也提示了拜登政府实施 BigTech 监管的方向。欧美动作频频，旨在为数字市场竞争建立新标准，下出先手棋；某种程度上，是要在规则层面形成与中国 BigTech 的竞争优势，以防中国在该领域的"弯道超车"。

欧美新规一旦出台以及可能通过联手形成全球数据治理标准，对中国 BigTech 发展将可能带来严重冲击。特别是在数据采集（包括人脸识别）、集中、交易、应用等方面的不合规，以及底层技术不过关的情况下，中国 BigTech 原有的竞争优势就可能在数字新规下难以保持，从而完全被束缚在本土，无法参与国际竞争，甚至不得不从原本占据一席之

---

① Pan Gongsheng, 2021, "How China is Tackling Fintech Risk and Regulation", *Financial Times*, January 27.

地的国际市场上回撤。

面对国内外不断变化的形势，中国金融科技发展取向将是构建公平竞争、平等准入和公正监管的市场环境，在守牢防风险底线和有效保护公众权利的前提下，弘扬企业家精神，促进资本合理扩张，激发创新活力，增强中国金融科技企业的国际竞争力。

一要通过法律法规的完善，明确平台企业垄断认定、数据收集使用管理、消费者权益保护等领域的基本规则，坚决破除垄断，依法保护各类交易主体利益，推动完善数据流转和价格形成机制，为企业家精神的涌流和"创造性破坏"的实现提供制度保障。2021年2月《国务院反垄断委员会关于平台经济领域的反垄断指南》（以下简称《指南》）的出台是中国在建立法治化、规范化平台监管规则体系方面迈出的重要一步。《指南》体现了决策者通过强化反垄断和防止资本无序扩张，来降低市场进入壁垒，营造开放包容的发展环境，充分激发市场主体创新活力和发展动力，提高中国平台经济整体国际竞争力的核心理念，是贯彻落实创新发展理念的重大举措。

二要加强规制，扩大监管覆盖范围，提升监管能力，把金融科技的跨部门监管协调作为重中之重，力争做到监管全覆盖，并通过有中国特色的"监管沙盒"创新，探索监管部门、金融机构、科技企业的良性合作与试点机制。特别要坚持所有金融活动必须依法依规纳入监管，坚持金融业务必须持牌经营，强化对BigTech的监管，防范其利用大数据对消费者进行误导或歧视。

三要重视金融消费者保护与教育。要明确四类问题："保护谁"，即辨别弱势金融消费者、普通金融消费者和高端金融消费者，以及"正常金融消费者"与"恶意金融消费者"；"保护什么"，即对金融科技各类场景中的消费者权益，进行更细致的分析。"由谁保护"，即明确多部门、多主体的协同推动；"怎样保护"，即从制度和技术两个层面着手施策，并树立制度重于技术的理念。

(三) 全球流动性充裕带来的冲击

2008年国际金融危机爆发之后，世界主要经济体陷入长期停滞，对央行货币政策构成持久的挑战。为了将世界经济拉出衰退泥潭，各主要央行纷纷创造出大量流动性，并实施超低利率政策。虽然在2016—2018年美国经济一度接近复苏，但2019年全球经济增长再度放缓，致使各国央行放弃货币政策正常化的打算，重新祭出扩张资产负债表和降低利率的办法刺激经济增长。根据Snoy等的估算，截至2019年年底，美元等主要货币的长期利率远低于未来预期短期利率的平均水平，而且十年期的长期利率中的长期溢价仍然为负[1]。这在历史上是罕见的，表明全球流动性极为充裕。

2020年年初暴发的新冠肺炎疫情，无疑使得宏观经济波动进一步加剧。为应对疫情冲击，以美国为首的发达国家普遍采取了宽松的货币政策和力度较大的财政刺激政策，两种政策工具相互协调、密切配合：央行采取量化宽松、前瞻指引、负利率等非常规货币政策，向市场注入大量新的流动性，将基准利率降至低位，并设法控制国债收益率曲线，从而降低国债的利息支付成本，增强扩张性财政政策的可持续性。扩张性非常规货币政策持续施行的一个直接后果是央行资产负债表的急速扩张：如图2所示，美联储资产负债表中总资产规模前所未有地从2019年年底的4.38万亿美元骤增到2020年12月底的7.32万亿美元，扩张1.78倍，规模达近3万亿美元；而同期欧洲央行和日本央行资产负债表中的总资产规模也分别扩张1.64倍和1.29倍，总规模均达到历史最高水平。央行资产负债表规模是测度官方流动性的重要指标，全球主要央行的快速扩表意味着2020年全球的官方流动性供给极为充裕。由于

---

[1] Bernard Snoy, Rapporteurs André Icard, and Philip Turner, 2019, "Managing Global Liquidity as A Global Public Good", RTI Paper No. 11.

美元、欧元和日元在国际货币体系中占据主导地位,美日欧央行资产负债表的持续扩张使得全球政策利率持续在低位运行。就2020年的总体情况来看,日本和欧元区短期政策利率依然为负值,美联储的联邦基金利率降为0—0.25%,发达经济体的国债收益率也已降至极低水平。

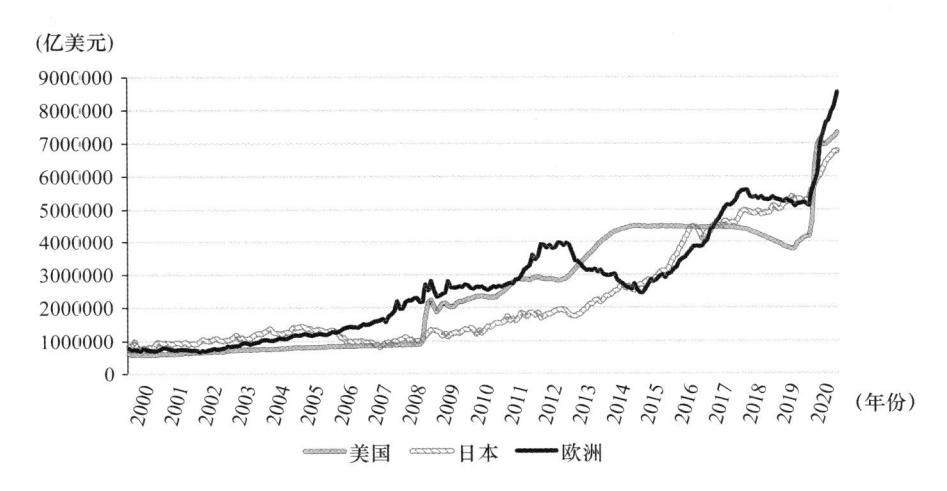

图2 全球主要央行资产负债表规模的变化

资料来源:CEIC数据库。

需要注意的是,从2020年年底开始,美国国债收益率越来越陡峭,无风险利率大幅上扬:2021年1月6日,十年期国债收益率超过1%,1月8—13日已连续5天突破1.1%,系2020年3月以来的首次。投资者心理预期变化导致的强烈反应是导致此轮上涨的关键。一方面,投资者预期拜登政府将会尽快推出规模达数万亿美元的天量经济刺激计划。在经济衰退期,大规模的财政支出必然意味着大规模的政府债务,而大规模的政府债务必然需要大规模的国债发行来支撑。另一方面,疫苗研发的进展和通胀率的回升使得投资者预期美联储可能提前缩表,减少国债购买。国债发行增加和购买减少这两类因素加总,导致投资者抛售美国国债,从而导致国债价格下跌,收益率上升。无风险利率的上扬既可能导致美国股市估值下跌，限制股市市盈率上升的空间，同时也增加了国债的利息成本，使得主权债务风险加大。

为了配合扩张性财政政策的施行，避免无风险利率过快上升，预计美联储货币政策仍将保持宽松态势，零利率和量化宽松政策仍将持续一段时间，在美国经济全面复苏之前不会过早退出。美联储2020年9月通过的新版政策指南强调，在通货膨胀率升至2%目标水平之前，利率将保持在接近零的水平上。而且，美国的通胀目标制也从锁定2%的绝对通胀目标制转变为有弹性的平均通胀目标制，略高于2%的通胀率亦可以被容忍。美联储主席鲍威尔也于2021年1月重申，美国经济远未复苏，每月购买1200亿美元的国债及抵押贷款支持证券计划将继续实施，不会过早削减资产购买计划。美联储政策的连续性将使得国债收益率上涨的幅度有所减弱，但由此带来的流动性充裕和通货膨胀抬头风险将会加大。一旦通胀率超预期过快上升，美联储将无法有效控制国债的利息成本，美国债务的可持续性将难以保证。此外还要注意，尽管美联储全力降低政府发债的利息成本，但市场普遍预期，疫情防控、疫苗研发进展等新的不确定因素仍可能推动美国国债收益率进一步上升，2021年可能在1.5%—2.0%区间波动。我们需要高度关注由此引发的美国股票市场价格大幅波动，以及美元升值等可能出现的新风险点。

预计中国宏观政策将保持连续性、稳定性，不急转弯，十年期国债收益率可能围绕3.0%做双向盘整。如此一来，中美之间的利差虽仍较大，但可能趋于收窄。这可能导致短期资本流动方向发生变化。国际资本流动的加剧使得国内金融系统更多地受到国际资本市场价格和流动性变化的冲击。最为重要的是，大量短期资本涌入中国的主要目的是套利；一旦国内外经济形势发生新的变化，短期资本流动的方向亦会随之改变，资金大进大出的风险不容忽视。短期资本大规模流出与人民币汇率贬值预期可能相互加强形成恶性循环，使得政策利率被动提高，从而对经济增长和金融稳定产生抑制作用，导致重大风险的爆发。

三　新发展格局与新金融

《中共中央关于制定国民经济和社会发展第十四个五年规划和二〇三五年远景目标的建议》（以下简称《建议》）的核心要义体现在三个"新"上，也即新发展阶段、新发展理念与新发展格局。新发展阶段，是指"十四五"时期是在全面建成小康社会之后开启全面建设社会主义现代化国家新征程的起步期。新发展理念，是指创新、协调、绿色、开放、共享五大理念。新发展格局，是指构建以国内大循环为主体、国内国际双循环相互促进的新发展格局。《建议》中蕴含了丰富的金融方面内容，金融改革与发展要为构建新发展格局服务，是贯穿其中的主线。

我们可以从构建以国内大循环为主体的新发展格局、构建国内国际双循环相互促进的新发展格局这两个层面来深入理解新金融与新发展格局之间的关系。

（一）金融促进国内大循环

改革开放40多年来，中国金融体系取得了长足进展。然而近年来，金融发展似乎与实体经济的发展有所脱节，造成了所谓的金融"脱实入虚"、"金融空转"、系统性金融风险上升等问题。笔者认为，造成这些问题的根源，在于实体经济结构性改革的进展不尽如人意。这会引发两个问题：第一，实体改革进展迟滞将会造成实体投资回报率低，而金融改革进展迅速将会造成金融机构混业经营加剧与大量流动性追逐高收益。因此实体改革与金融改革的节奏错配将会导致金融资源不愿意流入实体经济，而停留在金融部门内部追逐高收益，这是造成"脱实入虚"、"金融空转"、系统性金融风险上升的根源[①]。第二，实体改革进展迟滞本身

[①] 张明、陈骁、魏伟：《纠正金融改革与实体改革的节奏错配》，平安证券宏观报告，2017年6月18日。

就可能导致金融领域出现资源错配的格局。如图3所示，2007—2019年中国劳动生产率增速由13.7%下降至6.2%，劳动生产率的放缓在一定程度上体现了实体改革进展的迟滞[①]。同期中国宏观杠杆率则由145.0%上升至245.4%，上升超过100个百分点，这一方面反映了金融资源驱动经济增长能力的下降，另一方面则反映了系统性金融风险的上升。

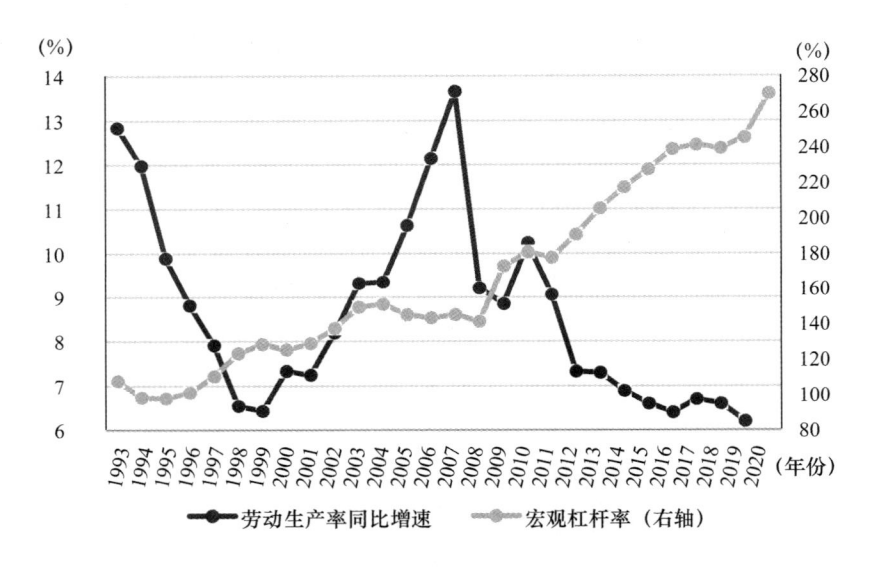

图3 实体改革迟滞与金融资源错配并存

注：宏观杠杆率为中国政府、居民、非金融企业三部门债务之和占GDP的比率。
资料来源：Wind、国家资产负债表研究中心（CNBS）。

从金融角度来构建以国内大循环为主体的新发展格局，就必须让金融更好地为实体经济服务。这意味着至少要做好如下工作：一是维护金融安全，守住不发生系统性风险的底线；二是推动金融、房地产与实体

---

① 另一个可以反映实体改革进展迟滞的指标是，根据国家信息中心祝宝良的估算，2009—2019年全要素生产率对GDP增长的贡献仅为2.0个百分点，显著低于2002—2008年的4.4个百分点。

经济均衡发展；三是通过大力发展直接融资市场来缓解中小民营企业融资难、融资贵问题；四是通过健全社保体系与发展多层次养老保险市场来缓解人口老龄化冲击。

1. 守住不发生系统性金融风险的底线

自2008年国际金融危机爆发以来，M2/GDP比率与中国宏观杠杆率快速攀升。如图4所示，2008—2020年，中国M2/GDP比率由148.8%上升至215.2%，中国宏观杠杆率由141.2%上升至270.1%。分部门来看，中国宏观杠杆率的上升主要归因于非金融企业部门杠杆率的过快攀升。M2/GDP比率的快速攀升意味着货币驱动增长的效率不断下滑，而宏观杠杆率的快速攀升则意味着债务驱动增长的效率不断下滑。此外，高企的杠杆率也意味着系统性金融风险的累积与上升。

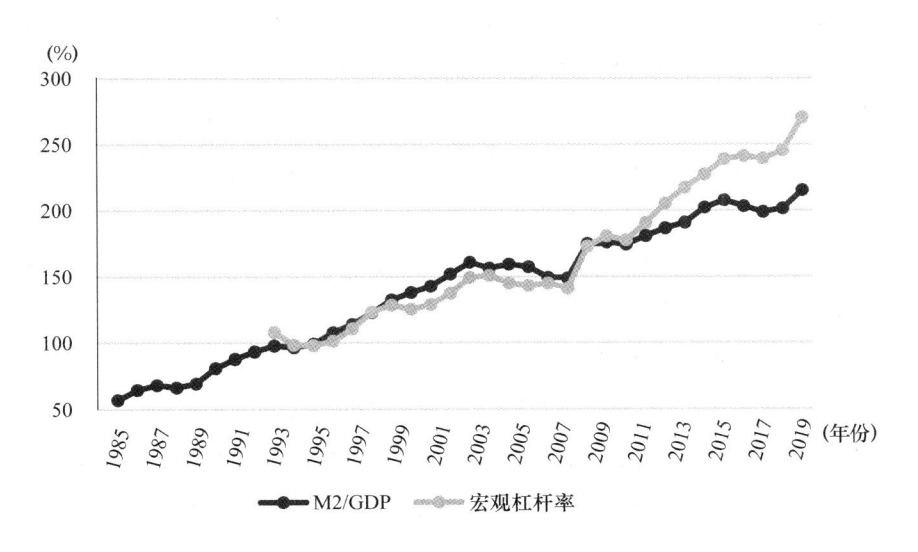

图4 中国的M2/GDP与宏观杠杆率

注：宏观杠杆率为中国政府、居民、非金融企业三部门债务之和占GDP的比率。
资料来源：Wind。

在党的十九大报告提出的三大攻坚战中，脱贫与全面建设小康社会已经顺利实现，而防控系统性金融风险与推进节能环保依然任重道远。中国系统性金融风险主要表现为房地产相关风险、地方政府债务相关风险以及中小金融机构相关风险[①]。要防范化解系统性风险，既要有系统性的风险缓释方案，也要有预防性前瞻性的危机应对预案。作为一个仍在快速增长的发展中经济体，中国政府仍应坚持在经济增长过程中化解金融风险的策略，要努力避免把经济增长与防范化解金融风险两者割裂开来的做法。在防范化解系统性金融风险的过程中，分部门根据具体情况出台不同措施进行风险缓释固然重要，但更重要的是防范系统性风险在不同部门之间的轮转或传染[②]。

2. 推动金融、房地产与实体经济均衡发展

迄今为止，相当于其他行业而言，金融行业与房地产行业呈现出过度发展的趋势，这两个行业的高利润意味着其他行业的利润率将受到挤压。如图5所示，2006—2016年中国金融业增加值占GDP的比重由4.4%快速攀升至8.0%。2016年和2017年中国金融业增加值占GDP的比重甚至超过了全球金融业最发达的美国，这说明中国金融业发展有些"虚火过旺"。2016年中国金融业增加值与房地产增加值之和占GDP的比重达到了14.3%的峰值，这个指标在全球主要大国中排名靠前，形象地说明了"脱实入虚"与"金融空转"的问题。

《建议》强调要推动金融、房地产同实体经济均衡发展，这是一个全新的提法。在过去，我们不是把房地产纳入实体经济范畴，就是把房地产纳入虚拟经济范畴，或者把房地产行业的不同组成部分分别纳入实体经济与虚拟范畴。如前所述，"脱实入虚"与"金融空转"，都与实

[①] 魏伟、陈骁、张明：《中国金融系统性风险：主要来源、防范路径与潜在影响》，《国际经济评论》2018年第3期。

[②] 张明：《中国宏观杠杆率的演进特点、部门轮动与应对之策》，《上海金融》2020年第4期。

主报告　新发展格局下的金融变革

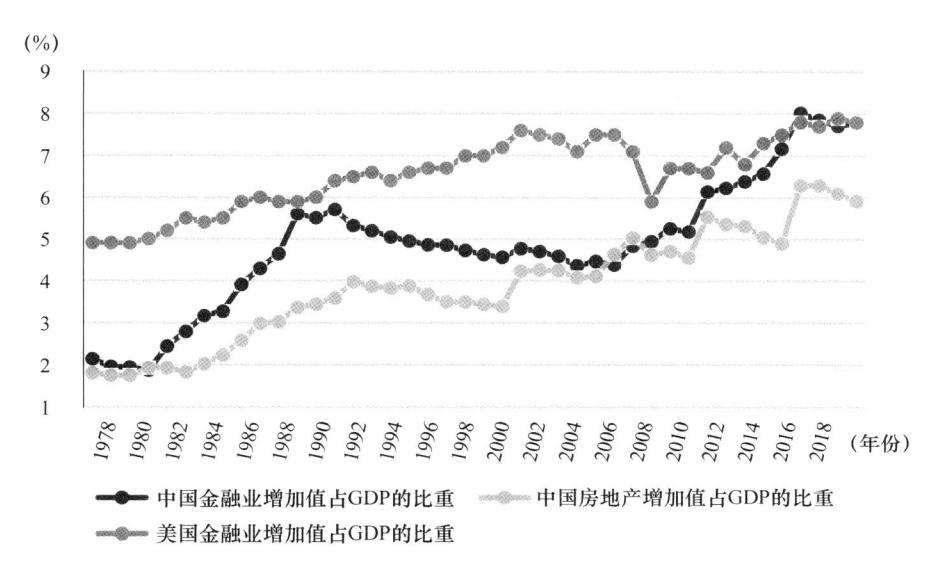

图5　中国金融业增加值占GDP比重上升过快

资料来源：Wind。

体改革与虚拟改革的节奏错配有关。《建议》把房地产与金融、实体经济三者相提并论，反映了对房地产市场的高度重视。房地产于居民而言，居者有其屋，这是百姓立足之地，同时也是居民最重要的财产；房地产于政府而言，是地方发展的龙头，是土地财政的基础；房地产于银行而言，是重要的抵押物，是信贷投放的"好"领域。正因为如此，房地产将金融与实体经济紧密"连接"在一起，起到了枢纽的作用。

有学者认为，房地产风险是中国金融体系面临的最大"灰犀牛"。事实上，从2017年年底2018年年初，中国政府关于房地产的调控思路已经成型并且会长期延续。"房住不炒、因城施策、构建房地产调控长效机制"这一调控思路经历了中美经贸摩擦与新冠肺炎疫情冲击两次重大负面冲击考验，而中国政府并未因为增长速度放缓而显著放松房地产宏观调控。未来，如何在风险可控的前提下逐渐消化掉房地产市场的泡沫与风险，将是政策当局面临的重大考验。

2020年12月召开的中央经济工作会议指出，要解决好大城市住房突出问题。根据此次会议精神，中国将继续坚持房子是用来住的、不是用来炒的定位，因地制宜、多策并举，促进房地产市场平稳健康发展。在这一总基调之下，我们可以从供求两侧双管齐下，推进一系列体制改革举措：从供给侧看，一是使市场在土地资源配置中发挥决定性作用，推进城乡土地同权化和土地资源配置市场化，主要依靠市场机制调节城市土地及空间资源配置，放宽农地入市限制，探索建立全国性城乡建设用地增减挂钩政策，切实缓解大城市住房建设用地供给不足的局面；二是更好发挥政府作用，加快建立多主体供给、多渠道保障、租购并举的住房制度，培育和维护统一开放、充分竞争的土地市场，使得住房供给的增长与城市常住人口的动态变化相适应。从需求侧看，一是稳妥推进房地产税立法，建立运用税收杠杆调节房地产市场运行的长效机制，抑制投机性需求过快增长；二是改革住房公积金制度，更好发挥公积金在降低购房成本，保障住房刚需方面的积极作用；具体地说，就是要通过提高住房公积金统筹层次，增强各地区之间住房公积金的融通，提高资金收益率；在此基础上积极稳妥探索在中国建立住房保障类政策性银行的可行性和操作路径，从根本上提升资金使用效率。

在多种类型的住房类型之中，租赁住房的发展值得特别关注，将是解决大城市住房问题的重要抓手。2020年中央经济工作会议强调"要高度重视保障性租赁住房建设，加快完善长租房政策，逐步使租购住房在享受公共服务上具有同等权利，规范发展长租房市场"。根据会议精神，促进租赁住房市场建设迫切需要推进以下三个方面的工作：一是土地供应要向租赁住房建设倾斜；二是探索利用集体建设用地和企事业单位自有闲置土地建设租赁住房；三是降低租赁住房税费负担、整顿租赁市场秩序、对租金水平进行合理调控。中国的房地产市场自有率很高，而保障性租赁住房（公租房）则是很多发达经济体（如德国与新加坡）用以解决居民住房问题的关键抓手。租赁住房在中国大城市一直发展不起来，主要有两大障碍：一是承租人的相关权利得不到保障；二是承租人不能获得与住房相挂钩的公共服务。2020年颁布的《中华人民共和国民法典》对承租人的相关权利进行了更加完善的保护。而如果能有相应制度让承租人能够享受到与住房所有人在公共服务上的同等权利，这将极大地促进租赁住房的发展。

3. 大力发展直接融资

中小民营企业融资难、融资贵现象已经成为中国金融体系长期面临的一大挑战。造成中小民营企业融资难、融资贵的原因众多，但最根本的一个原因，在于中国的金融结构以银行业为主导，过度依赖银行间接融资，而银行融资从本质上就更加偏向于信用记录更长、更能提供足额抵押品的大企业。如图6所示，2002—2020年各类新增贷款占新增社会融资总额的比重虽然已经由96.4%下降至53.6%。相比之下，新增非金融企业境内股票融资占比同期内却由3.1%下降至2.6%，十余年来股权融资占比本来水平就很低，而且还不升反降；企业债券融资占比同期内由1.8%上升至12.8%，的确显著上升，但依然落后于发达经济体水平。换言之，直接融资比重过低，是造成中国中小民营企业融资难、融资贵的深层次原因。

中国股市长期以来未能随着宏观经济增长而相应成长，未能很好地发挥宏观经济晴雨表与资源配置功能。造成上述现象的根本原因，是中国股市面临着一系列体制机制的障碍，其中，注册制与退市制度是两项最重要的根基性制度①。迄今为止，仅有最晚开板的科创板实施了股票发行注册制，而迄今为止各板块尚未建立常态化退市机制。《建议》中直接指出要全面实施注册制与建立常态化退市机制，可谓直接针对了中国股市体制机制改革的两大重要问题。如果股权市场与债券市场（尤其

---

① 黄奇帆：《完善两项根基性制度：注册制与退市制度》，载《结构性改革：中国经济的问题与对策》，中信出版集团2020年版。

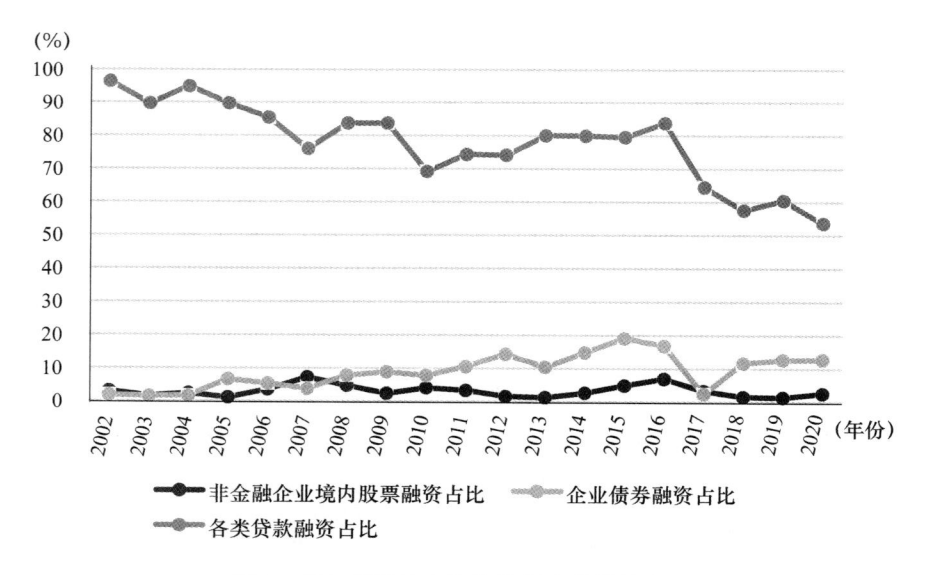

图 6 每年新增社会融资总额中的结构占比

注：各类贷款包括人民币贷款、外币贷款、委托贷款与信托贷款。

资料来源：Wind。

是高收益债券市场）能够获得长足发展，那么就能有效降低具有较强竞争力的中小企业（尤其是高科技企业）的融资难度与融资成本。

4. 健全社保体系与发展多层次养老保险体系

2003—2010 年，中国人口结构已经达到刘易斯拐点。从 2010 年起，中国的工作人口占总人口比例由上升转为下降。在未来 20 年内，中国将会迎来人类历史上最快速的一次人口老龄化进程。到 2050 年，中国人口的中位数年龄将达到 50 岁左右。长期以来计划生育实施的结果，将会导致在未来 20 年人口老龄化加速之际，传统的现收现付（Pay As You Go，PAYG）式养老金体系难以为继，中国亟须发展多层次、多支柱养老保险体系。

当前中国正在建立完善由基本养老保险、企业补充养老保险、个人储蓄性养老保险和商业养老保险共同参与的"三支柱"社会养老保险体系。当前的问题在于，"三支柱"养老保险体系的发展存在严重的不平衡现象，作为第一支柱的基本养老保险一枝独秀，第二支柱和第三支柱的占比都很小，尤其是第三支柱的占比几乎可以忽略不计。要促进第二支柱与第三支柱的快速发展，首先需要政府提供更大力度的税收优惠支持，其次要提高年金管理与商业保险运营机构的产品创新能力与投资管理能力。

（二）金融促进国内国际双循环

要从金融角度来构建国内国际双循环相互促进的新发展格局，至少应该做好如下工作：一是推动金融市场双向开放；二是稳慎推进人民币国际化；三是力争做到金融基础设施自主可控；四是加快推动绿色金融发展。

1. 推动金融市场双向开放

自中国政府在 2020 年下半年提出以构建国内大循环为主体、国内国际双循环相互促进的新发展格局后，国内外存在一种错误看法，即中国政府从此将关起门来搞发展。这其实是对双循环新发展格局的一种狭隘的理解。我们认为，在双循环新发展格局中，内循环固然重要，但外循环同样重要。我们固然需要"以改革促开放"，同样也要"以开放促改革"。尤其值得重视的，是国际循环可以从多个层面来提升国内循环的效率，如引入国际先进发展理念、技术与管理，引入竞争，为国内投资者提供更加多元化的投资选择等。

事实上，近年来，中国政府显著加快了国内金融市场的开放步伐。例如，2019 年 9 月，中国人民银行取消了 QFII 与 RQFII 的投资额度限制。又例如，到 2020 年年底，中国政府已经放开了大多数金融机构的外资持股比例限制。再例如，2021 年 2 月初，中国人民银行与银保监会、证监会、外汇局、香港金管局、香港证监会与澳门金管局签署了"跨境理财通"谅解备忘录。这意味着双向的证券项下资本流动有望进入新的发展阶段。国内金融市场加快开放有助于显著提升中国金融市场的竞争力与效率。

当然，与金融开放如影随形的是潜在金融风险的上升。例如，在2020年，由于中外利差显著拉大，导致大量短期资本流入中国债市与股市，一方面推动了资产价格上涨，另一方面也推动了人民币汇率显著升值。在未来如何防范短期资本大进大出及其带来的潜在风险，构成了中国央行面临的重大挑战。

2. 稳慎推进人民币国际化

《建议》指出，稳慎推进人民币国际化，坚持市场驱动和企业自主选择，营造以人民币自由使用为基础的新型互利合作关系。过去的常用表述是稳步推进人民币国际化。"稳慎"与"稳步"相比，前者似乎更为谨慎，对潜在风险更加重视。

2009—2017年，中国可谓经历了人民币国际化的一轮完整周期（见图7）。在上一个周期内，人民币国际化在较大程度上受政府政策推动，中国政府采取了鼓励跨境贸易与直接投资的人民币结算、大力发展以香港为代表的离岸人民币金融中心、中国人民银行与其他央行签署双边本币互换的"三位一体"策略。在上一个周期内，汇率升值预期、境内外利差变化、中国国内系统性金融风险的变化在很大程度上决定人民币国际化进程的快慢。

在从2018年开始的新周期里，中国政府采取了发展大宗商品交易人民币计价市场、加快向外国机构投资者开放国内金融市场、大力培育境外非居民对人民币的真实需求的新"三位一体"策略[1]。未来的人民币国际化将以培养境外对人民币的真实需求为基础，人民币国际化进程将更多呈现出市场供求驱动的特征。中国政府将会鼓励人民币在东亚产

---

[1] 张明、李曦晨：《人民币国际化的策略转变：从旧"三位一体"到新"三位一体"》，《国际经济评论》2019年第5期。

业链与"一带一路"沿线的广泛使用，并通过向境外投资者开放国内金融市场来提供更广、更深、更富流动性的人民币计价金融产品。《区域全面经济伙伴关系协定》（RCEP）的签署将为人民币国际化的周边化提供新的动力。如何在 RCEP 区域内推进人民币国际化，值得深入研究。

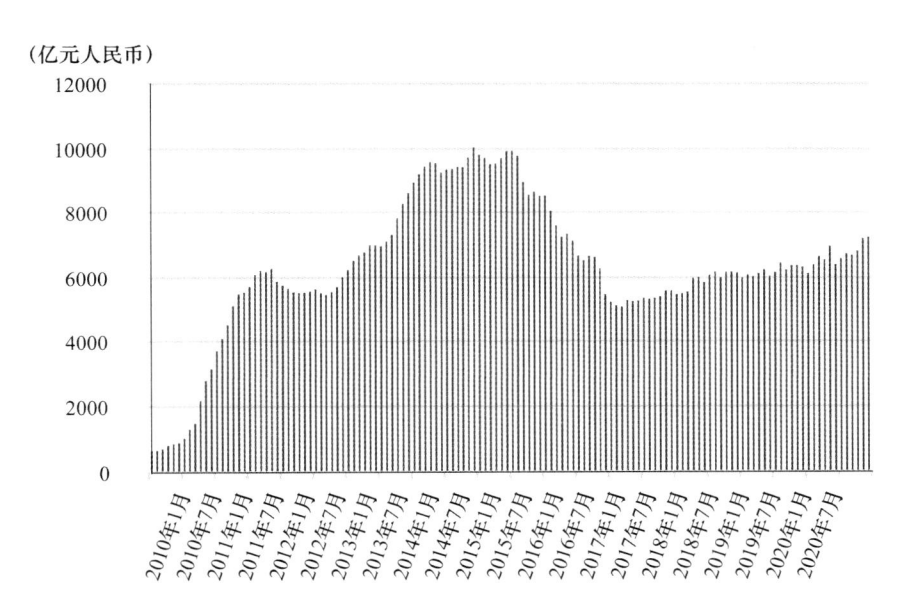

图7 香港市场人民币存款余额的波动

资料来源：Wind。

3. 保持金融基础设施自主可控

在维护金融安全方面，特别值得一提的是要保障中国金融体系基础设施的安全，尤其是支付清算体系的安全。迄今为止，全球跨境支付清算在很大程度上依赖于纽约清算所银行同业支付系统（Clearing House Interbank Payment System，CHIPS）以及环球同业银行金融电讯协会（Society for Worldwide Interbank Financial Telecommunications，SWIFT）。

这两个体系在很大程度上受到美国政府的控制。在针对伊朗的金融制裁中，美国政府就将伊朗政府、金融机构与企业排除在 CHIPS 与 SWIFT 之外。在未来可能发生的中美经贸摩擦中，不能完全排除美国政府再次打这张牌的可能性。

为此，中国金融体系亟待建设自己主导的跨境支付清算体系，不能在这一关键领域完全受制于人。中国人民银行批准设立的人民币跨境支付系统（Cross-border Interbank Payment System，CIPS）在 2015 年 10 月成功上线，截至 2019 年年底，CIPS 系统业务已经覆盖了 167 个国家和地区的 3000 多家银行法人机构，"一带一路"沿线已经有 59 个国家和地区的 1017 家法人银行机构通过 CIPS 系统办理业务[1]。虽然 CIPS 的发展要做到与 CHIPS 和 SWIFT 相提并论，还尚需时日；但作为中国政府主导的国家级金融市场基础设施，CIPS 的建设至关重要且值得期待。在构建非美国政府主导的跨境金融支付清算体系方面，中国与欧盟、英国、日本等发达国家以及新兴市场国家之间存在很大的合作空间。

2021 年 1 月 16 日，SWIFT 联手中国人民银行清算总中心、跨境银行间支付清算有限责任公司、央行数字货币研究所和中国支付清算协会在北京成立了金融网关信息服务有限公司。这一跨国合作的新动向值得关注与期待。

4. 加快推动绿色金融发展

2020 年 9 月 22 日，习近平主席在第七十五届联合国大会一般性辩论上指出，"中国将提高国家自主贡献力度，采取更加有力的政策和措施，二氧化碳排放力争在 2030 年前达到峰值，努力争取在 2060 年前实现碳中和"。2020 年 12 月 12 日，习近平主席进一步在气候雄心峰会上指出，"到 2030 年，中国单位 GDP 二氧化碳排放将比 2005 年下降 65%

---

[1] 以上数据引自 http：//www.cips.com.cn/cips/_2664/_2708/33604/index.html。

以上，非化石能源占一次能源消费比重将达到25%左右，森林蓄积量将比2005年增加60亿立方米，风电、太阳能发电总装机容量将达到12亿千瓦以上"。习近平主席的上述表态是中国作为一个负责任大国对全球命运共同体的庄严承诺。

然而，要在2060年前实现碳中和，的确是一个艰巨挑战。要实现这一目标，一方面需要各地统筹推进（有条件的地区率先达标、先进地区帮助后进地区）①，另一方面也需要金融市场的支持与推动。如何大力发展绿色金融，通过绿色信贷、绿色债券、绿色基金、绿色保险、绿色信托、绿色租赁等工具来促进环境保护与治理，将是"十四五"时期乃至未来40年内中国金融体系持续面临的任务。

四 2021年展望与政策建议

（一）2021年经济金融形势展望

2019年中国GDP增速为6.1%。2020年四个季度中国GDP同比增速分别为-6.8%、3.2%、4.9%与6.5%，全年GDP增速达到2.3%。本书认为，2021年中国GDP增速有望达到8.0%左右。这一方面是因为中国经济将会延续2020年的复苏态势、继续回归潜在增速；另一方面则是因为2020年的基数效应较低。考虑到2020年中国经济增速呈现出前低后高的格局，2021年中国经济增速很可能是前高后低。2021年第一季度，受基期效应影响，GDP同比增速可能高达15%左右。而到了2021年第四季度，GDP同比增速可能回归至6%左右。

2020年中国CPI月度同比增速由1月的5.4%显著下降至11月

---

① 2020年12月的中央经济工作会议提出了做好碳达峰、碳中和工作的三项具体任务：第一，要加快调整优化产业结构、能源结构，推动煤炭消费尽早达峰，大力发展新能源，加快建设全国用能权、碳排放权交易市场，完善能源消费双控制度；第二，要继续打好污染防治攻坚战，实现减污降碳协同效应；第三，要开展大规模国土绿化行动，提升生态系统碳汇能力。

的-0.5%，12月略微回升至0.2%。CPI增速快速下降的主要原因是猪肉价格增速的回落。2020年全年中国CPI增速达到2.6%。在2020年，中国PPI月度同比增速有11个月为负，但PPI月度同比增速已经由2020年5月的-3.7%回升至12月的0.4%。本书认为，在2021年，中国CPI增速可能在2%左右，PPI增速将会转负为正，增速最终在1%左右。

2021年预计财政政策的扩张程度较2020年有所下降。一是中央政府财政赤字占GDP比率将会由2020年的3.6%下降至3.2%。二是中央政府不会继续发行抗疫特别国债。三是新增地方专项债规模可能稳定2020年的水平上（2020年为3.75万亿元）。这意味着，财政政策事实上将会出现边际紧缩。2021年预计货币政策将会继续维持稳健中性的基调。在财政政策将会边际紧缩的前提下，考虑到经济复苏过程尚不稳固，预计货币政策不会继续按照2020年下半年的节奏继续收紧，而是大致保持在目前的水平上。本书预计，2021年准备金率变动的概率不大，利率上调的可能性大于下调的可能性，但上调的空间不会太大。2021年M2增速将会继续稳定在10%左右，基本上等于GDP增速加上通货膨胀率[①]。

我们对2021年中国股市的走势较为乐观。一方面，宏观经济的回升使得2021年的经济增速将远高于2020年，经济的复苏也会使得企业的基本面不断改善，这会提高投资者的风险偏好；另一方面，房地产调控政策的延续性也会使得存量投资资金从房地产市场向股票市场轮动。此外，中国经济的较快增长以及境内外较宽的利差也会导致更多的外国资金流入中国股市。相比于估值已经很高的小盘股（尤其是创业板股票），我们更加看好估值偏低、基本面稳健、机构投资者更加偏好的蓝筹龙头股。

---

① 2020年12月的中央经济工作会议指出，"稳健的货币政策要灵活精准、合理适度，保持货币供应量和社会融资规模增速同名义经济增速基本匹配，保持宏观杠杆率基本稳定"。

2021年利率债市场走势存在不确定性,信用债市场则可能出现更大规模的违约。目前中国10年期国债收益率在3.2%左右,显著高于CPI增速(2020年12月为0.2%)以及核心CPI增速(2020年12月为0.4%)。相比之下,美国目前的核心CPI增速在1.6%左右,而10年期国债收益率仅为1.0%。本书认为,2021年中国10年期国债收益率继续上升的空间不大。如果经济增长不及预期,货币政策的边际放松可能导致10年期国债收益率显著回落。2020年年底,中国国内出现了一波地方国企产业债违约的浪潮。2021年预计企业信用债市场将会出现更多的违约,中小地方投融资平台、中小开发商、地方国有企业可能是信用债违约的重点群体。

2021年人民币兑美元汇率可能围绕6.4—6.5的中枢水平呈现出双向波动的格局。2020年,人民币兑美元汇率先贬后升。2020年6月初至今,人民币兑美元汇率升值幅度超过8%。考虑到美国经济增速从2020年下半年起已经开始复苏,预计中美利差很难继续拉大,这意味着人民币兑美元的单边快速升值趋势很难延续。此外,2020年下半年人民币有效汇率的升值在经过一段时滞后也将对中国出口增速造成负面影响。为了抑制人民币汇率的过快升值,近期中国人民银行也采取了一些相应措施(如取消商业银行远期售汇的风险准备金、淡出逆周期因子等)。综上考虑,人民币兑美元汇率将由单边快速升值重新转为双向波动。

2021年,中国房地产市场将会继续延续2018年以来的基调。中国政府将会继续坚持房住不炒、因城施策、构建房地产调控长效机制的宏观调控思路。这一思路经历了中美经贸摩擦与新冠肺炎疫情暴发两次冲击,并没有发生根本改变。在这一调控思路之下,中国各线房地产市场将会呈现出价格基本稳定、成交量维持在较低水平的格局。一、二线城市与三、四线城市之间的房价表现将会分化加剧,房地产行业的集中度未来有望持续提高。这就意味着,未来三、四线城市的中小房地产开发商将会面临较大的经营风险。

（二）相关政策建议

第一，保持宏观政策的连续性、稳定性、可持续性，不急转弯。考虑到迄今为止的经济复苏并不稳固、呈现出不平衡的复苏特征，2021年中国政府仍应实施较为宽松的财政货币政策组合，避免宏观政策的过快收紧冲击来之不易的经济复苏。2020年，经济增长的主要引擎是房地产投资、基建投资与出口，相比之下，消费与制造业投资依然增长乏力。中国经济复苏呈现出生产端复苏显著好于需求端的格局。2021年年底，CPI增速与PPI增速更是出现了双双为负的格局。为了让经济增速更快恢复至潜在增速附近，中国政府仍应实施较为宽松的财政货币政策组合。在财政政策更可能边际收紧的前提下，货币政策应该避免同步收紧，而应保持在适当宽松的水平上。否则，宏观经济增长就可能因为财政货币政策双双收紧而不及预期。2020年12月召开的中央经济工作会议指出，"明年宏观政策要保持连续性、稳定性、可持续性"，"保持对经济恢复的必要支持力度，政策操作上要更加精准有效，不急转弯，把握好政策时度效"。这是非常客观与明智的判断与决定，在一定程度上缓解了市场关于宏观政策过快收紧的担忧。

第二，审慎应对与化解金融风险，避免爆发区域性与系统性金融危机。在疫情冲击、潜在增速放缓的背景下，中国的金融风险仍处于累积与显性化过程中。在防范化解金融风险的过程中，中国政府应该把握住加强监管与防范危机之间的平衡，采取新老划断、区别对待的态度。对存量金融风险化解要更加审慎，避免加强监管、化解危机的政策本身加剧存量风险的爆发。

第三，继续加快金融市场的改革。在股票市场上，应该尽快推广注册制以及退市制度，加强上市公司信息披露制度与投资者保护制度。在债券市场上，应该尽快整合银行间债券市场与交易所债券市场，改变债券市场上多头监管的格局。在外汇市场上，应该加快人民币汇率形成机制市场化改革。

第四，在风险可控的前提下继续推动金融市场的双向开放。一方面，中国政府应该继续加快国内金融市场对境外机构投资者的开放。另一方面，为了避免人民币汇率过快升值，中国政府应该尽快改变跨境资本"宽进严出"的格局，放松中国投资者投资于境外资本市场的限制，例如尽快推出债券通的南向通。同时，为了避免短期资本大进大出对中国经济增长与金融稳定的冲击，中国政府仍应维持适当的资本账户管制。正如2020年12月的中央经济工作会议所指出的，在"全面推进改革开放"的同时，"要大力提升国内监管能力和水平，完善安全审查机制，重视运用国际通行规则维护国家安全"。

第五，建立"可持续"的债务积累模式。宏观杠杆率的不断攀升，一个重要的体制原因在于政府干预（如隐性担保、刚性兑付、国有经济偏好等）扭曲了风险定价，使得杠杆资源（信贷资源）更多向公共部门配置，导致信贷资源的误配置。因此，减少政府在信贷配置方面的干预，建立一个可持续的债务积累模式，是新发展格局下金融变革的重要方向。一是稳步推进破产重组，让市场清理机制发挥"强制性"作用。这包括推进国有企业的破产重组，清理僵尸企业，以及对债务问题较为严重的地方政府进行债务重整，形成较强外部压力。二是硬化国企与地方政府的预算约束，弱化扩张或赶超冲动，破除隐性担保和兜底幻觉，打破"国企信贷"。三是突出竞争中性，纠正金融体系的体制性偏好，让不同性质的企业，在获得金融信贷方面享有相对平等的待遇[1]。

（执笔人：张晓晶、张　明、董　昀）

---

[1] 张晓晶、刘学良、王佳：《债务高企、风险集聚与体制改革》，《经济研究》2019年第6期。

第一章

全球产业网络视角下的"双循环"

党的十九届五中全会提出"加快构建以国内大循环为主体、国内国际双循环相互促进的新发展格局",这是基于对中国经济发展阶段和当前国际政治经济形势的判断做出的重大战略部署。众所周知,长期以来对外开放构成了中国经济转型与增长的重要动力,因此"双循环"的提出绝不意味着经济的封闭运行,而是在完善国内经济体系与重塑中国国际合作方式和竞争新优势的基础上寻求更高水平的对外开放。毫无疑问,对于上述重大时代命题的理解和阐述是新时期经济学研究的使命之一,而在这当中,全球产业链则是理解国内与国际经济循环的一个核心概念。为此,本章从全球产业网络(Global Production Networks)的视角出发,对"双循环"的相关理论线索做出梳理,并给出未来进一步探索的方向。

一 社会经济网络与国际产业分工

主流经济学对于国际经济活动的分析通常基于比较优势[1]和由于递

---

[1] Debaere Peter, 2003, "Relative Factor Abundance and Trade", *Journal of Political Economy*, 111 (3): 589–610.

增报酬导致的产业集聚①。这两种理论对于许多国际经济现象具有很强的解释力，但也都存在较为明显的局限性：前者难以解释要素禀赋相似经济体之间的分工，后者则缺乏预测能力和动态视角。与此相应，在商业与管理领域对于国际经济合作的分析中，产业链则是更为流行的基本概念。尽管有时缺乏理论上的严格性，产业链分析却更为贴合实际，并且很多时候给出的解释更为直观。本节用社会经济网络的概念来弥合上述几种分析视角之间的分歧，并给出本章的理论基础。

尽管产业链一直是商业与管理领域的核心概念，它在传统的主流经济学中却没有获得类似的地位，除了模型处理上的困难之外，这在很大程度上源于后者对于市场进入成本和搜寻—匹配等交易成本的忽视。尽管在现代产业组织理论中有着许多关于厂商竞争与合作等策略行为的细致分析，但它们的效应很少被提升到产业间乃至整个国民经济的层面。与此相反，在大量的宏观或增长模型中，交易对象触手可得，并且可以通过简单的价格或质量竞争来确定，这种简化手法不仅略去了现实经济活动中达成交易的困难过程，而且也使得决定市场结构与厂商和消费者行为的一些重要因素消失在视野之内。

随着社会经济网络已经成为经济分析的重要工具②，上述情况开始得到改观。作为产业链等现象的理论抽象，社会经济网络产生的基础在于潜在交易对象的有限性和维持合作关系的成本。对于商业合作而言，考虑到寻找合意的合作伙伴、建立信任关系、磨合协作方式等诸多方面的高昂成本，将交易对象数量控制在有限范围是更为有利的做法，尤其在涉及大量专用性投资和关于产品特性不对称信息的高价值产业更是如此，因此很多企业宁可放弃某些更好的交易条件或忍受某些不利的价格

---

① Krugman Paul, 1991, "Increasing Returns and Economic Geography", *Journal of Political Economy*, 99 (3): 483-499.

② 对此的一个综述可参见 Jackson Matthew O., 2014, "Networks in the Understanding of Economic Behaviors", *Journal of Economic Perspectives*, 28 (4): 3-22.

冲击也要保持与交易伙伴的长期合作关系。这种长期合作关系沿着上下游产业的扩展就形成了整个经济体的生产者—消费者网络，而在全球化时代，它则随着贸易跨越国境而变成了全球产业网络。

与传统"原子化"经济模型形成鲜明对比的是，在经济网络中外部或者内部扰动的吸收/扩散并不是全面进行甚至瞬间完成的。相反，经济网络中错综复杂的交易链条成为这些冲击的传递渠道，使得各种价格扰动、技术创新、市场发现以及其他信息甚至风险[①]以不同的速度和次序到达经济的各个部分，影响着经济与社会的演进过程。与此相应，经济主体在网络中的位置也决定了它的收益[②]、视野和进一步发展的可能性。可以想象，如果某个企业、地区或者经济体不幸地处于产业网络中收益分配和信息分享的双重洼地，那么它很可能会被锁定在这种"贫困"陷阱之中。

上述思想对于政府的经济政策具有两层重要的含义。第一层是产业政策的必要性。虽然"向产业链/价值链的高端攀升"在企业管理上几乎是不言自明的真理，但在国家层面上却并没有获得太多主流经济理论的支持。尽管在经济活动空间配置的学术研究上基于递增报酬的经济集聚理论（"新经济地理"）已经取得主导地位，但在国际经济政策分析上比较优势理论仍然有着巨大的影响。如果最优国际分工由各国的要素禀赋决定，那么发展中国家试图超越自身比较优势而迈向更"高端"的产业不仅毫无意义，还可能由于揠苗助长而带来惨痛的损失（现实中确实不乏这样的例子）。在这一点上新经济地理能够给予政府的帮助也非常有限，因为即使规模经济或其他类型递增报酬导致的竞争优势确实存在，各方政府为此而采取的补贴或其他贸易保护措施也很容易演变为纯粹的零和游戏。但经济网络视角则提示，发展中国家很可能由于处于

---

① 这一点在金融领域，尤其是系统性风险的传染过程中体现得最为明显。
② 由于市场进入成本的存在，传统模型中经济利润为零的约束在这里并不适用。

产业链的低端而无法获得合理的要素报酬，而产业升级则是摆脱这一困境的重要手段。在某种意义上，普雷维什的"中心—外围"理论由此被注入了新的生命力。

经济网络视角的另一层重要政策含义则体现在 Hidalgo 等[1]的"产品空间"理论中。他们注意到，因为技术、要素含量的差异，在不同产业之间跃迁的困难程度也各不相同。一般而言，在产业链条中距离较近或者产品类型近似的产业，由于所使用的资源、技术、基础设施、人力资本更为相似，一个企业或经济体要实现两者之间的跃迁相对容易，但是对于技术与产品类型差异较大的产业，要实现两者之间的跃迁就非常困难。同时值得注意的是，对于产业链条中的相邻产业，其在产品/技术空间中的距离也并不相同。通常资源型产业或农业类产业与制造类产业之间有着较大的距离，但是制造类产业之间的距离则较小，因此如果一个国家的产业跃迁能力有限，并且原有的产业处于与制造业距离较远的位置，那么它很可能会被困在产业网络的边缘地带。

"产品空间"理论为"资源诅咒"等现象提供了一个新的解释，也再次强调了经济发展过程中的路径依赖。不过与 David[2] 强调偶然历史事件作用的理论不同，在"产品空间"理论中国家与政府有着更多的主观能动性。如果一个国家处于不利的初始产业结构中，那么为了改变这一状况，它需要注意两个方面：一是提高产业跃迁的能力，从而突破最初的技术与市场壁垒；二是选择可行的产业发展路径，从而能够以较低的成本尽快到达产业网络的中心地带。这两方面都有赖于政府的规划与努力，因而重新为产业政策在经济理论中找到了位置。相应地，政府

---

[1] Hidalgo C. A., B. Winger, A. L. Barabási, and R. Hausmann, 2007, "The Product Space Conditions the Development of Nations", *Science*, 317 (5837): 482–487.

[2] David Paul A., 1985, "Clio and the Economics of QWERTY", *American Economic Review*, 75 (2): 332–337.

产业政策的质量也决定了改变国际分工地位和摆脱增长停滞陷阱的成败[①]。

需要强调的是，社会经济网络视角下的产业链条并非单纯的技术概念，它还蕴含了相关经济主体之间的合作关系以及作为合作基础的制度。因此，产业升级并非其中的某个经济主体可以单方面实施的行为，而是要求其他主体的接纳与配合。在某些情况下，生产技术能力和成本并非产业链升级的唯一因素，甚至不是最重要的因素；与此同时，在缺乏市场历练的前提下，技术与成本优势既难以验证也不可持续。对于新的市场进入者而言，除了寻找可信赖的客户与供应商之外，根据客户要求和供应商的能力改进产品特性与工艺、熟悉并适应行业内的特定交易规则、了解市场行情并紧跟最新潮流，所有这些事务都只有在实际的市场运作中才能够进行，而不可能仅仅通过观察和理论学习实现。这种"干中学"的过程不仅构成了市场壁垒，还暗含着厂商之间协调失灵的可能性。在一国范围之内，通过政府介入来解决上述协调失灵是产业政策的一项重要功能，但是在国际范围内这种外部的良性政策干预则非常难得，并且考虑到国际经济与政治斗争的因素，实际的情况可能恰恰相反：一国政府可能通过对于自己控制范围内的经济主体施压，将竞争对手的企业排挤出市场，从而阻断对方进行产业升级的努力。

二 对外开放在中国经济转型与发展中的角色

对外开放在中国经济改革与增长中的地位不言而喻。正如诸多文献所指出的，对外开放不仅为中国带来了资金，还带来了技术、管理、观

[①] Jankowska Anna, Arne Nagengast, and José Ramón Perea, 2012, "The Product Space and the Middle-Income Trap: Comparing Asian and Latin American Experiences", OECD Development Centre (311).

念和制度的改进①。从经济组织的视角来看,对外开放意味着中国的资源配置过程被纳入全球产业网络之中,从而成为国际经济"大循环"的一部分。这种产业组织的融合对于中国的经济转型与发展具有极为深远的意义。

中国40多年来高速经济增长的背景是从中央计划经济向市场经济的转型。由于这种经济转轨的总体平稳进行和在最终效果上获得的巨大成功,后来者常常会低估其困难程度和其中蕴含的巨大风险。这种态度也与主流经济理论对于市场组织过程的忽视有关。在新古典理论中,市场机制被证明能够自发地实现经济资源的最优配置,但是却并未对于实现这一均衡的过程做太多探讨,出于简化分析目的而引入的"瓦尔拉斯拍卖人"更产生了一种上述过程可以毫无成本地瞬间完成的错觉。与此同时,经济与市场组织的动态演化也是新古典理论的一个盲点。主流经济模型中的产品种类和投入—产出关系通常是外生给定的,即使是在那些声称包含了熊彼特"创造性破坏"的内生增长模型②当中,产品或技术创新也不涉及生产组织过程的改变,这很容易让我们忘记社会生产的自组织是一个多么复杂的过程,而经济转轨中"休克疗法"的信奉者则恰恰落入了这一陷阱。

针对上述迷思,苏联解体后国家转轨过程中的经济崩溃成为一服强有力的清醒剂。正如Blanchard和Kremer所指出的,生产组织的协调失败是上述经济萧条的关键原因③。在苏联的计划经济体制下,产业链条中的许多关键产品只有一个生产厂商。在失去中央的计划指令之后,各种产品的供需双方会对价格等交易条件重新进行谈判,而经济转轨给产

---

① 江小涓:《中国的外资经济对增长、结构升级和竞争力的贡献》,《中国社会科学》2002年第11期。

② Aghion Philippe, and Peter Howitt, 1992, "A Model of Growth Through Creative Destruction", *Econometrica*, 60 (2): 323–351.

③ Blanchard Olivier, and Michael Kremer, 1997, "Disorganization", *The Quarterly Journal of Economics*, 112 (4): 1091–1126.

品机会成本带来的不确定性很可能导致谈判的失败，并且生产链条越漫长的产品，其遭受中间产品短缺冲击的概率就越大，复杂投入产出网络中产品短缺的相互影响最终导致了整个国民经济的崩溃。走出这种由于产业协调失灵导致的萧条陷阱需要等待各种产品在震荡之后找到符合机会成本的正确价格，并相应地对产业链条进行重构，它毫无疑问是一个极为复杂和漫长的过程。

与苏联相反，中国的经济转轨采取的是"在行驶中升级车辆"的策略：在保持经济体系的基础产业按照原有经济体制运转的前提下，沿着产业链条自下而上地逐步放开对于产品生产和定价的计划控制，最终实现整个经济体系的市场主导。这种现在回头来看极为成功的策略可以归结于中国经济社会体系中的一些特质，如不够严格的中央计划给地方生产组织留下的弹性空间和大量的冗余劳动力等，但从产业链条组织的视角来看，它仍然或多或少地存在谜团。如果延续刚才汽车的隐喻，那么在行驶过程中依次更换轮胎尽管考验驾驶技术，至少理论上是可行的，但要在行驶中更换发动机则显得匪夷所思。类似地，对于那些在生产网络中占据着核心位置，从而影响到国民经济方方面面的基础投入品，供求者如何在事先知道它正确的影子价格，从而避免由于前述谈判失败而导致的经济震荡[①]？如果考虑到中国的经济转轨同时伴随着产业升级，那么上述问题则更为复杂。正如许多研究[②]所提及的，某个产业的技术升级或者向更高产业环节的跃迁绝非产业内的企业可以独立完成，而有赖于"辅助性"产业和专业人力资本等要素的同步更新。这种系统更新与价格市场化过程的叠加，更进一步加剧了产业网络协调失灵的风险。

上述疑问的部分解答是中国在对外开放过程中与全球产业网络的融

[①] 这也是"休克疗法"的信奉者反对渐进式经济改革的一个主要原因。

[②] George J. Stigler, 1951, "The Division of Labour is Limited by the Extent of the Market", *Journal of Political Economy*, 59: 185 – 193.

合。通过参与国际产业分工，许多游离于传统计划经济体制之外的企业获得了进行生产运营的另一个平台，并且依托后者实现了技术和产业链条上的升级以及资金与人才的积累。当国内的骨干产业网络进行系统升级时，它们已经为相应的产业链条对接做好了准备，使得后者能够便利地在国内找到"配套企业"、要素投入和人才资源。与此同时，参与国际市场还使得政府得以引入国际价格体系作为国内市场价格的预期参照系，通过逐步收敛生产要素和关键投入品的国内外价差来引导国内的经济主体据此不断进行调整，最终实现基于正确价格信号的合理生产组织。

不过这一解释也带来了一个新的问题：为什么对外开放没有在实行"休克疗法"的转型经济体中发挥类似的作用？实际上，"休克疗法"对于参与国际分工的重视绝不亚于中国的渐进式策略，引入国际价格体系在许多改革方案中处于核心位置[1]，但并未达到预期的效果。对此的一个解释是产业链条重构所需的时间。即使给予正确的价格信号，产业链条的重构也需要较长的探索过程，并且需要沿着生产的上下游过程有序进行。正如 Hidalgo 等[2]的"产品空间"理论所揭示的，产业链条之间跃迁的难易程度取决于产品/技术的相似程度。值得注意的是，转轨之前的苏联、东欧与西方拥有的几乎是两套截然不同的产业体系和技术路线，它们之间的差异实在太大，以至于这些转型经济体几乎是从零起步融入以西方为主导的全球产业网络，而原有中央计划体系的瓦解更使新的生产组织过程失去了支撑，如果不幸未能选择合理的初始产业布局与发展路径，那么要到达它们以往在自身产业体系中的地位将会遥遥无期。这也说明了为什么那些经济体量较小，产业结构相对简单的转型经

---

[1] Kizdlyalli Husnu, 2019, *Economics of Transition: A New Methodology for Transforming a Socialist Economyto a Market-Led Economy and Sketches of a Workable Macroeconomic Theory*, Routledge.

[2] Hidalgo C. A., B. Winger, A. L. Barabási, and R. Hausmann, 2007, "The Product Space Conditions the Development of Nations", *Science*, 317 (5837): 482–487.

济体在"休克疗法"中有着更好的表现。

但除此之外,另一个不可忽视的因素是价格的"内生性"。尽管国际大宗商品价格是国内要素价格非常有效的指针,但由于不可贸易品和商品/要素流动壁垒的普遍存在,大多数国际商品价格并不能直接套用到国内的交易与生产组织之中。尤其在经济网络之中,对于企业真正有意义的是产业链条中上下游合作伙伴给予的价格[1],而这类价格信号对于网络之外的经济主体常常是不可及的。在这一意义上,对外开放引入的国际价格体系并非价格本身,而是在特定生产组织形式下的价格确定机制。

对外开放对于中国经济转轨的另一个重要作用是在制度层面上,即"与国际接轨"经常被用作"倒逼"国内制度改革的手段。在中央政府层面上,加入WTO等国际合作为经济转轨目标提供了一个可信的承诺机制,不仅有助于稳定和协调国内各方面的预期,而且也避免了由于既得利益的干扰所导致的"软预算约束"。在地方层面上,对外开放则是突破改革初期地方市场壁垒的重要机制。由于区域间恶性竞争形成的市场分割不仅使得区域发展经常偏离其比较优势,阻碍专业化和劳动分工的形成,而且也为地方政府的寻租行为提供了温床[2]。以国际贸易和国际直接投资等形式加入全球产业网络则使得各地区能够基于自身禀赋加入国际分工,而由此带来的经济增长和财政收入不仅构成了地方加速市场化改革的强大动力,也极大地约束了地方政府的机会主义行为。

在实体经济之外,资金的国际流动也构成了国际经济"大循环"的重要侧面。得益于加入全球产业网络带来的收入和资金,中国经济在改革开放后长期呈现"双顺差"的局面,这与发展中国家普遍受制于

---

[1] Blanchard 和 Kremer 描述的产业链条协调失灵就源于厂商在缺乏长期稳定合作关系的情况下对于外部价格导致的机会成本变化过度敏感。参见 Blanchard Olivier, and Michael Kremer, 1997, "Disorganization", *The Quarterly Journal of Economics*, 112 (4): 1091 – 1126。

[2] Young Alwyn, 2000, "The Razor's Edge: Distortions and Incremental Reform in the People's Republic of China", *Quarterly Journal of Economics*, 115 (4): 1091 – 1135.

"双缺口"形成了鲜明对比。但由于中国的国际储备主要以债券等低收益率的国际储备形式持有，这种状况相当于对以 FDI 的形式攫取中国经济高速发展收益的国际资本进行补贴。由此产生的一个争议是，为什么中国不利用贸易顺差带来的资金进口资本品或原材料以获取更高收益[1]。从全球产业网络的角度，一个可能的解释是，经常项目盈余是参与以垂直型国际分工的一个必然结果[2]。在既定的全球产业链条中，某个经济体的原料进口、产品出口以及作为报酬而获得的贸易顺差实际上是由产业链中特定环节的价值增量比例而决定的，因而试图通过更多生产资料的进口来使用外汇收入只会导致后者的进一步增加。因此，只要上述垂直国际产业链中的经济体希望保持高储蓄率而不是将获得的外汇用于进口消费品，那么经常项目顺差就必然存在，它所需要考虑的只能是如何合理使用顺差对应的外汇收入。在这当中，收益率常常并非最为重要的因素，出于维护货币与金融系统稳定、防范国际投机资本冲击、保持投资者信心等方面的考虑，新兴经济体常常赋予外汇资产的安全性与流动性以更高的权重，从而优先考虑国际货币发行国的国债和其他高等级金融资产[3]，使得后者除了主导全球产业链的配置之外，还在国际金融体系中享有事实上的霸权。

三 全球产业网络的政治经济维度

全球产业网络有效地支持了国际贸易与经济增长，也给世界带来了其他的经济与非经济效应。作为经济活动的重要载体，全球产业链条不

---

[1] 余永定、覃东海：《中国的双顺差：性质、根源和解决办法》，《世界经济》2006 年第 3 期。

[2] Hummels David, Dana Rapoport, and Kei-Mu Yi, 1998, "Vertical Specialization and the Changing Nature of World Trade", *Economic Policy Review*, 4 (2): 79–99.

[3] Ricardo J. Caballero, Emmanuel Farhi, and Pierre-Olivier Gourinchas, 2008, "An Equilibrium Model of 'Global Imbalances' and Low Interest Rates", *American Economic Review*, 98: 358–393.

可避免地会与其他经济、社会、政治因素相互作用。例如，由于全球产业链条的存在，政府在实施货币政策时需要考虑上下游产业的不同价格刚性以及基于投入产出关系的价格传导机制[1]，与此同时，全球产业链条也成为货币政策国际传导的重要渠道[2]。在新冠肺炎疫情暴发之后，全球产业网络作为疫情传染渠道的可能性也引起了人们的重视[3]。

不过关于全球产业网络的更多关注还是在政治经济层面，尤其是它对于全球利益格局的影响。尽管参与国际分工在总体上有助于提高社会福利，但全球产业网络对于区域经济的影响并非完全是正面的。上文已经提及，如果发展中国家在全球产业网络中选择了错误的位置，就很可能落入贫困陷阱。除了由于"荷兰病"和制度性原因导致的"资源诅咒"[4]之外，全球产业网络的自身特性对于这种现象也负有重要的责任[5]。在一些发展中地区，跨国厂商的进入彻底改变了区域经济的形态，以低价格的国际商品将产业链条外的当地厂商逐出市场，并且以相对较高的报酬雇用本地的资源和劳动力，从而剥夺了发展其他产业形态的基础。在被特定的产业链条锁定之后，这些地区倾向于被相应的再生产过程"格式化"，失去对于外界价格信息的敏感性，也失去选择其他产业的能力。在另一些情形中，全球产业网络节点中的企业更像是所在国家的经济飞地，除了使用当地资源之外，与本地经济和就业几乎毫无

---

[1] Wei Shang Jin, and Yinxi Xie, 2020, "Monetary Policy in an Era of Global Supply Chains", *Journal of International Economics*, 124; La'O. Jennifer, and Alireza Tahbaz-Salehi, 2020, "Optimal Monetary Policy in Production Networks", National Bureau of Economic Research.

[2] di Giovanni Julian, and Galina B. Hale, 2020, "Stock Market Spillovers via the Global Production Network: Transmission of U. S. Monetary Policy", CEPR Discussion Papers.

[3] Coveri Andrea, Claudio Cozza, Leopoldo Nascia, and Antonello Zanfei, 2020, "Supply Chain Contagion and the Role of Industrial Policy", *Journal of Industrial and Business Economics*, 47 (3): 467–482.

[4] Mehlum Halvor, Karl Moene, and Ragnar Torvik, 2006, "Institutions and the Resource Curse", *Economic Journal*, 116 (508): 1–20.

[5] Bridge Gavin, 2008, "Global Production Networks and the Extractive Sector: Governing Resource-Based Development", *Journal of Economic Geography*, 8 (3): 389–419.

联系，当然也不可能带动区域经济的发展。

与此相关的一个问题是全球产业网络的收入分配效应。国际贸易对于具有不同禀赋、收入、区域的经济主体的福利影响并不一致。例如在南北贸易中，发展中国家的无技能劳动力会受益，而发达国家的类似群体则会遭受损失；但反过来，国际贸易倾向于降低发达国家的生活必需品价格，从而有利于低收入群体，在发展中国家则导致非贸易价格的提高，使得低收入人群面临更大的生活压力。不过就全球产业网络而言，更大的争议则是贸易收益在国家之间的分配。经济体在全球产业网络的位置是由多种因素决定的，除了表现为人均资本和自然禀赋的比较优势之外，还有人力资本、基础设施、法制环境等，并且在产业链条的越高端，后面的因素就越为重要[1]，发展中国家显然在其中处于不利地位。尽管理论上国家贸易会使参与双方都受惠，但在现实世界中，位于发达国家的厂商则可以利用自己在全球生产网络中的垄断地位和信息优势攫取大部分的贸易剩余，使得处于产业网络"外围"位置的发展中国家的处境雪上加霜。

对于那些极为深入地参与国际分工以至于经济高度专业化于某些产业链条环节的国家，产业周期和技术创新带来的不确定性构成了巨大的风险。虽然将骨干产业聚焦于有限的国际分工领域可以充分发挥专业化优势和规模经济，还可以避免同时发展多个产业时的资源竞争与协调问题，但是这样也同时将经济安全完全交给了国际市场。如果骨干产业所处的领域出现衰退或者国内企业未跟上市场节奏，国民经济就会受到严重冲击。对于全球产业网络的依赖还会使这些国家受制于主导其中关键节点的国家或跨国集团，后者常常并不在乎产业链条低端企业与国家的利益。现实中经常有国际生产链条的某个环节由于技术或产品更新而被

---

[1] Grossman Gene, and Elhanan Helpman, 2005, "Outsourcing in a Global Economy", *Review of Economic Studies*, 72 (1): 135–159.

无情抛弃的案例，某些国家或跨国集团为了维护自己在国际产业链条中的利益而对其他国家的政局进行干涉的情况同样并不鲜见。为了维护经济安全，很多发展中国家在参与全球产业网络的同时不得不追随某些国际政治巨头以求获得庇护。反过来，国际产业链的布局也经常被用作政治工具，以利诱或制裁相关国家。这种经济利益与国际政治的交织让全球产业网络对全球经济格局的影响更为复杂。

与全球产业网络的实体经济层面相对的，则是作为其运行基础的国际货币与金融体系。全球产业网络的运转要求国际支付和结算手段作为支撑，而能够承担这一功能的货币则构成了国际货币体系。相应地，世界各国由于货币地位被分为了"中心"和"外围"两个部分。美国由于美元的特殊地位一直居于国际货币体系的中心，"外围"经济体则随着世界经济格局的发展不断变迁。20世纪五六十年代，"外围"国家是欧洲和日本。它们为了尽快从第二次世界大战后的废墟中恢复经济，克服流动性的不足，努力提高出口部门的竞争力，向美国供应其所需要的商品。在这一过程中，欧洲和日本获得的美元则被投资于美国的金融市场，转换为美元资产。美国使用美元支付进口需求，再通过发达的国内金融体系对流向"外围"国家的美元进行回收，转换为对这些国家的投资，从而构成了美元资金流动的国际循环。20世纪70年代之后，"外围"经济体沿着"雁形模式"变为了亚洲"四小龙"和"四小虎"，而在当前，则是以中国为代表的广大新兴经济体。

但是这种美元主导的国际货币体系对于包括中国在内的"外围"经济体而言显然是难以令人满意的。基于美元的国际主导货币地位，美国获得了包括铸币税和国际流动性干预能力在内的大量经济与政治利益。由于美元体系具有不对称性，美国可以单方面地向"外围"经济体无限制借款。在美国居民低储蓄率和政府巨额财政赤字压力下，美国经常以毫无节制的方式使用这种借款能力，使得"外围"经济体处于进退两难的境地。由于担心汇率剧烈波动带来的热钱冲击和货币错配风险，新兴经济体不得不让自己的货币对美元保持相对汇率稳定。但是这种为避免浮动汇率弊端而采用的汇率制度却使得非关键货币国家受制于主导货币国家的国内与国际经济政策[①]。它在当前国际经济格局中的集中体现就是国际收支失衡的调整机制。

在布雷顿森林体系下，调整国际收支失衡的责任主要在收支赤字一方，短期的失衡由国际货币基金组织提供贷款解决，而严重失衡则由会员国向国际货币基金组织申请调整汇率平价来解决。在牙买加体系中，原则上国际收支失衡的调整责任应该由顺差国和逆差国合理分担。但是这一原则具有很大的模糊性，难以操作。从现实情况来看，在主导货币国家与非关键货币国家之间，国际收支失衡的调整义务实际上基本上落在了非关键货币国家身上，无论其表现形式是顺差或逆差。这种国际收支失衡调整机制不仅非常不公平，而且不利于国际货币体系的稳定。因为正如上文所说的，持续性的国际收支失衡通常是特定国际分工格局在金融层面上的反映，位于全球产业网络外围的非关键货币国家并不具备扭转这种总体格局的能力，因而也很难在不损害自身根本利益的前提下对国际收支失衡进行修复。与此同时，国际收支失衡调整义务的旁落也纵容了主导货币国家在经济政策上的放任态度，导致国际金融风险的积聚。例如2008年国际金融危机的很大一部分原因就在于美国将缩减国际收支逆差的责任推给贸易对手之后，忽视了自身经济结构的调整和货币政策的整肃，导致金融泡沫在过分乐观的预期中不断膨胀，最终酿成大祸，但为此付出巨大成本的则是全球产业网络与国际货币体系的"外围"经济体。

四 "双循环"与产业网络的重构

中国已经成为全球产业网络的关键枢纽，并且被期待在其发展与治

[①] 李扬、余维彬：《人民币汇率制度改革：回归有管理的浮动》，《经济研究》2005年第8期。

理中发挥更为重要的作用①。中国政府也明确意识到这一责任并就此专门提出了倡议，2020年习近平总书记在多次场合指出，"共同维护全球产业链供应链稳定"。值得注意的是，尽管中国深度参与了全球产业网络并在其中承担了重要功能，但不同于小国经济，给定它所拥有的经济资源和国内消费市场，中国在大多数基础产业上都只能实行不完全国际分工，即无论其产品是净出口还是净进口，都保持着相当规模的国内生产能力，而计划经济时代建立的相对完整的产业体系也为这种布局提供了基础支撑。从"产品空间"的理论视角来看，相对丰富的产业生态不仅增加了产业升级的路径，也有助于分散发展过程中的技术与市场风险，从而为国民经济运行提供更大的回旋余地。而从全球产业网络安全的视角来看，这种"双循环"格局也具有重要意义：它保证了中国的国民经济运行和关键产业部门不会由于国际产业链条的中断而崩溃，从而能够为全球产业链的修复和维护提供一个重要的支撑点。新冠肺炎疫情期间，这一点得到了强有力的证明。

基于全球产业网络的视角，"双循环"格局具有两重含义：第一，国内的大部分产业链条应该以国内消费为最终归宿；第二，对于关系国民经济平衡运行的产品和服务，其关键产业链条应该位于国内，并且国外环节具有较高的安全性。考虑到当前极为特殊的国际政治经济背景，这种产业链布局对于一个巨型经济体是完全合理的。事实上，已经有研究注意到经贸摩擦和新冠肺炎疫情可能给全球化带来的长期负面影响②。不过，就中国的实际情况而言，这一产业网络布局目标有着一定的特殊性：给定中国在全球产业网络中的位置，它要求相当规模的产业网络重构，包括诸多既有产业链的断裂、转向以及新的产业链的形成。

---

① Henderson Jeffrey, and Khalid Nadvi, 2011, "Greater China, the Challenges of Global Production Networks and the Dynamics of Transformation", *Global Networks*, 11 (3): 285 – 297.
② Enderwick Peter, and Peter J. Buckley, 2020, "Rising Regionalization: Will the Post-COVID-19 World See a Retreat from Globalization", *Transnational Corporations*, 27 (2): 99 – 112.

第一章 全球产业网络视角下的"双循环"

这种产业网络重构绝非企业重新寻找合作伙伴那么简单,而是会在经济运行的许多领域带来巨大影响,因而在某种意义上是一次新的制度转型。

在对上述产业网络重构进行更深入的分析之前,我们需要指出,不能够将它简单地看作国际经济循环的"碎片化"或者"区域化"。正如本章一再强调的,中国是一个巨型经济体,因而并不适用基于小国模型的分析框架。中国本身的产业能力和市场规模足以支持绝大多数的完整产业链条高效运行。事实上,正如本章第二节所提及的,在改革开放初期基于区域经济建立的许多国际产业链是由于地方市场分割而无法进行跨地区经济合作背景下的次优选择。类似地,随着中国经济的发展和产业能力的提升,许多国际产业链条如果转到国内可能会有更高的效率,但由于路径依赖而难以调整。因此,"双循环"布局实际上为国内产业链的整合与效率提升提供了一个重要的机遇。

此外,产业链的含义绝不仅仅是其中的参与企业,而且包括了相关交易的管理、协调以及相应的各种服务。这其中尤其需要强调的是金融部门的作用,它不仅为产业链的运行提供资金保障,而且提供支付结算等金融服务和基础设施支持,同时融资结构等金融因素对于企业行为和产业链的形态也有重要影响[1]。这些"软件"因素经常被忽视,但对于产业链的形成和高效运作极为关键,并且也经常是国内企业的弱项。因此在对我们企业技术能力保持自信的基础上,需要确保国内主导企业有足够的管理能力对于产业链进行协调,而相应的基础设施和商业、金融、法律等环境建设则是政府需要着力提高的方面。

与产业网络重构密切相关的另一个主题是技术与产品创新。全球产业网络是中国企业获取最新技术与市场信息的重要渠道,其特殊意义在

---

[1] Coe Neil M., and Henry Wai Chung Yeung, 2019, "Global Production Networks: Mapping Recent Conceptual Developments", *Journal of Economic Geography*, 19 (4): 775-801.

于，很多时候创新并非单个企业可以独立完成，而是需要上下游企业的配合和市场的验证，另外国际市场的激烈竞争也为企业的技术创新提供了更强的激励。类似于"产品空间"理论对于产业升级的阐释，创新通常也是渐进的，如果产业网络重构后企业脱离了技术与市场的国际前沿，其创新概率将大大降低。与此同时，产业发展的技术路线也可能偏离国际主流方向。尽管对于这些因素的综合效应很难给出简单的优劣判断，但我们需要警惕的是国民经济的"二元化"倾向，即类似于日本20世纪七八十年代，同时拥有高效率的出口部门和低效率的国内部门[1]。这种效率上的二元结构不仅会影响经济的长期发展，而且很容易通过巴拉萨—萨缪尔森效应导致资源配置的扭曲和资产泡沫的产生。为此在"双循环"背景下我们需要做更多努力来引导企业创新，这其中金融部门将发挥重要的作用，因为研究显示不仅金融体系的完善程度会影响产品质量水平[2]，而且金融机构还会影响技术与产品创新的方向[3]。

在宏观层面上，"双循环"布局要求摆脱出口导向，尤其是加工贸易导向的增长模式，提高消费在产出中所占的比重。从产业网络调节的角度来看，这一转换涉及两个问题。第一个问题是消费扩张与产业链重组之间的宏观协调。一方面，将服务于国际市场的产业链条转换为服务于国内市场的产业链条需要一个过程，而在其中相关企业的收入将不可避免地受到影响；另一方面，在国民经济的投入产出关系中这些企业的收入是支撑国内消费的重要部分，因此如果缺乏有效协调，这种产业链条的重组很可能会导致经济紧缩的恶性循环，这也是当时苏联经济体在转型中遭遇的困境。摆脱困境的一种方法是中国经济转轨采用的"增量

---

[1] Mlodawska Jolanta, 2011, "Japan's New Competitive Advantage: Enterprises' Innovative Initiatives and Government's Reforms", *Comparative Economic Research*, 14 (1-2): 61-80.

[2] Crinò Rosario, and Laura Ogliari, 2017, "Financial Imperfections, Product Quality, and International Trade", *Journal of International Economics*, 104: 63-84.

[3] Javaid Muhammad Nadeem, and Pier-Paolo Saviotti, 2012, "Financial System and Technological Catching-up: An Empirical Analysis", *Journal of Evolutionary Economics*, 22 (4): 847-870.

改革"策略，但是与启动改革的时候相比，当前的条件已经大不相同，不仅缺乏明确的消费增长点，而且也不再享有充足的剩余劳动力。在这种情况下，需要政府通过进一步改革为国内企业找到产品输出领域，并且配合以较为宽松的流动性环境，为产业网络的重构提供支持。

第二个问题是国民收入增长动力的来源。目前中国国民收入还远未达到合意水平，保持经济增速是非常必要的。众所周知，即使不考虑递增报酬带来的内生增长效应，在到达均衡增长率之前，高储蓄率仍是推动经济增长的重要因素。在基于全球产业网络的出口导向增长模式中，企业出口获得的外汇收入构成了国民储蓄的一部分，它不仅贡献于当期的产出，而且会带来未来的收入①。但是在国内消费主导的运行模式中，消费、储蓄与合意投资之间的复杂关系则重新呈现②，并且由于通过出口关联的国际宏观政策锚变量的作用下降，对于国民经济的调控也变得更为困难，需要相关机制的一系列转变③。

五 结语

对于"双循环"已经有相当多的文献进行了阐释，本章试图从全球产业网络的视角为这一重大战略部署背后的机理和实施的路径做一些探讨。可以看到，作为国际经济分工与合作的承载者，全球产业网络在中国经济转型与增长中扮演了重要角色，而"双循环"布局则意味着中国国内和国际产业网络的重构。这一决策不仅对于中国的未来发展极为关键，对于促进全球产业网络的安全与韧性也有着重大意义。产业网络

---

① 这种未来收入不一定会体现为 GDP，例如在将外汇储备转化为对外国际投资的情况下，它将体现在 GNP 和国民收入之中。
② 李扬、张晓晶：《新常态：经济发展的逻辑与前景》，《经济研究》2015 年第 5 期。
③ 张平：《货币供给机制变化与经济稳定化政策的选择》，《经济学动态》2017 年第 7 期。

的重构过程存在着许多不确定性，尤其在当期的特殊国际政治经济背景下，可能会面临更多困难。为了实现"双循环"战略布局，需要从宏观到微观的一系列政策配合。

（执笔人：程　炼）

第二章

流动性视角下的国际金融大循环

一 理解当前的流动性环境

(一) 流动性"泛滥"下的紧平衡

流动性是金融循环的核心,被称为是金融市场的一切。对于流动性的讨论也是金融研究中最深刻的话题之一。流动性的观察可以来自多个角度,从微观角度来看,流动性是指微观主体资产变现的安排及其不确定性。有的研究将微观上的流动性分为内生流动性、外生流动性和外部流动性,内生流动性是指微观主体的资产内在转化为现金的速度与能力,外生流动性就是指微观主体通过改变资产负债表来获取融资的能力,外部流动性则是指面临危机时,微观主体从市场获取外部驰援的机制,如应急流动性契约条款和最后贷款人等[1]。当微观主体的流动性影响形成宏观效应之后,流动性的宏观意义就更加凸显。托宾将流动性高度总结为:资产迅速无损变现的能力。宏观流动性将不再只考虑单个主体的流动性状况,而将市场整体的资产无损交易状况视作考察对象。因此,保持流动性是金融市场正常运转的前提,为市场参与主体提供流动

---

[1] Harper David R., 2017, "Understanding Liquidity Risk", *Investopedia*, December 19.

性也自然成为金融市场的内在功能之一。

随着对于流动性讨论的深入,流动性衍生出更广的含义,广义流动性甚至变成了总需求的金融代名词,对于流动性是否会影响物价水平,甚至能否影响实际的总供给和总需求,这些讨论都是宏观经济学中十分核心的问题。本章并不对流动性这一概念进行过多的讨论,但回到其最本源的含义上来,确认市场流动性所处的状况,通过正确的视角来考察流动性,进而理解金融循环,这非常具有理论和现实意义。美元是当前最主要的国际货币,分析美元的流动性,对于理解全球流动性十分关键。

2020年年初的新冠肺炎疫情冲击令全球金融市场巨幅动荡,美联储为应对冲击迅速实施了零利率政策,并同时进行巨量宽松操作。2019年12月底,美国M1总量为39769亿美元,到2020年12月,M1达到66194亿美元,同比增长66.4%;同期M2由153071亿美元增长到191869亿美元,同比增长25.0%;同期基础货币由34265亿美元增长到52066亿美元,同比增长52.0%;同期美联储总资产则由42139亿美元增长到73223亿美元,同比增长73.8%。上述的变化在美国历史上是空前的,这不由让人担心起美元的流动性泛滥问题。

当金融市场遭遇剧烈冲击时,市场会涌向流动性(Flight to Liquidity),甚至安全资产都会遭遇抛售,2020年3月美国国债市场的大跌就是一个实例。这时,货币当局作为最后的流动性提供者(The Last Dealer of Resort)将被迫注入流动性,以缓解市场对于流动性的饥渴。可以看出,这种流动性的堆积是对于市场流动性需求迅速提升的应急反应,然而一旦市场相对平稳后,这种流动性是否会形成广义上的流动性泛滥呢?通过进一步分析流动性的结构,我们可以发现,即使数量巨幅攀升,但美元的整体流动性仍处在一种十分微妙的紧平衡状态中。

进一步分析流动性的相关总量指标,从2019年年底到2020年年底,美联储总资产增加3.1万亿美元,但对应的负债中的基础货币只增加 1.78 万亿美元，其余绝大部分为新增加的 1.26 万亿美元财政存款；M1 增加 2.64 万亿美元，其中增长最快的是活期存款，增长了接近 1.7 万亿美元，M2 增加 3.88 万亿美元，M2 中非 M1 的部分只增加了 1.2 万亿美元。可见，从货币的角度看，流动性主要是由于救助措施所形成的大量短期流动性。如果对全部商业银行的资产负债表进行观察，能够更为清楚地看到流动性的真实状况。到 2020 年年底，美国全部商业银行总资产达到 20.56 万亿美元，相比 2019 年年底增加 2.7 万亿美元，增幅为 15.1%，这是近 40 年来的最高增速。但从资产的细项中可以看到，新增的 2.7 万亿美元资产主要是新增证券 8700 亿美元（增幅为 20.5%）和新增现金类资产 1.4 万亿美元（增幅为 79.9%），新增信贷仅为 3500 亿美元（增幅仅为 3.5%）。可见，当前的流动性增加完全是因为货币当局的流动性注入形成的短期流动性淤积，资金主要是集中在金融体系内的短期流动性资产上，而未能形成与总需求相伴的内生流动性。这也就意味着目前的流动性"泛滥"更多的是缓解市场流动性紧张的政策结果，其一方面无法催生出真正的有效需求，另一方面，由于大量的资金堆积在短期资产上，金融体系极容易受到流动性波动的冲击，这也使得美国货币政策回归常态愈发遥遥无期。

（二）影子银行已成为当前美元流动性的枢纽

虽然流动性是一个内涵和外延极其丰富的概念，但不管从哪个视角出发，货币市场都是观察市场流动性最直接的窗口，因此，货币市场又被称为流动性市场。而货币市场上核心的参与者就是影子银行，影子银行实际上已是现代金融体系中流动性的主要创造者，其中，交易商与货币基金正是当前最典型的影子银行。虽然 2008 年国际金融危机以后，影子银行的规模已出现不断收缩的迹象，但影子银行作为金融循环中心的这一格局始终没有改变。在 2008 年国际金融危机和新冠肺炎疫情冲击下，美联储大幅降息的同时还进行量化宽松操作，但最终的市场流动性状况仍然是由影子银行在货币市场中的运转所决定。

对影子银行而言，其资产和负债大多以短期形式存在，因此影子银行总是主动寻求资产和负债端在总额上的匹配，其负债端大多是有抵押的，2019 年 GCF（General Collateral Finance）隔夜及以下的日均总量（Total Par Amount）约为 33 万亿美元；2019 年双边回购日均存量为 4.5 万亿美元。另外，2019 年的 FX Swap 名义本金的日均量也超过 45 万亿美元。可见，大量的金融交易都需要经由影子银行完成，因此，流动性对影子银行而言显得尤为重要，这尤其体现在影子银行通过负债端进行展期的流动性保障能力上。所有流动性的松紧状况，都会通过影子银行在货币市场中得到直接的反映。

影子银行运行的一个核心特征就是通过抵押资产实现流动性的转换，因此，对于整个货币市场而言，抵押资产，尤其是高等级抵押资产，其重要性甚至超过现金。2008 年国际金融危机发生后，美国 MBS 的总量一度出现萎缩，MBS 总量从 2007 年 14.6 万亿美元持续下降到 2014 年的 13.4 万亿美元左右，面对危机导致的 MBS 市场低迷，美联储通过 QE 政策大量购入 MBS。但 MBS 在减少的同时，美国财政部大量发行国债，虽然美联储的 QE 政策也大量购入国债，但最终流入市场的国债绝对量仍然从危机前的 8.7 万亿美元持续上升到 2020 年年初的 20.7 万亿美元，这就保障了美国货币市场的流动性具备了充足的抵押品，疫情冲击后，流入市场中的美国国债已达到 22.6 万亿美元的历史峰值。只有当货币市场中具有足够的合格抵押品，且准备金充裕的情况下，影子银行体系才能保障流动性市场的正常稳定。

流动性是影响国际金融循环最直接的因素，所有的经济基本面、宏观政策，甚至是社会和政治的因素最终都将通过流动性渠道直接影响国际金融循环。剖析国际金融循环的发展环境，分析影子银行资产负债表的变化特征，并从全球价值链的视角来审视当下国际金融循环的困境，这将给中国参与国际金融新秩序的重构带来重要启示。

二 金融循环的失衡背景

(一) 主权失衡

在本质上,全球经济失衡是实体经济现象①。然而,若无货币的介入,在"纯"实体经济体系中,任何失衡都无以产生。因为,"以物易物"的交换方式,本身就未留出发生贸易差额的任何空间。

有观点认为东亚和欧洲(德国)的贸易盈余积累导致对应的逆差国——美国累积了大量赤字,从而损害了美国的制造业。殊不知,贸易失衡其实是当前脆弱的美元体系,特别是离岸美元体系发展的伴生产物。贸易失衡形成的大量外汇储备,成为全球机构资金池的组成部分,并形成了影子银行的资金来源之一。而影子银行支撑的整个美元循环体系又是贸易失衡得以长期维系的金融基础,因此,美元循环体系与主权失衡是一币两面。甚至对于当前的全球经济而言,美元循环的影响更为直接,美元信用紧缩带来的冲击将成为影响全球经济金融循环最显著的因素。这就使得由主权失衡伴随的特里芬难题成为无解之谜。

美元长期充当国际货币体系中的关键货币,虽然2008年国际金融危机使得全球跨境融资出现一定萎缩,但美元跨境融资总量却基本稳定,2012年以后还出现明显上升趋势,这也使得美元融资在全球跨境融资中的占比越来越高,该比例已由2008年的50%上升到2020年第二季度的70%左右。同时,美元融资结构也发生了巨大的变化——以银行信贷为主的模式已转变为以证券为主的模式。银行开始承担更多的非信贷中介功能,即从货币市场上融入资金,在资本市场上拆出资金。

当前,美元体系循环的复杂程度已大为提升,仍用原有"货币—实

---

① 李扬、张晓晶:《失衡与再平衡——塑造全球治理新框架》,中国社会科学出版社2013年版。

体经济"两分法的分析范式已经难以准确刻画当下的全球经济金融循环。Turner 认为，失衡所导致的对外部融资的依赖创造了支撑其自我发展的动力①。失衡得到纠正，并非是宏观经济自发的调节机制在起作用，而是由于融资活动突然停止。债权人担心无法收回贷款，进而收缩信贷。并且在金融市场危机期间，金融投资组合会出现明显的本土偏好，这将使大量依赖外部融资的主体面临更大的流动性压力。

（二）部门间失衡

部门间失衡主要体现在企业与政府、企业与劳动者之间的分配失衡之上。企业与政府之间的分配失衡主要是源于当前跨国企业极强的资源调配能力，尤其是当下的科技巨头，其所受金融监管十分有限，使得其资产负债表的错配自由度远超一般金融机构。一方面，科技巨头能够在全球市场以仅略高于国债收益率的极低利率进行融资，同时在全球范围内部署资本进行生产；另一方面，这些巨头公司将企业利润通过跨境资本流动来进行避税，最后又再次将盈余资金投资到国债和货币市场中。例如，苹果公司就是以低利率借入欧元，在离岸市场上换成美元之后投资于亚洲的生产线，销售产品的利润汇到爱尔兰等低税率国家以完成避税，最后再把盈余重新投到国债和货币市场。当前，微软持有美国国债的规模就有约 1000 亿美元，科技巨头在规避主权国赋税的同时却又再次成为主权国的债权人。

部门间的另一个失衡——企业与劳动者之间的分配失衡，其核心在于大型科技企业（BigTech）盈利增长速度远高于工资增长速度，利润快速增长使得科技巨头产生了大量的现金盈余。2017 年年底，美国前五名科技巨头海外现金约为 7000 亿美元，同时跨国企业在海外成

---

① Turner P., 2013, "Benign Neglect of the Long-term Interest Rate", BIS Working Papes, No. 403.

立资管机构统一管理这些资金,进而形成了庞大的机构资金池。这些资金池对安全资产的需求直接催生了影子银行体系,本章将在后面详细分析这一问题。

部门间的失衡带来了四个主要问题:第一,跨国企业的离岸避税行为损害了政府的税收,给财政收支平衡带来负担;第二,跨国企业通过美元融资来扩大生产,同时大量的企业通过低成本的负债来回购股票,这既推高资产价格泡沫又增加自身杠杆率,进而提高了系统性金融风险;第三,产业外迁一定程度上损害了本国的就业市场;第四,长期停滞的工资增长加剧了贫富分化,影响了社会的稳定性。当这种失衡无法在内部得以解决时,矛盾不可避免地转向外部——民粹主义兴起。

(三) 部门内失衡

部门内失衡则主要体现在两个方面:一是行业集中度过高,二是收入跨期分配失衡。

行业集中度过高在金融和实体层面均有所体现。在美国的股票市场上,大型机构投资者占据绝对优势,主要投资机构持有的股权约占整个市场的65%。特别是美国三大资管巨头——贝莱德、先锋和道富环球,共持有了标普500成分股中约23%的股票数量。而实体经济的垄断更为明显,典型的例子就是FAAMG[①]五大科技巨头。这些科技巨头一方面依托其强大的资本对小企业进行收购以强化其垄断地位,另一方面,它们与资管公司形成利益共同体,使其在金融层面也形成资源的垄断。2010年后指数化ETF投资盛行,科技巨头股票权重极高,所有以市值加权的指数化ETF投资策略会不约而同地引导资金流向这些企业。前述五大科技巨头占标普500总市值接近20%,占纳斯达克

---

① FaceBook、Amazon、Apple、Microsoft、Google五家公司。

100 指数总市值约 40%。标普 500 和纳斯达克 100 的计算方法为加权平均，因此追踪标普 500 和纳斯达克 100 的被动型基金（约 20 万亿美元规模）中近 1/3 会投向到五大头部公司，这进一步提高这些头部公司的市值占比。行业的集中度过高导致市场机制出现了扭曲，金融层面的高集中度导致优质资产稀缺，想要获得超额投资收益将变得更加困难。同时，实体经济层面的高集中度也减弱了市场的竞争机制，降低经济的整体活力和内生的增长动力，这或许也是导致长期预期收益率持续下降的原因之一。

收入跨期分配失衡表现为当下长期低利率与人口老龄化下承诺未来高支付之间的矛盾，例如日本和德国的退休基金远期收益率缺口分别达到 4.0% 和 3.5%。而当前部分经济体已出现增长迟缓甚至是停滞，这种收入跨期错配实际上是将收入更多地分配给了投资和消费倾向都较低的"未来"而非边际倾向更高的"当下"。试图解决这一矛盾的直接动作就是通过杠杆交易提升收益率水平，希望就此弥补收入跨期错配的缺口，而影子银行则在相关交易中充当了桥梁作用。

三　货币分层与影子银行

当下的全球金融体系已经形成以影子银行为中心的金融循环，影子银行业务已远远超过了传统的商业银行信贷业务。对影子银行而言，其资产和负债大多以短期形式存在，因此偿付能力对影子银行有着不同的意义。因为影子银行总是主动保持资产和负债端总额上的匹配，只是利用信用和期限上的错配来获取利差收益。其负债端大多是有抵押的——占据负债端最大比例的是 Repo。因此，流动性对影子银行而言显得尤为重要，这尤其体现在负债端进行展期的流动性保障能力方面。因此，从资产负债表的角度来观察影子银行主导下的美元体系运行，对于理解国际金融循环十分关键。

（一）主要流动性市场

货币市场通常也被称作流动性市场，其主要为各类金融机构、企业、主权或超主权机构进行短期批发融资。在这个市场中交易的金融工具一般被称为货币债权（Money Claims），其期限从隔夜到1年。对于机构而言，货币市场提供了银行存款的替代品①。流动性市场主要分为无抵押市场和有抵押市场两种，无抵押市场主要包括 Fed Funds，CP、CD 市场和 LIBOR② 三类，有抵押市场则主要包括 Repo/Reverse Repo 和 Forex Swap/Cross Currency Basis Swap（XCCY）两类③。

1. Fed Funds 联邦基金市场

该市场主要是美国的商业银行、非美银行的美国支行以及政府支持企业④（以下简称 GSE）之间进行无抵押借贷的市场。2008年国际金融危机后 GSE 是该市场的主要借出方，约占总交易量的90%。受到美国巴塞尔Ⅲ补充杠杆率协议的影响，美国的银行对于风险头寸的管理更为严格，这就使得在 Fed Funds 与 IOER⑤ 之间进行无风险套利的难度加大。而在美国境内，非美银行面临的监管比美国银行更为宽松，因此危机之后，非美银行的美国分行开始成为联邦基金市场的主要拆入方。

2. 商业票据CP和存款凭证CD

2016年之前，主要是优先型货币基金（PMMF）通过这一市场借钱给企业和海外金融机构，其中日本的银行是 CD 市场最重要的发行方，拥有明显的边际定价权。但2016年美国货币市场基金改革后，监管部门把面向机构的 PMMF 的资产净值份额改为了浮动制，就使得 PMMF 提

---

① 银行存款（未保险）在货币的安全性层级当中是最低的。
② LIBOR 将于2021年年底正式废除，2023年年底完成所有存量相关资产的转换。
③ 程坦：《美元流动性结构简述（内部报告）》，2020年。
④ Government Sponsored Enterprise，主要是 FNMA 房利美、FHLMC 房地美和 GNMA 吉利美。
⑤ 超额准备金和再贴现窗口。

供融资的能力受到严重制约，海外美元融资开始更多转向 FX Swap，而除 PMMF 外的其他非银金融机构的重要性开始越来越高。

3. Repo/RRP 回购以及逆回购市场

该市场是有抵押的流动性市场，抵押品主要是短期国债、RMBS、CD 等，有时也用股票和企业债进行抵押。拆入方主要是各大交易商银行和对冲基金等，借出方主要是交易商银行和各大机构资金池。回购市场又可以细分为以下几种：（1）三方回购（Tri-Party Repo）：批发银行、政府型货币市场基金（GMMF）和资金池借给一级交易商的市场。三方指除了借贷双方参与外，清算行[1]在交易中其进行抵押品分配和交易对手的风险管理[2]。（2）隔夜逆回购工具（Overnight Reverse Repo，ONRRP）：这是非银金融机构将资金借给美联储的重要市场，事实上，目前 ONRRP 定价已经成为广义金融部门的利率下限。（3）回购便利（Repo Facility）：美联储借款给一级交易商的市场，这是当一级交易商无法从市场获取资金时的选择，类似于针对海外央行的对应工具——FIMA[3]。（4）双边回购市场（Bilateral Repo）：交易商与对冲基金、机构资金池等参与的市场，回购利率取决于对手方的信用风险。（5）保荐式回购（Sponsored Repo）：交易商、对冲基金、货币基金等从中央固定收益清算公司[4]（FICC）拆入或拆出的市场。一般的交易链是，对冲基金以国债作为抵押，以双方回购的方式从交易商拆入资金，交易商再以同一抵押品从货币基金以三方回购的方式拆入资金。保荐式回购主要是 FICC 为了解决交易商由于资产负债表规模太大导致做市意愿降低而

---

[1] 主要是纽约梅隆银行。
[2] Copeland Adam, Darrell Duffie, Antoine Martin, and Susan McLaughlin, 2012, "Key Mechanics of the U. S. Tri-Party Repo Market", *FRBNY Economic Policy Review*, 18（3）.
[3] Foreign and International Monetary Authorities Repo Facility（FIMA）是针对海外货币当局的回购工具。
[4] 中央固定收益清算公司负责美国固定收益资产的确认、转移、清算等方面的事务。固定收益资产包括国债和 MBS。

推出的，FICC 帮助参与者进行多方净额结算以降低这些机构的资产负债表负担，所以 FICC 自身的风险也容易急剧上升①。

4. 外汇互换 FX Swap/XCCY

交易商和银行为非美金融机构提供美元资金的市场，互换的抵押品是外币。一般为无法获得无抵押融资的机构参与，如社保基金等。外汇互换的衍生品特征并未体现在交易商和银行的资产负债表上，而该市场的日均交易规模已达数万亿美元。

（二）流动性视角下的货币分层

对于流动性市场中的机构而言，现有的货币总量统计口径（M0、M1、M2 等）显然不能完全反映其面临的流动性真实情况，因此拆解货币市场中货币债权②结构对理解现代金融循环体系有着十分重要的意义。

对于货币市场中的机构而言，存在四类核心的货币债权——央行准备金、银行存款、交易商银行发行的各类回购、货币基金发行的资产净值份额。每一类货币债权都是有相应的资产支持，根据这些资产支持的属性，本小节对货币债权进行更为细致的分类③。

以公共资产为抵押的货币债权包括：现钞和准备金，由国债、机构债和 RMBS 作为支持，是央行的负债；政府回购，由公共资产支持，通过交易商的政府债交易台（Government Trading Desk）发行，是交易商的负债；政府类资产净值份额，由短期国债和其他非私人短期资产支持，是政府型货币基金的负债。

以私人资产担保的货币债权包括：存款，由银行的信贷作为支持，

---

① 由于 FICC 并不公布保荐式回购数据，因此相关数据无法公开获取，JP Morgen 曾估计过 2018 年年底保荐式回购规模约为 1.4 万亿美元，约占当时整个回购市场规模的 27%。

② Mehrling Perry, 2013, "The Inherent Hierarchy of Money", *Social Fairness and Economics: Economic Essays in the Spirit of Duncan Foley*, Routledge.

③ Pozsar Z., 2014, "Shadow Banking: The Money View", SSRN Electronic Journal.

是银行的负债；私人回购，由私人资产支持，如 CP 和 CD，通过交易商的信用交易台（Credit Trading Desk）发行，是交易商的负债；私人类资产净值份额，以私人发行的票据作为支持，如 CP 和 CD，是优先型货币基金的负债。

上述货币债权都是见票足额兑付的，但各自之间仍有差异，其中最重要的差异就在于能否用于清算，即是否具有支付功能。与银行存款和准备金不同，隔夜回购和资产净值份额无论是以公共资产还是私人资产来担保，它们都不具备支付功能，不能被直接用作清算。但它们可以根据需要被足额转换成活期存款后用作清算，并且这些资产通常是隔夜的，因此它们成为最重要的影子货币，其在一定程度上已具备货币属性。这些影子货币以什么价格转换成现金，比影子货币本身的形态更为重要。现实中，它们通常被机构资金池视为现金的替代物。

仅仅只区分担保资产的特征还不能对货币债权进行完整的分层，是否能够获取卖权（Put）是观察货币债权的另一个视角。卖权分为流动性卖权（Liquidity Put）和信用卖权（Credit Put），流动性卖权是指当金融机构发生流动性危机时，有外部机构通过资产购买的形式为其提供流动性支持，这部分流动性救助被称为流动性卖权；信用卖权是指当金融机构发生流动性危机时，有外部机构通过信贷的形式为其提供流动性支持，这部分流动性救助被称为信用卖权。卖权可以来自公共机构，也可以来自私人机构。

结合担保资产的特征和卖权的特征，我们可以把流动性市场的货币工具划分为四种类别，分别是完全公共、私人—公共、公共—私人、完全私人四种类型的货币债权，前面部分为抵押品的公共/私人属性，后面部分为卖权的公共/私人属性（见图 2-1）。

公共货币债权主要包括现钞、存放在央行的准备金和短期国债。它们是所有安全资产中安全等级最高的资产。由于财政部和美联储发行的资产均为最高安全等级资产，因此，它们既作为公共卖权的提供方，又

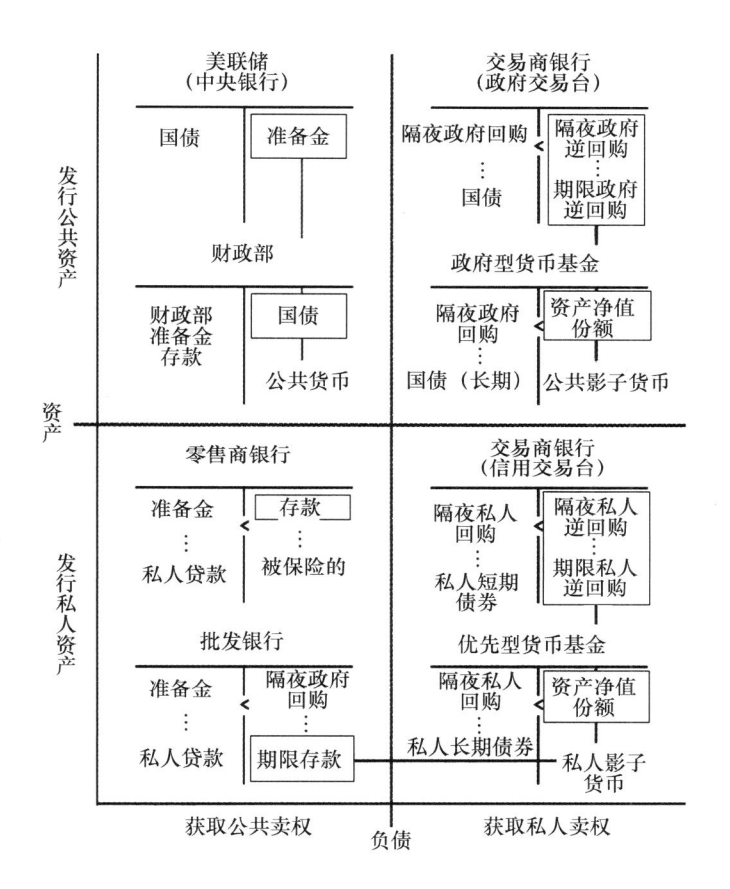

第二章 流动性视角下的国际金融大循环

图 2-1 货币债权（抵押资产/卖权）矩阵图

资料来源：Pozsar Z., 2014, "Shadow Banking: The Money View", SSRN Electronic Journal。

充当公共卖权的获取方。

私人—公共货币债权主要指有保险的银行存款。有保险的银行存款完全以银行的私人信贷资产抵押，但直接被公共流动性卖权和公共信用卖权以最后贷款人和存款保险的形式所担保，因此它们是私人—公共货币债权。其特征是被直接担保。

公共—私人货币债权主要包括由交易商的政府债券交易台发行的以政府债券为抵押的回购和政府型货币基金发行的资产净值份额。公共—

· 71 ·

私人货币债权以公共资产为抵押，但没有公共流动性卖权作为担保，它们是私人的到期足额兑付承诺。然而这种类型回购的抵押资产是公共资产，其没有信用风险且可以在公开市场上交易，因此被视作间接的公共流动性卖权和间接的公共信用卖权担保，这种货币债权也被称为"公共影子货币"。

私人货币债权主要包括由交易商的信用债交易台发行的有信用风险的私人资产（如CD、CP）所抵押的回购，以及优先型货币基金发行的资产净值份额。私人货币债权由私人资产抵押，是私人的到期足额兑付的承诺，其既没有直接的也没有间接的公共流动性卖权担保，这种货币债权被称为"私人影子货币"。另一种货币债权特别值得关注，就是未被保险的银行存款，也可被视作私人影子货币，但这并不是本章影子银行的分析重点。

不同的货币债权信用保护和流动性卖权的层级不同。最顶端的是短期政府债券，第二层是有保险的银行存款（上限为25万美元），第一层和第二层都具有公共流动性卖权。第三层是质押式回购，根据交易对手方的信用风险类型可以分为批发性银行或交易商，根据抵押品类型可以分为公共资产或私人资产。第四层是货币基金，货币基金投资于有抵押和无抵押两类资产。在无抵押资产中，政府型货币基金只能投资于短期国债，优先型货币基金同时也投资于无抵押的私人证券，通过分散化来控制风险。第五层是未被保险的银行存款（超过25万美元的部分），其本质相当于无抵押未分散的私人信用债权。

由于数据获取的难度，我们无法直接计算出各类流动性货币债权的数量，本章引用Pozsar[1]对四种层级货币的统计数据。截至2014年，上述四种货币债权中，公共货币债权约占25%，其中准备金占85%；被保险的银行存款约占15%；公共影子货币占24%，其中交易商发行的

---

[1] Pozsar Z., 2014, "Shadow Banking: The Money View", SSRN Electronic Journal.

回购和货币基金资产净值份额大约各占46%；私人影子货币约占34%，其中未保险的活期存款和货币基金资产净值份额大约各占私人影子货币总量的45%。我们将公共和私人影子货币统称为影子货币，影子货币约占流动性货币债权总量的58%。考虑到2020年新冠肺炎疫情危机美联储推出各种针对货币市场的流动性工具，影子货币占比可能更高。事实上，影子银行及其发行的影子货币已经成为当前货币体系的主导力量。

影子银行系统的核心机构是交易商、货币基金，它们发行包括公共和私人属性的各种影子货币。其中，公共影子货币是依托于公共资产，如短期国债、机构债和RMBS等，来进行期限和流动性转换，但不进行信用转换，因为这个环节中抵押物没有信用风险[①]。私人影子银行则是依托于私人资产，如公司债、ABS等，来进行期限和流动性转换，同时通过信用分层（CDO）和高抵押折扣率等方式提供信用转换。

（三）低利率环境下的失衡与影子银行发展

本章开篇分析了金融循环的失衡背景，这三类失衡都对影子银行发展起到了至关重要的影响。影子银行的资金来源较多，结构也十分复杂，甚至一些机构同时充当影子银行资金的供给方、资金需求方和影子银行本身，如交易商。实际中，影子银行最主要的资金提供者是机构资金池（Institutional Cash Pool），其由外汇储备资金中的流动性头寸、跨国企业的现金管理部分以及资产管理复合体（Asset Management Complex）的流动性头寸三类资金组成。下文对这三类资金进行分析。

主权失衡使得贸易盈余国积累了大量的外汇储备，而外汇储备中的

---

① 期限转换指影子银行把长期公共债券通过有期限/隔夜回购转换为短期的、到期足额兑付的货币债权；流动性转换指影子银行把流动性较差的资产通过隔夜回购或者货币基金固定资产份额转换为流动性更高的到期平价兑付的货币债权；信用转换指影子银行把公共货币债权通过回购或者货币基金固定资产份额转换为私人货币债权的过程。

流动性资金自然要到在岸和离岸的美元市场中寻找最为合适的现金替代工具，影子银行自然就成为其进行流动性管理的最重要平台。

部门间失衡与部门内失衡会促使头部跨国企业，尤其是科技巨头集聚大量现金。主要原因如下：第一，随着全球化的加深，头部跨国企业占据全球价值链的高端，企业边际利润不断扩大，新兴经济体广泛参与到全球劳动力市场，而发达经济体劳动力收入增长却十分迟缓；第二，人口增长速度放缓和技术进步导致新增劳动力的边际资本需求不断下降，特别是信息技术的进步使科技类企业所需要的资本品出现总量下降，这使得跨国公司的资本支出更少，现金留存更多；第三，头部跨国企业采取越来越复杂的避税方法减少了企业的税款支付，特别是通过离岸避税和利润转移等手段，这已严重侵蚀政府的税收，并使得利润更多地向头部企业积聚；第四，BigTech（尤其是FAAMG）相对于制造业而言，不仅资本开支较低，而且通过"租赁授权"的运营模式和垄断经营带来了大量的现金流，从而使得这些科技巨头的现金储备十分充裕。

机构资金池由于受到资产规模的限制只能参与批发性资金市场。在这一市场中，机构资金池的投资偏好是有层级的[1]，最高层级是短期国债，但短期国债相对于长期国债而言数量有限，因此，大量的资金就只能流入到影子货币中。而影子货币的产生过程中，存在大量的以长期国债作为抵押发行短期回购的操作，这可以被视为是制造"准短期国债"的过程，并且这个过程增加了市场对长期国债的需求，因此机构资金池对安全资产的需求将推动长期无风险利率持续下滑以及收益率曲线扁平化。

需要特别强调的是，对超额收益的追求不仅与低利率环境有关，人口老龄化导致未来养老金兑付承诺缺口越来越大也是跨期收入分配失衡

---

[1] Pozsar Z., 2015, "A Macro View of Shadow Banking: Levered Betas and Wholesale Funding in the Context of Secular Stagnation", SSRN Electronic Journal.

的原因之一。叠加近年来低收益率环境的持续，这一缺口愈发明显，从而直接引致了杠杆型贝塔基金的兴起。

杠杆型债券贝塔基金有三大核心类别，分别是共同基金、对冲基金和分立账户[①]。这些机构都有固定收益投资和信用拆借的权限，它们是资管复合体中债券投资组合的主体，也是影子银行资金的主要需求方。杠杆型债券基金是近些年迅速成长起来的一种形态，它们由两个宏观因素推动：一是长期无风险收益率持续降低；二是被动投资大行其道导致权益投资集中度过高，权益投资预期收益率降低，资金被迫寻找更高收益的渠道。两者共同作用导致机构投资者需要生成一些类债券波动、类股票收益的产品以战胜基准。典型的策略是类似桥水基金的"All Whether"策略，在短期实际利率为负或收益率曲线陡峭的条件下，通过回购或借出国债融入资金，或者通过衍生品（如 FX Swap）融入资金，在全球市场上购买由跨国银行、非银金融机构或非金融机构发行的 CP 等工具。这个策略从本质上来说把国债置换成了某种企业债，从而使债券基金的管理者战胜基准，甚至获得超过权益类投资的收益率。

四 金融大循环的资产负债表观察

（一）在岸市场的资产来源

交易商与货币基金是影子银行的主体组成部分，外汇储备资金中的流动性头寸、跨国企业的现金管理部分以及资产管理复合体的流动性头寸共同组成的机构资金池则是影子银行最主要的资金来源，估计当前机构资金池的现金管理余额已经超过了 10 万亿美元，这也是影子银行资产负债表中的负债部分。

与零售投资者不同，机构资金池首要的任务是确保资金的流动性，

---

① 分立账户指经纪商为投资者的资金和保证金分别开立两个账户。

也就是无损变现能力,这一目标限制了机构资金池只能把净支付盈余投资于短期的安全资产,期限不超过一年。但现实中,机构资金池将现金投资于公共货币债权的能力和意愿是受限的,主要有四个原因。第一,持有数万亿的现钞是不可能的;第二,机构资金池在央行没有准备金账户;第三,仅覆盖25万美元的银行存款保险对于机构资金池而言没有意义,而机构资金池将现金以未保险存款的形式存放于一个银行,这将是一种信用风险集中度相当高的投资行为;第四,短期政府债券的空间十分有限,无法吸纳如此巨量的现金投资。现实中,机构资金池中的现金从未处于未投资状态,因此,机构资金池可以选择的投资方式也是有限的,只能选择公共或私人影子货币。由于流动性市场中货币是有层级的,相应的机构资金池的货币债权选择也是有层级的,这就导致了影子银行的负债来源出现了分层。

对于机构资金池而言,第一层级的投资通常是在几天内到期的国债,这是最安全的选项,但资金市场可供交易的短期国债的量相对有限,当期可获取的[1]短期国债大约只占机构资金池总量的1.5%;第二层级是由交易商的政府债交易台发行的质押式回购;第三层级是政府型货币基金[2];第四层级是优先型货币基金,这类基金提供分散化的私人回购或无担保风险敞口,虽然风险相较于前三个层级的资产更高一些,但低于无保险存款的风险。数据表明,隔夜公共影子货币吸收了机构资金池1/3左右的资金量,其中约60%投资于政府债券抵押回购,35%投资于政府型货币基金;隔夜私人影子货币约吸收机构资金池40%的隔夜资金量,其中约60%是银行发行的无担保活期存款,约30%是私人回购和货币基金资产份额[3]。上述的几个类别都类似于"活期存款",

---

[1] 指马上就能在市场上买到短期国债。
[2] 政府回购交易可以选择对手方和用作回购的公共证券,货币基金则不能,因此货币基金的层级低于政府回购。
[3] Pozsar Z., 2014, "Shadow Banking: The Money View", SSRN Electronic Journal.

通常是隔夜的或者可以随时转换为现金，约占到全部机构资产池的3/4。机构资金池也可以选择将剩下的现金余额以定期的方式投资，在批发规模下，定期现金余额只能投资于有期限的回购（可以由私人或公共资产抵押）以及无抵押的信用工具，如 CP 和 CD。

机构资金池绝大部分的资产必须配置在影子银行货币债权上，这就意味着它们随时面临着某种程度上的对手方信用风险和抵押品风险。同时，这个市场的参与者由少数超大型机构主导且资产负债表层层嵌套，一部分核心流动性市场中介几乎只通过有抵押回购来进行融资，这种高集中度导致风险必然会积压在几个少数的金融机构之上（如保荐式回购的核心 FICC）。因此当下机构资金池的兴起以及货币市场的运转模式，已成为全球金融循环中系统性风险来源，但这一状况并未受到足够的重视。

（二）在岸市场的资金运用

机构资金池的现金投资于批发银行、交易商或货币基金后，这部分资金将会被用于不同的用途。一部分会被用来在全球的金融中介中进行流动性的重新分配，另一部分用来进行全球资本市场中的大型债权资产组合投资。资金流向大致可分为三个层级[①]。

第一层级是银行以贷款的形式借出。银行可以从货币市场中获取资金（负债）来为某一笔即将发生的贷款（资产）融资。第二层级是货币交易。货币交易涵盖了在岸和离岸美元市场，以及由全球性批发银行、交易商和货币基金参与的有抵押和无抵押市场，货币交易包括短期的拆入与拆出（从货币市场到货币市场，属于短期融资）。第三层级是为资本市场融资。杠杆投资机构通过影子银行体系筹集资

---

① Mehrling P., 2013, "The Inherent Hierarchy of Money", *Social Fairness and Economics: Economic Essays in the Spirit of Duncan Foley*, Routledge.

金，再把这部分资金投入到资本市场的资产组合中，整个过程中资金从货币市场流入到资本市场。在这三种用途中，银行可以从事全部的三种交易，交易商从事第二种和第三种，其他投资者只能从事第三种。

货币债权的交易是全球金融循环的核心，具体的交易有五种方式：第一，银行间货币交易。批发银行从 Fed Fund 融资，借给需求准备金的银行。第二，交易商间货币交易。交易商之间在一般抵押品回购市场（General Collateral Financing）通过公共抵押品交易。第三，互联货币交易。政府型货币基金和优先型货币基金从机构资金池拆入资金并通过三方回购的形式拆出给一级交易商。第四，客户驱动型货币交易。交易商从货币基金或机构资金池拆入资金并通过双边回购的形式借给对冲基金。第五，银行内部的交易。非美银行的美国支行通过发行 CD 和 CP 筹集资金，并通过内部资金转移到本行的海外部门，从而为全球美元市场提供融资。其中四种方式为在岸美元提供流动性支持，一种为全球美元提供流动性支持[1]。

交易商在货币市场中发行的影子货币占比最大，且涵盖了上述五种交易中的四种，交易商可以参加上述第二种到第五种的所有交易。其中第四种交易是最典型、流动性最广泛的私人影子银行活动。

对冲基金参与回购市场[2]的动机是通过资金杠杆获取更高收益，从而在货币市场上产生类债券波动—类股票收益（低波动高收益）的资产组合，这就是前面提到的杠杆型贝塔投资者。这种交易一般会产生两种现金需求，一种是为固定收益头寸加杠杆，另一种是为做空头寸寻求保证金，或是衍生品的保证金。这些交易中，衍生品交易保证金的需求规模最大，2008 年国际金融危机中雷曼兄弟公司主要就是因

---

[1] Pozsar Z., 2013, "Institutional Cash Pools and the Triffin Dilemma of the U. S. Banking System", Financial Markets, Institutions & Instruments.

[2] 大多是通过保荐式回购参与的。

为在这一过程中从事交易商业务而遭受巨额亏损。

交易商在流动性市场中的地位至关重要，与商业银行和货币基金不同，交易商不仅与其他中介机构进行交易，同时还是资产管理者的重要流动性来源，他们实际上为所有杠杆型贝塔投资者提供资金，同时也是各类机构进行衍生品交易时的主要对手方。交易商实际上为风险厌恶型的机构资金池和风险追逐型的资产管理者提供了风险转换。实际交易中，机构资金池为杠杆交易这一高风险投资方式提供资金，正是因为在交易商提供的质押式回购的掩盖下，杠杆交易显得更"安全"了。

作为影子银行资金需求方的资产管理者，手头拥有大量证券但仍面临着战胜业绩基准这一压力，因此不得不采用杠杆交易、衍生品交易等手段来提高收益率。资产管理者用资产抵押获取融资以博取更高回报，机构资金池则希望以有担保的形式融出自己的资金，在影子银行的媒介下，机构资金池获取了安全的有抵押短期债权，资产管理者获取了更高收益率，作为影子银行的交易商则在资产端与资管对接，在负债端与机构资金池对接。这样，交易商就承担着两个重要职能——货币交易和风险交易，货币交易包括经由政府交易台或信用交易台完成现金与抵押品交易，这是影子银行的资金来源；风险交易通过衍生品交易台进行风险和抵押品的置换，这又是影子银行的资金运用。

（三）离岸美元市场

1. 全球美元市场的结构性变化

自 2008 年国际金融危机以来，全球美元融资格局发生了重大的结构性变化[1]：第一，全球主要银行跨境信贷活动减少，离岸美元市场对 FX Swap 的依赖性越来越强。总体来看，目前全球主要银行的杠杆率已

---

[1] Settlements B. F. I., 2020, "US Dollar Funding: An International Perspective", CGFS Papers.

明显降低，它们更好地管理了流动性风险，彼此之间的内联性大为降低。银行跨境美元贷款占全球 GDP 的比重已经下降到 21 世纪初的水平。但不同于银行，非银金融机构对市场流动性的依赖更强，由于不能吸收美元存款又不能进入联邦基金市场拆借，同时在危机发生时又难以直接获得央行的流动性补充。非银金融中介不得不在进行融资时更多地依赖回购市场融资，随后再以 FX Swap/Basis Swap 的形式融出美元获取利差收益。BIS 的数据显示，非美银行的美元计价的债权比债务高出15%，这部分美元缺口的融资主要依靠 FX Swap 等外汇衍生工具。

第二，市场主体的结构发生重大变化，非美金融机构的地位愈发重要，其中新兴经济体作为一个整体已成为最大的美元借款主体。非美金融机构在美国在岸货币市场和离岸美元市场中的市场份额都大于美国的金融机构。在岸货币市场中，非美国银行占全部交易量的 65%，离岸美元融资市场上，非美国银行的市场份额约是美国银行的 5 倍。自 2008 年国际金融危机以来，美国作为债务目的地的地位并没有改变，非美国居民现在持有更多的美国公司债券。欧洲的银行大幅缩减了美元业务，而日本和加拿大的银行则扩大了美元业务。但 16 个新兴市场经济体作为一个整体，已经成为最大的美元借款国和供应国，特别是通过债券市场。

第三，严监管未能降低美元流动性的波动，抛补利率平价在多数货币与美元的交易中不再成立。虽然监管鼓励更多地使用抵押品和/或中央清算进行交易，同时中介机构的资产负债表风险已经变得更低，但离岸美元市场仍然经历了多次美元流动性冲击，这是因为监管加强导致银行去离岸市场吸收流动性冲击的意愿急剧下降，微观监管的审慎反而导致了更大的价格波动。2011 年欧债危机期间外汇市场上拆入美元的成本相对于 LIBOR 显著上升，主要是由于当时融入美元的银行信用风险上升导致的。2011 年后美元融资溢价的阶段性上升并没有发生任何银行方面的信用风险问题，这意味着美元融资溢价的变化机制已与过去完全不同。

20世纪70年代影子银行逐渐兴起，金融机构创造出了各式各样的私人货币债权作为存款的替代品，复杂的交易结构使得影子银行在货币行为中不再被国界所局限。相当一部分影子货币的创造，尤其是货币市场基金份额和资产支持商业票据（Asset Backed Commercial Papers，ABCPs）大量发行于离岸市场。特别要注意的是，FX Swap 作为一种与回购协议类似的工具，成为一种专门为离岸美元市场进行信用创造的替代工具，也实际上是离岸影子货币最重要的一种形式。与跨境信贷不同的是，FX Swap 本质上是一种有抵押的信用活动。

2. 离岸影子银行的扩张

前文提到，离岸美元市场是在岸美元市场的镜像。那么要理解影子银行在离岸美元中的角色，只需要把前述在岸美元货币市场中的参与者替换成非美国的金融机构即可。唯一不同的是，如果资金的提供者和资金使用者使用的货币不同，则需要将 FX Swap 替代 Repo 作为影子货币债权。

影子银行在全球美元流动中的作用在于把全球美元融资市场与美国本土资金市场结合在一起。前文已分析，影子银行发行私人货币债权——主要以私人资产为抵押的隔夜回购，而在全球视角下，隔夜回购的形式则是以 FX Swap 来完成的，可以说 FX Swap 是美元流动性的核心。因此要理解影子银行在全球视角下的作用需要先理解作为"影子货币"的 FX Swap 以及与其伴生的交叉货币基点互换（XCCY Basis Swap）。

XCCY Basis Swap 有两种作用，一是用来对冲外汇风险，二是用来进行投机交易，该工具充分地体现了离岸美元的供需关系。在开始时，交易双方以即期汇率（或约定某个远期汇率）互相交换货币，并在交易结束后归还等额货币，在整个过程中，每3个月交易双方按照复利计算互相支付利息，整个过程中汇率风险被消除。例如，初始收到欧元的一方需要支付 Euribor−0.5%，收到美元的一方需要支付 Libor，−0.5% 就是 Basis，也就是融入美元一方所需要支付的溢价。理论上来说，在抛补利率平价模型中，这个 Basis 是不应该存在的，但现实中，2008 年国际金融危机之后美元的融资溢价普遍存在，只是在 2020 年新冠肺炎疫情期间美联储向市场注入巨额流动性 Basis 曾短暂恢复为零。FX Swap 的交易流程比 XCCY 简单，双方在合约到期时以约定的远期汇率交换本币，中间没有现金流交换。

由于监管上的差异，美国的在岸银行比非美银行的美国本土分行面临着更多的监管约束，因此非美银行自然成为最重要的离岸美元影子银行。一些非美中小银行，它们在美联储没有准备金账户，也没有权限进入联邦基金市场，因此它们的负债端选择非常有限。非美银行的绝大部分美元流动性资金都源于货币市场的融入，其融入美元后再通过影子银行业务将美元资产拆借到海外以赚取利差收益。

此外，前文所提到的杠杆型贝塔基金，它们的杠杆交易行为也在现实中发挥了"跨境影子银行"的功能。面临着收益率的约束，这些杠杆型基金可能先从本土货币市场中与影子银行通过回购进行融资，再通过 XCCY 市场融出美元以获取超额基差收益，中间还可能使用杠杆交易，那么这家基金的这一交易行为就成为跨境影子银行交易。但是基金本身的融资手段比银行更为单一，因此这种业务也面临着更大的风险。最后，机构资金池也是其中重要的参与者，一些企业拥有大量的离岸美元现金，同样也成为离岸货币市场的重要供给方。

央行互换（Central Bank Swap Lines）在离岸美元体系中起着重要的作用。在 2008 年国际金融危机期间，一些银行把自己的离岸美元存款大量置换成在岸存款货币以获得美联储的保护，这就导致离岸美元严重紧缩从而引发流动性危机。为了减缓这一冲击，美联储迅速进行了干预，其中一项就是创立央行互换。美联储通过央行互换实质上让对手方央行可以自主地在其资产负债表上创造美元计价的公共货币债权，通过对手方央行拆出给当地参与离岸美元信用创造的银行①,以维护离岸美元市场流动性的稳定。

2008年以来,离岸美元体系逐渐演化成了在岸美元体系的镜像,美元计价的离岸货币债权由央行、商业银行和影子银行创造。然而,与在岸美元体系不同的是,离岸美元体系中并没有一个类似中央银行的机构来对市场流动性进行调控或干预,各货币当局仅仅在系统性风险发生时才被动地进行干预。因此美元国际循环是一个以趋利为导向的过程,政府部门有所贡献但并不是核心的驱动力量。

五 全球价值链视角下的金融循环困境

(一) 美元的"新三元悖论"

三元悖论是指在开放经济条件下,本国货币政策的独立性、汇率的稳定性、资本的完全流动性不能三者同时实现,最多只能同时满足两个目标,而被迫放弃第三个目标。当下美元的新三元悖论②则是指,美国(美联储)无法同时满足下述三个条件:(1)对本国银行进行强监管(约束其信用扩张),(2)维持美元的流动性充裕(使 XCCY Basis Swap 的隐含美元融资溢价为零),(3)自主控制美联储的资产负债表规模(独立的货币政策),必须放弃其中一个(见图2-2)。前文梳理了当前全球美元货币市场的图景,在当前的美元体系下,融资渠道和模式已发生了很大的变化,对于金融机构而言,资金是以什么价格在系统内流动比流动的总量更重要,因此新三元悖论在这个意义上更符合当前全球美元循环的实际情况。

---

① Hirai T., Marcuzzo M. C., Mehrling P., 2013, "Financial Globalization and the Future of the Fed", Keynesian Reflections.
② Pozsar Z., 2020, "Global Money Notes 31: U.S. Dollar Libor and Swap Line Rollovers", Credit Suisse Economics Research.

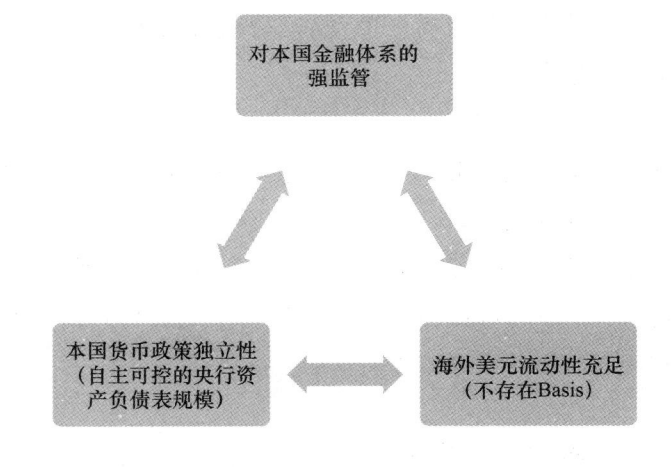

图 2-2 新三元悖论

资料来源：Pozsar Z., 2020, "Global Money Notes 31: U. S. Dollar Libor and Swap Line Rollovers", Credit Suisse Economics Research。

两个重要的监管因素导致了美元循环体系的悖论，一是 SLR[①]，二是 2016 年美国货币市场基金改革[②]。《巴塞尔协议三》和 SLR 限制了美国本土银行向海外融资的能力，货币市场基金改革则限制了优先型货币基金为离岸市场提供美元流动性的能力。同时，这一改革导致了优先型货币基金从一个保证足额兑付的货币工具成为一种无法保证足额兑付的信用工具，迫使投资者大量赎回。在改革之前，优先型货币基金是 CD 和 CP 的主要购买者，而美国货币市场中 CD 和 CP 的主要发行者是外国银行的美国分行，同时这些银行也是离岸美元的主要提供者。在监管改

[①] Supplementary Leverage Ratio 是对《巴塞尔协议三》的补充，2014 年正式实施，其中的 Tier 1 协议是核心，要求银行持有的最低安全资产（High Quality Liquid Assets）比例为 3%，对全球系统性重要银行（Global Systematically Important Banks）的要求为 5%。SLR 实施之前并没有相应的要求。

[②] 2015 年货基改革主要针对优先型货币基金，其中最重要的是针对机构的优先型货币基金增加了赎回费用与延迟赎回机制（最多可以到 T+10），并转为浮动资产净值。

革之后，非美银行的交易对手方由货币基金变成了美国的银行和资管公司，最终美国的银行主导了离岸的 FX Swap 市场，而资管公司成为外国银行在岸发行 CD 和 CP 的主要买方。其中，FX Swap 相对于 CD 和 CP 是更为重要的海外美元流动性提供渠道。

美国的大型银行是唯一可以以较低价格获取零售美元存款，再通过 FX Swap 市场融出给离岸市场的机构。因此美国的主要银行是当前 FX Swap 市场上的边际价格决定者，然而美国的银行正面临着非常强的监管规则：第一，SLR 对日均资产负债表规模和流动资产比率的限制使银行扩张资产负债表的能力受到很大的限制；第二，沃克尔规则[1]对投机头寸有很强的限制。总体而言，美国的银行受到资产负债表扩张的严格限制会促使它们要求更高的融资溢价。美国的银行在 FX Swap 市场上动用的资产负债表规模越大，则会更多挤占它们在其他市场上所剩的资产负债表规模，因此它们要求的 FX Swap 的融资溢价也就越高。这种溢价的上升又会通过四个渠道反馈回美国本土[2]，进而影响美联储的政策目标。

第一，越来越高的美元融资溢价会导致其他国家的美元融资条件收紧。美元作为最主要的融资货币，其融资条件收紧意味着非美银行为其客户提供的贷款成本更高，甚至直接削减贷款，而客户面临贷款成本过高也会缩减贷款需求，由此产生的信贷紧缩将直接拉低经济增长，这种负面影响最终会通过贸易和资金渠道反馈回美国。

第二，较高的美元融资溢价可能会催生市场的冒险情绪。美元融资溢价高直接体现在 XCCY Basis Swap 为负的基差扩大，这会导致投资于

---

[1] 沃尔克规则一是禁止商业银行从事高风险的自营交易，将商业银行业务和其他业务分隔开来；二是反对商业银行拥有对冲基金和私人股权基金，禁止在商业银行业务的资产负债表上进行衍生品交易；三是对金融机构的规模施以严格限制。

[2] Avdjiev S., Du W., Koch C., and Shin H. S., 2016, "The Dollar, Bank Leverage and the Deviation from Covered Interest parity", BIS Working Papers.

美国资产的海外投资者因为过高的汇率对冲成本而被拉低了收益率。为弥补收益损失，这些机构可能会购买更多的长久期风险资产以弥补损失，这可能会进一步推升资产泡沫，提升金融风险。

第三，较高的美元对冲成本会使得持有美元的海外投资者减少外汇对冲比率，甚至是完全不对冲，这将导致美元汇率进一步走强。美元汇率升高将使得负有美元债务的债务人偿债压力增大，债务人可能通过变卖资产争相偿债，从而引起本国市场流动性紧缩和大规模资本外流。当这一过程过于剧烈，将导致债务无法偿还，债权人利益也相应受损，并将这一波动传导回美国。

第四，海外美元融资溢价大幅攀升一定是全球流动性收紧的直接反映，这将影响包括美国在内的全球金融稳定。一方面，美元流动性迅速收缩时，金融机构会从各个市场出售资产以保证流动性，这将带来资产价格的大幅下跌；另一方面，美元融出方在溢价大幅攀升时，由于盈利的大幅扩张而挤占资产负债表的衍生品规模，受制于监管的约束可能会被迫平仓，从而使得大量潜在收益成为机会成本，同时，前述提及的外币资产下跌很可能使得美元融出方整个互换交易面临负收益。

从上述的分析中可以看出，新三元悖论是现实存在的。如果美国保持国内货币政策独立，同时严监管以备风险防控，那海外美元的流动性就无法顾及；如果保持国内货币政策独立，又顾及海外美元流动性的充裕度，就无法对提供海外美元的金融机构实施过严的金融监管；如果实施严格金融监管，又要保持海外美元流动性充裕，那货币政策只能根据流动性状况被动调整，而丧失货币政策独立性。事实上，新三元悖论也存在着与旧三元悖论相似的地方，就是三元的选择都不是绝对的，目标选择无法彻底放弃任意一点而保证另外两点的充分实现。美联储即使实施较为严格的金融监管，保持货币政策的独立性，但仍然做不到无视海外美元流动性紧缩对国内流动性市场的巨大冲击，2020年3月美国国债市场的剧烈波动就是一个很好的实例。面对冲击，美联储迅速反应，通过国内流动性注入和央行间货币互换等工具迅速稳定住流动性市场，使得美联储成为事实上的"全球央行"。这也意味着，未来美联储的货币政策正常化将成为影响全球美元流动性，甚至是全球流动性的关键性因素。

（二）全球价值链视角下的美元循环

前文分析过，科技巨头公司的高额现金流已使其成为影子银行体系重要的资金提供方之一。但事实上，除了总体净额资金提供，这些科技巨头在日常营运中由于现金管理的需要，也会不时成为流动性资金的需求方。同时，大部分其他跨国企业尤其是制造业企业在日常运营管理中对于流动性的资金需求就更为强烈。因此，美元循环体系对于全球价值链有着十分重要的影响。

工业产成品贸易占据了全球商品贸易的70%，并为世界贸易增长提供了动力，全球价值链（GVC）将世界各地企业的生产活动连接在一起。随着跨国企业和GVC的重要性提高，以及中国在2000年加入全球贸易体系，GVC的地理结构发生了重要的变化[1]——2000年之前的全球价值链中心是美国、德国和日本，而当前中国已取代了日本成为GVC的中心之一，而且中国不仅是亚洲的中心，同时也是连接美国和欧洲的枢纽。但整个链条中，美元循环始终是整个GVC的血液。

建立和维系GVC需要高度的金融密集，对企业的营运资本有非常高的要求。当融资需求超过企业自有资金时，就需要通过短期融资来补充营运资本。因为企业在向供应链上的其他企业销售产品时，需要在资产负债表上维系中间产品库存或应收账款，这些都是公司的资产，因此必须以某种方式来进行融资。如果供应链增长或者货物运输时间增加，

---

[1] Li X., Meng B., Wang Z., 2019, "Recent Patterns of Global Production and GVC Participation", *Global Value Chain Development Report 2019: Technical Innovation, Supply Chain Trade, and Workers in a Globalized World*, WTO.

商品转换为现金的周期就越长,对短期融资的边际需求增长也就越快,一个非常长的 GVC 必须在非常宽松的融资条件下才得以维系。现代的 GVC 既绵长又复杂,企业需要运用相当多的金融资源来整合整个生产过程。因此,在当前如此复杂的 GVC 体系下,金融条件收紧会使得整个 GVC 的生产效率下降甚至停滞。

更为重要的是,大约 80% 的跨国企业短期营运资本融资以美元计价①。这就意味着,影响美元融资的因素同样也是影响 GVC 的重要因素。Gopinath 和 Stein 的研究表明,在美元汇率较低时,以美元计价的融资活动增长较快,而当美元较强时,以美元计价的融资活动增长缓慢甚至是下降;与之相对应的,当美元较弱时,全球贸易占 GDP 比例较高,美元较强时则相反②。美元走强会促使企业提升修复资产负债表的紧迫性,提高偿还美元债务的动机。强大的融资能力能使企业承担起 GVC 产生的运营资本要求,然而,在跨境融资活动中,较高的公司债务杠杆或者过大的货币错配会压低企业的短期融资能力,特别是在融资环境收紧时——杠杆率较高和货币错配过度的企业可能不得不进行资产重组。此外,即使一些不依赖美元融资的企业,如德国,由于其贸易伙伴依赖美元融资,导致德国也将间接遭受美元融资条件的影响。由于全球贸易体系的深度内联性,美元融资条件变化导致的贸易冲击总会通过直接或间接的联系波及全球各国。

对于 GVC 而言,银行提供的贸易融资至关重要,而银行提供融资的意愿则更多地取决于它们自身获取美元的能力,也就是它们所面临的美元流动性状况。结合前述的新三元悖论,我们可以得出结论:维持美元循环体系的通畅对全球经济金融体系的稳定至关重要;然而整个金融

---

① Shin H. S. , 2019, at the "Public Finance Dialogue" Workshop Arranged by German Federal Ministry of Finance and Centre for European Economic Research (ZEW), Berlin, 14 May.

② Gopinath G. , Stein J. C. , 2018, "Banking, Trade, and the Making of a Dominant Currency", NBER Working Papers.

循环体系对单一货币的过度依赖，也使得全球金融和经济体系的脆弱性上升；在目前的格局下，为了保护美国自身利益和维持美元的国际货币地位，美联储将不得不成为全球金融体系的最终流动性提供者（The Last Dealer of Resort）。

六 中国在国际金融大循环中的角色

（一）中国在国际金融循环中的影响日趋增大

目前，对于中国银行系统的国际金融活动的研究相对有限，但最近的一些研究表明[1]，中国银行系统的全球活动轨迹对于国际金融循环非常关键，尤其是与新兴经济体和发展中经济体（EMDEs）相关的金融部分。从全球层面来看，BIS统计的除中国以外的185个国家的海外债务中，中国是其中66个国家的最重要的债权国，这一数量远超过其他任何国家。中国银行体系对发达经济体（AEs）的债权规模很小，仅占AEs的对外负债总额的2.4%，但是对EMDEs的债权份额巨大，占EMDEs对外负债总额的比例超过24%，是第二名日本的两倍。在统计的143个EMDEs中，几乎一半的国家仅依靠中国银行系统进行融资。

对于EMDEs而言，中国是其证券组合投资流入之外的主导金融力量——中国主导了对EMDEs的FDI和跨境信贷，而美国则主导了对EMDEs的证券组合投资。并且，中国银行系统对EMDEs的债权大多是以贸易信贷的方式进行，信贷总量随双边贸易额增长而相应增长，且大多信贷以人民币计价。

因此，中国不仅在全球价值链上处于枢纽地位，同时在全球金融稳定方面，中国的金融市场也起到不可忽视的作用，中国金融系统是连接

---

[1] Cerutti E. M., Koch C., Pradhan S. K., 2020, "Banking Across Borders: Are Chinese Banks Different?", IMF Working Papers.

AEs 和 EMDEs 的重要枢纽，中国经济的稳定影响到上游 EMDEs 的产品生产，同时也影响到下游 AEs 的产品供给。且近年来，人民币汇率越来越成为 EMDEs 经济状况的指示器，由于中国对 EMDEs 的债权以 FDI 和信贷为主，这使得人民币汇率变化带来的影响与美元汇率的影响机制不同。人民币汇率上升往往意味着中国经济运行稳健，在此基础上，中国海外信贷扩张的动力也会更强，这就意味着 EMDEs 信贷的可获性将大幅提升。虽然人民币汇率升值也会增加 EMDEs 的偿债成本，但获取信贷后参与全球价值链带来的高边际收益将完全覆盖偿债成本的增长，从而使得 EMDEs 获得更好的发展条件。

（二）对中国的启示

1. 充分认识到回购市场对于流动性的重要意义

2008 年国际金融危机表明，引发危机的并不是银行无法满足对零售存款的提现需求，而是抵押品市场流动性的丧失，同时过度的杠杆可能会增强回购市场和抵押品市场之间的关联性，抵押品的价格波动又会导致市场陷入回购抵押不足、追加保证金和市场流动性蒸发的恶性循环。

当前，无论一国属于哪种金融结构，金融市场对于资金循环体系的影响都变得越来越大，这就要求当局必须确定一个核心的流动性市场，确保该市场在任何情况下都能保证流动性的充足。如果要确保价格波动有限的高流动性资产成为安全抵押品，那么政府债券自然成为首选，政府债券市场既能形成其他资产定价的基准，又能成为流动性扩张的抵押品，这种特性决定了政府债券的高流动性。目前，美国和欧洲的回购市场规模约为 20 万亿美元，其中约有 60% 的回购交易是以政府债券为抵押，可见国家是影子银行和银行的影子银行业务中最主要的抵押品制造方。政府债券抵押品支持的回购交易越多，速率越高，整个市场的流动性越强，相应地，在其支持下的资本市场信用扩张也会越多。政府债券作为支撑影子货币增长的基础资产，为整个市场流动性提供了重要的基础。就债券发行而言,财政成为"影子中央银行"。

同时,央行可以采用回购利率作为货币政策的目标利率,回购市场参与者比较广泛,如果央行把交易对手方扩大至银行以外,这将有利于提高流动性政策的传导效率。目前,美联储的 RRP 工具实际上已经成为美国利率的下限,美联储基本上用回购交易替代了公开市场操作,因此央行的回购操作对影子银行的信用创造至关重要。

央行进行回购操作可以在很大程度上减少公开市场操作的政府债券购买,购买政府债券只会增加银行的准备金,而增加的准备金要转移给非银金融机构还需抵押品的支撑,危机时刻抵押品的价值和获取往往变得更不稳定,从而使得市场的流动性无法良性循环。因此,央行通过公开市场操作直接购买国债会降低回购市场上安全资产的可获取程度,反而降低货币市场的流动性。

2. 确立回购市场的基本原则

2008 年国际金融危机的经验表明,建立一个稳健的货币市场是保证金融稳定的基本要求,也是中国金融深化改革的必经之路。但回购市场同样也存在着内在的不稳定因素,从监管方面,对回购市场的管理应当遵循以下几个原则:第一,对抵押品范围做出限制。对于各类政府债券、金融债作为抵押品的性质做出规定,并根据抵押品类型确定相关折扣系数。第二,央行与财政部的协调与配合,以确保安全资产的充足,同时又形成危机期间的合理应对机制(如以高质量抵押品置换流动性不好的抵押品),以便迅速恢复危机期间的流动性紧缩状况。这就要求进行顶层设计,绝不能只从单个部门的角度看待整体流动性风险的问题。第三,货币政策与监管政策的协调。监管政策也会对流动性市场参与主体的行为产生重大影响,进而影响货币政策的流动性管理效果。对两种政策给流动性带来的叠加影响需要做好预判,提前做好协调。第四、设定抵押折扣率的逆周期调节机制。抵押回购并不能从根本上消除流动性市场的风险,基于宏观审慎管理的考虑,可以对抵押品的最低折扣率进行逆周期调节。

3. 人民币国际化中的流动性管理

随着中国金融市场在国际中的重要性上升，对人民币资产和人民币本身的需求也会增加。当前外汇市场上离岸人民币交易额仅次于 G7 国家的货币对交易额，预计今后还会持续上升。在全球高收益安全资产缺乏的情况下，人民币资产依然具有较高的吸引力。人民币市场虽然不如美元市场庞大和完善，但作为后发者，可以借鉴其他国家的发展经验。在离岸人民币市场的管理方面，可以考虑以下问题。

第一，根据人民币跨境融资债权形式的变化及时进行监管调整。当前人民币跨境债权的形式依然以国内银行对其他国家的贷款为主，因此，当前的监管重点在于银行的资产质量。随着今后外资银行广泛参与离岸人民币信用创造和货币市场交易，监管重点也应该相应地调整到对回购市场抵押品规则、安全资产的创造、货币市场基金，甚至是机构资金池的监管上来。第二，央行需做好人民币最后流动性提供者的准备。加强与各国央行的合作，建立更广泛的、更便利的人民币互换渠道，根据实际情况设置央行间互换工具，或是其他流动性救助工具。第三，搭建好国际金融监管一致性框架，减少由于监管分化衍生出的风险。金融开放过程中，外资的在岸金融机构应该遵循同中国金融机构相同的监管规则。尤其是在货币市场上，中国金融机构跨境货币交易的经验并不丰富，监管机构对于相关领域的模式也并不熟悉，加强国际监管合作，提升自身监管能力也十分迫切。

流动性市场是整个金融领域中最为复杂，最为敏感的部分。这个市场为金融循环提供了基础，也为实体经济运行提供了有力支撑。但其内在的不稳定也会对金融体系和实体经济带来巨大冲击。紧密跟踪这一市场的变化与发展，对于理论研究和实践操作都具有重要意义。

(执笔人：胡志浩、叶 聘)

第三章

非线性期望框架下的在险增长：
G-VaR 方法

一 引言：从 GaR 到 G-VaR

党的十九大提出将防范化解重大风险作为三大攻坚战之首，防止发生系统性风险可以说是所有经济工作的底线。党的十九届五中全会第一次提出统筹发展与安全，把安全提到从未有过的高度。当前和今后一个时期是中国各类矛盾和风险易发期，各种可以预见和难以预见的风险明显增多，安全是发展的前提。因此，必须增强风险意识，树立底线思维。从政策角度，实现稳增长与防风险的平衡仅是统筹发展与安全的"迷你"版本，因为后者有着更为丰富的内涵；但从研究角度，对前者的讨论却是相对可操作、易处理的（tractable）。

衡量风险的一个重要指标是波动性。因此，大量讨论增长风险的文章也是基于增长的波动性研究。Black 认为，经济波动性同增长水平之间存在正相关关系[1]；Ramsey 和 Ramsey 认为，经济增长波动性对经济增长有显著的反向影响[2]；近期的相关研究则表明，经济出现负增长前

---

[1] Black F., 1987, *Business Cycles and Equlibrium*, New York: Wiley.
[2] Ramsey G., and V. A. Ramsey, 1995, "Cross Country Evidence on the Link Between Volatility and Growth", *The American Economic Review*, 85 (5): 1138 – 1151.

的波动性较低。以上可统称为"波动性悖论"（Volatility Paradox）①。

  目前来看，能够较好地将增长与风险放在统一的框架下进行研究的概念是"在险增长"（Growth-at-Risk，GaR）。考虑到政策制定者往往更为关注经济下行风险②，也就是我们常常说的底线思维，因此在险增长也主要在于刻画经济下行风险。Wang 和 Yao③ 借用金融投资组合中的在险值（VaR，Value-at-Risk）风险度量方法④，来刻画 GaR，并证明 GaR 与经济下行之间的相关性较高，即可用 GaR 刻画经济下行风险。刘金全利用 GaR 研究中国经济增长的在险水平和长波态势等⑤。刘金全和张鹤利用经济增长的绝对离差、条件标准差和 GaR 三种方法度量经济增长风险和条件波动性，结果表明经济波动性与经济增长水平之间存在显著正相关关系⑥。国际货币基金组织在《全球金融稳定报告》中用 GaR 衡量金融稳定风险⑦。Adrian 等以宏观经济分析中缺失的"金融"为条件，从条件分布的视角研究经济增长的脆弱性问题⑧。Franta 和 Gambacorta 将按揭比率作为金融条件⑨。张晓晶和刘磊

---

  ① Brunnermeier M., and Y. Sannikov, 2013, "A Macroeconomics Model with a Financial Sector", *American Economic Review*, 104 (2): 379 – 421; Adrian T., and N. Boyarchenko, 2012, "Intermediary Leverage Cycles and Financial Stability", Federal Reserve Bank of New York Staff Report, The American Economic Review, 85 (5): 1138 – 1151.

  ② Adrian T., N. Boyarchenko, and D. Giannone, 2019, "Vulnerable Growth", *American Economic Review*, 109 (4): 1263 – 1289.

  ③ Wang Y., and Y. Yao, 2001, "Measuring Economic Downside Risk and Severity: Growth at Risk", World Bank Working Papers 2474.

  ④ Jorion P., 2007, *Value at Risk: The New Benchmark for Management Financial Risk*, McGraw-Hill, New York; Peng S., and S. Yang, 2020, "Autoregressive Models of Time Series under Volatility Uncertainty and Application to VAR Model", Papers 2011.09226, arxiv.org.

  ⑤ 刘金全：《我国经济增长的阶段性、波动性和在险增长水平度量》，《数量经济技术经济研究》2002 年第 8 期。

  ⑥ 刘金全、张鹤：《经济增长风险的冲击传导和经济周期波动的溢出效应》，《经济研究》2003 年第 3 期。

  ⑦ IMF, 2017, "Global Financial Stability Report: Is Growth at Risk", October.

  ⑧ Adrian T., N. Boyarchenko, and D. Giannone, 2019, "Vulnerable Growth", *The American Economic Review*, 109 (4): 1263 – 1289.

  ⑨ Franta M., and L. Gambacorta, 2020, "On the Effects of Macroprudential Policies on Growth-at-Risk", *Economics Letters*, 196: 1 – 3.

第三章 非线性期望框架下的在险增长：G-VaR 方法

将重新构建的中国金融指数作为条件研究金融风险与经济增长，从当期风险概率分布及跨期风险替代两个视角分析了金融环境（风险）对经济增长的影响；经济增长风险需要同时考虑经济增长概率分布的不对称性以及金融对未来经济增长的短期和长期作用不对称性，即"两种不对称性"[1]。

理想状态下，GaR 刻画经济下行风险应与 VaR 在刻画金融投资组合损失一样——无所不能且无所不及。笔者认为，想要达到理想状态的路径之一在于给出经济增长概率分布的内生性刻画，即找到兼容"波动性悖论"和"两种不对称性"的经济增长分布函数。事实上，可通过提高波动性参数估计的精度或通过波动性参数的不同刻画方式来解释"波动性悖论"；理论上刻画经济增长概率分布的非对称性不难，难的是如何刻画对经济增长短期和长期作用的不对称性。

以波动性刻画经济增长风险虽然有共识，但在如何量化上却未取得一致的看法，因为不同的数据频率、不同的时间序列以及不同的统计指标等，得到的结果不同甚至完全相反。造成这些现象的主要原因之一在于波动性参数本身也存在不确定性。以常见的刻画经济金融变量的正态分布为例，波动性就是正态分布的方差或标准差，波动参数不确定性是刻画金融资产过程中经常遇到的问题之一，如波动率微笑等。为准确刻画金融资产价格的波动不确定性，学者们相继用随机波动模型、常数方差弹性模型、方差—Gamma 模型以及 GARCH 模型等刻画金融资产价格的波动性[2]。Peng 利用流相容非线性期望对未定权益进行定价，开启非线性期望理论的研究[3]。非线性期望理论直接从函数空间定义非线性泛

---

[1] 张晓晶、刘磊：《宏观分析新范式下的金融风险与经济增长——兼论新型冠状病毒肺炎疫情冲击与在险增长》，《经济研究》2020 年第 6 期。
[2] 严加安：《金融数学引论》，科学出版社 2012 年版。
[3] Peng S., 2004, "Filtration Consistent Nonlinear Expectations and Evaluations of Contingent Claims", *Acta Mathmaticae Applicatae Sinica*, 20: 1-24; Peng S., 2019, *Nonlinear Expectations and Stochastic Calculus under Uncertainty*, Springer.

函，并建立相关的分布理论和积分理论，如 G-正态分布、G-布朗运动和 Itô 公式以及由 G-布朗运动驱动的正倒向随机微分方程等（见附录一）。其中 G 是"General"的缩写，即一般意义上的，这是目前刻画波动不确定性的最好理论框架。在非线性期望框架下，Peng 等给出 VaR 的 G-VaR 版本刻画[1]；Peng 和 Yang 研究非线性期望下的回归分析问题并将其应用于 G-VaR 的预测分析等[2]。

本章基于非线性期望框架给出在险增长 GaR 的 G-VaR 版本。不失一般性，假定经济增长服从 G-正态分布，即均值和方差均属于一个波动区间内，而不是唯一确定的常数，本章的简要实证研究结果表明，如此假设可解释以往文献中有关经济波动性与经济增长相关性不一致的悖论。从理论推导来看，在险增长的 G-VaR 刻画相当于 VaR 刻画的右移，由此可捕捉经济增长的尾部风险，这说明非线性期望下的经济增长分布函数蕴含某种形式的分布不对称性。以上两点即可算是对"波动性悖论"和"两种不对称性"的回应。

下面对非线性期望理论再做一点补充说明。次线性期望是非线性期望的一种形式，由表示定理知，次线性期望可表示成一族概率测度的上确界，这表明次线性期望理论刻画经济金融运行中可能出现的最坏情况，而这恰是政策制定者关注的"底线思维"。进一步，表示次线性期望的概率测度族之间是奇异的，即它们的支撑集不同。换言之，如果假定概率测度族表示不同人对同一事件的看法，奇异表示如果其中一个人认为这个事件发生的可能性为零，另一个人却并不这么认为。事实上，如果这个事件是"金融危机"的话，奇异的概率测度集说明还是有人

---

[1] Peng S., S. Yang, and J. Yao, 2020, "Improving Value-at-Risk Prediction under Model Uncertainty", *Journal of Financial Econometrics*, Preprint.

[2] Peng S., and S. Yang, 2020, "Autoregressive Models of Time Series under Volatility Uncertainty and Application to VAR Model", Papers 2011.09226, arxiv.org.

能预判出金融危机的,并不至于"在金融危机面前因集体失声而颜面扫地"①。这是非线性期望理论的魅力所在,也是值得探讨其经济金融运用的缘由所在。

二 在险增长的 G-VaR 度量

金融学中常用 Value-at-Risk(VaR)度量投资组合的最大损失风险,一般为负值,Wang 和 Yao② 将其移植到宏观经济研究中来,构建在险增长 GaR 指标并用其刻画经济衰退。主要原理和思路为,假定国民生产总值(GDP)序列 g 的概率密度函数为 $f(g)$,对给定的置信水平 α,求 $g^*(<0)$,使得:

$$\mathbb{P}(g \leqslant g^*) = \int_{-\infty}^{g^*} f(g) dg = \alpha$$

其中,$\mathbb{P}$ 为客观概率测度,这意味着经济增长低于 g^* 的概率为 α,即在给定置信水平 $1-\alpha$ 下经济出现负增长的最大幅度。在险增长 GaR 表示预期增幅与最大降幅的差,即:

$$GaR_\alpha(g) = \mathbb{E}_\mathbb{P}[g] - g^* \qquad (3-1)$$

衡量最大降幅相较于预期增幅之间的差距,意味着如果我们想要实现预期增长幅度 $\mathbb{E}_\mathbb{P}[g]$,需要有 $\mathbb{E}_\mathbb{P}[g] - g^*$ 的潜在增长速度,以防范经济下行风险。举例而言,如果取置信水平 $\alpha = 5\%$,通过式(3-1)得到的计算结果为:

$$GaR_\alpha(g) = \mathbb{E}_\mathbb{P}[g] - g^* = 5\% - (-6\%) = 11\%$$

其经济含义可从两个维度加以解释:一是在 95% 的置信水平下,

---

① 张晓晶、刘磊:《宏观分析新范式下的金融风险与经济增长——兼论新型冠状病毒肺炎疫情冲击与在险增长》,《经济研究》2020 年第 6 期。
② Wang Y., and Y. Yao, 2001, "Measuring Economic Downside Risk and Severity: Growth at Risk", World Bank Working Papers 2474.

经济增长的最大降幅不高于6%，换言之，经济增长下降幅度超过6%的可能性不超过5%。二是如果设定未来的经济增长目标为5%，为防范经济下滑6%的潜在风险，我们需要有能力保证11%的潜在增长速度，即潜在增长率要达到11%才行。

下面借鉴 Peng 等[①]以及 Peng 和 Yang[②] 的相关结果给出在险增长 GaR 的 G-VaR 刻画，以刻画经济增长波动性不确定下的经济增长风险，旨在提高以往文献中用 VaR 刻画经济增长风险的精度。通常，在次线性期望 $\mathbb{E}$ 框架下讨论问题（相关理论结果见附录一），因为次线性期望可以表示一族概率测度的上确界，即对于给定的随机变量 X ，有：

$$\mathbb{E}[X] = sup_{\mathbb{P} \in P} \mathbb{E}_{\mathbb{P}}[X] \quad (3-2)$$

从风险度量的角度而言，$\mathbb{E}[X]$ 表示所有可能情况中的最大的那一个，即找到经济增长下滑幅度中最大的下滑幅度，称为"底线思维"。由非线性期望框架下的中心极限定理知，不失一般性，我们假定经济增长服从 G-正态分布 $g \sim N([\underline{\mu}, \overline{\mu}], [\underline{\sigma}^2, \overline{\sigma}^2])$，其中 $\underline{\mu}$ 和 $\overline{\mu}$ 分别为下均值和上均值，$\underline{\sigma}$ 和 $\overline{\sigma}$ 分别为下标准差和上标准差，即均值和方差均不确定（见附录二）。也就是说，G-正态分布的均值和方差均处于一个区间内，而不是唯一确定的常数，而且也不需要假定均值和方差服从如前所述的随机波动模型等具体随机过程，这是非线性期望理论在刻画均值和方差不确定性尤其是方差不确定性方面的优势所在。

进一步，为简单起见，假定经济增长幅度的均值 μ 给定，即不存在均值不确定性，此时经济增长服从的 G-正态分布为 $g \sim N(\mu, [\underline{\sigma}^2, \overline{\sigma}^2])$。由非线性期望理论的常数平移不变性，我们可假定经济增长服

[①] Peng S., S. Yang, and J. Yao, 2020, "Improving Value-at-Risk Prediction under Model Uncertainty", *Journal of Financial Econometrics*, Peprint.

[②] Peng S., and S. Yang, 2020, "Autoregressive Models of Time Series under Volatility Uncertainty and Application to VAR Model", Papers 2011.09226, arxiv.org.

第三章 非线性期望框架下的在险增长：G-VaR 方法

从的 G-正态分布为 $g \sim N(0, [\underline{\sigma}^2, \overline{\sigma}^2])$。类似于 GaR 的 VaR 刻画，可定义经济增长 g 的 G-VaR（由 G-正态分布构建的 VaR）为：

$$G\text{-}VaR_\alpha(g) \triangleq -\inf\{g^* \in \mathbb{R}, \mathbb{E}[I_{\{g \leq g^*\}}] > \alpha\}$$

其中，$\mathbb{E}$ 为次线性期望，$\mathbb{R}$ 为实数集。进一步的计算可得：

$$G\text{-}VaR_\alpha(g) = -F_G^{-1}(\alpha)$$

其中：

$$F_G(g) = \frac{2\overline{\sigma}}{\overline{\sigma}+\underline{\sigma}}\Phi\left(\frac{g}{\overline{\sigma}}\right)I_{\{g \leq 0\}} + \left[1 - \frac{2\underline{\sigma}}{\overline{\sigma}+\underline{\sigma}}\Phi\left(-\frac{g}{\underline{\sigma}}\right)\right]I_{\{g > 0\}}$$

Φ 为标准正态分布的分布函数。特别地，如果在给定的置信水平下有 $G\text{-}VaR_\alpha(g) > 0$，可以证明：

$$G\text{-}VaR_\alpha(g) = -\tilde{\sigma}\Phi^{-1}(\tilde{\alpha}) \qquad (3-3)$$

其中，$\tilde{\sigma} = \overline{\sigma}, \tilde{\alpha} = \frac{1}{2}\left(1 + \frac{\underline{\sigma}}{\overline{\sigma}}\right)\alpha$，称二者分别为调整波动性和调整风险水平。由此，可以给出与式（3-1）对应的非线性期望框架版本为：

$$GaR_\alpha(g) = \mathbb{E}[g] - G\text{-}VaR_\alpha(g) = \mathbb{E}[g] + \tilde{\sigma}\Phi^{-1}(\tilde{\alpha}) \qquad (3-4)$$

其中，$\mathbb{E}$ 为非线性期望，$\tilde{\sigma} = \overline{\sigma}, \tilde{\alpha} = \frac{1}{2}\left(1 + \frac{\underline{\sigma}}{\overline{\sigma}}\right)\alpha$，$\alpha$ 为给定的置信水平，即在险增长 GaR 的 G-VaR 度量版本。具体的经济含义同期望框架下的版本，不再赘述。这里需要增加的一点说明是，$\tilde{\sigma}$ 可认为是对标准正态分布的尺度变换，而 $\tilde{\alpha}$ 相当于把风险水平平移到 $\frac{1}{2}\left(1 + \frac{\underline{\sigma}}{\overline{\sigma}}\right)\alpha$，且其值小于 α，因此，可认为波动性参数的比值 $k = \frac{\underline{\sigma}}{\overline{\sigma}}$ 是对经典正态分布的修正[1]，进而刻画经济增长风险的厚尾特征，从理论上解释非线性期望框架下的 G-VaR 风险度量指标提高了期望框架下 VaR 风险度量指标

---

[1] Peng S., S. Yang, and J. Yao, 2020, "Improving Value-at-Risk Prediction under Model Uncertainty", *Journal of Financial Econometrics*, Preprint.

的精度。

综上，我们得到命题1，即非线性期望框架下的经济增长风险度量。

命题1 假定经济增长 g 服从 G-正态分布，经济增长风险的 G-VaR 度量为：

$$G\text{-}VaR_\alpha(g) \triangleq -\inf\{g^* \in \mathbb{R}, \mathbb{E}[I_{|g \leq g^*|}] > \alpha\}$$

其中，$\mathbb{R}$ 为实数集，$\mathbb{E}$ 为次线性期望，α 为置信水平。如果在给定的置信水平 α 下有 $G\text{-}VaR_\alpha(g) > 0$，则：

$$G\text{-}VaR_\alpha(g) = -\tilde{\sigma}\Phi^{-1}(\tilde{\alpha})$$

其中，$\tilde{\sigma} = \bar{\sigma}, \tilde{\alpha} = \frac{1}{2}\left(1 + \frac{\underline{\sigma}}{\bar{\sigma}}\right)\alpha$。

下面，我们从参数不确定性的视角对风险度量 $G\text{-}VaR$ 稍作稳健性分析。从风险度量的角度而言，式（3-2）给出的是悲观预期，即"底线思维"，如果将式（3-2）中的上确界 $\sup$ 换成下确界 $\inf$，则给出的是乐观预期，即"顶部思维"，二者构成"在险增长走廊"的上界和下界。从参数不确定性而言，式（3-3）由上标准差和下标准差共同决定，所以可从上标准差和下标准差的不确定性来度量模型不确定性下的风险变化情况。当 $\bar{\sigma} = \underline{\sigma}$ 时，式（3-3）退化为：

$$G\text{-}VaR^\sigma_\alpha(g) = -\underline{\sigma}\Phi^{-1}(\alpha)$$

进一步，当 $\bar{\sigma} = \underline{\sigma} = \sigma$ 时，其中 σ 为样本总体方差，式（3-3）退化为：

$$G\text{-}VaR^\sigma_\alpha(g) = -\sigma\Phi^{-1}(\alpha)$$

即经典正态分布下的 $VaR(g)$，显见 $G\text{-}VaR^\sigma_\alpha(g) \leq VaR(g) \leq G\text{-}VaR_\alpha(g)$，它们分别对应于经济增长风险的乐观、中性和悲观预期（或者说顶部、中部和底线思维）。进一步，可称时序的 $[G\text{-}VaR^\sigma_\alpha(g), G\text{-}VaR_\alpha(g)]$ 为"在险增长走廊"，刻画经济增长风险的波动范围，含义为经济增长风险几乎处处（概率意义上）落在"在险增长走廊"内部，可以说"在险增长走廊"刻画经济增长的风险边界。最后，从模型误差导致的风险度量误差角度而言，还可将 $G\text{-}VaR_\alpha(g)$ 与 $VaR(g)$ 的差理解为"风险缺口"或"救市缺口"。

由此，我们得到非线性期望框架下经济增长风险度量的比较静态分析，即模型或参数不确定性视角的在险增长走廊刻画（命题2）。

命题2 如果 $\overline{\sigma} = \underline{\sigma}$，$G\text{-}VaR_\alpha(g)$ 退化为：

$$G\text{-}VaR_\alpha^\sigma(g) = -\underline{\sigma}\Phi^{-1}(\alpha)$$

如果 $\overline{\sigma} = \underline{\sigma} = \sigma$，其中 σ 为样本总体方差，$G\text{-}VaR_\alpha(g)$ 退化为：

$$G\text{-}VaR_\alpha^\sigma(g) = -\sigma\Phi^{-1}(\alpha)$$

即传统概率框架下正态分布的 $VaR(g)$。由此和命题1可得到内含 $VaR(g)$ 的在险增长走廊为 $[G\text{-}VaR_\alpha^\sigma(g), G\text{-}VaR_\alpha(g)]$。

实践中，为给出 $G\text{-}VaR_\alpha(g)$ 的具体计算，我们还应对其中的相关参数进行估计。借助非线性期望框架下的大数定律和中心极限定理，可利用 $\varphi\text{-}max\text{-}min$ 计算思路给出参数的无偏估计[①]。设 $x_i(i = 1, 2, \cdots, m \times n)$ 为独立同分布随机变量的一个样本，当均值为 μ 确定时，可以获得关于方差下限 $\underline{\sigma}^2$ 和方差上限 $\overline{\sigma}^2$ 的最优渐近无偏估计：

$$\widehat{\underline{\sigma}^2} = min_{1 \leqslant k \leqslant n}\sigma_k^2, \widehat{\overline{\sigma}^2} = max_{1 \leqslant k \leqslant n}\sigma_k^2$$

其中：

$$\sigma_k^2 = \frac{1}{m}\sum_{i=1}^{m}(x_{m(k-1)+i} - \mu)^2$$

前述的参数估计方法是将长度为 $m \times n$ 的样本数据分为 n 组长度为 m 的数据，用这 n 组数据的下方差统计量和上方差统计量作为方差下限和方差上限的无偏估计。

再者，如果预测下一阶段的经济增长风险，在假定 μ 给定的基础

[①] 彭实戈：《非线性数学期望的理论、方法及意义》，《中国科学》2017年第47期。

上，还需要用非线性框架下的回归分析理论预测波动下限和波动上限的下一阶段取值。给定经济增长序列 $(g_t)_{t \geqslant 0}$，如果下一阶段的经济增长 g_{t+1} 与往期的经济增长 $\{g_1, g_2, \cdots, g_t\}$ 独立，Peng 等[1]给出 $\overline{\sigma}_t$、$\underline{\sigma}_t$ 和 μ_t 的 p - 阶自回归模型，当 $p = 1$ 时：

$$\overline{\sigma}_{t+1} = \alpha_0 + \alpha_1 \overline{\sigma}_t, \underline{\sigma}_{t+1} = \beta_0 + \beta_1 \underline{\sigma}_t, \mu_{t+1} = \gamma_0 + \gamma_1 \mu_t$$

其中，$(\overline{\sigma}_t)_{t \geqslant 0}$、$(\underline{\sigma}_t)_{t \geqslant 0}$ 和 $(\mu_t)_{t \geqslant 0}$ 分别为标准差上限、标准差下限和均值序列。

为给出非线性期望框架下的 G-VaR 方法度量在险增长 GaR 的理论推导和实证分析，需要完成如下四步工作：第一步，假定经济增长服从 G - 正态分布；第二步，在非线性期望框架下给出在险增长 GaR 的 G-VaR 度量理论推导；第三步，基于原始数据及处理后的原始数据，对 G - 正态分布的参数或其他相关参数进行估计；第四步，利用次线性期望框架下的回归分析理论给出下一阶段的参数预测，并进行在险增长 GaR 的 G-VaR 预测。以上我们完成了前面两步，下面进行实证分析，即第三步和第四步。

三　实证结果及其经济含义

本节以中国的经济增长数据为样本展开实证分析。就中国经济增长的阶段划分而言，刘树成用"谷—谷"分法，将 1953—1998 年这 46 年间的经济增长划分为 9 轮波动[2]；刘金全从供给单因素驱动阶段、供给和需求双因素驱动阶段以及需求单因素阶段等经济增长的驱动因素维度

---

[1] Peng S., S. Yang, and J. Yao, 2020, "Improving Value-at-Risk Prediction under Model Uncertainty", *Journal of Financial Econometrics*, Preprint.

[2] 刘树成：《论中国经济增长与波动的新态势》，《中国社会科学》2000 年第 1 期。

将 1978—2002 年的经济发展分为三个阶段①。本节以 5 年为时间间隔对 1992 年 3 月以来的季度经济增长数据进行划分，计算经济增长 5 年跨度②的滚动均值、滚动均值的平均值（平均均值）、最小值（最小均值）和滚动均值的最大值（最大均值）等均值指标，计算经济增长 5 年跨度的滚动标准差、滚动标准差的平均值（平均标准差）、最小值（最小标准差）和滚动标准差的最大值（最大标准差）等波动性指标，利用命题 1 和命题 2 计算经济增长的 VaR 和 G-VaR 等，二者的置信水平均为 95%，每个观察区间末的相关计算结果如表 3-1 所示。

表 3-1　　　　观察区间末的参数估计和 VaR、G-VaR 结果

时间	2000 年 12 月	2005 年 12 月	2010 年 12 月	2015 年 12 月	2020 年 9 月	相关性
经济增长	7.50	12.40	9.90	6.90	4.90	—
滚动均值	8.35	10.18	10.99	7.51	5.47	0.72
最小均值	8.35	8.12	10.18	7.51	5.47	0.49
最大均值	13.08	10.18	12.19	10.99	7.63	0.38
滚动标准差	1.01	1.11	2.51	0.38	3.42	0.04
平均标准差	1.46	0.99	1.97	1.34	0.76	0.20
最小标准差	1.01	0.77	1.36	0.38	0.14	0.38
最大标准差	1.86	1.19	2.59	2.40	3.43	-0.36
G-VaR	3.29	2.06	4.59	4.56	6.66	-0.43
VaR	3.06	1.96	4.26	3.95	5.64	-0.36
$G\text{-}VaR_\alpha^\sigma$	1.98	1.52	2.66	0.75	0.28	0.38

注：相关性表示经济增长顺次与滚动均值等指标的相关性，除相关性指标外，其他指标的单位均为%。

资料来源：作者计算。

---

① 刘金全：《我国经济增长的阶段性、波动性和在险增长水平度量》，《数量经济技术经济研究》2002 年第 8 期。
② 具体的时间区间划分如下：1992 年 3 月到 2000 年 12 月、2000 年 1 月到 2005 年 12 月、2006 年 1 月到 2010 年 12 月、2011 年 1 月到 2015 年 12 月以及 2016 年 1 月到 2020 年 9 月。

（一）经济增长风险的刻画

从简单的相关性统计描述结果来看（见表 3 – 1），经济增长与 G – 正态分布中最小均值、最大均值和最小标准差三个参数正相关，与最大标准差负相关。事实上，从经济增长和最小均值、最大均值、最小标准差、最大标准差的回归结果：

$$g_t = -2.685 + 1.509 \underline{\mu}_t + 0.430 \overline{\mu}_t - 0.155 \underline{\sigma}_t - 2.854 \overline{\sigma}_t, R^2 = 0.553, D.W = 0.676$$
$$(-0.63)\ (2.17)^{**}\ (1.43)\ (-0.09)\ (-6.57)^{***} \quad\quad (3-5)$$

最小均值 $\underline{\mu}_t$ 和最大标准差 $\overline{\sigma}_t$ 对经济增长具有显著影响，最大均值和最小标准差对经济增长的影响并不显著。最大标准差 1 个百分点的变动将导致经济增长下降 2.854 个百分点，不论是其对经济增长的影响程度还是显著性水平均远高于最小标准差对经济增长的影响。进一步，如果考虑经济增长对均值、最小方差和最大方差的回归结果，可见：

$$g_t = 1.057 + 1.449 \mu_t + 0.835 \underline{\sigma}_t - 3.451 \overline{\sigma}_t, R^2 = 0.542, D.W = 0.651$$
$$(0.300)\ (2.890)^{***}\ (0.594)\ (-8.12)^{***} \quad\quad (3-6)$$

这说明最小标准差对经济增长的影响不显著且是正的，而最大标准差对经济增长的影响是负的，这也回应了 Ramsey 和 Ramsey[①] 以及 Black[②] 研究相矛盾的问题——最小标准差与经济增长正相关，最大标准差与经济增长负相关。从用波动性度量经济增长风险的角度而言，如果想要观察经济增长的波动风险，需要观察最大标准差的波动而不是最小标准差的波动。进一步，针对引言中提到的"波动性悖论"之一——经济出现负增长前的波动率较低，我们从前述的四个波动性指标观察到一个有意思的结果。以新冠肺炎疫情冲击为例，2020 年第一季度中国经

---

① Ramsey G., and V. A. Ramsey, 1995, "Cross Country Evidence on the Link Between Volatility and Growth", *The American Review*, 85 (5): 1138 – 1151.

② Black F., 1987, *Business Cycles and Equlibrium*, New York: Wiley.

济增长为 -6.8%，2019 年以来平均标准差、最小标准差和最大标准差均呈现下降趋势，这与"波动性悖论"相一致。

值得一提的是，滚动标准差 σ^r 却从 0.18% 上升到 0.34%，即经济出现负增长风险之前滚动标准差呈上升态势。我们对美国的数据做同样的分析，可以发现 2008 年 12 月和 2020 年 6 月美国经济出现负增长之前的滚动标准差均呈现明显的上升态势。如 2008 年 12 月，经济增长的滚动标准差由 2006 年 12 月的 0.76% 直线上升到 2008 年 9 月的 1.09%；又如 2020 年 6 月，滚动标准差从 2019 年 6 月起保持 0.54% 稳步不变，2020 年 3 月跳跃到 0.73%。这表明，滚动标准差在预警经济负增长方面具有一定的稳健性。

从表 3-1 还可看出 G-VaR 的取值均大于 VaR，事实上所有结果均是如此，这是由次线性期望下 G-VaR 的性质决定的，因为 G-VaR 刻画的是所有可能性中最差的一种可能性。有关 G-VaR 和 VaR 在刻画经济下行风险的精度比较，从表 3-1 可以看出经济增长与 G-VaR 的负相关程度明显高于经济增长与 VaR 的负相关程度，进一步的结果我们可从相关的回归结果中得到印证。

1. 经济增长对 G-VaR 和 VaR 的回归结果：

$$g_t = 10.972 - 13.576\, G\text{-}VaR_t + 14.216\, VaR_t, R^2 = 0.499, D.W = 0.613$$
$$(13.90)^{***}\ (-7.53)^{***}\ (6.98)^{***} \qquad\qquad (3-7)$$

2. 经济增长对 G-VaR 的回归结果：

$$g_t = 12.530 - 1.080\, G\text{-}VaR_t, R^2 = 0.173, D.W = 0.415$$
$$(13.04)^{***}\ (-4.17)^{***} \qquad\qquad (3-8)$$

3. 经济增长对 VaR 的回归结果：

$$g_t = 12.030 - 1.032\, VaR_t, R^2 = 0.130, D.W = 0.416$$
$$(11.83)^{***}\ (-3.42)^{***} \qquad\qquad (3-9)$$

同经济增长对最大标准差和最小标准差回归结果的解释，二者虽然均可刻画经济增长的下行风险，但如果放在一起，G-VaR 更能解释经济下行风险,因为 1 单位 G-VaR 的变动将引起 13.576 个单位的经济增长的下降,而且式(3-7)的 R^2 也有明显改善,表明 G-VaR 的引入提高了 VaR 度量经济增长下行风险的精度。

以上从不同维度刻画经济增长的风险,得出三个主要结论:一是 G-正态分布的最大标准差与经济增长负相关、最小标准差与经济增长正相关,经济出现负增长之前滚动标准差上升,这些可用于解释以往文献中有关波动性与经济增长相关关系不一致的结论。二是 G-VaR 提高了 VaR 度量经济增长下行风险即在险增长 GaR 的精度。三是对应于前述的"在险增长走廊"刻画,G-VaR、VaR 和 $G\text{-}VaR_\alpha^\alpha$ 分别给出经济增长风险的悲观、中性和乐观预期,时序的 $[G\text{-}VaR, G\text{-}VaR_\alpha^\alpha]$ 则为"在险增长走廊"(见图 3-1)。

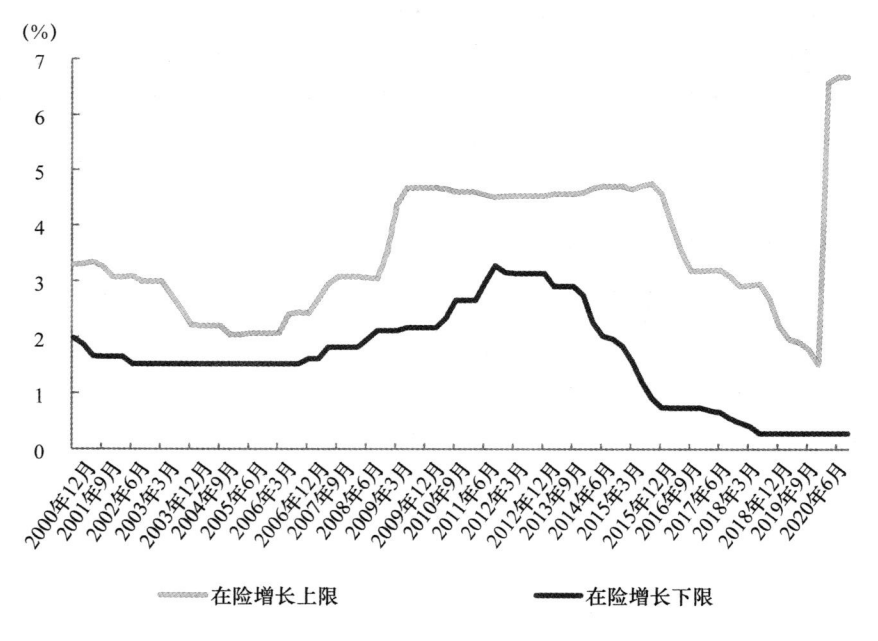

图 3-1 中国经济的"在险增长走廊"

资料来源:作者绘制。

（二）经济增长风险的预警

为给出在险增长 GaR 的 G-VaR 预警，即在险增长走廊的预测，我们首先需要给出最小标准差和最大标准差的一阶自回归分析。

1. 最小标准差的一阶自回归结果：

$$\underline{\sigma}_{t+1} = -0.015 + 1.004\,\underline{\sigma}_t, R^2 = 0.979, D.W = 0.927$$
$$(-0.914)\ (59.42)^{***} \qquad\qquad (3-10)$$

2. 最大标准差的一阶自回归结果：

$$\overline{\sigma}_{t+1} = 0.1943 + 0.9097\,\overline{\sigma}_t, R^2 = 0.769, D.W = 1.832$$
$$(1.687)^{**}\ (16.00)^{***} \qquad\qquad (3-11)$$

我们以 2020 年 9 月末的最小标准差和最大标准差为初始值（见表 3-1），利用前述的一阶自回归模型计算下一阶段的对应参数结果分别为 0.13% 和 3.31%，代入计算得到的在险增长走廊为 [0.25%，6.43%]，即经济增长可能的下行幅度在 0.25%—6.43% 之间波动。由此得到的经济含义是：第一，从 2020 年 9 月的在险增长走廊 [0.28%，6.66%] 到下一期的预测值 [0.25%，6.43%] 对比来看，中国经济增长下行风险明显趋缓，因为预警值的上限和下限均比 2020 年 9 月的对应结果要低。第二，未来我们至少要防范 0.25% 的经济下行风险，即如果设定未来经济增长的目标为 6%，那么至少要保证经济 6.25% 的潜在增长率。事实上，用在险增长走廊的区间思维[①]去研判经济金融趋势，在提高预警能力的同时还可预留一定的政策调控空间，这与中央提出的区间调控政策是一致的。

特别地，如果以经济增长的滚动标准差作为经济增长风险预测的先行指标，即可用滚动标准差预测经济下行风险的可能性，这与用 GaR

---

① 汪寿阳等：《大数据时代下计量经济学若干重要发展方向》，《中国科学基金》2019 年第 4 期。

预测经济下行风险的幅度正好形成前后对照的呼应。简单起见，我们同样可用滚动标准差的一阶自回归模型：

$$\sigma_{t+1}^r = -0.234 + 1.021\ \sigma_t^r, R^2 = 0.990, D.W = 0.626$$
$$\qquad\quad (-2.13)^{**}\ (86.24)^{***} \qquad\qquad\qquad (3-12)$$

如果我们以2020年9月末的滚动标准差（见表3-1）为初值代入式（3-12）进行计算，得到下一期的滚动标准差为3.26%，低于期初的3.42%，这表明中国未来经济下行的压力趋缓。对比而言，2020年以来，美国经济增长数据的滚动标准差处于持续上行空间，这表明美国经济增长的下行趋势并未得到明显改善。

质言之，我们可利用非线性期望框架下的G-VaR及回归分析给出经济增长的在险增长走廊预测，即经济增长下行风险的区间预测，或者说给出经济安全风险预警的安全边界；同时，我们还可用滚动标准差去识别或预判潜在的经济负增长风险。

四 结语及展望

本章利用非线性期望框架下的G-VaR及其相关附属结果给出经济安全风险预警的刻画和预测。边际贡献主要体现在数理模型、实证精度和政策含义三个方面。从数理模型角度而言，我们通过经济增长自身的运行规律刻画经济增长的下行风险，即"内生性"，而不是依赖其他变量或基于其他变量的条件分布等。从实证结果角度而言，与用VaR刻画经济下行风险相比，非线性期望框架下G-VaR提高了经济下行风险刻画的精度且给出"在险增长走廊"的区间数据刻画。从政策含义角度而言，我们给出刻画经济增长下行风险的极端表现或区间刻画，利于经济下行风险的防范预警。作为理论推导和实证过程的副产品，本章还得到两个比较有意思的结果：一是经济增长与G-正态分布的最小标准差正相关、与G-正态分布的最大标准差负相关，解释了原有文献中有关经济增长与波动性不一致的结论；二是经济出现负增长之前的滚动标准差上升，其他波动性指标均降低，从数学结果上部分解释了经济增长的"波动性悖论"。

作为非线性期望理论在经济金融领域应用的一个初步尝试，为处理问题方便，我们做了非常强的假设，即经济增长服从 G-正态分布。从学理角度而言，我们应从假设检验的视角验证经济增长是否服从 G-正态分布，如果服从，则可使用 G-正态分布刻画经济增长。否则，需要探寻其他思路，如在非参数估计框架下[①]构造非线性期望框架下的核函数，如 G-Gaussian 核函数等。再者，如果找不到刻画 G-正态分布的 G-Gaussian 核函数，可否用非参或半参估计给出经济增长密度函数的刻画，然后用 G-正态分布去逼近或张成（span，数学语言）经济增长的密度函数，最后再用 G-正态分布去逼近或张成的密度函数，以及由它导出的分布函数分析经济增长的风险。这些方面的研究都有待进一步的拓展。

附录一　与正文相关的非线性期望理论结果

给定集合 Ω，记 H 为 Ω 上的实值线性函数空间，假定 H 满足如下两个条件：

（1） $c \in \mathbb{R}$，其中 c 为常数；

（2）当 $X \in H$ 时，有 $|X| \in H$；

称二元组 (Ω, H) 为随机变量空间。

定义 1　次线性期望 $\mathbb{E}$ 为 $H \to \mathbb{R}$ 上的实值函数，满足：

（1）单调性：$\mathbb{E}[X] \leqslant \mathbb{E}[Y], X \leqslant Y$；

（2）保常性：$\mathbb{E}[c] = c, c \in \mathbb{R}$；

---

① 孙志华等：《非参数与半参数统计》，清华大学出版社 2016 年版。

(3) 次可加：$\mathbb{E}[X+Y] \leqslant \mathbb{E}[X] + \mathbb{E}[Y], \forall X, Y \in H$；

(4) 正齐性：$\mathbb{E}[\lambda X] = \lambda \mathbb{E}[X], \lambda \geqslant 0$；

称三元组 $(\Omega, H, \mathbb{E})$ 为次线性期望空间。如果只是（1）和（2）成立，则称 $\mathbb{E}$ 为非线性期望，称由此所得的三元组 $(\Omega, H, \mathbb{E})$ 为非线性期望空间。

次线性期望具有如下的表示定理。

定理 1　给定次线性期望空间 $(\Omega, H, \mathbb{E})$，存在定义在 (Ω, H) 上的一族线性期望 $\{\mathbb{E}_\theta : \theta \in \Theta\}$（$\Theta$ 为指标集）满足：

$$\mathbb{E}[X] = max_{\theta \in \Theta} \mathbb{E}_\theta[X]$$

如果还是 $\mathbb{E}$ 正则的[①]，则对于每一个 $\theta \in \Theta$，存在唯一的定义在可测空间 $[\Omega, \sigma(H)]$ 上的概率测度 $\mathbb{P}_\theta$ 使得：

$$\mathbb{E}_\theta[X] = \int X(\omega) d\mathbb{P}_\theta(\omega), \forall X \in H$$

其中 $\sigma(H)$ 为 H 中的随机变量全体生成的最小 σ 代数。

除非特别声明，下面主要研究如下条件的次线性期望空间 $(\Omega, H, \mathbb{E})$：如果 $X_1, \cdots, X_n \in H$，则对于任意的 $\varphi \in C_{l,lip}(\mathbb{R}^n)$[②]，有 $\varphi(X_1, \cdots, X_n) \in H$。特别地，称 n-维随机变量 $X = (X_1, \cdots, X_n)$ 为 n-维随机向量，记作 $X \in H^n$。接下来，我们给出分布、同分布和分布独立性的定义。

给定非线性期望空间 $(\Omega, H, \mathbb{E})$ 的 n-维随机向量 X，定义 $C_{l,lip}(\mathbb{R}^n)$ 上的函数如下：

$$F_X(\varphi) := \mathbb{E}[\varphi(X)] : \varphi \in C_{l,lip}(\mathbb{R}^n) \to \mathbb{R}$$

---

① 对于 H 中的每一个单调下降序列 $\{X_i\}_{i=1}^\infty$，如果：$\lim_{i \to \infty} X_i(\omega) = 0, \forall \omega \in \Omega$，则有 $\mathbb{E}[X_i] \downarrow 0$。

② $C_{l,lip}(\mathbb{R}^n)$ 表示由满足局部 Lipschitz 条件的函数 φ 组成的线性空间，即：
$|\varphi(x) - \varphi(y)| \leqslant C(1 + |x|^m + |y|^m)|x-y|, x, y \in \mathbb{R}^n$，
其中常数 $C > 0$，整数 $m \in \mathbb{N}$ 由 φ 决定。

三元组 $[\mathbb{R}^n, C_{l,lip}(\mathbb{R}^n), F_X]$ 构成非线性期望空间，称 F_X 为 X 在 $\mathbb{E}$ 下的分布。

定义2 假定 X_1 和 X_2 分别为非线性期望空间 $(\Omega_1, H_1, \mathbb{E}_1)$ 和 $(\Omega_2, H_2, \mathbb{E}_2)$ 上的 n - 维随机向量，称它们同分布，记作 $X_1 =^d X_2$，如果：

$$\mathbb{E}_1[\varphi(X_1)] = \mathbb{E}_2[\varphi(X_2)], 对所有的 \varphi \in C_{b,lip}(\mathbb{R}^n)[1]$$

定义3 给定非线性期望空间 $(\Omega, H, \mathbb{E})$ 的随机变量 $X \in H^n$ 和 $Y \in H^m$，称 Y 独立于 X，如果对每一个 $\varphi \in C_{b,lip}(\mathbb{R}^n)$ 而言，我们有：

$$\mathbb{E}[\varphi(X,Y)] = \mathbb{E}\{\mathbb{E}[\varphi(x,Y)]_{x=X}\}$$

其中，Y 独立于 X 表示 Y 的不确定性不因 X 的具体取值而改变。特别需要指出的是，由 Y 独立于 X 推不出 X 独立于 Y，即非线性期望空间的独立性不具有对称性。

我们知道，正态分布是热传导方程 Cauchy 问题的解，Peng[2] 通过 G - 热传导方程的黏性解引入 G - 正态分布。

定义4 给定次线性期望空间 $(\Omega, H, \mathbb{E})$，称 $X \in H$ 为 G - 正态分布[3]，如果函数：

$$u(t,x) : \mathbb{E}[\varphi(x + \sqrt{t}X)], (t,x) \in [0,\infty) \times \mathbb{R}, \varphi \in C_{b,lip}(\mathbb{R}^n)$$

是下面椭圆形偏微分方程（Partial Differential Equation, PDE）的唯一黏性解：

$$\partial_t u - G(\partial^2_{xx} u) = 0$$
$$u(0,x) = \varphi(x)$$

其中：

---

[1] $C_{b,lip}(\mathbb{R}^n)$ 表示由有界 Lipschitz 连续函数组成的线性空间。

[2] Peng S., 2006, "G-Expectation, G-Brownian Motion and Related Stochastic Calculus of Itô's Type", *Stochastic Analysis and Applications*, Abel Symposium 2005, Abel Symposia 2, Edit Benth, et al., Springer-Verlag.

[3] 从分布视角给出的正态分布的定义为：称 d - 维随机变量 $X = (X_1, \cdots, X_n)$ 为次线性期望空间上的 G - 正态分布，如果：$aX + b\bar{X} =^d \sqrt{a^2 + b^2}X, a, b > 0$，其中 $\bar{X}$ 为 X 的一个独立版本。

$$G(a) = \frac{1}{2}(\bar{\sigma}^2 a^+ - \underline{\sigma}^2 a^-), a \in \mathbb{R}$$

为次线性函数且 $a^+ := max\{a, 0\}, a^- := (-a)^+$。

最后，我们以非线性期望框架下的研究成果与经典概率框架下的结果对比（见附表 3-1）作为相关理论成果介绍的结束。

附表 3-1　　非线性期望框架与经典概率理论框架的对照

经典概率空间	非线性期望空间
$(\Omega, F, \mathbb{P})$	非线性 $(\Omega, H, \mathbb{E})$
概率同分布 $X =^d Y$	非线性期望同分布 $X =^d Y$
随机变量 Y 独立于随机变量 X	Y 非线性地独立于 X（非对称独立）
大数定律和中心极限定理	非线性大数定律和中心极限定理
正态分布	非线性正态分布
Brown 运动 $B_t(\omega) = \omega_t$	非线性 Brown 运动 $B_t(\omega) = \omega_t$
平方变差过程 $<B>_t = t$	$<B>_t$ 为非线性 Brown 运动
Brown 运动的 Itô 随机分析	非线性 Brown 运动对应于更精的随机分析
SDE: $dX_t = b(X_t)dt + \sigma(X_t)dB_t$	$dX_t = b(X_t)dt + h(X_t)d<B>_t + \sigma(X_t)dB_t$
Markov 过程和 Markov 半群	非线性 Markov 过程和非线性 Markov 半群
鞅和半鞅	非线性鞅和半鞅
$\mathbb{E}[X\|F_t] = \mathbb{E}[X] + \int_0^t z_s dB_s$	$\mathbb{E}[X\|F_t] = \mathbb{E}[X] + \int_0^t z_s dB_s + K_t$，其中 $K_t = \int_0^t 2\eta_s d<B>_s - \int_0^t 2G(\eta_s)dB_s$
样本数据的统计平均算法和蒙特卡洛算法	φ-max-mean 算法和非线性蒙特卡洛算法

资料来源：彭实戈：《非线性数学期望的理论、方法及意义》，《中国科学》2017 年第 47 期。

附录二　参数不确定的例子

我们以 Ellsberg 坛子为例来分别说明正态分布或布朗运动的参数确

定、均值不确定和方差不确定三种情形。将考察的时间区间 $[0,T]$ 均分成 nh 份，即时间 t 的取值空间为：

$$\{0, h, 2h, \cdots, (n-1)h, nh\}$$

其中，$nh = T, 0 < h < 1$。不确定性由 nh 个独立的 Ellsberg 坛子组成，内含红（R）、绿（G）和黄（Y）三种不同颜色的球，顺次从坛子中取出的球的颜色决定的随机过程：

$$B_0 = 0$$

$$dB_t \equiv B_t - B_{t-h} = \begin{cases} h^{\frac{1}{2}}, \text{从第 } t \text{ 个坛子取出的球为红色} R_t \\ h^{\frac{1}{2}}, \text{从第 } t \text{ 个坛子取出的球为绿色} G_t \\ 0, \text{从第 } t \text{ 个坛子取出的球为黄色} Y_t \end{cases}$$

情形一：假设所有坛子中：

$$R_t = G_t, Y_t = 0, \forall t \in [0,T]$$

即坛子中没有黄球、红球和绿球的分布相同，则：

$$dB_t \sim \begin{pmatrix} h^{\frac{1}{2}} & -h^{\frac{1}{2}} & 0 \\ \frac{1}{2} & \frac{1}{2} & 0 \end{pmatrix}$$

故有：

$$\mathbb{E}[dB_t] = 0, Var[dB_t] = h$$

即均值和方差均为确定性常数。由中心极限定理知，$(B_t)_{t \geq 0}$ 收敛于客观概率下的布朗运动。

情形二：假设所有坛子中：

$$Y_t = 0, \forall t \in [0,T]$$

红球的比例为：

$$\left[\frac{1}{2} - \frac{1}{2}kh^{\frac{1}{2}}, \frac{1}{2} + \frac{1}{2}kh^{\frac{1}{2}}\right], k > 0,$$

则：

$$dB_t \sim \begin{pmatrix} h^{\frac{1}{2}} & -h^{\frac{1}{2}} & 0 \\ \frac{1}{2}+\frac{1}{2}\mu_t h^{\frac{1}{2}} & \frac{1}{2}-\frac{1}{2}\mu_t h^{\frac{1}{2}} & 0 \end{pmatrix}, |\mu_t| \leq k$$

即：
$$\mathbb{E}[dB_t] = \mu_t h, Var[dB_t] = h - (\mu_t h)^2 = h + o(h)$$
即均值不确定方差确定。

情形三：假设所有坛子中：
$$R_t = G_t, Y_t \leq 20, \forall t \in [0,T],$$
则有：
$$dB_t \sim \begin{pmatrix} h^{\frac{1}{2}} & -h^{\frac{1}{2}} & 0 \\ \frac{p}{2} & \frac{p}{2} & 1-p \end{pmatrix}, 0.8 \leq p \leq 1$$

进而有：
$$\mathbb{E}[dB_t] = 0, Var[dB_t] = ph = \sigma_t^2 h, 0.8 \leq \sigma_t^2 \leq 1$$
即均值确定方差不确定。

（执笔人：张晓晶、王增武）

第四章

基于高频指数的宏观经济金融形势分析[*]

21世纪以来，中国乃至全球的宏观经济运行出现了一些新的特征：其一，全球经济的金融化趋势逐步加深，金融市场的高频率波动对宏观经济运行带来了不确定性冲击，甚至改变了经济周期的原有轨迹。其二，主要经济体通胀水平的持续低迷与资产价格的节节攀升，对各国央行的货币政策操作带来了挑战，也动摇了通胀目标制的理论基础。其三，在中国经济发展模式从规模速度型转向质量效率型的背景下，宏观调控框架面临着转型的需要。宏观经济运行可以有多种解读方法，如就业、通胀水平、防控风险等目标。在改革开放的40多年实践中，中国更多延续了"赶超模式"的思维，例如为了实现2020年国民收入翻一番的目标，将"十三五"时期GDP增速的底线设置在了6.5%附近。在此背景下，中国的GDP增速在2014年以来异常平稳。但是，在以经济增速为目标的背景下，用"增速"（一个事先被设定的目标）来衡量

---

[*] 指数的研究团队包括费兆奇（中国社会科学院金融研究所，国家金融与发展实验室）、刘康（中国工商银行金融市场部，国家金融与发展实验室）、Wang, Jiaguo（University of Manchester, UK）、Schumacher, Jacob B.（University of Oxford, UK）、Gerasimova, Ksenia（University of Cambridge, UK）。

中国经济的运行状况，可能无法全面反映经济运行的真实特征。综合上述分析，如何对宏观经济、金融形势运行进行更有效率的评估和监测，成为中国宏观调控框架转型的重要支撑。

鉴于此，本章拟以缺口值形式构建高频率的中国宏观经济先行指数和金融形势指数。在此框架下，以相关指数偏离各自长期趋势的幅度作为分析中国宏观经济和金融运行的参考依据。

一 测度宏观经济与金融运行的研究基础

（一）宏观经济先行指数

对于经济波动和经济周期的理论研究可追溯至对商业循环的相关研究：商业循环是有组织的社会经济活动的一种变动，具体表现为商业活动上升和下降反复出现的一种循环[1]；经济波动是一个在宏观经济系统中各部门之间逐步扩散的过程，各部门经济波动在时间上存在着一定的差异性[2]。基于上述研究，对商业周期和经济波动进行监测的指数应运而生：哈佛指数曾因准确预测20世纪10年代末期至20年代中期的美国经济波动，成为早期最具影响力的指数[3]。区别于早期采用单一指标对经济周期进行观测的思路，哈佛指数的主要贡献在于从股价、生产和货币三个方面对经济周期进行测定，进而提升了指数预测的准确性。Moore在指数的构建上，改变了哈佛指数的平均数算法，开发了扩散指数；通过具有代表性的21个指标，分别构建了先行、一致和滞后三类扩散指数；在实证中发现先行扩散指数通常能提前两个季度对经济衰退

---

[1] Mitchell W., 1913, "Business Cycles", National Bureau of Economic Research, Mitchell W., 1927, "Business Cycles: The Problem and Its Setting", National Bureau of Economic Research.

[2] Burns A., and Mitchell W., 1946, "Measuring Business Cycles", National Bureau of Economic Research.

[3] Bullock C., Persons W., and Crum W., 1927, "The Construction and Interpretation of the Harvard Index of Business Conditions", *The Review of Economics and Statistics*, 9 (2): 74–92.

有所反映①。然而，扩散指数的问题在于无法描述经济运行的波动幅度；为此，Shiskin 和 Moore 提出将不同指标分别进行标准化处理，并以此为基础研发出合成指数，该指数不仅可以描述经济运行的方向，而且能够反映经济运行波动的幅度；此外，验证了先行指数先于经济周期的有效性②。Leeuw 对先行指标的理论基础进行了系统研究，发现相关指标具有先行功能的原因包括：一是某些最终产品从生产到最终消费需要耗费大量时间；二是不同经济活动的调整时间及成本是有差异的；三是部分指标对于经济波动的预期较为敏感；四是宏观调控政策等外部因素对经济运行造成的冲击③。

在此期间，通过构建合成指数、扩散指数对宏观经济波动和经济周期进行监测研究，受到当局和业界越来越多的关注。例如，美国国民经济研究局（NBER）分别在 1950 年和 1968 年发布了扩散指数和合成指数；经济合作与发展组织（OECD）在 1978 年基于增长循环的概念，开发了反映各成员国经济运行的先行合成指数；欧共体在 1979 年开始研发反映成员国经济景气状况的相关指数，并在 20 世纪 80 年代投入使用；中国国家统计局也在 21 世纪初推出中国经济景气指数；等等。

（二）金融形势指数

Duguay 认为由于开放经济中国内、外资产具有较强的替代性，国内、外利差导致利率与汇率的联系增大，因此货币政策当局应通过影响短期利

---

① Moore G., 1950, "Statistical Indicators of Cyclical Revivals and Recessions", re-printed in Moore, G., 1961, *Business Cycle Indicators*, Vol. 1, Princeton University Press, Princeton.

② Shiskin J., and Moore G., 1968, "Composite Indexes of Leading, Coinciding, and Lagging Indicators, 1948–1967", National Bureau of Economic Research.

③ Leeuw F., 1991, "Toward a Theory of Leading Indicators", *Leading Economic Indicators—New Approaches and Forecasting Records*, Lahiri K., Moore G., editors, Cambridge University Press.

率和汇率的行为，从而最终影响到总需求和通货膨胀率[1]。基于此，Freedman 提出货币条件指数，认为如果货币政策当局同时根据利率和汇率来衡量其货币政策状态能比单独使用其中一种提供更大的信息量[2]。加拿大银行在20世纪90年代初率先将货币条件指数应用于实践，方法是把短期实际利率和实际汇率作为衡量货币政策的指标，并由它们的加权平均值构成这一指数，旨在综合反映未来的通货膨胀压力，度量货币政策条件的松紧状况。之后，货币条件指数逐渐受到各国央行（新西兰、瑞典、挪威）、国际组织（IMF、OECD）和大型商业机构（如高盛）等的广泛关注。

然而，在近20年，以股票、房地产为代表的非货币性资产价格大幅波动所引起的经济、金融体系的不稳定问题日渐突出。从20世纪日本的房地产泡沫，到1997年的亚洲金融危机，再到2008年的美国次贷危机引发的国际金融危机，均对全球的实体经济造成了深远的影响。为此，资产价格波动对通货膨胀和实体经济的影响，成为理论界和业界关注的焦点问题；更有研究认为货币政策应对资产价格的异常波动做出相应调整。在这样的背景下，Goodhart 和 Hofmann 提出了金融形势指数[3]。这个指数考虑到非货币性资产价格对产出和通胀的影响，在利率和汇率构成的货币条件指数的基础上，加入了资产价格变量（如房地产价格和股票价格等），旨在更全面地反映未来通货膨胀的压力和宏观金融形势的松紧程度。

二 测度宏观经济与金融运行的指数特征

综合上述理论研究和中国经济运行的现实背景，本章拟构建以缺口

---

[1] Duguay P., 1994, "Empirical Evidence on the Strength of the Monetary Transmission Mechanism in Canada", *Journal of Monetary Economic*, 33: 39 – 61.

[2] Freedman C., 1994, "The Use of Indicators and the Money Conditions Index in Canada", Frameworks for Monetary Stability-Policy Issues and Country Experiences, IMF Working Paper, 3.

[3] Goodhart C., and Hofmann B., 2000, "Financial Variable and the Conduct of Monetary Policy", *Quarterly Review* (Sveriges Riksbank-Swedish Central Bank), 12 – 17.

值形式表现的高频经济先行指数和金融形势指数，对中国的经济、金融运行进行监测和研究，旨在为优化中国的宏观调控提供一个及时、连贯的参考依据和分析框架。其中的指数特征可概述如下。

（一）高频指数

从过往研究或相关机构发布的指数看，频率主要集中于月度或季度。然而，我们越来越需要对经济、金融的短期波动进行更高频率的监测：一是随着现代金融与宏观经济联系的日趋紧密，资产价格的剧烈波动正在成为新的宏观经济波动的主要原因，同时也加大了经济运行的短期波动。二是中国宏观调控在政策的延续性、政策的时机和力度把握等方面仍然存在一些可供改善的空间，在特定时期加剧了经济和金融的短期波动。三是近些年中国正处于转换新旧动能、转变宏观调控思路的特定时期，这种转换可能会加剧经济、金融的短期波动。四是从行业实践看，如何快速、准确地把握宏观经济和金融的脉搏变化是市场关注的焦点；同时，通过高频指数的监测分析，还可以为市场提供短期的趋势性分析。

（二）兼顾短期波动和长期趋势

中央政治局在2020年7月提出"完善宏观调控的跨周期设计和调节"，与此前的"逆周期调控"相比，"跨周期设计和调节"除了关注经济的短期增长问题，更加关注经济运行的长期问题。本章以"缺口值"（偏离长期趋势的水平）形式构建经济先行指数和金融形势指数，将经济、金融的短期波动与长期趋势进行结合研究。基于缺口值分析，在长期，为经济、金融运行偏离长期趋势提供一个潜在的参考指标；在短期，为经济、金融的波动提供一个潜在的"监测走廊"。

（三）综合利用不同频率的指标

在构建各类指数或做宏观分析时，经常遇到的一个"瓶颈"就是各类指标的数据频率不同；为了解决这类问题，通常的做法是将高频数据进行低频化处理，这无疑会损失数据的重要信息。本章所使用的混频技术能够实现综合利用不同频率的数据，特别是高频的日度数据；以此为基础，模型能够根据高频信息的释放或数据更新，对指数进行实时更新。

（四）区分存量数据和流量数据的不同性质

我们估计指数的方法能够对数据性质加以识别，实现对存量数据和流量数据的区别处理和运算，进而提高指数的准确性。在宏观分析及相关指数的构建中，最常用的数据表达形式是"同比"概念，但同比数据存在两个问题：一是同比数据受基期影响较大；二是同比数据是一个流量概念，通常会改变存量数据的属性，从而造成存量数据"失真"。为了避免上述问题，本项数据计算数据的缺口值形式，保留数据的原始属性，旨在还原经济、金融指标的真实情景。

三 指数构建方法及核心模型概述

本章在动态因子模型的框架下，基于混频技术，构建高频宏观经济先行指数和金融形势指数。动态因子模型的理论基础可追溯至 Lucas[①]，他发现单一的宏观变量不足以描述经济波动的全部特征，经济波动的演进更多表现为诸多宏观变量的相互作用和协同运动。动态因子模型的核心思想是：假定诸多宏观变量的协同运动能够被一个不可观测的共同随机因子所解释，而这个共同因子可以较好地反映经济运行的趋势和特征。

记 y_{it} 为相关经济（金融）变量 i 在 t 日的取值；x_t 表示不可观测的

---

① Lucas R., 1997, "Understanding Business Cycles", *Carnegie-Rochester Conference Series on Public Policy*, 5: 7-29.

潜在随机因子，服从 $AR(p)$ 过程。其表达式如下：

$$y_{it} = c_i + \beta_i x_t + \sum_{j=1}^{n} \gamma_{ij} y_{it-jD} + u_{it} \qquad (4-1)$$

$$x_t = \sum_{j=1}^{p} \rho_j x_{t-j} + e_t \qquad (4-2)$$

其中，u_{it} 为同期不相关序列，并且与 e_t 不相关。D 代表低频数据所包含的天数，例如每个月的天数在 28—31 天的区间之内。

然而，在日度频率的模型中，并非所有变量都有观测值；为了对混频模型中不同频率的数据进行运算，记 y_t^* 为经济（金融）变量 y_t 的低频表达形式，如果在样本期间 y_t 无法被观测到，则记为 NA；如果 y_t 能被观测到，则视变量的性质分两种情况：

$$y_t^* = \begin{cases} y_t, \text{如果 } y_t^* \text{ 是存量} \\ \sum_{j=1}^{n} y_{t-j}, \text{如果 } y_t^* \text{ 是流量} \end{cases} \qquad (4-3)$$

模型的最大似然值可以通过预测误差进行估算：

$$\log L_t = -\frac{1}{2} \sum \left[N\log 2\pi + (\log |F_t| + v'_t F_t^{-1} v_t) \right] \qquad (4-4)$$

其中，N 代表在 t 时间 y_t 的数量。计算最大似然值时，如果 y_t 包含的变量在 t 时间的取值全部缺失，则 t 时间的信息对于似然值的贡献为 0；如果 y_t 的部分变量在 t 时间可以被观测到，则贡献值为 $[N\log 2\pi + (\log |F_t^*| + v_t^{*'} F_t^{*-1} v_t^*)]$，其中 F_t^* 和 v_t^* 来源于 y_t^* 的估计，y_t^* 是根据 y_t 中变量的取值情况而设置的转换向量。

四 样本数据和参数估计

（一）指标描述

在指数构建中，宏观经济先行指数的指标选择，与国家统计局中国经济景气监测中心的相关指标保持一致，包括 2 个日度指标和 8 个月度指标。其中，日度指标为国债利率差和上证综合指数；月度指标为货币供应量、消费者预期指数、工业产品产销率、社会货运量和沿海主要港口吞吐量、房屋新开工面积、房地产土地购置面积和固定资产投资新开工项目数。基于 Goodhart 和 Hofmann[①] 的研究，并结合中国金融形势波动的国别差异，构建金融形势指数的指标，包括日度指标利率、汇率和股价，周度指标大宗商品价格和月度指标房价。

表 4-1　　　　　　　　　　相关指数的指标描述

指标	频率	单位	数据性质	样本区间
宏观经济先行指数					
国债利率差	日度	点	存量	2002 年 1 月 4 日至 2020 年 11 月 27 日
上证综指	日度	点	存量	1996 年 1 月 2 日至 2020 年 11 月 27 日
货币供应量	月度	亿元	存量	1996 年 1 月至 2020 年 10 月
消费者预期指数	月度	点	存量	1996 年 1 月至 2020 年 10 月
工业产品产销率	月度	点	存量	1996 年 1 月至 2020 年 10 月
社会货运总量和沿海主要港口吞吐量	月度	亿吨	流量	1999 年 2 月至 2020 年 10 月
商品房新开工面积	月度	万平方米	流量	1999 年 2 月至 2020 年 10 月
房地产土地购置面积	月度	万平方米	流量	1999 年 2 月至 2020 年 10 月
固定资产投资新开工项目	月度	个	流量	1996 年 2 月至 2020 年 10 月
全面形势指数					
7 天回购利率	日度	%	存量	2002 年 1 月 4 日至 2020 年 11 月 27 日
上证综指	日度	点	存量	1996 年 1 月 2 日至 2020 年 11 月 27 日
大宗商品价格指数	周度	点	存量	2006 年 6 月 2 日至 2020 年 11 月 20 日
人民币名义有效汇率指数	日度	点	存量	1996 年 1 月 2 日至 2020 年 11 月 27 日
全国商品房均价	月度	元	存量	1999 年 2 月至 2017 年 10 月

---

① Goodhart C., and Hofmann B., 2000, "Financial Variable and the Conduct of Monetary Policy", *Quarterly Review* (Sveriges Riksbank-Swedish Central Bank), 12-17.

（二）参数估计

表4-2汇总了宏观经济先行指数和金融形势指数的参数估计值。其一，对于宏观经济先行指数，多数可观测变量在统计意义上显著且具有合理的取值符号。其中，货币供应量（M2）和固定资产新开工项目的取值符号为负，说明货币政策和固定资产投资具有"逆周期"调节的性质。其二，对于金融形势指数，利率和汇率为逆向指标，其系数的取值显著为负。其三，除工业产品产销率之外的多数可观测变量，其滞后值系数均显著为正，说明各变量具有显著的持续性。其四，所有可观测变量的标准差系数均显著为正，说明引致所有变量波动的因素包括两个部分：一是不可观测的共同状态向量，二是变量自身的异质波动。

表4-2　　　　　　　　　　相关指数的参数估计

指标	系数估计值	P值	滞后值系数	P值	标准差系数	P值
宏观经济先行指数						
国债利差	0.0529	0.085	0.9923	0.000	0.1233	0.000
上证综指	0.0031	0.859	0.9983	0.000	0.0583	0.000
消费者预期指数	0.1341	0.000	0.8206	0.000	0.5139	0.000
工业产品产销率	0.4844	0.000	0.0907	0.199	0.8457	0.000
M2	-0.0977	0.001	0.9341	0.000	0.4223	0.000
社会货运量和主要港口吞吐量	0.0158	0.000	0.5786	0.000	0.2044	0.000
商品房新开工和土地购置面积	0.0101	0.000	0.2238	0.000	0.8174	0.000
固定资产投资新开工项目	-0.0076	0.034	0.4288	0.000	0.8725	0.000

续表

指标	系数估计值	P值	滞后值系数	P值	标准差系数	P值
金融形势指数						
7天回购利率	-0.0753	0.072	0.9653	0.000	0.2613	0.000
上证综指	0.0486	0.001	0.9982	0.000	0.0571	0.000
人民币名义有效汇率指数	-0.0711	0.005	0.9981	0.000	0.0618	0.000
全国商品房均价	0.1402	0.000	0.9186	0.000	0.3001	0.000
大宗商品价格指数	0.0717	0.000	0.9855	0.000	0.0931	0.000

五 高频指数的相关计量检验

（一）稳健性检验

稳健性检验主要是考察先行指数（金融形势指数）在不同样本期间是否存在差异？如果存在差异，研究导致差异的因素。图4-1和图4-2分别描述了先行指数和金融形势指数在不同样本区间的运行趋势，其中，所有样本的起始时间均为1996年1月1日；样本末期分别为2017年11月20日、2017年10月31日、2017年9月30日、2017年8月31日、2016年11月30日和2015年11月30日。可以看出，不同样本末期的6个先行指数（金融形势指数）在走势上略有差异，其差异主要集中在尾部。导致尾部出现偏差的潜在因素主要包括两个方面：一是对原始数据进行季度性调节和去趋势产生的差异；二是全样本估计会随着样本区间的扩大，对历史数据产生一定幅度的修正，以达到全样本的最优估计。在图4-1（b）和图4-2（b）中假定季节性调节和去趋势不会对历史数据产生影响，发现先行指数（金融形势指数）在各自样本末期出现的偏差大幅缩减。

(a) 考虑季调和去趋势所产生的差异

(b) 忽略季调和去趋势所产生的差异

图 4-1 基于不同样本区间的高频经济先行指数趋势

资料来源：估算相关指数的指标来源于 Wind 资讯。

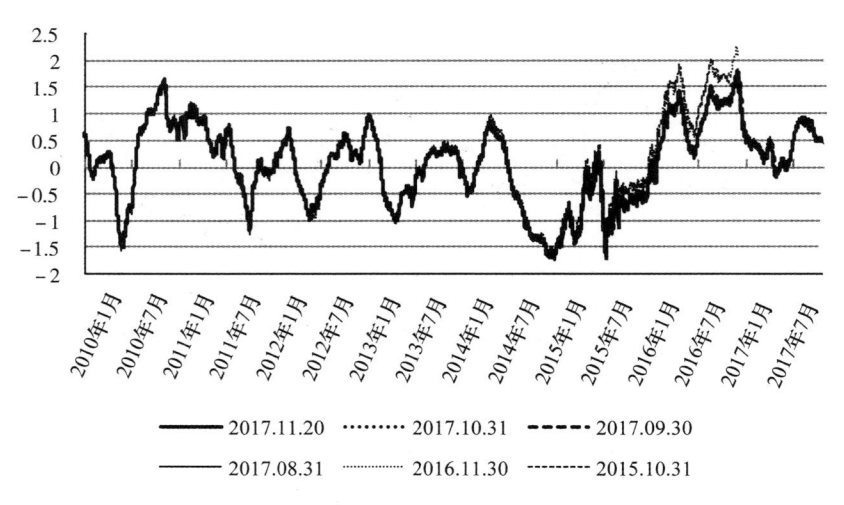

中国金融报告2020

(a) 考虑季调和去趋势所产生的差异

(b) 忽略季调和去趋势所产生的差异

图4-2 基于不同样本区间的高频金融形势指数

资料来源：估算相关指数的指标来源于Wind资讯。

(二) 预测能力检验

为了检验高频经济先行指数（高频金融形势指数）的预测能力，我们分别用相关指标对 GDP（PPI）进行样本外的预测比较分析。对于高频经济先行指数，参与比较的指标包括本章构建的日度先行指数、构建先行指数的 8 个指标（2 个日度指标和 6 个月度指标），以及国家统计局公布的月度先行指数。对于高频金融形势指数，参与比较的指标包括本章构建的日度金融形势指数趋势值、构建金融形势指数的 6 个指标（2 个日度指标、1 个周度指标和 3 个月度指标）。

由于指标的频率各异，我们采用了混频数据抽样模型（ADL-MIDAS）的研究方法，模型的一般表达式如下：

$$y_t = \mu_0 + \sum_{j=1}^{p} \mu_{j+1} y_{t-j} + \beta B(L^{1/m}, \theta) x_{t-h/m}^{(m)} + \varepsilon_t \qquad (4-5)$$

其中，y_t 代表低频的季度 GDP 数据；x_t 代表参与检验的高频数据（如月度和日度数据）。

表 4-3 汇总了基于 ADL-MIDAS（1，2）模型得到的均方预测误差（MSFE）的结果。对于名义 GDP 的样本外预测，日度先行指数在 Beta 和 Almon 两种多项式分布中的 MSFE 均为最小，分别为 1.382 和 1.431。表明，日度先行指数对于 GDP 的预测结果在所有指标中最优，证实了先行指数的预测能力（见图 4-3）

表 4-4 汇总了基于 ADL-MIDAS（1，2）模型得到的均方预测误差（MSFE）的结果。对于 PPI 的样本外预测，日度金融形势指数在 Beta 和 Almon 两种多项式分布中的 MSFE 均为最小，分别为 0.570 和 0.580。表明，日度金融形势指数对于 PPI 的预测结果在所有指标中最优，证实了日度金融形势指数的预测能力（见图 4-6）。

表4-3 混频抽样模型样本外预测的均方预测误差（高频经济先行指数）

检验指标		名义GDP	
		Beta分布	Almon分布
日度数据	日度先行指数	<u>1.382</u>	<u>1.431</u>
	上证综指	1.720	1.726
	国债利差	1.882	1.922
月度数据	月度先行指数（统计局发布）	1.808	1.789
	货币供应量（M2）	1.738	1.923
	消费者预期指数	1.653	1.636
	工业产品产销率	1.708	1.695
	全社会货运量和沿海港口吞吐量	1.463	1.490
	固定资产投资新开工项目	1.657	1.765
	商品房新开工面积	1.699	1.901

注：①为保证在递归检验中，所有指标在不同样本期间均是稳定的，我们对所有经过季调的指标进行对数差分处理；ADF检验显示，经对数差分处理之后的指标均是平稳的；标记下划线的数据为最小值。②估计的样本末期为2017年11月。

表4-4 混频抽样模型样本外预测的均方预测误差（高频金融形势指数）

检验指标		PPI	
		Beta分布	Almon分布
日度数据	日度金融形势指数	<u>0.570</u>	<u>0.580</u>
	股票价格	0.644	0.658
	短期利率	0.667	0.647
季度数据	大宗商品价格	0.605	0.633
月度数据	名义有效汇率	0.619	0.624
	房地产价格	0.640	0.646

注：①为保证在递归检验中，所有指标在不同样本期间均是稳定的，我们对所有经过季调的指标进行对数差分处理；ADF检验显示，经对数差分处理之后的指标均是平稳的；标记下划线的数据为最小值。②估计的样本末期为2017年11月。

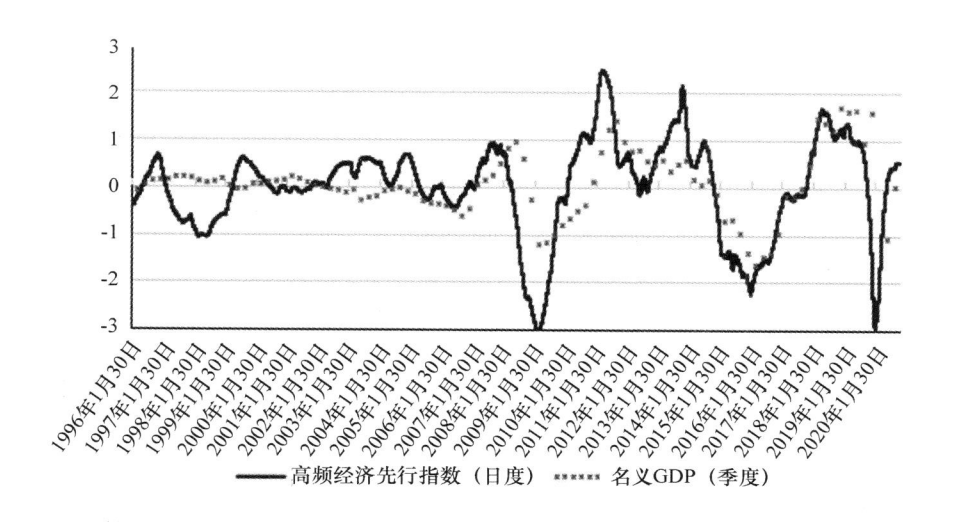

第四章 基于高频指数的宏观经济金融形势分析

图 4-3 高频经济先行指数与名义 GDP 走势

资料来源：估算相关指数的指标来源于 Wind 资讯。

六 宏观经济运行分析

本节基于高频经济先行指数（以下简称先行指数）分析研究中国宏观经济运行的特征。图4-4描述了高频经济先行指数的运行特征，其中的零值代表经济运行的长期趋势，先行指数围绕零值波动，意味着经济围绕长期趋势运行。当先行指数正向（负向）偏离零值时，意味着宏观经济转暖（转冷）；当先行指数正向（负向）偏离+1（-1）时，意味着宏观经济过热（进入危机状态）。

（一）历次经济复苏的比较分析

中国经济自1996年以来分别经历了1997—1998年、2008年、2014—2015年和2020年上半年的四次衰退期。此外，中国经济经历了四次较为显著的复苏，分别是1999—2007年、2009—2011年、2016—

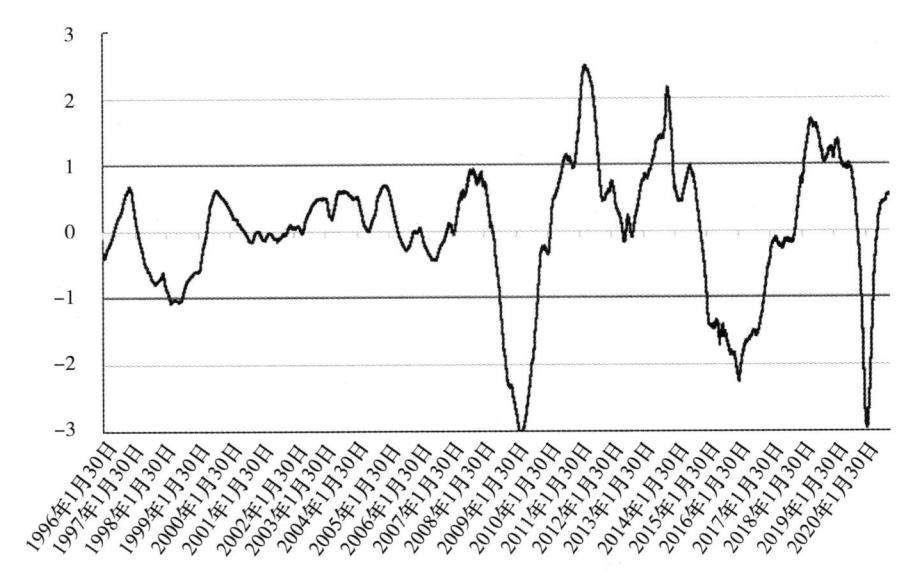

图 4-4 中国高频宏观经济先行指数

注：构建先行指数的指标包括国债利差、股票指数、货币供应量、消费者预期指数、工业产品产销率、社会货运量、沿海主要港口吞吐量、商品房新开工面积、房地产开发土地面积和固定资产投资新开工数。

资料来源：估算相关指数的指标来源于Wind资讯。

2018年和2020年下半年。

1. 改革驱动的复苏（1999—2007年）

先行指数在1999—2007年围绕零值小幅波动且波动中枢位于零值上方，意味着经济运行走出了一条既稳定又较快增长的轨迹。这一时期的繁荣主要源于在1997年亚洲金融危机之后，中国采取了一系列卓有成效的改革与开放政策。例如人口红利背景下的城镇化进程推动了中国农村劳动力向城镇的转移，促进了农业人口向非农人口的转化；住房制度改革推动了房地产及其相关行业的快速发展；中国加入WTO释放了国内乃至全球对中国工业品的需求，同时基于在国际产业链条中的分工吸引外部技术，推动国内相关领域的技术进步；等等。

2. 货币驱动的复苏（2009—2011 年）

上述改革的红利在 21 世纪的前十年已逐渐释放完毕，中央政府的初衷是继续通过深化改革及开放，推动经济的可持续发展。然而，由于国际、国内形势的突变，"改革"的步伐在实践中数次让位于"保增长"，为了"保增长"，中国开启了通过货币投放刺激需求、拉动经济增长的做法，由"改革驱动"转向了"货币驱动"。国内既定的放开市场准入和国有企业股份制改造等改革进程，被国际金融危机及国内经济下行所打断，随后中央政府4万亿元的经济刺激政策保住了经济，但却造成了日后的产能过剩与房地产泡沫等一系列问题。

从先行指数运行的趋势性特征看，在经历了国际金融危机期间的快速下跌后，受需求端的货币刺激，先行指数出现了"跳跃式"增长，在2年内的时间里，从经济危机状态（"-1"以下）快速步入经济过热状态（"+1"以上）。此后，受宏观调控的影响，先行指数重复着大幅起落的波动特征。先行指数的波动特征意味着，依赖于需求端货币刺激的经济复苏，不具有可持续性；此外，如果将风险定义为不确定性或波动，那么这一时期的宏观经济具有较高的运行风险。

3. 货币驱动和供给侧结构性改革推动的复苏（2016—2018 年）

在 2014—2015 年经济下行压力再次加大的背景下，在需求端，中国人民银行自 2014 年 11 月起先是降准、降息，再加大信贷投放力度，使得经济在 2015 年成功筑底并在 2016 年快速上扬（见图 4-3），而其代价是宏观经济各部门杠杆率的全面提升以及金融风险的不断聚集。在供给端，PPI 上行和供给端约束使得工业企业利润在近年快速上行，企业的盈利能力在整体上大幅改善；此外，供给侧收缩提升了相关行业（特别是上游行业）的行业集中度，工业增加值更多地来源于行业中的大中型企业，这部分企业在经济下行周期中的金融资源可得性较强。

但是，这一轮经济复苏的可持续性也受到一些因素的制约。其一，工业企业盈利水平的大幅改善并没有带动投资同等幅度的增长，制造业投资增速在本轮经济复苏中一直处于低位，缺少趋势性反弹的基本面支持；此外，工业企业的盈利改善并不均衡，主要集中于通过行政手段去产能影响最大的上游行业，其他行业改善并不明显。其二，房地产投资的高增长难以持续，在居民部门和房地产企业杠杆率不断攀升的情形下，房地产调控从"因城施策"到全面铺开，在中央"严控房价上涨"和"棚改货币化"逐步收紧的政策背景下，房地产投资对经济的支撑作用逐步趋弱。上述问题均指向，只有相关领域的深化改革，才能推动经济的可持续复苏。

（二）新冠肺炎疫情下的快速复苏

根据先行指数的运行特征，中国经济在2020年的复苏进程中呈现出以下特点：其一，反弹速度快。先行指数的平滑估计值在2020年1月初落入危机区间（-1以下），历经4个月有余，便反弹并脱离危机区间，是全球复苏最快的经济体；此外，从与过往危机（如2008年和2015年）的对比看，本轮经济复苏也是最快的。得益于对疫情的有效控制和逆周期调控政策的有效对冲，中国成为2020年全球主要经济体中唯一实现经济正增长的国家。中国经济增速在第一季度大幅负增长的背景下，实现了第二季度的转正和第三季度的持续好转，并实现全年2.3%的增长，为稳定全球经济发挥了重要作用。其二，先行指数在5月上旬向上脱离危机区间，经济运行总体上回归常态（先行指数由-1以下区间回升到-1至1区间）；在此背景下，逆周期调控政策及时调整，货币政策在5月逐步回归常态。其三，先行指数在第三季度以来围绕0值上方小幅波动，说明经济运行已回归至长期趋势附近。其四，先行指数的反弹趋势在10月以来有所钝化，意味着经济的持续复苏仍需各项改革措施的持续发力，宏观调控政策不宜过快转向。

与在2008年国际金融危机时期依靠"基建扩张",填补"出口萎缩、消费低迷"的经济运行特征有所不同,中国本轮经济率先企稳的需求端因素主要依靠出口和房地产投资。一方面,全球"供需错位"支撑了中国出口的快速反弹。其一,疫情大幅削弱了全球多数经济体的供给能力,而中国对疫情的快速控制和保障生产的政策聚焦保障了企业的供给能力,从而供应链得以快速修复,在此背景下,国内外供需错位推动了中国出口的逆势上升;其二,主要经济体大规模的财政刺激支撑了当地消费的快速回升,进一步推动了中国的出口增长;另一方面,疫情下的货币宽松和房地产较低的库存等因素推动了房地产投资的快速反弹,并成为拉动投资的中坚力量。

七　宏观金融运行分析

(一) 高频金融形势指数的含义和特点

研究高频金融形势指数的主要目标有二:其一,综合反映宏观金融的运行趋势。考虑到高频金融形势指数的波动率较高,为了对宏观金融形势进行长样本的趋势性分析,我们计算了高频金融形势指数的短期趋势值(见图4-5),它是一条围绕0值(长期趋势)上下波动的曲线,指数正向偏离0值表示金融形势相对宽松;反之表示金融形势相对收紧。当高频金融形势指数正向(负向)偏离正1值(负1值)时,意味着宏观金融形势过于宽松(紧缩),需要以货币政策为首的宏观调控政策及时干预调节。根据高频金融形势指数在样本末期(2020年11月27日)的波动特征看,其水平略高于正1值的水平,说明当前的宏观金融形势在整体上已属过于宽松的状态;但鉴于当前的中国经济仍处于疫情后的复苏阶段,宏观调控政策应引导金融形势指数平稳回落至0—1区间的水平,即宏观金融形势从过度宽松状态回落至相对宽松状态,同时将重心放在疏通货币政策的传导机制上。

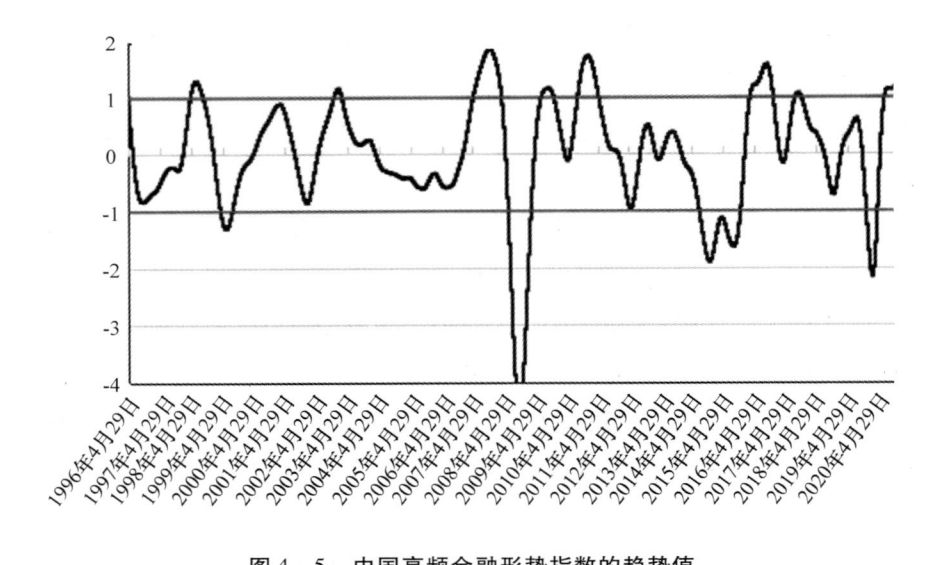

图4-5 中国高频金融形势指数的趋势值

注：构建金融形势指数的指标包括短期利率、人民币有效汇率、股价、房价和大宗商品价格。

资料来源：估算相关指数的指标来源于 Wind 资讯。

其二，综合反映未来的通货膨胀水平。图4-6描述了高频金融形势指数趋势值与物价水平（核心 CPI 和 PPI）的运行特征，发现高频金融形势指数对 PPI 具有明确的引导关系，对核心 CPI 具有趋势上的引导关系。考虑到在样本末期，高频金融形势指数仍处于高位波动，通胀水平（PPI 和核心 CPI）仍具有进一步上升的动能。

此外，2017年之后，金融形势指数与社会融资规模存量的同比增速在运行趋势上较为一致。具体表现包括：其一，金融形势指数对社会融资规模增速有一定的先导作用；其二，金融形势指数的波动幅度更为剧烈。

第四章 基于高频指数的宏观经济金融形势分析

(a) 金融形势指数趋势与非食品类CPI同比增速

(b) 金融形势指数趋势值与PPI同比增速

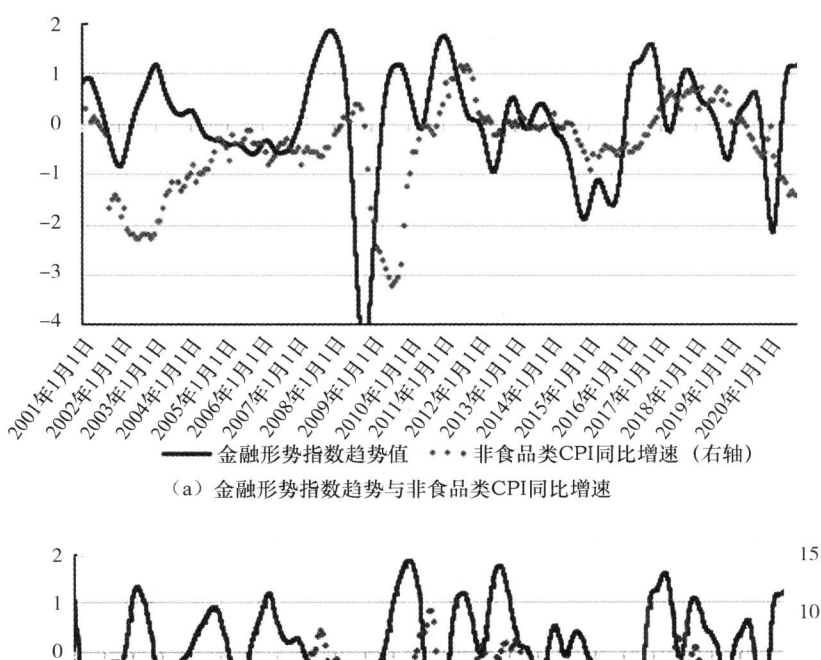

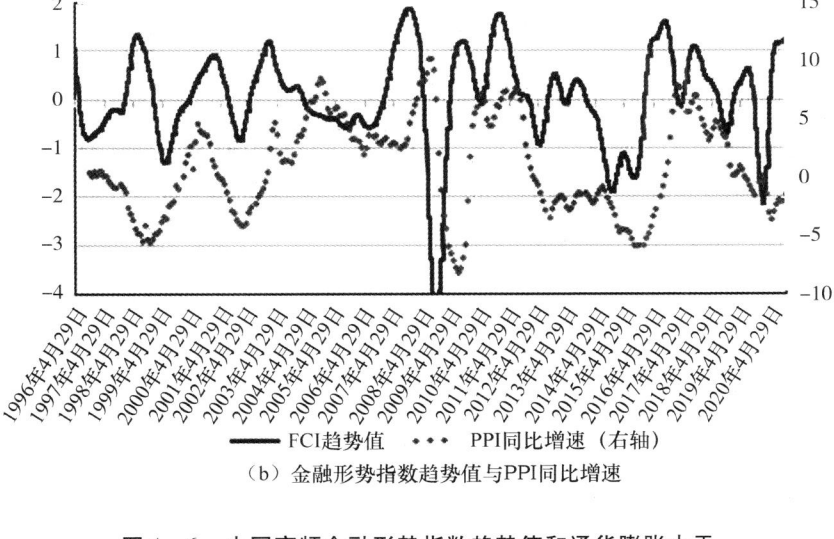

图 4-6 中国高频金融形势指数趋势值和通货膨胀水平

资料来源：估算相关指数的指标来源于 Wind 资讯。

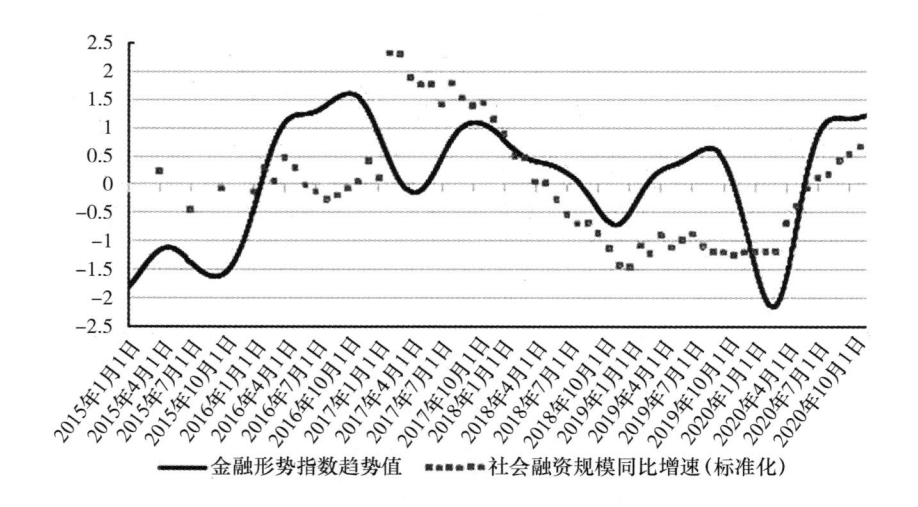

图 4-7　中国高频金融形势指数趋势值和社会融资规模同比增速

注：2017 年之后，社会融资规模中增加了政府债券类别，社会融资规模同比增速出现了结构性变化，为此，此图主要比较 2017 年之后金融形势指数趋势值与社会融资规模同比增速的波动特征。

资料来源：估算相关指数的指标来源于 Wind 资讯。

（二）宏观金融运行的历史趋势性分析

2010 年以来，中国宏观金融形势经历了两轮趋势显著的波动（见图 4-4）。第一轮波动从 2010 年 12 月中旬至 2016 年 9 月下旬；第二轮波动从 2016 年 9 月下旬至今。从第一轮波动看，在 2010 年通胀压力加大的背景下，中国人民银行从 2010 年第四季度至 2011 年 7 月连续 5 次提升利率（紧缩银根）。受此影响，金融形势指数在 2010 年 12 月中旬的峰值水平，快速下滑，直至 0 值附近。新一届政府成立初期，在总体上保持了稳健中性的货币政策，中国人民银行 2012—2014 年的宏观调控采取了"微刺激"的措施，金融形势指数在此期间围绕 0 值小幅波动。但由于"微刺激"的政策效果越来越差，中央政府逐步放弃了需求管理的经济刺激计划，转向供给侧结构性改革。但由于经济运行在此期间下滑过快,中国人民银行从2014年年底至2016年,先是多次降准、降息,后是加大信贷投放力度,向实体经济释放了大量的流动性。为此,金融形势指数在这一阶段再次出现快速攀升的态势,并于2016年9月下旬达到阶段性峰值。

从第二轮波动看(见图4-4和图4-7),2016年是出现趋势性拐点的一年。为了维护金融安全、防范系统性风险,中央政府自2016年9月末开始,陆续出台了多项针对房地产和金融系统的"去杠杆"措施,包括2016年"930"等系列房地产新政,使得房地产贷款增速持续回落;不断完善的宏观审慎政策(MPA),将表外理财纳入广义信贷范畴,同业存单纳入MPA考核,使得货币市场的短期利率不断抬升;等等。在此背景下,金融形势指数再次步入趋势性的下行通道。

在下行通道中反弹的2017年。金融形势指数自2017年5月初至10月中旬呈现出小幅反弹的短期趋势。主要原因包括:2016年第四季度以来,国内各期限加权利率中枢有所抬升,区间波动较大,并在节假日、季月末等关键时间点出现利率明显升高。进入2017年5月之后,中国人民银行通过公开市场操作,维持了货币市场的紧平衡状态,流动性在边际供给上有所改善,短期利率有所下行。汇率方面,人民币在这一时期除了对美元升值,对其他主要国家均出现不同程度的贬值,人民币的名义有效汇率和实际有效汇率自2017年上半年均呈现出小幅的下跌趋势。股市方面,受中国经济基本面企稳好转,美元走弱,加入MSCI等影响,股市自2017年5月以来出现了一波平稳上行的行情。大宗商品方面,受供给侧结构性改革、商品去库存化、原油价格触底反弹等因素影响,中国大宗商品价格自6月再次开启了短暂的"牛市"行情。

然而,金融形势指数的短期反弹,并未改变下行趋势。在"去杠杆"政策和资产新规等监管措施出台的背景下,金融形势指数自2017

年11月再次开启下行,并在2018年2月进入实质偏紧的状态。出于稳增长和防范系统性金融风险的目的,中国宏观调控从2017年的"紧货币、严监管",到2018年第一季度的"稳货币、严监管",再到第二季度的货币政策边际宽松和监管的柔性化处理等,宏观调控一直在做边际上的调整。在此背景下,金融机构超额存款准备金率在2018年第二季度末大幅提升至1.7%;同业拆借和质押式回购等货币市场利率也已降至近年的极低水平。为此,金融形势指数在2018年第二、第三季度有所企稳,围绕0值附近波动,意味着整体宏观金融形势保持了相对中性。

波动收敛的2019年。中国宏观金融形势在2019年的波动水平有所收敛,并在整体上处于稳健偏宽松的状态,即金融形势指数的波动中枢多数时期在0—0.5的区间之内。虽然包商银行事件导致了流动性分层,对宏观金融形势造成了短期的扰动,但在监管综合施策之下,金融形势指数在经历了5月的下跌之后,在6月中旬得以快速回升,包商银行事件并未引起金融指数过大幅度的波动,未触发系统性金融风险。但在8月和9月,受美联储降息、国内股价和大宗商品价格较快上升的影响,金融形势出现了短暂的放松迹象;此后从9月中旬开始逐步回落。

(三) 2020年宏观金融运行的趋势性分析:剧烈震荡的2020年

为了清晰描述2020年中国宏观金融形势的波动特征,图4-8截取了中国金融形势指数自2016年至2020年11月的运行轨迹。

第一,金融指数在2020年第一季度"断崖式"跌入危机区间,意味着宏观金融形势快速"冻结"。受疫情影响,金融指数出现了一个快速的、较大幅度的下跌,并在1月中旬至4月末这一时期陷入"-1"以下的危机区间。纵观样本区间,1996年以来,中国的宏观金融形势只在四个时期陷入"-1"以下的危机区间,前三个时期分别为1998年的亚洲金融危机时期、2008年国际金融危机时期、2014—2015年中国新旧动能转换时期。从本轮危机的形成看，主因是大宗商品在疫情期间出现"暴跌"，中国大宗商品价格指数从年初的150多点一直下降至4月末的100余点，跌幅近半。此外，在这一时期，人民币有效汇率快速上行（反向指标）；房价指数负向偏离长期趋势过大等因素也使得金融形势不断趋紧。

第二，金融指数自3月下旬至7月上旬"飙升式"反弹，意味着宏观金融形势快速回暖。影响因素包括：其一，受国际大宗商品价格的影响，中国大宗商品价格自3月下旬至5月初的下降幅度趋缓，并于5月初至7月快速反弹，恢复到疫情之前的水平。其二，人民币有效汇率冲高回落，在第二季度呈现下降趋势，即贬值（反向指标）。其三，3月中旬至4月下旬的7天回购利率（短期利率）（反向指标）水平不断下行；5月之后，在宽松货币政策逐步退出的背景下，短期利率水平虽然有所提升，但利率的波动中枢仍然处于历史低位（延续到7月中旬）。其四，中国股市价格和房地产价格在这一时期出现快速反弹。在以上因素的综合影响下，金融指数在6月上旬反弹至近些年的历史峰值，意味着金融形势过度宽松。

第三，金融指数自7月至9月再度下挫，意味着宏观金融形势逐步收紧。影响因素包括：其一，人民币有效汇率再度呈现上升趋势；其二，短期利率水平的波动中枢持续上行，并回升至疫情前水平。此时的大宗商品价格、股市价格和房地产价格经过第二季度的快速反弹之后，在第三季度均处于"横盘"状态，并未呈现出趋势性变化。

第四，金融指数在11月再度反弹，意味着宏观金融形势重回宽松状态。影响因素包括：其一，10月下旬至样本末期，短期利率的波动中枢震荡下行；其二，大宗商品价格再度呈现趋势性反弹。

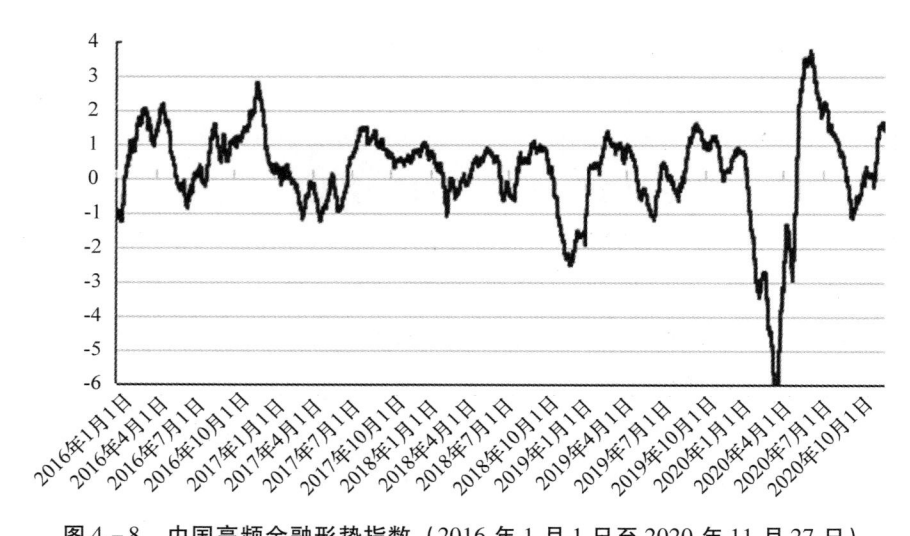

图 4-8 中国高频金融形势指数（2016 年 1 月 1 日至 2020 年 11 月 27 日）

资料来源：估算相关指数的指标来源于 Wind 资讯。

八 对系统性风险的测度：基于高频指数的扩展应用

如果将风险定义为不确定性或波动，那么，基于高频指数偏离长期趋势的幅度，我们可以测算高频经济先行指数和高频金融形势指数的波动率，进而描述宏观经济和金融运行的整体风险。从图 4-9 可以看出，国内的经济运行主要在四个时期出现不稳定状态或风险：一是 2008 年国际金融危机时期；二是 2011 年受需求端货币刺激影响，国内经济出现过热时期；三是 2015—2016 年国内新旧动能转换时期，在 2015 年初期经济快速下滑，在 2016 年受行政去产能和大规模需求端刺激影响，经济快速"飙升"；四是 2020 年上半年受新冠肺炎疫情冲击的短暂性经济衰退。

从图 4-10 可以看出，中国的金融运行主要在三个时期出现了明显的不稳定状态：一是 2008 年国际金融危机期间；二是 2015 年国内从需求端刺激转向供给侧结构性改革期间；三是 2020 年上半年受疫情冲击时期。

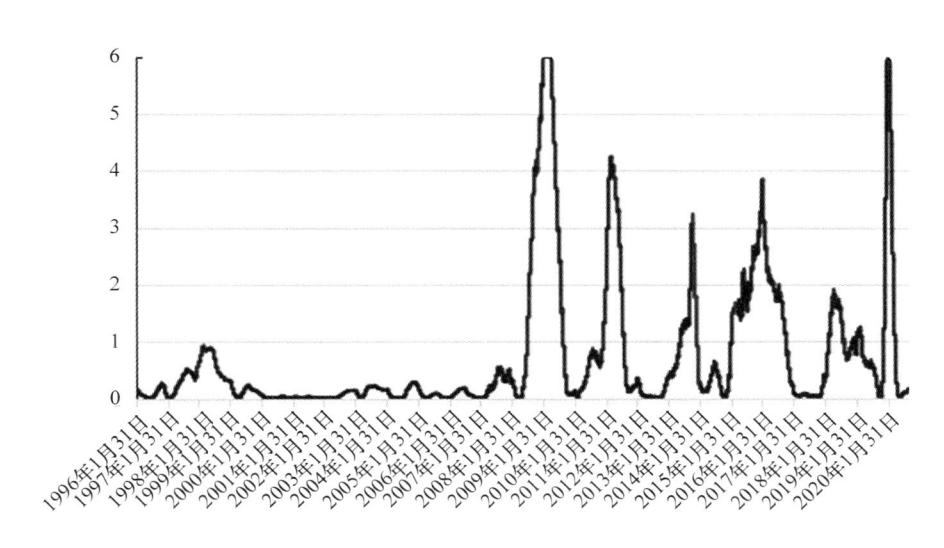

第四章 基于高频指数的宏观经济金融形势分析

图 4-9 高频经济先行指数波动率

资料来源：估算相关指数的指标来源于 Wind 资讯。

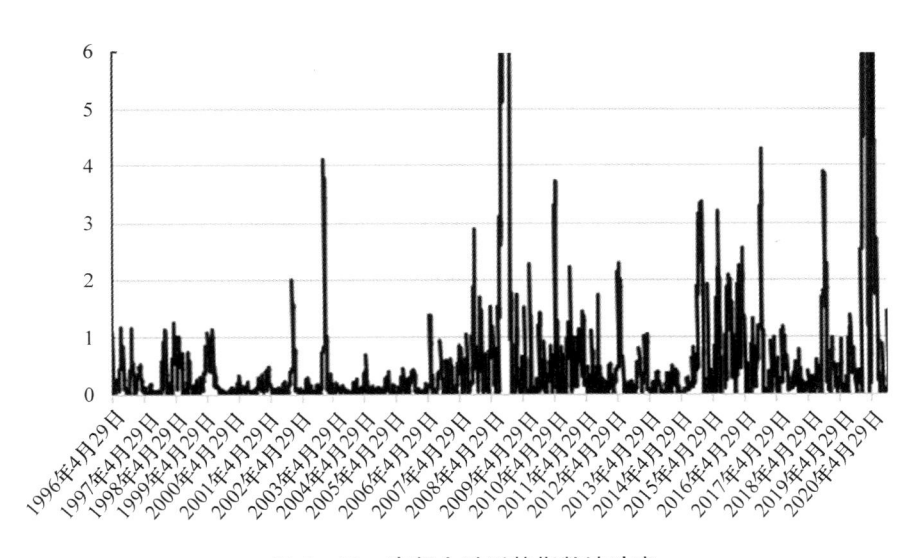

图 4-10 高频金融形势指数波动率

资料来源：估算相关指数的指标来源于 Wind 资讯。

九 2021 年总体趋势及展望

2021 年，全球经济的复苏进程，依然取决于各经济体对疫情的防控和疫苗研发及其推广应用。在西方主要经济体中，美国经济的修复能力较强，商品消费和暂时性失业均已恢复到疫情之前的水平，企业投资达到较高水平且库存周期处于底部；但非暂时性失业和服务性消费的恢复尚需时日。欧洲经济的复苏进程将会相对曲折，一是二次疫情冲击使得欧洲内部经济呈现分化；二是英国脱欧尚未与欧盟达成最终的贸易协议。在宏观经济政策方面，财政政策的空间相对有限：拜登的财政刺激计划有极大可能被分裂的美国国会所掣肘；欧元区受制于各经济体的分化、财政协同等难题，试图对大规模的财政救助方案达成一致"步履维艰"。在此情形下，主要经济体量宽的货币政策依然会得到延续：美联储在当前零下限利率环境下，主要通过资产购买和调整政策框架期望（如将 2% 的通胀目标调整为 2% 的平均通胀目标）实现其政策目标；欧元区和日本的负利率政策、资产购买计划仍将延续。

从国内因素看，中国经济的复苏有两条主线。第一条主线是经济的内生增长动能逐步凸显：一是疫情引致的全球"供需错位"在 2021 年上半年将对中国出口构成支撑；二是虽然房企融资"三道红线"可能加速本轮地产周期的终结，但在低库存和以稳为主的房地产调控政策背景下，房地产投资增速不会失速，而是缓慢回落，并在短期成为稳定固定资产投资增速的重要支撑力量；三是产能的快速恢复、利润的改善、库存筑底以及制造业中长期融资的持续放量，正在不断夯实制造业复苏的基础。第二条主线是改革和开放的红利将逐步显现：一是在构建"双循环"新发展格局的背景下，各种促进消费、拓展投资空间的长期改革措施和短期政策利好将不断涌现，从而实现需求端的平稳增长；二是由中国参与的《区域全面经济伙伴关系协定》（RCEP）将显著提升中国在全球价值链和国际分工体系中的层级,缓解中美经贸摩擦的负面影响,并拉动外向型制造业的复苏。

在上述背景下,中国宏观调控的总体方向是从逆周期调节中稳步退出,同时为培育经济的内生增长动能和改革开放提供稳定的货币金融环境。

其一,从逆周期调节中退出。根据图4-3的高频经济先行指数,中国经济在5月上旬脱离危机区间,并于6月以来围绕经济运行的长期趋势小幅波动,意味着新冠肺炎疫情引致的经济"负向缺口"已经闭合;继续从需求端进行大规模刺激,只会徒增债务水平。

其二,稳步退出逆周期调节。高频经济先行指数的回升趋势在9月以来有所钝化,意味着本轮经济复苏有筑顶的迹象。主要原因在于经济内生增长动能仍处于恢复阶段,例如国内的消费需求虽然有所反弹,但尚未恢复到疫情前水平;又例如城镇调查失业率虽在10月下降到5.3%,但仍然处于2019年的高点处。从经济增长的第二条主线看,改革、开放虽然会为中国经济的长期稳定增长带来诸多红利,但这是一个渐进的过程,宏观调控政策应该为经济新、旧动能的转换时期提供适度宽松的环境。金融形势的持续收紧有利于防控金融风险,但收紧速度过快易对经济的持续复苏带来阻滞。当前宏观调控的重心之一是为制造业和中小企业提供稳定的融资环境和较低的融资成本,一是通过改革和创新(如创设直达实体经济的货币政策工具等)而非"放水"的方式降低实体的融资成本;二是随着资本市场的发展,中小企业在股市、债市等资本市场融资的途径越来越多,为此,维护宏观金融环境的稳定亦是重要环节。

其三,为培育经济的内生增长动能和改革开放提供稳定的经济环境和货币金融环境。2020年7月的中央政治局会议提出"完善宏观调控跨周期设计和调节",与此前的"逆周期"相比,"跨周期"除了短期问题,将更多地关注影响经济长期增长的相关因素。为此,从总量视角出发，关注经济、金融在实际运行过程中偏离长期趋势的幅度，可以作为"跨周期调节"的一个潜在参考指标。以经济运行为例，如果以短期的经济增长目标作为衡量经济运行的参考依据，可以发现自2015年以来的中国经济增速相对平稳；然而，如果以偏离长期趋势的思路对经济运行进行测度，2008年国际金融危机之后（特别是2015年以来）的经济波动显著放大（见图4-3）。以偏离长期趋势计量的高频金融形势指数（见图4-5），其波动也是在2008年以后呈现逐步放大的趋势。在"跨周期设计和调节"的框架下，宏观经济政策应关注经济和金融在实际运行中偏离长期趋势的幅度，并通过多种机制将经济、金融运行的波动幅度控制在一个可接受的范围内，以此为培育经济的内生增长动能和改革开放提供稳定的经济环境和货币金融环境。从调控的具体思路看，基于高频率的经济先行指数和金融形势指数，可以为经济和金融运行设定一个"监测走廊"（如图4-4和图4-5中由正1值和负1值构建的监测区间）：当经济、金融运行处于监测走廊之内时，尽量减少相关的行政干预，使其充分发挥市场的力量进行自发调节；但当其超出监测走廊的上限（正1值）或下限（负1值）时，行政干预应及时介入。

（执笔人：费兆奇）

第五章

新发展格局下的信贷资金配置

2020年以来，党中央结合经济社会发展最新形势，提出要加快构建以国内大循环为主体、国内国际双循环相互促进的新发展格局，并正式写入《中华人民共和国国民经济和社会发展第十四个五年规划和2035年远景目标纲要》。构建新发展格局成为未来一段时期统筹中国经济社会发展的一条主线。金融发展的根本任务是服务实体经济。中国的金融体系以间接金融为主导，信贷资金是中国社会融资规模的主要来源，提高信贷资金配置效率对于新发展格局的构建具有重要意义。

一 中国信贷资金的时空配置

改革开放以来，信贷资金始终在中国外部资金来源中占据主导地位，其配置方式经历了从以计划为主导向以市场为主导的转变。本节将基于宏观层面的数据来反映中国信贷资金配置的全貌。总体上看，中国贷款余额在GDP中的比重不断上升，说明中国金融深化趋势仍在持续；信贷资金配置在空间和行业上表现出一定的不平衡性，这种不平衡性主要是由于经济发展的空间和行业不平衡所导致的。

（一）时间变动趋势

中国金融机构人民币各项贷款余额变动情况如图5-1所示。可以看到，中国金融机构人民币贷款余额从1978年的0.19万亿元增加到2019年的153.11万亿元，年均复合增长率达到18%，远高于同期GDP年均复合增速。2008年国际金融危机以后，金融机构人民币贷款增速有所放缓，但仍维持在较高水平，2019年贷款增速仍达到12.3%。改革开放以来，中国人民币贷款余额在GDP中占比总体上呈上升趋势，从1978年的51.4%上升到2019年154.5%，说明随着经济发展中国金融深化程度不断加深。

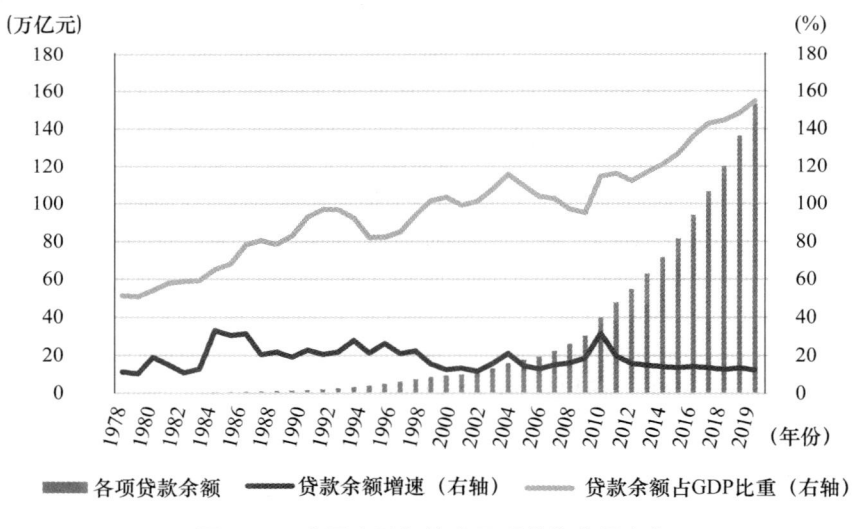

图5-1 中国金融机构人民币贷款余额变化

资料来源：Wind资讯。

图5-2反映了中国新增人民币贷款在社会融资规模中的占比情况。可以看到，信贷资金在中国社会融资规模中一直占据主导地位。2002年以来，新增人民币贷款在社会融资规模中占比均超过50%。从趋势

第五章　新发展格局下的信贷资金配置

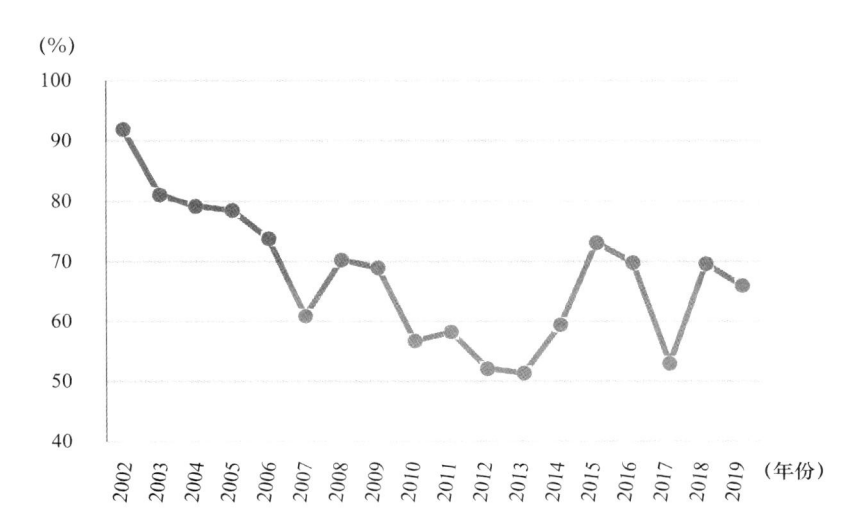

图 5-2　新增人民币贷款在社会融资规模中的比重

资料来源：Wind 资讯。

上看，2013 年之前，新增人民币贷款在社会融资规模中占比总体上呈下降趋势，从 2002 年的 91.9% 逐步下降到 2013 年的 51.4%，反映出这一时期中国金融体系经历了一轮快速的金融脱媒。在此之后，新增人民币贷款在社会融资规模中占比稳中有升，2019 年达到 66.0%。

(二) 区域配置

中国不同区域经济发展差异明显，不同区域信贷资金配置也呈现出不同特征。图 5-3 反映了 2019 年中国不同区域贷款余额情况。从 2019 年情况看，贷款总量的区域分布总体上与经济总量的区域分布基本一致：经济较为发达的省份人民币贷款余额也比较高，包括广东、江苏、浙江、山东、上海等；西藏、青海、宁夏等经济欠发达地区人民币贷款余额则比较低。其中，广东省 2019 年人民币贷款余额为 16.24 万亿元，而西藏仅为 0.47 万亿元。从贷款增速来看，经济较发达省份人民币贷款增速也比较高，如广东、江苏、浙江等省份均超过了 15%；而经济

中国金融报告 2020

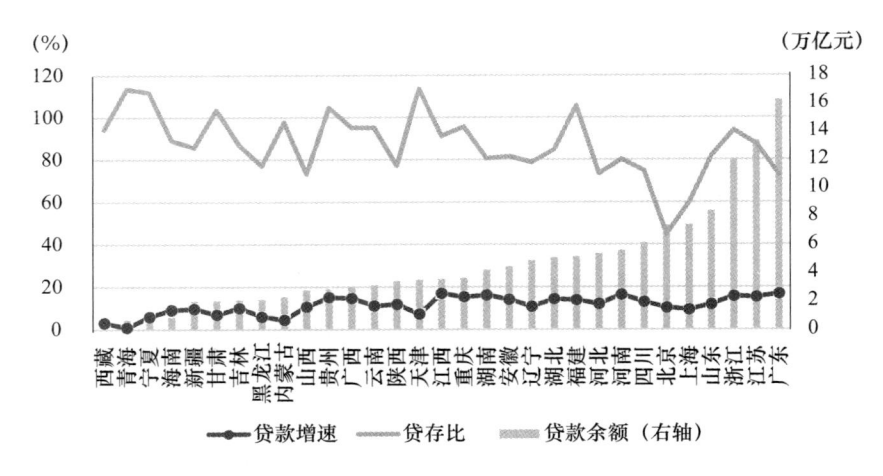

图 5-3 中国不同省份贷款分布情况（2019 年）

资料来源：Wind 资讯。

欠发达地区人民币贷款增速仍比较低，青海、西藏人民币贷款增速分别仅为 0.9% 和 3.1%。这一结果表明，除少数省份以外，经济相对落后的地区在信贷增长方面并未体现出明显的后发优势，其信贷增速仍然落后于发达地区。

贷款和存款的比重（以下简称贷存比）大致反映了不同地区的存款资金中有多少用于本地贷款投放，一定程度上反映了不同地区在信贷资金配置上的均衡性。结合数据可得性，表 5-1 对 2004 年和 2019 年不同省份贷存比变动情况进行了比较。

表 5-1 不同省份贷存比变动 单位：%

省份	2004 年	2019 年	变动	省份	2004 年	2019 年	变动
北京	58.3	44.8	-13.5	青海	103.0	113.6	10.6
上海	70.9	59.9	-11.1	内蒙古	86.9	97.6	10.7
吉林	93.3	86.9	-6.4	新疆	74.8	85.7	10.9
河南	82.2	80.1	-2.1	江苏	74.0	87.2	13.2

续表

省份	2004年	2019年	变动	省份	2004年	2019年	变动
四川	76.5	74.7	-1.8	重庆	80.4	95.5	15.1
山东	81.2	81.5	0.3	江西	75.9	91.1	15.2
黑龙江	76.0	77.1	1.1	海南	72.1	89.1	17.0
辽宁	76.0	78.6	2.6	贵州	87.0	104.7	17.7
湖南	77.4	80.6	3.2	云南	77.2	95.1	17.9
安徽	77.3	81.4	4.1	广西	75.1	95.2	20.1
山西	69.1	73.3	4.2	宁夏	90.6	112.0	21.4
陕西	71.2	77.1	6.0	甘肃	76.8	103.6	26.8
河北	66.5	73.3	6.8	福建	72.9	105.4	32.5
湖北	76.5	84.8	8.3	天津	80.8	113.6	32.8
广东	63.7	72.8	9.1	西藏	46.4	94.4	48.0
浙江	83.3	93.8	10.5				

资料来源：Wind资讯。

可以看到，与2004年相比，北京、上海、吉林、河南、四川5个省份的贷存比出现了下降，其中北京下降幅度最大，达到13.5个百分点。同时，北京市2019年贷存比仅为44.8%，意味着有超过一半的存款资金投入到本地贷款以外的其他领域。贷存比的下降意味着本地存款资金中被用于本地贷款投放的比例在下降，即对本地的信贷支持力度有所减少。因此，上述结果说明，北京、上海等金融业较为发达的地区贷款增速滞后于存款增速，存款资金除用于本地贷款投放以外，用于其他用途的资金占比不断上升。与之相比，其他省份均出现了上升，其中西藏上升的幅度最大，达到48.0个百分点；甘肃、宁夏、贵州等经济相对落后省份贷存比上升幅度也都比较大。贷存比的上升意味着本地存款资金中有更多的份额被用于本地贷款投放，即对本地的信贷支持力度加大。上述结果意味着，那些经济欠发达的省份将更多的存款资金用于本地，本地资金的外流情况有所缓解。

(三) 行业配置

结合数据可得性，图 5-4 对 2010 年和 2019 年中国不同行业贷款余额情况进行了对比。可以看到，近年来中国信贷资金的行业配置出现了明显变化，体现在以下两方面。

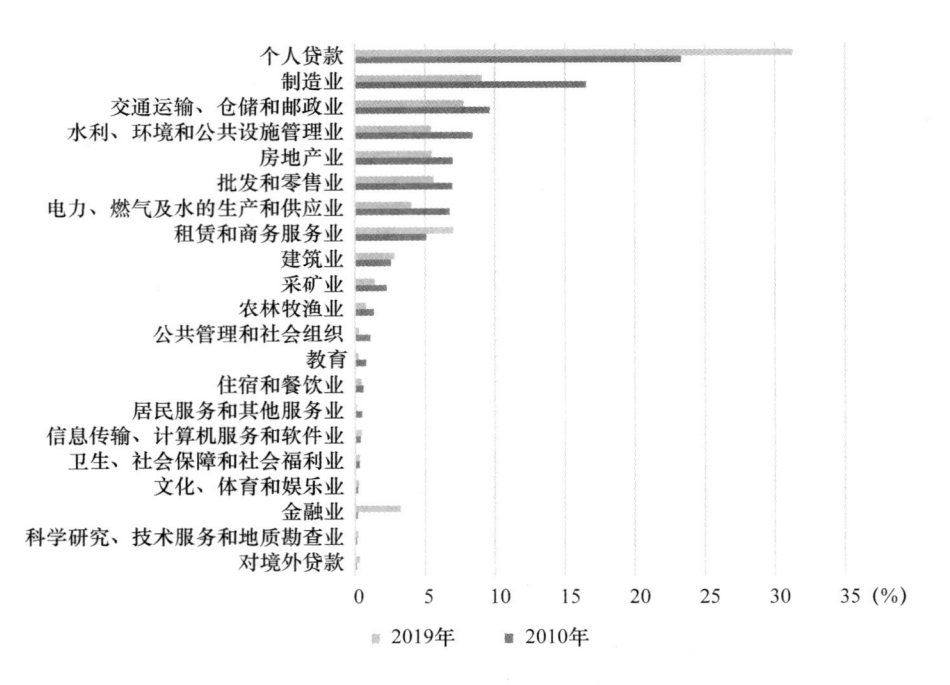

图 5-4 不同行业贷款余额在贷款总额中占比情况

资料来源：Wind 资讯。

一方面，个人和部分服务业贷款余额在贷款总额中占比明显上升，包括个人、租赁和商务服务业、金融业等。个人贷款在贷款总额中占比从 2010 年的 23.31% 上升到 2019 年的 31.29%，增加了 7.98 个百分点，在所有行业中增幅最大。之所以出现这种情况，可能的原因包括：一是中国房地产市场的发展使得居民按揭贷款迅速上升；二是随着中国经济结构的转型升级，居民消费对经济增长的贡献不断上升，消费贷款余额也在快速增长。租赁和商务服务业贷款余额在贷款总额中占比从2010年的5.10%上升到2019年的7.06%，增加了1.96个百分点。金融业贷款余额在贷款总额中占比从2010年的0.19%上升到2019年的3.26%，增加了3.07个百分点，反映了金融同业之间拆借活动的增加。

另一方面，多数传统行业贷款余额在贷款总额中占比明显下降，包括制造业，水利、环境和公共设施管理业，电力、燃气及水的生产和供应业，房地产业，批发和零售业等。其中，制造业贷款余额在贷款总额中占比从2010年的16.51%下降到2019年的9.08%，下降了7.43个百分点，在所有行业中下降幅度最大；水利、环境和公共设施管理业贷款余额在贷款总额中占比从2010年的8.43%下降到2019年的5.44%，下降了2.99个百分点；电力、燃气及水的生产和供应业贷款余额在贷款总额中占比从2010年的6.76%下降到2019年的4.03%，下降了2.74个百分点；房地产业贷款余额在贷款总额中占比从2010年的7.00%下降到2019年的5.47%，下降了1.53个百分点；批发和零售业贷款余额在贷款总额中占比从2010年的6.95%下降到2019年的5.63%，下降了1.32个百分点。

信贷资金配置的行业变化反映了中国经济结构的调整和转型升级：随着中国经济结构从以制造业、房地产业等第二产业为主导转向以服务业等第三产业为主导，信贷资金配置也从上述行业向服务业等第三产业转移。

二 信贷资金配置效率的影响因素

信贷资金配置效率关系到整个经济体系的健康运行。关于信贷资金配置效率，可以从微观和宏观两个维度来理解。从微观层面看，衡量资源配置是否有效的一个主要标准就是资源是否流向那些经营效率较高的主体。对于信贷资金而言,如果那些经营效率较高的借款人能够获得更多的贷款,同时获得更优惠的贷款条件,则认为信贷资金配置效率较高。根据这一界定,信贷资金配置效率高包含两方面含义:一是经营效率高的主体能够获得更多的信贷资金;二是经营效率高的主体能够以更优惠的条件获得信贷资金。从宏观层面看,情况略有不同。考察信贷资金配置在宏观层面是否有效除了需要考虑微观层面的效率因素以外,还需要把公平因素考虑进来,即信贷资金配置除了要满足经营效率较高借款人的资金需求以外,还应当有助于社会公平目标的实现。这是因为,中国是社会主义国家,实现全体人民共同富裕是社会主义的本质特征。本节将分别从资金供给、资金需求、外部环境等不同维度讨论哪些因素会对信贷资金配置效率产生影响。

(一) 资金供给方面

一是银行公司治理。从金融机构角度来看,不同的公司治理结构会影响到货币政策传导效果进而影响到信贷资金的供应,金融机构良好的内部治理有助于货币政策的传导。曹廷求和朱博文发现,银行治理特征会对货币政策的信贷传导渠道产生影响[1]。其中,股东与股东大会、高管层以及监事会三方面的治理水平差异是导致不同银行贷款行为对货币政策反应不同的主要原因。

二是银行资产负债特征。除公司治理因素以外,银行自身的资产负债特征也会对货币政策传导的信贷渠道产生影响。例如,Kishan 和 Opiela 研究发现,银行资产规模越大、流动性比例越高、资本越充足,其对紧缩性货币政策的反应越不敏感[2]。徐明东和陈学彬的研究表明,

---

[1] 曹廷求、朱博文:《银行治理影响货币政策传导的银行贷款渠道吗?》,《金融研究》2013年第1期。

[2] Kishan R., and T. Opiela, 2000, "Bank Size, Bank Capital, and the Bank Lending Channel", *Journal of Money, Credit and Banking*, 32: 121–141.

流动性充裕的大型银行信贷行为更易受到资本充足因素驱动，而中小型银行的信贷行为更易受到流动性因素驱动①。另外，资产规模对货币政策传导的信贷渠道也产生重要影响，利率变动对大银行的信贷规模影响更大，而存款准备金率变动对流动性较低银行和中小银行影响更大。

三是银行业竞争。关于行业竞争如何影响信贷资金配置有两类观点，刘莉亚等把行业竞争比作一把双刃剑②。一方面，竞争会削弱银行的垄断能力、降低银行边际利润率，进而鼓励银行追逐高风险资产，将信贷资金投放于高风险领域，由此降低信贷资金配置效率③；另一方面，竞争有助于银行打破垄断优势，增加对银行高管的激励，促使其努力工作，由此提高信贷资金投放效率。特别是，通过增加金融机构数量等方式提高银行业竞争程度能够增加金融供给，有助于缓解小微企业融资难④。

四是银行业结构。关于银行业结构与信贷资金配置的关系也有两类观点。一方面，主流观点认为，与大银行相比，中小银行在向中小企业发放贷款方面更有优势。原因在于，从银行的角度来看，较多的层级使得"软信息"在大银行中很难得到有效传递，进而使得大银行更多地依赖

---

① 徐明东、陈学彬：《中国微观银行特征与银行贷款渠道检验》，《管理世界》2011 年第 5 期。

② 刘莉亚等：《竞争之于银行信贷结构调整是双刃剑吗》，《经济研究》2017 年第 5 期。

③ Hellman T., K. Murdock, and J. Stiglitz, 2000, "Liberalization, Moral Hazard in Banking, and Prudential Regulation Are Capital Requirements Enough", *American Economic Review*, 90: 147 – 165; Jimenez G., J. Lopez, and J. Saurina, 2013, "How does Competition Impact Bank Risk-Taking?", *Journal of Financial Stability*, 9: 185 – 195.

④ Petersen M., and R. Rajan, 1995, "The Effect of Credit Market Competition on Lending Relationships", *Quarterly Journal of Economics*, 110: 407 – 443; Paravisini D., 2008, "Local Bank Financial Constraints and Firm Access to External Finance", *Journal of Finance*, 63: 2161 – 2193; Kerr W., and R. Nanda, 2009, "Democratizing Entry: Banking Deregulations, Financing Constraints, and Entrepreneurship", *Journal of Financial Economics*, 94: 124 – 149; 李志赟：《银行结构与中小企业融资》，《经济研究》2002 年第 6 期；谭之博、赵岳：《银行集中度、企业规模与信贷紧缩》，《金融研究》2013 年第 10 期。

"硬信息"进行决策①；与之相比，中小银行层级少，"软信息"能够在中小银行内部进行有效传递②，且中小银行多为地方性金融机构，能够在和中小企业的长期合作中获取较多的"软信息"。所谓的"硬信息"是那些容易被观察或验证的信息，如财务报表信息、抵押资产价值等；而"软信息"是指那些不能被除信息生产者以外的其他任何人直接验证的信息，如企业主的个人品德、员工的工作满意度等。另一方面，很多研究提出了不同观点。一些研究发现，大银行与中小银行相比在服务中小企业融资方面具有特定优势，如资金优势、信息技术优势、网点优势等③。李广子等也发现，对于改善中小企业融资而言，现阶段增加金融供给、提高竞争水平比提高中小银行比重即优化银行业结构要更加重要④。

五是金融科技。近年来金融与科技的融合程度不断加深，越来越多的金融机构将先进的科技手段应用于对信贷业务流程的改造。金融科技对信贷资金配置效率的影响主要体现在以下三个方面：首先，金融机构在信贷资金发放过程中，可以利用先进的技术手段筛选出风险相对较低、具有较好发展前景的优质借款人，从而能够更好地发挥信贷资金的作用；其次，金融机构通过技术手段对业务流程进行改造和优化，降低运行成本，从而能够以更低的价格提供信贷资金，降低了需求方的资金

---

① Stein J., 2002, "Information Production and Capital Allocation: Decentralized versus Hierarchical Firms", *Journal of Finance*, 57: 1891 – 1921; Berger A., and G. Udell, 2002, "Small Business Credit Availability and Relationship Lending: The Importance of Bank Organizational Structure", *Economic Journal*, 112: 32 – 53.

② Berger A., and G. Udell, 2002, "Small Business Credit Availability and Relationship Lending: The Importance of Bank Organizational Structure", *Economic Journal*, 112: 32 – 53; Berger A., and G. Udell, 2006, "A More Complete Conceptual Framework for SME Finance", *Journal of Banking and Finance*, 30: 2945 – 2966.

③ Frame W., A. Srinivasan, and L. Woosley, 2001, "The Effect of Credit Scoring on Small-Business Lending", *Journal of Money, Credit and Banking*, 33: 813 – 825; Uchida H., G. Udell, and N. Yamori, 2012, "Loan Officers and Relationship Lending to SMEs", *Journal of Financial Intermediation*, 21: 97 – 122.

④ 李广子、熊德华、刘力：《中小银行发展如何影响中小企业融资？》，《金融研究》2016年第12期。

成本；最后，科技手段的应用能够提高信贷决策的自动化程度，减少人为因素对信贷决策流程的干扰，降低信贷发放过程中的道德风险以及潜在的腐败行为。

（二）资金需求方面

借款人的风险大小是决定其能否获得以及以什么样的条件获得信贷资金的最重要因素。除借款人本身的经营活动所产生的风险以外，还存在其他一些因素对其风险产生影响，由此影响到信贷资金配置效率。

一是所有权性质。二元结构是中国经济体制的一个重要特征，所有权性质对企业的信贷融资行为产生了重要影响。关于所有权性质对企业信贷融资行为的影响，主流观点认为，在受国家控制的银行体系中，国有企业往往更易得到银行信贷资金，民营企业面临严重的所有制歧视[1]。反对的观点主要有以下两类。一类观点认为，银行针对所有制的歧视决策是特定制度环境下的次优选择，如国有企业往往承担着政策性负担，银行预期国家将为国有企业提供担保而具有更低的风险，因而愿意为其提供贷款，或者因为政府直接或间接干预而被动为其提供融资[2]。另一类观点认为，民营企业与国有企业在信贷融资上的差异主要源于其自身禀赋差异。白俊和连立帅运用 Blinder-Oaxaca 分解方法，发现国有企业与民营企业在信贷资金配置上的差异主要源于禀赋差异而非

---

[1] La Porta R., F. Lopez, and A. Shleifer, 2002, "Government Ownership of Banks", *Journal of Finance*, 57: 265 – 301; Allen F., J. Qian, and M. Qian, 2005, "Law, Finance and Economic Growth in China", *Journal of Financial Economics*, 77: 157 – 116; 孙铮、刘凤委、李增泉：《市场化程度、政府干预与企业债务期限结构》，《经济研究》2005 年第 5 期；江伟、李斌：《制度环境、国有产权与银行差别贷款》，《金融研究》2006 年第 6 期；方军雄：《所有制、制度环境与信贷资金配置》，《经济研究》2007 年第 12 期；李广子、刘力：《债务融资成本与民营信贷歧视》，《金融研究》2009 年第 12 期。

[2] 倪铮、张春：《银行监督、企业社会性成本与贷款融资体系》，《数量经济技术经济研究》2007 年第 11 期；孙铮、刘凤委、李增泉：《市场化程度、政府干预与企业债务期限结构》，《经济研究》2005 年第 5 期。

所有制歧视①；苟琴等的研究发现，超过一半的潜在借款人受到了信贷配给，而最主要的形式是自我信贷配给②。国有企业和非国有企业之间并不存在显著的信贷配给差异，信贷资金配给更多地与企业自身禀赋和宏观金融环境有关。

二是政治关联。政治关联是指企业与政府部门或拥有政治权力的个人之间形成的非正式、特殊的政企关系，主要体现在企业高管（如董事长、高管层）等拥有在政府部门、军队等任职经历。在包括中国在内的新兴市场国家，政治关联对企业包括融资在内的各种行为产生重要影响。在信贷融资方面，大量研究证实，拥有政治关联的企业能够获得更多的贷款融资便利③。由于具有政治关联的企业并不必然具有较高的经营效率，因此，当信贷资金配置主要基于政治关联而非借款人效率因素时就会降低信贷资金配置效率④。

三是社会破产成本。员工是企业最主要的人力资本。但从社会的角度来看，一旦企业破产，员工数量越多，企业面临的社会破产成本就越大。陈德球等以企业雇员人数来衡量其承担的社会破产成本⑤。

---

① 白俊、连立帅：《信贷资金配置差异：所有制歧视抑或禀赋差异？》，《管理世界》2012年第6期。

② 苟琴、黄益平、刘晓光：《银行信贷配置真的存在所有制歧视吗？》，《管理世界》2014年第1期。

③ Khwaja K., and A. Mian, 2005, "Do Lenders Favor Politically Connected Firms? Rent Provision in an Emerging Financial Market", *Quarterly Journal of Economics*, 120: 1371 – 1411; Claessens S., E. Feijen, and L. Laeven, 2008, "Political Connections and Preferential Access to Finance: The Role of Campaign Contributions", *Journal of Financial Economics*, 88: 554 – 580; Li H., L. Meng, Q. Wang, and L. Zhou, 2008, "Political Connections, Financing and Firm Performance: Evidence from Chinese Private Firms", *Journal of Development Economics*, 87: 283 – 299; 余明桂、潘红波：《政治关系、制度环境与民营企业银行贷款》，《管理世界》2008年第8期；张敏等：《政治关联与信贷资源配置效率——来自我国民营上市公司的经验证据》，《管理世界》2010年第11期。

④ 张敏等：《政治关联与信贷资源配置效率——来自我国民营上市公司的经验证据》，《管理世界》2010年第11期。

⑤ 陈德球、刘经纬、董志勇：《社会破产成本、企业债务违约与信贷资金配置效率》，《金融研究》2013年第1期。

他们发现，企业所承担的社会破产成本会降低银行的筛选标准，致使低质量的企业能够获得贷款，提高了企业债务违约概率，由此降低了信贷资金配置效率。

四是企业组织架构。组织架构会对企业的运营产生影响，进而影响到金融机构对企业的判断以及信贷资金的使用效果。潘红波和余明桂分析了集团化对企业信贷融资行为的影响[①]。他们发现，集团化总体上降低了银行风险，可以帮助公司获得更多的贷款和更长的贷款期限。不过，集团化也会导致公司的过度投资行为，从而降低信贷资金配置效率。

（三）外部环境方面

一是宏观经济政策。在很多情况下，信贷资金是宏观经济政策作用于微观主体的一个主要载体。因此，宏观经济政策将会对信贷资金配置效率产生影响。在货币政策方面，货币政策紧缩会导致企业信贷融资减少[②]，且小企业因为融资渠道受限更易受到货币政策紧缩的冲击[③]。饶品贵和姜国华进一步发现，货币政策紧缩时，相对于国有企业，非国有企业在银行信贷方面受到的冲击更大[④]。在产业政策方面，李广子和刘力的研究表明，当企业处于国家产业政策支持的行业时，企业所拥有的"关系"对银行贷款合约制定的积极作用会更大，全要

[①] 潘红波、余明桂：《集团化、银行贷款与资金配置效率》，《金融研究》2010年第10期。

[②] 李志军、王善平：《货币政策、信息披露质量与公司债务融资》，《会计研究》2011年第10期；饶品贵、姜国华：《货币政策对银行信贷与商业信用互动关系影响研究》，《经济研究》2013年第1期。

[③] Kashyap A., J. Steinand, and D. Wilcox, 1993, "Monetary Policy and Credit Conditions: Evidence from the Composition of External Finance", *American Economic Review*, 83: 78 – 98; Nilsen J., 2002, "Trade Credit and the Bank Lending Channel", *Journal of Money, Credit, and Banking*, 34: 226 – 253.

[④] 饶品贵、姜国华：《货币政策对银行信贷与商业信用互动关系影响研究》，《经济研究》2013年第1期。

素生产率对银行贷款合约制定的积极作用会更小,说明产业政策降低了信贷资金配置效率①。在其他政策方面,尹志超等分析了国家扶贫政策对信贷投放的影响。研究发现,精准扶贫政策使贫困户获得农业正规信贷的概率提高了1.93%,正规信贷规模提高了20.43%②。

二是政府的作用。中国仍处于由计划经济向市场经济转型过程中,政府在信贷资金配置中发挥着重要作用。柳春等发现,地方政府提供贷款帮助能够显著提高私营企业获得贷款的可得性和贷款规模,且在一定程度上提高了信贷资金配置效率③。刘冲等分析了地方银监局局长的任期对银行放贷行为的影响④。他们发现,地方银监局局长的监管行为会促使城商行提高资本充足率并抑制其信贷投放。纪志宏等将研究视角进一步拓展到地方官员⑤。他们发现,银行信贷规模与地方官员年龄呈倒"U"形关系,信贷规模峰值出现在地方官员54岁左右,此时地方官员存在较强的晋升激励。

三是法律制度环境。金融契约的界定和实施很大程度上依赖于法律制度的保护,由此对信贷资金配置效率产生影响。已有跨国研究表明,债权人保护较好的国家信贷规模更大⑥、贷款利差更低⑦、贷款期限更长⑧、

---

① 李广子、刘力:《产业政策与信贷资金配置效率》,《金融研究》2020年第5期。
② 尹志超、郭沛瑶、张琳琬:《"为有源头活水来":精准扶贫对农户信贷的影响》,《管理世界》2020年第2期。
③ 柳春、张一、姚炜:《金融发展、地方政府帮助和私营企业银行贷款》,《经济学季刊》2020年第1期。
④ 刘冲等:《政治激励、资本监管与地方银行信贷投放》,《管理世界》2017年第10期。
⑤ 纪志宏等:《地方官员晋升激励与银行信贷》,《金融研究》2014年第1期。
⑥ La Porta R., F. Lopez, A. Shleifer, and R. Vishny, 1997, "Legal Determinants of External Finance", *Journal of Finance*, 52: 1131–1150.
⑦ Laeven L., and G. Majnoni, 2005, "Does Judicial Efficiency Lower the Cost of Credit?", *Journal of Banking & Finance*, 29: 1791–1812.
⑧ Qian J., and P. Strahan, 2007, "How Laws and Institutions Shape Financial Contracts: The Case of Bank Loans", *Journal of Finance*, 62: 2803–2834.

发生金融危机的概率更低[1]。此外,除法律制度以外,对法律制度的执行也很重要。Bae 和 Goyal 研究发现,对于法律执行较差国家的借款人,银行会通过减少贷款数量、缩短贷款期限及提高贷款利率的方式来保护自身权利[2]。国内研究得到了类似结果。例如,魏锋和沈坤荣[3]、张健华和王鹏[4]等均发现,在债权人保护越好的地区,企业获得的信用贷款越多,信贷规模更大。

四是非正式制度。除正式的法律制度以外,非正式制度也会对信贷资金配置效率产生影响。例如,Guiso 等基于意大利的研究发现,在社会资本较高的地区,家庭会拥有较多的信贷[5];Giannetti 和 Yafeh 的跨国研究表明,借贷双方的文化差异越大,贷款金额越小、贷款价格越高、借款人需要提供的担保措施越强[6]。国内的研究中,戴亦一等发现,社会资本发展较好的地区企业更容易获得长期负债,而且可以使用较少的抵押物[7]。类似地,钱先航和曹春方的研究表明,信用环境越好,城商行越会发放信用贷款[8]。

五是经济周期。从中长期来看,经济发展决定金融业发展,经济周期波动决定信贷资金配置的周期波动。不过从短期来看,信贷资金配置可能会体现出一定的逆周期特征。即在宏观经济调控政策的作用下,通

---

[1] Johnson S., P. Boone, A. Breach, and E. Friedman, 2000, "Corporate Governance in the Asian Financial Crisis", *Journal of Financial Economics*, 58: 141 – 186.
[2] Bae K., and V. Goyal, 2009, "Creditor Rights, Enforcement, and Bank Loans", *Journal of Finance*, 64: 823 – 860.
[3] 魏锋、沈坤荣:《所有制、债权人保护与企业信用贷款》,《金融研究》2009 年第 9 期。
[4] 张健华、王鹏:《银行风险、贷款规模与法律保护水平》,《经济研究》2012 年第 5 期。
[5] Guiso L., P. Sapienza, and L. Zingales, 2004, "The Role of Social Capital in Financial Development", *American Economic Review*, 94: 526 – 556.
[6] Giannetti M., and Y. Yafeh, 2012, "Do Cultural Differences Between Contracting Parties Matter? Evidence from Syndicated Bank Loans", *Management Science*, 58: 365 – 383.
[7] 戴亦一等:《社会资本与企业债务融资》,《中国工业经济》2009 年第 8 期。
[8] 钱先航、曹春方:《信用环境影响银行贷款组合吗》,《金融研究》2013 年第 4 期。

过信贷资金配置的逆周期调整对冲宏观经济波动风险，熨平经济周期。例如，潘敏和张依茹研究发现，中国商业银行的信贷总量增速和中长期贷款占比变化呈现出显著的逆周期特征[①]。

三 信贷资金配置中存在的问题

结合上文的分析，本节分别从供给、需求和外部环境等方面对现阶段中国信贷资金配置中存在的主要问题总结如下。

第一，银行公司治理不健全。一是党委参与公司治理存在制度缺失。坚持党的领导是中国特色银行公司治理的一个重要特征。目前中国还没有对党委参与银行公司治理出台相关的规章制度，弱化了党的领导在银行公司治理中的作用。主要表现在：银行在党委参与公司治理方面的做法差异较大，缺乏统一标准；非国有银行中党的领导与现有公司治理架构存在一定冲突，党的领导在非国有银行公司治理中的作用不够突出。二是股东行为不够规范。部分股东存在虚假出资、以债务资金出资、非公允关联交易等问题，损害了银行利益。三是银行组织架构呈现复杂化趋势。近年来，金融业混业经营的浪潮势不可当，出现了金融控股平台、银行控股公司、地方金控平台和产业金融控股平台等不同类型的金融控股公司。除传统的银行业务以外，主要银行纷纷通过控股或参股的方式投资其他金融业务。混业经营程度的加深使得商业银行的组织架构日益复杂。从对信贷资金配置的影响来看，组织架构的复杂化一方面可能导致不同业务的风险在金融集团内部出现交叉传染，进而增大了信贷风险向金融体系的传染；另一方面也加大了银行业金融机构资金在金融体系内部空转的风险，由此降低了对实体经济的支持力度并推高了

---

① 潘敏、张依茹：《股权结构会影响商业银行信贷行为的周期性特征吗》，《金融研究》2013年第4期。

实体经济部门的融资成本。

第二，银行资产负债结构的异化。近年来，在逐利动机的驱使下，各类金融创新层出不穷。以影子银行业务的兴起为代表，银行业金融机构的资产负债结构出现了异化。大量资产在包括银行体系内部自我循环，形成资金空转。其结果导致银行业表内外资产规模快速扩张，但对实体经济部门的支持力度并未明显提升。国家统计局数据显示，2019年中国金融业增加值为77077亿元，较2018年增长7.2%，占GDP比重为7.8%，较2018年增加0.3个百分点。这一比例已经超过了美国、英国等发达国家，在全球范围内处于较高水平。商业银行的资金空转可以借助于银行理财、银行票据、同业业务等方式进行。尽管经过过去几年的严监管和去杠杆政策，银行业的资金空转现象已经得到明显遏制，但在实际中这一情况仍然在一定程度上存在。资金空转对信贷资金配置至少产生两方面不利影响：一是在资金数量上，资金空转压缩了对实体经济部门的信贷投放，导致实体经济部门的资金需求无法得到充分满足；二是在资金价格上，资金空转通过多层嵌套、多次循环推高了资金价格，增大了实体经济部门的融资成本。

第三，以国有大银行为主导的银行业结构。中国的银行业法人机构数量众多，尽管近些年来市场份额有所下降，但国有大型银行仍处于主导地位。截至2020年年底，中国银行业金融机构总资产为312.67万亿元，总负债为286.25万亿元。其中，大型商业银行总资产为122.60万亿元，总负债为112.15万亿元，分别在银行业金融机构中占比为39.21%和39.18%。与之相比，尽管民营资本对银行业金融机构的投入不断增加，但民营资本控股的银行业金融机构还比较少。另外，中小银行在经济社会发展中的作用还比较有限。特别是，随着行业竞争的加剧，现阶段中小银行普遍面临较大的经营困境，服务中小企业的能力受到制约。银行业结构的这种特点对信贷资金配置产生了多方面不利影响：一是针对民营企业存在普遍的信贷歧视。国有银行体系与民营企业之间存在先天的不匹配，民营企业在国有银行主导的金融体系中往往很难获得有效的资金支持，或者获得资金的成本更高。二是针对小微企业等弱势群体的信贷资金支持力度不够。如前所述，大银行往往偏好于大企业，对中小微企业的支持力度不够。

第四，信贷资金配置在空间和行业上存在不平衡。中国幅员辽阔，人口众多，不同区域、不同群体、不同行业发展非常不平衡，不同区域、不同群体、不同行业在信贷资金配置方面同样面临较大的不平衡。一是区域配置不平衡。如前所述，经济较为发达的省份人民币贷款余额比较高，而经济欠发达地区人民币贷款余额则比较低。迫切需要通过优化信贷配置以促进落后地区经济社会发展，提高宏观信贷资金配置效率。二是行业配置不平衡。如前所述，尽管情况有所好转，但目前的信贷资金配置仍较多地集中于传统产业，对新兴产业的支持力度还不够，无法为中国经济结构的调整和转型升级提供有效的金融支持。三是对小微、"三农"等弱势群体的支持力度不够。从小微企业来看，小微企业融资难、融资贵等问题仍然普遍存在。数据显示，中小微企业贡献了50%以上的税收、60%以上的GDP、70%以上的技术创新、80%以上的城镇劳动就业和90%以上的企业数量。与之相比，中小微企业从金融体系中获得的资金支持与其地位并不匹配。此外，"三农"也是信贷资金支持较为薄弱的一个领域。在2020年12月召开的中央农村工作会议上，习近平总书记强调，要坚持把解决好"三农"问题作为全党工作重中之重，举全党全社会之力推动乡村振兴，加快农业农村现代化。从目前情况来看，信贷资金对"三农"领域的支持亟待加强。

第五，对新型金融需求缺乏针对性的产品创新。2015年10月，党的十八届五中全会明确提出了创新、协调、绿色、开放、共享的新发展理念，2020年10月党的十九届五中全会把构建新发展格局作为中国"十四五"时期和未来更长时期的重大战略部署。新发展阶段的金融需求具有新特点。其中，创新发展的资金需求具有高风险特点，创新所产生的收益具有较高不确定性；共享发展所服务的对象主要是传统金融体系中没有涵盖的长尾客户，其资金需求风险也比较高；绿色发展资金需求数量大、期限较长，投资回报相对较低，且一般具有较大的外部性；对外开放资金需求主要涉及中国企业"走出去"、"一带一路"建设、产业链供应链的完善与升级等方面的资金需求，资金需求量相对较大且风险相对较高；消费资金需求具有小额、分散、高频的特点，风险也比较高。从实际中看，商业银行目前针对新发展格局产生的金融需求还缺乏有针对性的产品和业务模式创新，现有的产品和业务模式无法适应新形势下金融需求的特点，无法有效满足新发展格局所产生的资金需求。例如，作为一种债务性资金，信贷资金通常偏好风险较低的项目，与创新活动的高风险特征不完全匹配[①]；在绿色金融产品创新方面也比较滞后；等等。

第六，政府与银行的关系需要进一步理清。目前，政府对商业银行行为仍然有着广泛的影响，由此可能导致信贷资金配置的扭曲。主要体现在：一是部分银行的激励约束机制缺乏效率。目前地方政府对其所属银行的高管实施限薪，且采取不同于其他市场化选聘高管的考核机制。限薪约束降低了职级相对较低的市场选聘高管向上晋升的动机，同时导致推荐选聘高管的薪酬无法与其经营业绩相匹配，降低了激励约束机制的效率。二是省联社对农村中小银行的干预较为突出。由于历史原因，目前各省农村信用联合社（以下简称省联社）对农村中小金融机构行使行政管理职能，包括人事任免、薪酬管理、绩效考核等。事实上，省联社是由农村中小金融机构出资成立的，农村中小金融机构对省联社并不具有法律意义的隶属关系。三是部分经济政策造成的扭曲。例如，部分地方政府为促进地方经济发展出台各种产业政策，通过行政手段主导

---

① 徐飞：《银行信贷与企业创新困境》，《中国工业经济》2019年第1期。

商业银行信贷资金投放，导致信贷资金配置背离了市场经济规律，造成了信贷资金配置的扭曲，有的甚至形成严重的风险隐患。

四 优化信贷资金配置构建新发展格局的路径

第一，完善银行公司治理。一是促进党的领导与银行公司治理的有机融合。出台政策指引明确党的领导在公司治理中的定位，发挥党的领导在把方向、管大局、保落实等方面的作用；准确划分党的领导参与公司治理的职责边界，引导建立党委会、董事会、监事会和经营层等"四会一层"有效分工决策的机制。二是规范股东行为。对目前银行股东行为中不规范现象进行清理。对股权质押行为进行规范，防止银行权益受到损害；加强关联贷款管理，确保关联交易的公允性；完善独立董事制度，提高独立董事履职效能，保护中小股东合法权益。三是强化对银行集团和复杂架构的治理。针对银行组织架构不断复杂化且不透明的情况，巴塞尔银行监管委员会（BCBS）2015年版《银行公司治理原则》对银行集团与复杂架构的治理提出了明确要求。其中，母公司董事会对银行集团公司治理负有完全责任，其具体职责包括建立集团公司治理架构并清晰地界定集团内部不同治理主体的职责范围、确立合适的子公司董事会和管理层架构、对集团公司治理架构是否包含有效的政策和程序进行评估等。子公司的董事会需要执行母公司董事会的决策，同时还要对母公司董事会决策在子公司的适用性进行评估和修正。2019年9月，中国人民银行发布《金融控股公司监督管理试行办法》，对金融控股公司的市场准入、股东资质监管、股权结构、关联交易等方面做了明确规定。这些制度为加强银行集团和复杂架构的治理指明了方向。

第二，立足服务实体经济优化资产负债结构。针对当前银行业金融机构资产负债结构异化的情况，应当从服务实体经济的角度加以调整。提高服务实体经济能力是对银行业发展最为本质的要求。2019年2月，习近平总书记在中共中央政治局第十三次集体学习会上强调，要正确把握金融本质，深化金融供给侧结构性改革，增强金融服务实体经济能力。从未来情况看，银行要始终坚持服务实体经济的定位，回归银行业本源，减少不必要的金融创新所产生的金融风险，防止银行资产负债的配置偏离主业，更好地发挥银行作为金融中介的作用。同时，要进一步推进金融去杠杆政策的实施，加强对同业业务、影子银行业务以及其他不当创新业务的清理和管理，巩固前期金融去杠杆政策的成果。

第三，进一步优化银行业结构。一是在充分竞争的基础上优化银行业结构。在提高信贷资金配置效率方面，通过增加金融供给提高竞争水平是优化银行业结构的前提，在竞争不充分的情况下片面强调优化银行业结构并不能改变信贷资金配置的扭曲。从目前情况来看，应当增加在落后地区的金融供给，通过分支机构下沉等方式弥补部分落后地区金融服务空白或不足的情况。特别是，要发挥政策性资金在支持落后地区发展中的作用。二是促进中小银行发展。加快推进农村信用社改革，进一步壮大农村中小银行队伍；鼓励社会资本入股中小银行，不断扩充中小银行资金实力；放松对中小银行在业务准入方面的限制，提升中小银行提供综合化金融服务的能力。三是发挥民营银行在体制机制方面的优势。进一步降低准入门槛，鼓励民营资本入股银行，增加民营资本占控股地位的银行业金融机构数量，发挥民营资本决策机制灵活、服务民营企业的优势。四是更好地发挥国有大银行的作用。鼓励大银行向下延伸，积极发挥大银行在资金实力、营业网点、信贷技术、综合化金融服务能力等方面的优势，更好地支持实体经济发展。

第四，加大对普惠金融领域的资金支持。发展普惠金融不仅是贯彻新发展理念的要求，也是解决中国经济社会发展不平衡的关键。一是遵循"先普后惠"的发展路径。从内涵上，"普惠金融"涉及"普"和"惠"两方面内容。前者是指金融服务的数量，即金融服务的覆盖面要广；后者指的是金融服务的价格，即金融服务的价格要低。普惠金融领域的改革总体上应当遵循"先普后惠"的发展路径。在初期阶段，普惠金融领域改革应当主要着眼于满足普惠金融对象金融服务的可得性；随着普惠金融体系覆盖范围的扩大，普惠金融领域的改革重点应当转向降低金融服务成本。之所以遵循这种路径，原因在于：从金融需求方来看，在很多情况下能否获取金融服务要比以较低的成本获取金融服务要更加重要和迫切；从金融供给方来看，"普"是"惠"的前提。只有当金融服务的范围足够大，金融机构才能够通过大数据等科技手段实现风控并降低风险。二是更好地发挥数字技术的作用。普惠金融主要针对风险相对较高的长尾客户，能否实现商业可持续是普惠金融发展的一个关键点。数字技术可以在普惠金融业务中的客户筛选、信用评估、风险控制、客户管理等方面发挥重要作用，能够帮助金融机构加强信贷风险管理，降低运营成本，是金融机构实现普惠金融业务商业可持续的关键。三是发挥政策性资金在普惠金融领域中的作用。支持政策性资金在重点领域加大投放，包括"两基一支"贷款、中小微企业贷款、"三农"专项贷款、教育助学贷款、再就业贷款等。

第五，结合需求特点创新产品与服务模式。一是在支持创新方面。加强信贷资金与各类天使投资、风险投资（VC）、私募股权投资（PE）等权益性资金的合作，发挥权益性资金在风险识别和吸收、信贷资金在资金规模等方面的优势，形成优势互补；积极开展投贷联动，针对科技创新企业的资金需求，在风险投资机构评估、股权投资的基础上，银行以债权形式为企业提供信贷资金支持，在金融机构内部实现股权投资与信贷投放的协同；金融监管部门和金融机构可以优化业务考核评价办法，提高对与创新活动有关的信贷投放的风险容忍度，为信贷资金支持创新提供更大的试错空间；加大政策性资金在支持原始创新方面的投入力度。二是在支持绿色发展方面。完善绿色金融机构组织体系，可以考虑在国家或地方层面由财政或社会资本出资成立专业化绿色银行；对现有银行组织架构和业务流程进行改造，推广"赤道原则"，扩大绿色金融参与主体；引导更多的政策性信贷资金投向中长期绿色项目，实现与商业性资金的分工合作。三是在支持对外开放方面。加大在"一带一路"沿线国家的信贷资金投放，加强开发性、政策性、商业性金融的合作，借助亚洲基础设施投资银行、丝路基金等多边金融平台，为"一带一路"建设提供融资支持；丰富金融服务方式，利用银团贷款、PPP项目贷款、贸易融资、跨境现金管理等金融产品以及组建银企"走出去"联合体等方式，为重大项目提供优质高效的金融服务；推进银行业双向开放，鼓励外资以多种形式设立或投资银行业金融机构，支持具有良好公司治理结构、内部控制健全有效、业务条线清晰、风险管控能力较强的银行业金融机构开拓海外市场；创新服务于产业链供应链上下游不同环节的信贷产品，为打造完整的产业链供应链提供资金支持。四是在促进消费方面。进一步增大消费信贷资金供给。中国人民银行的数据显示，截至2019年年底，中国金融机构本外币消费性贷款为43.98万亿元，占2019年GDP的比重达到44.39%。由于中长期消费性贷款主要为住房按揭贷款，如果仅考虑短期消费性贷款，2019年年底中国短期消费性贷款为9.93万亿元，占2019年GDP的比重为10.02%。与美国（接近20%）和英国（接近17%）等国家相比，中国消费信贷在GDP中占比偏低，仍有较大的提升空间。引导金融机构资金向消费金融领域倾斜，扩充消费金融公司资金来源，优化消费金融资产证券化相关政策，扩大业务规模；发挥信贷资金在消费金融生态构建中的牵引作用，在资金供给、风险分担、市场营销、信用评级等不同环节建立有效的链接。

第六，构建新型的政银关系。一是完善激励与约束机制。针对部分银行的高管限薪问题，银行应加大与国资部门、地方主管部门的协调，争取地方政府在限薪工作上的理解与支持。在高管限薪硬约束条件下，结合高管所承担的经营风险和本地发展实际，共同商定符合市场化标准的薪酬水平。二是加快推进省联社体制改革。以省联社改革为新一轮农村金融改革的突破口。按照《中华人民共和国公司法》的要求，理顺省联社与农村中小金融机构之间的关系。把省联社改制为向农村中小金融机构提供服务的机构，将省联社对农村中小金融机构的人事任免、薪酬管理、绩效考核等权限下放给银行，使农村中小金融机构成为真正的法人主体。三是提高政府在有关经济刺激政策方面的决策效率。对于各类政策制定要在源头上严格把关，提高决策的科学性；在遵循市场化原则的同时，要加大力度监督政策的执行过程，确保资金使用符合要求，减少寻租行为。从长远来看，要把重点放在加强市场基础设施建设、强化知识产权保护、提高对基础研究的支持力度、不断提升市场的法治环境等方面，以此来不断激发市场活力，真正发挥市场在资源配置中的决定性作用。

（执笔人：李广子）

第六章

房地产与畅通国内大循环

2020年以来，习近平总书记提出并多次强调要"加快形成以国内大循环为主体、国内国际双循环相互促进的新发展格局"。党的十九届五中全会通过的《中共中央关于制定国民经济和社会发展第十四个五年规划和二〇三五年远景目标规划的建议》（以下简称《建议》）将"畅通国内大循环"和"促进国内国际双循环"作为"十四五"时期经济社会发展的重要指导方针，并对新发展格局提出了明确要求。房地产市场是国内大循环中的重要一环，如果房地产市场不能够平稳健康发展，将严重阻碍国内大循环的畅通。

一 房地产健康发展是畅通国内大循环的要件

从国内大循环与国内国际双循环的关系来看，国内循环是基础[1]。要畅通国内大循环，必须打通国民经济运行中的"堵点"。房地产市场如果不能平稳健康发展，将影响到生产、分配、流通、消费各环节。因此，它

---

[1] 刘鹤：《加快构建以国内大循环为主体、国内国际双循环相互促进的新发展格局》，载本书编写组《党的十九届五中全会〈建议〉学习辅导百问》，党建读物出版社、学习出版社2020年版，第48页。

是畅通国内大循环的必要条件之一,《建议》指出:"推动金融、房地产同实体经济均衡发展,实现上下游、产供销有效衔接。"

(一) 房价过高对消费产生挤出效应

房价对消费的影响存在三种机制:财富效应、抵押效应和替代效应[1]。前两种效应对消费的影响是正向的。财富效应通过改变家庭的永久性收入影响消费,包括已兑现财富效应和未兑现财富效应。已兑现财富效应是指家庭通过出售房产获得房产增值收益,它对消费的影响是直接的;未兑现财富效应是指家庭从房产价格上涨中获得的一种预期效应,尽管房产并没有变现,但有房家庭感觉更富有,从而倾向于增加消费。抵押效应又称为流动性约束效应,是指房价上涨后家庭可以获得房屋净值贷款(Home Equity Loan)缓解流动性约束,从而更好地平滑各期消费[2]。国内缺乏个人住房再融资服务,因此正向作用以财富效应为主。

房价对消费的负向作用表现为替代效应,即房价越高消费越低。这主要是通过预防性储蓄实现的,当房价上涨过快时居民为了在未来购房不得不增加当期储蓄,从而抑制居民当期消费。房价上涨压缩消费的机制又被称为"房奴效应"[3]。

当房价较高时,房价进一步上涨的可能性低,其财富效应较小;同时由于房价较高金融机构也更加谨慎,家庭能够获得抵押再融资的规模也越小。相反,居民在面对高房价时需筹集的首付款比例更高,预防性储

---

[1] Campbell J., and J. Cocco, 2007, "How do House Prices Affect Consumption? Evidence from Micro Data", *Journal of Monetary Economics*, 54 (3): 591 – 621.

[2] Iacoviello M., 2005, "House Prices, Borrowing Constraints, and Monetary Policy in the Business Cycle", *American Economic Review*, 95 (3): 739 – 764; Defusco A., 2018, "Homeowner Borrowing and Housing Collateral: New Evidence from Expiring Price Controls", *Journal of Finance*, 73 (2): 523 – 573.

[3] 颜色、朱国钟:《"房奴效应"还是"财富效应"?——房价上涨对国民消费影响的一个理论分析》,《管理世界》2014 年第 3 期。

蓄更多，因此替代效应越强。总体而言，随着房价上升财富效应和抵押效应边际递减，替代效应边际递增。房价对消费的影响存在门槛效应，杨柳采用面板门槛模型证明了这一点[1]。何兴强和杨锐锋的研究表明房价收入比高显著降低了家庭消费的房产财富弹性[2]。余华义等的研究显示核心城市存在显著的负财富效应，边缘城市存在显著财富效应[3]。这些研究从侧面说明了过高房价会对消费产生挤出效应，根据 Numbeo 商业公司的调查统计，全球房价收入比前 20 名城市中国占有 7 席，甚至深圳的房价收入比超过了香港（见图 6-1），过高的房价收入比导致居民债务负担过重，对消费产生挤出效应，从而影响到"全面促进消费"的战略。

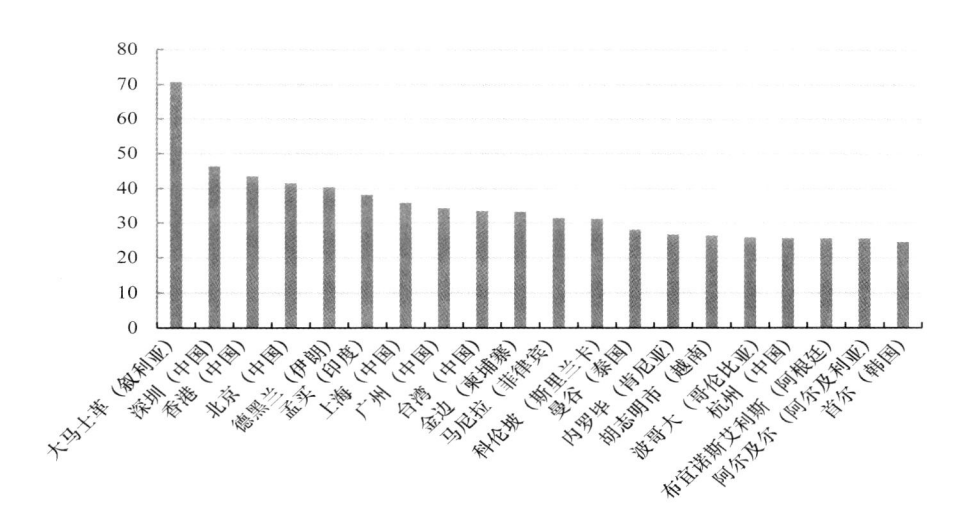

图 6-1　全球房价收入比前 20 名城市（2020 年）

资料来源：Numbeo。

---

[1] 杨柳：《房价波动对居民消费水平影响的实证研究——基于面板门槛模型的再检验》，《价格月刊》2020 年第 11 期。

[2] 何兴强、杨锐锋：《房价收入比与家庭消费——基于房产财富效应的视角》，《经济研究》2019 年第 12 期。

[3] 余华义、王科涵、黄燕芬：《房价对居民消费的跨空间影响——基于中国 278 个城市空间面板数据的实证研究》，《经济理论与经济管理》2020 年第 8 期。

（二）房价快速上涨不利于企业创新和实体经济投资

房价对企业创新和实体经济投资的影响渠道包括两个：资产替代效应和融资约束效应。资产替代效应又称为资源重配效应。将企业看作一个配置创新产品和投资房地产的组合配置者，创新活动显然是高风险高收益的，当房价持续快速上涨时表现出低风险高收益的特征，这时就会吸引企业进入房地产而抑制创新投资。融资约束效应表现在两个方面：一方面是正向的，由于企业持有一部分房产，房价上涨导致企业估值上升从而缓解融资约束，进而促进实体经济投资；另一方面是负向的，房价上涨使得银行更愿意将信贷资源配置给房企和购房者，而不是制造业企业。因为针对前者的开发贷款和购房贷款可以看作银行买入看涨期权，针对制造业的贷款可以看作银行卖出看涨期权，当房价快速上涨时银行自然更愿意将信贷配置给房地产领域。

2008年金融危机后中国房地产市场持续繁荣，2013—2015年一线和二线热点城市的住宅投资收益率分别保持在14%和8%左右，随后限购政策的放松使得住宅投资收益率进一步上涨，高峰时一线城市和二线热点城市的收益率分别达到26.0%和29.5%（见图6-2）；同期上市公司（不包括金融业和房地产业）资本回报率只有6%—8%。房地产行业的过度繁荣产生了显著的资产替代效应，吸引大量资源进入到房地产行业，导致企业无心生产和技术研发，不利于各类"卡脖子"和瓶颈问题的解决，从而影响到供给侧结构性改革的推进。贾国强的研究显示，上市公司中有606家科技类公司，2013年有134家公司投资房地产，总额为115.02亿元；2018年则有275家公司投资房地产，总额达到280.11亿元[①]。6年间参与炒房、炒地的科技类上市公司数量和金额双双翻倍。其中，中兴通讯一直居于首位，

---

① 贾国强：《哪些科技类上市公司在做房地产?》，《中国经济周刊》2018年第43期。

2015—2018年投资额分别为20.1亿元、20.16亿元、20.24亿元、20.31亿元。对主营业务不专注，也导致中兴通讯在中美经贸摩擦中成为失败的典型案例。

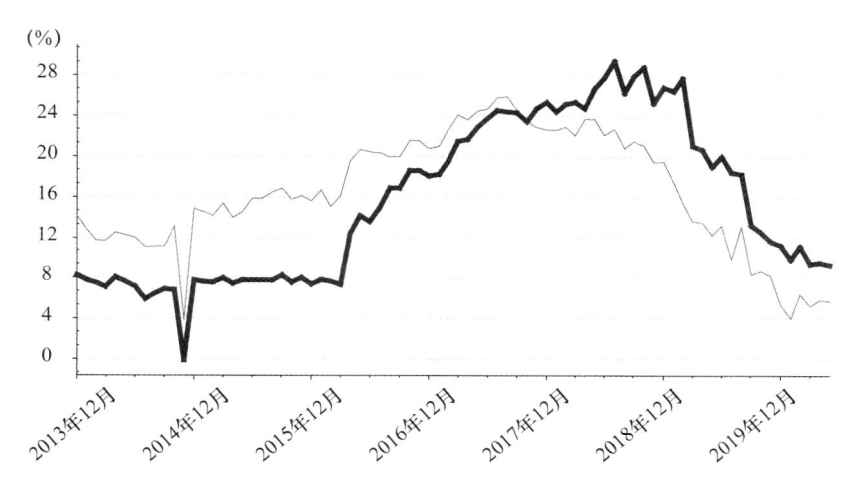

图6-2 一线城市和二线热点城市住宅投资收益率

注：住宅收益率包括租金收益率和房价上涨两部分。一线城市包括北京、上海、广州、深圳，二线热点城市包括杭州、南京、苏州、武汉、成都、厦门、福州、苏州、西安、合肥。

资料来源：Wind、中金标准数据。

融资约束效应也表现出对实体经济的挤出。截至2020年第三季度，房地产贷款余额为53.6万亿元，其中购房贷款余额为33.6万亿元，保障性住房开发贷款余额为4.7万亿元，房地产各项贷款余额占金融机构各项贷款余额的比例为31.62%，而2012年年底房地产各项贷款余额占比为20.13%（见图6-3）。

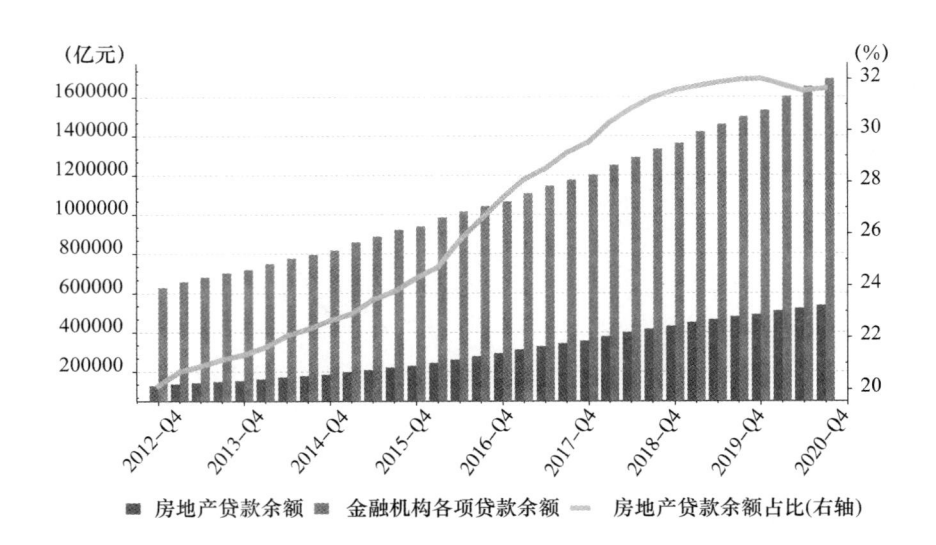

图 6-3 中国房地产贷款余额及其占比情况

资料来源：Wind。

（三）房价快速上涨易导致分配环节两极分化现象

住房是中国居民最主要的资产，也是财产性收入的主要来源，根据中国人民银行的统计，住房资产占中国居民家庭总资产的比重为 59.1%①。由于住宅在居民中并不是均匀分布的，房价上涨会对财富进行重新分配，进一步拉大居民的收入差距。徐滇庆指出房价不断上涨会使社会财富逐步向五个方向转移，即向富人、城市、投机者、房地产商和政府转移，但中低层收入者在社会中占最多数，房价的持续上涨会降低他们在社会中的相对财富，也会降低他们的相对收入水平②。

财富和收入的分配不均轻则导致消费不平等，影响"全面促进消费"的战略。汪伟等的研究表明，房价上涨显著提高了居民消费的不平等程

---

① https://baijiahao.baidu.com/s?id=1664830535681198027&wfr=spider&for=pc.
② 徐滇庆：《房价与泡沫经济》，机械工业出版社 2016 年版。

度，房价上涨对一、二线城市居民消费不平等影响最大①。财富和收入的分配不均重则引起"极化"现象，美国传媒学者斯通纳在1961年提出"极化"（Polarization）概念，用以描述不同社会群体观念极端对立、不可调和的现象，如果说"分化"仅仅是个过程，"极化"则预示着社会运动的转折点。"极化"主要表现在政治问题上，也表现在种族问题、宗教问题上，但背后的根源还是社会贫富差距。西南财经大学2020年第一季度发布的《疫情下中国家庭的财富变动趋势》显示，金融资产或年收入5万元以下的家庭在疫情下财富减少很多，金融资产300万元以上或年收入100万元以上的家庭财富增幅最大，而住房正是导致"分化"的重要手段。当下中国经济已进入新常态，经济发展中不平衡不充分的矛盾更加突出，2019年中央经济工作会议首次将精准扶贫位列"三大攻坚战"之首，这是关乎社会稳定和经济可持续发展的大问题。

（四）房地产泡沫不利于金融与实体经济的均衡发展

房地产市场的发展离不开金融支持，一方面，住房是个人消费中的最大一笔耐用消费品，需要使用金融的跨期配置功能；另一方面，房地产企业的开发过程具有资金规模大的特点，需要使用金融的集聚资金的功能。然而，房地产市场的过快发展会导致对金融资源的过度占用，形成泡沫后不利于金融与实体经济的均衡发展，甚至会引发系统性金融风险。

首先，如费雪的债务通缩理论以及明斯基的金融不稳定假说所言，繁荣时期的过度借贷为危机播下了种子。回顾20世纪日本土地神话破灭的过程，在泡沫破灭前5年日本银行业投向房地产业和个人贷款占比达到25%，而同期制造业占比仅为18%②；2008年国际金融危机爆发

---

① 汪伟、沈洁、王文鹏：《房价与居民消费不平等》，《山东大学学报》（哲学社会科学版）2020年第6期。

② 数据来源于Wind。

前,美国仅不动产抵押贷款在银行信贷总余额的比例高达42%(2006年达到这一峰值)[1]。目前,中国银行业房地产各项贷款余额占金融机构各项贷款余额的比例达到31.62%(见图6-3)。这一比例已经超过日本房地产泡沫破灭前的水平,值得警惕。

其次,房价泡沫破裂会导致金融系统的流动性枯竭,并进行跨市场传导。以2008年国际金融危机为例,美国政府接管"两房"主要是因为其财务危机,然而美国政府没有意识到"两房"的系统重要性地位,尤其是在债券市场的核心地位。"两房"被国有化,使得机构以及整个债券市场出现恐慌,价格大幅下挫,这加剧了美林、雷曼兄弟等投行的资产负债表恶化;而美林和雷曼兄弟是美国金融体系中极其重要的机构,也是重要的影子银行,其中雷曼兄弟是短期融资市场最大的做市商;美林和雷曼兄弟的破产导致市场流动性丧失,从而冲击了整个市场。

最后,房价下跌还会直接冲击实体经济。从居民角度看,房地产是中国居民资产中占比最高的部分,2019年占比达到59.1%,美国居民房地产在全部资产中的份额仅为24.5%[2];迈恩和苏非在《房债》一书中详细阐述了美国房价下跌带来的消费驱动式衰退过程[3],尽管中国消费对经济的贡献不如美国高,但居民持有房产作为投资首选具有普遍性,房价下跌对居民消费从而对整个经济的影响将不亚于美国。从行业角度看,房地产业的关联产业众多,如建筑业、相关制造业、电力、热力、燃气及水生产和供应业等,因而房价下跌会波及较多产业;根据2012年投入产出表的计算结果,房地产业对各行业后向拉动效应为2.11,前向推动效应为10.23,总效应达到12.33,是表6-1中各产业对经济作用最大的行业。

---

[1] 数据来源于Wind。
[2] 美国数据为2016年,来源于Wind。
[3] [美]阿蒂夫·迈恩、阿米尔·苏非:《房债》,何志强、邢增艺译,中信出版社2015年版,第31—34页。

表6-1　　　　　2012年不同行业的推动、拉动效应比较

行业	后向拉动效应	前向推动效应	总效应
房地产业	2.1083	10.2261	12.3344
服务业	1.6709	9.5888	11.2597
化学化工	2.6954	8.3178	11.0132
黑色金属冶炼和压延加工业	2.5437	8.3623	10.9060
计算机、通信和其他电子设备制造业	3.1918	5.9388	9.1306
电气机械和器材制造业	2.9282	5.1611	8.0894
有色金属冶炼和压延加工业	2.5677	5.0950	7.6627
汽车制造业	2.9864	4.2654	7.2518
通用设备制造业	2.6533	4.3325	6.9859
电力、热力生产和供应业	2.2243	4.2112	6.4355

注：①服务业包括运输仓储邮政、信息传输、计算机服务和软件业、批发零售贸易、住宿和餐饮业、金融业和其他服务业。②化学化工包括炼焦、燃气及石油化工业和化学工业。

资料来源：原始数据来源于国家统计局，作者根据投入产出表数据计算。

二　房地产长效机制的目标和理念

要畅通国内大循环，须保证房地产市场平稳健康发展；要促进房地产市场平稳健康发展，须落实房地产长效机制。2016年12月17日中央经济工作会议上提出"房地产长效机制"，即"要坚持'房子是用来住的、不是用来炒的'定位，综合运用金融、土地、财税、投资、立法等手段，加快研究建立符合国情、适应市场规律的基础性制度和长效机制，既抑制房地产泡沫，又防止出现大起大落"。时至今日房地产长效机制的实施效果并未达到预期，尤其是在新冠肺炎疫情暴发的背景下，出现了深圳房价泡沫再起以及长租公寓爆雷的现象。对此，应领会房地产长效机制的目标是什么？基本理念和内涵是什么？主要内容和具体措施包括哪些？从理念到政策措施的理论逻辑是什么？如果不能很好地回答这些理论问题，而是急于推出一些政策措施，可能会产生盲人摸象的效果。

笔者认为,房地产长效机制的首要目标是抑制泡沫、保持市场的长久稳定;而不是一味地主张市场规律,将住房推向更大程度的市场化。针对这一目标,首先应分析导致中国房地产泡沫的原因是什么?

(一) 导致房价泡沫的原因分析

1. 城市化进程加速是导致房价泡沫的合理因素

根据"纳瑟姆"曲线,城市化进程分为三个阶段:第一阶段,当城市人口超过10%以后,进入城市化的初期阶段,城市人口的增长以自然增长率为主;第二阶段,当城市人口超过30%以后,进入城市化加速阶段,城市人口迅猛增长,这其中人口迁移占多数;第三阶段,当城市人口超过70%以后,进入城市化后期阶段,城市化进程放缓,以郊区化和形成城市带为主。

1998年中国推行住房货币化改革,当年的城市化率为33.35%,恰好是城市化第二阶段的起点,2019年中国的城市化率达到60.60%,这20年间城市化率平均每年上升1.36%。与之形成对比的是,1978—1998年城市化率由17.92%上升至33.35%,平均每年上升0.81%(见图6-4)。

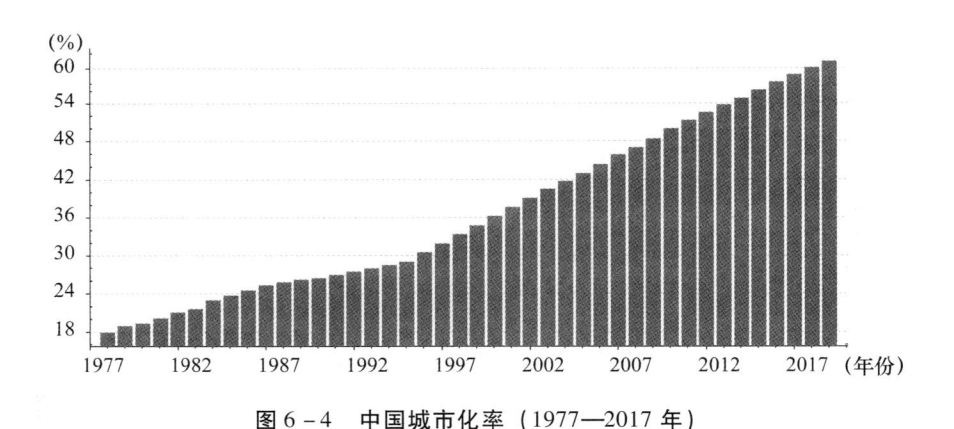

图6-4 中国城市化率(1977—2017年)

资料来源:Wind。

人口由农村向城市涌入为房价上涨提供了原生动力，这一方面是由于中国已经处于城市化第二阶段的入口期，另一方面"国际大循环"模式大发展，使得廉价劳动力在城镇找到工作并得以落脚，这为城市生长提供了人口基础。此外，"国际大循环"导致的央行资产负债表的结构变化以及商业银行体系的改革为实体经济提供了充足信用，解决了购房过程中资金不足和跨期配置的问题。

2. 土地财政是导致房价泡沫的体制因素

土地出让收入被称为地方第二财政，是除一般预算收入外最重要的收入来源，地方政府自然不希望土地出让价格过低，这是导致房价泡沫的体制原因。土地财政的形成原因包括三个方面。

第一，分税制改革造成了地方政府财政压力。1994年的分税制改革的目标就是要改变财政包干制下"两个比重"① 大幅下降的问题，1994年的消费税划归中央以及增值税共享、2002年的所得税分享改革、2012年营改增这三次大动作都导致地方财权上移中央。此外，由于中国实施的是属地管理，大多数的政府性事务由地方政府负责，如教育、医疗、社保、环境等。分税制改革使得地方财政收入占比由1993年的78.0%迅速下降至1994年的44.3%，此后一直保持在50%左右；地方财政支出的比重并没有因分税制改革而下降，2000年之后因城市化进程的加快地方财政支出的比重反而进一步加大；地方财政收入面临较大缺口（见图6-5）。

第二，土地财政利润丰厚，为弥补地方财政缺口提供了可能。土地征收方面，根据《中华人民共和国土地管理法》，征地补偿是按照"产值倍数法"来确定的，其中土地补偿费为被征收前3年的平均年产值的6—10倍，安置补助费为被征收前3年的平均年产值的4—6倍。实践中地方政府常常还会降低补偿标准，甚至递延支付。土地出让方面，国

---

① 两个比重：全国财政收入占GDP的比重和中央财政收入占全国财政收入的比重。

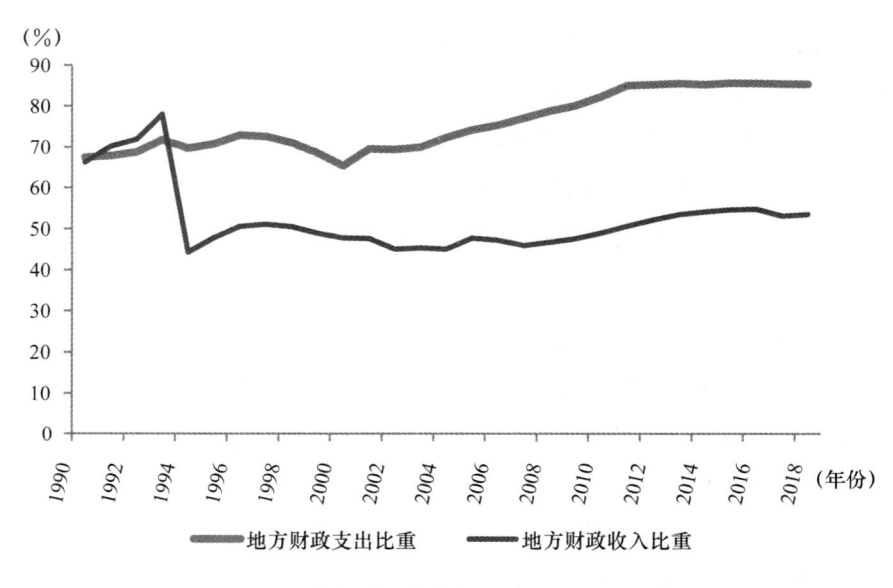

图 6-5 地方财政收支占比（1990—2018 年）

资料来源：Wind。

土资源部每年制订土地利用计划，对建设用地实行指标控制和审批制度；另外土地出让采取"招拍挂"主导的市场机制，由于地方政府是唯一的土地供给者，实质上形成了垄断利润。2002 年 7 月中国开始实行土地招拍挂制度，2004 年"831"大限①要求所有经营性土地一律采用公开竞价方式出让，并明确开发商必须及时缴纳土地出让金，而且如果两年内不开发土地将被收回。招拍挂制度的强化使得地方政府应用土地财政弥补缺口有了制度保障。

第三，GDP 锦标赛模式进一步助推了土地财政。长期以来，政府官员的考核以 GDP 为导向，而投资是拉动 GDP 最为迅速和有效的手段。

---

① 2004 年 3 月，《关于继续开展经营性土地使用权招标拍卖挂牌出让情况执法监察工作的通知》（国土资发〔2004〕71 号）要求从 2004 年 8 月 31 日起，所有经营性的土地一律都要公开竞价出让。也就是说，在 2004 年 8 月 31 日之前，各省份不得再以历史遗留问题为由采用协议方式出让经营性国有土地使用权，以前盛行的以协议出让经营性土地的做法被正式叫停。

一方面，土地价格上涨能够同时通过土地出让收入和土地抵押贷款两种融资渠道放松地方政府面临的预算约束，从而带动城市基础设施投资规模扩大；另一方面，城市基础设施投资又能在短期内显著地资本化到土地价格中，从而形成土地价格和城市基础设施投资间自我强化的正反馈机制。由于垄断出让的优势以及一次性收租的批租制度，使得地方政府可以主动调节土地出让规模，从而强化上述模式的效果①。现实中，"城市经营"理念执行较好的城市，大都采取"少出让、多抵押"的融资模式以最大化土地融资总额，这些城市的市长往往晋升得也比较快。

3. 房地产市场选择"利润驱动型"模式是导致房价泡沫的根本原因

如果说导致房价泡沫的前两点原因——城市化（历史进程）和土地财政（体制因素）还具有一定的特殊性，那么那些已经完成城市化以及不存在土地财政现象的国家为什么还存在房价泡沫呢？要回答这一问题需要进行比较制度分析，那些房地产市场采取"利润驱动型"模式的国家（如美国、英国、日本）都发生过房价泡沫，但采取"社会型市场"模式的德国却一直保持房价稳定，这一现象值得研究。

"利润驱动型"模式是指经济的运转以"理性人的利润最大化"为前提，主张完全的自由竞争，并认为通过自由竞争可以达到社会福利的帕累托最优；对于市场失灵的部分政府才进行干预，这一学派主张政府最小化。"社会型市场"模式的理念认为，以竞争为特性的"利润驱动型市场"只是一个技术工具，它必须内嵌于宏观社会、政治和文化系统，并保证重要社会目标的实现；因而对于市场的干预是必需的，而且也是市场所需要的，但这一学派也强调这种干预必须与市场原则相一致（market-conforming）。

---

① 郑思齐、孙伟增、满燕云：《房产税征税条件和税收收入的模拟测算与分析——基于中国 245 个地级及以上城市大样本家庭调查的研究》，《广东社会科学》2013 年第 4 期。

"利润驱动型"模式在住房市场上的应用导向就是：将大部分人赶至私有住房市场（商品住宅市场），对于少部分无承受能力的采取社会安全网方式进行兜底。这种应用导向的必然结果就是房价泡沫化。其原因是：住宅作为商品，不同于其他的一般商品（纯消费品），它同时兼具消费品和投资品的属性，而投资品的属性主要附着于住宅的土地之上。土地的收益来自地租，因而对土地的价值评估来自地租的长期贴现。由于贴现时期较长，自然存在评估不准确的问题；市场评估的结果很容易受到预期的影响，这类似于股票市场，一旦受到利好消息的影响，市盈率很容易飙升。在住房短缺和快速城市化背景下，需求因素很容易刺激上涨预期，形成资产价格泡沫。即使在房价上涨已成明显泡沫（如年化租金收益率已低于1%的）状态时，市场中依然存在投资投机者，因为他们相信自己不是"击鼓传花"中的最后一人。

　　"利润驱动型"模式另一个副作用是导致住房市场上的"棘轮效应"，它是由私有住房家庭和公共租赁住房家庭之间日益加大的差距造成的。这种模式看似对无支付能力人群形成了安全网，但实际情况并非如此：社会尽管是由不同阶层群体构成，但他们之间并非隔着铜墙铁壁，他们之间是交流的、互动的，甚至是融合的，租房者和买房者在房屋保有权（居住的稳定性以及平等的受教育权）上的差距使前者产生了强烈的被剥夺感，伴随着资产价格的快速上升，财富的差距不仅造成收入再分配的不公，甚至使租房者产生仇视感，造成严重的社会问题。

　　从动态的视角看，由于住房市场化过程，成本型租赁住房越来越难获得，那些低收入家庭不得不面对营利性租赁住房或购买住房，为了获得有保障的房屋保有权，他们（尤其是那些有子女的家庭）被迫高负债进入私有住房市场。随着很大比例的边缘化家庭进入市场，私有住房市场对于经济的波动越来越敏感，使得住房过剩和短缺之间的震荡越来越剧烈，在经济衰退期造成更高的按揭违约率。最为典型的案例是美国：激进的金融政策鼓励无支付能力家庭（次级贷款人）进入私有住房市场，贷款人的按揭支付主要不取决于收入（而是房价继续上升），金融机构则在"破产隔离、真实出售"的口号下给自己披上了"风险转移"的新外衣，但最后看来终是南柯一梦。有研究表明，当私有住房的比例超过所有家庭总数的2/3时，棘轮效应就会变得尤为明显。此时，私有住房被足够边缘化的购房者的加入所膨胀，形成显著的棘轮效应[①]。

（二）德国"社会型市场"模式形成稳定房价的机制

德国是践行"社会型市场"模式的典范，住房领域则是国家重点干预的领域。德国对住房市场的干预包括三个方面。

第一，房租管制和房租补贴政策。2013年德国《租赁法》规定，已签约住房3年内房租涨幅不得超过15%。新签约住房租金参照各地政府"指导价"，超过"指导价"20%即是违法，超过50%可判刑入狱三年。《租赁法》还规定，住房租金一般不得超过家庭收入的25%，如果超过则可以申请政府补贴。此外，政府在私人租赁市场上还存在税收减免和优惠，运营租赁市场的非营利组织还可以获得低息或无息贷款，这些措施和承租人保护制度一起，使得政府和各类非营利组织维持了一个非常庞大的租赁市场。

第二，住房合作制度。德国住房合作社成立的目的很明确，就是通过合作的方式实惠地解决参与合作社的社员的住房问题。建房前，每个成员必须缴纳一次性会员费，住房建好后，每户社员再按月支付房租，若期间退出、搬迁，合作社将向其退还至此为止的全部房款（会费＋全部租金），再将退出的房子转给新加入的会员。德国政府对合作社建房还给予了多方面的政策扶持，包括：提供长期的低息贷款或给予借款保证；提供土地，尽管这些土地大多地处郊区、荒地或城市中的废旧住

---

① ［瑞典］吉姆·凯梅尼：《从公共住房到社会市场——租赁住房政策的比较研究》，王韬译，中国建筑工业出版社2010年版。

房；减少税收，所得税、财产税、土地转移税、交易税均以低税率向合作社征收。

第三，住房互助储蓄制度。这一制度具有三个特点：其一，低息、固定利率。住宅储蓄利率保持在6%以下，且贷款实行固定利率，居民还贷额固定、明确，因而对居民有相当大的吸引力。此外，政府对中低收入的住房贷款者根据储蓄额进行奖励。其二，先存后贷。凡是加入住房互助储蓄银行的成员，必须履行先储蓄后贷款的义务，当储蓄达到所需贷款额的40%—50%时才有资格贷款。其三，专款专营制度。德国住房储蓄制度是一种封闭运转的融资系统。只有住房储蓄银行才能开展住房储蓄业务，其他银行不得从事该业务；同时，住房储蓄银行也不得开展有风险的业务。除了贷款外，只能购买国债。

租金管制和租金补贴制度、住房合作制度以及住房互助储蓄制度是德国住房"社会型市场"模式的三大支柱，我们对"社会型市场"形成稳定房价的机制进行解析。

首先，租金管制和租金补贴政策是德国房价稳定的基础性制度。市场失灵的一个重要方面是对长期估值资产表现出的非理性和过高预期。租金管制政策的一个重要作用就是将民众对住宅这种长期资产的需求转向短期租赁市场，其作用机制是：通过价格管制（主要是设定上限）创造出更多的租赁市场需求；而从居住角度出发租赁和购买的总需求是一定的，根据住宅市场的四象限模型，租赁市场需求上升导致购买市场的需求下降；购买市场需求下降会引致价格下降，这就有效打破了房价上涨预期。房价的下降还会导致租金收益率的提高，租金收益率的提高有利于租赁市场的进一步发育，这就形成了良性循环[1]。此外，德国政

---

[1] 盎格鲁—撒克逊的"利润驱动型"模式产生完全相反的恶性循环。鼓励购房的政策将大家赶向住宅购买市场，一方面房价上涨，另一方面租赁市场的萎缩导致租金水平的下降；这导致租金收益率的进一步下降，民众进一步从租赁市场退出，购买市场需求进一步上升；房价上涨形成持续上涨预期，泡沫不断累积。

府对出租住房还存在各类税收减免措施，对低收入群体还给予租金补贴，供给和需求两方面的刺激使得租赁市场进一步壮大；一个可与购买市场相抗衡的租赁市场能有效减轻棘轮效应，这时的租赁者才谈得上真正意义上的住房保有权①。

另一个重要问题是，管制经济学是否导致市场效率的损失呢②？或者更技术一点说，管制价格是否位于市场均衡点以下呢？回答这一问题的关键是对租金概念的理解，租金实际上是对整个经济剩余价值的分割。德国政府目前规定 3 年租金涨幅不得超过 15%，这意味着年化涨幅不得超过 4.8%，而德国 GDP 的增速显然低于这一数值，因而德国租金管制的程度是合理的。

其次，住房合作制度只解决了约 6% 人口的住房问题，从数量上看不具有基础性，但合作社导致的住宅非资本化具有一定代表性。上文的分析表明房价的泡沫化是由于资本估值的非理性，而通过住房合作社建房几乎不需要支付资本兑价：对于合作社建房，政府以很低廉的价格提供土地，甚至是免费；合作社成员在入会时缴纳会费，在运营期间缴纳租金，当他退出时这些费用全部归还。这意味着会费构成了建设的资本金，缺口部分政府提供低息贷款；租金则相当于房屋折旧的补偿；资本兑价部分仅仅是社员损失的利息。

最后，住房互助储蓄制度并不是导致房价稳定的根本原因，它所起的主要作用是将房价风险与银行机构进行有效隔离。这主要表现以下三个方面：其一，对最低储蓄额的要求有效降低了房地产贷款的杠杆。住宅储蓄制度规定，只有储蓄达到所需贷款额的 40%—50% 才有贷款资格；此外购房者每月要将收入的 30% 用于支付抵押贷款，这也动态降低了杠杆。其二，专款专营制度降低了金融业务交叉传染的风险。只有

---

① 这也是国内租售同权不能落到实处的原因。
② 这是"利润驱动型"市场学派经常反问的问题。

住房储蓄银行才可以开展住房储蓄业务,其他银行不得从事该业务;同时,住房储蓄银行也不得开展有风险的业务,除了贷款外只能购买国债。其三,专款专营的制度使得固定、低息贷款得以生存,而这使得储户避免了利率波动的风险。

(三) 房地产长效机制的理念

房地产市场长效机制的目标是抑制泡沫、保持市场的长久稳定。从上文的分析很容易得出"社会型市场"的德国模式①更适合的结论。这一模式的核心思想是:尽可能弱化土地资本化功能,通过需求和供给两方面的措施做大租赁市场,缓释购买市场的需求,从而形成房价稳定预期。

关于长效机制,中央经济工作会议还强调了"符合国情"这一要求,那么什么是当前中国住房市场的国情?或者说导致房价虚高的中国特有因素是什么?一个重要因素是学区房房价虚高,即住房租赁人和住房购买者在子女入学教育权上不平等,片区内学校优先保障购买者权利。在发达国家如日本、德国等,几乎没有学区房概念,这主要是由于两个原因:一是较大的租赁市场使得租客稳定性增强,这使得学校提供学位计划不容易被打破;二是总量方面的原因,在高龄少子化的趋势下,基础教育供给并不短缺。当前中国也面临着老龄化和低生育率的趋势,基础教育资源紧缺可能也是短期内的问题,实际上部分三、四线城市已经出现中小学撤并的现象;主要问题存在于核心一、二线城市,这是快速城市化进程中的伴随现象,因此重点推进一、二线城市的住房保有权平等,尤其是受教育权平等,是抑制房价快速上涨的重要环节。另一个重要的国情是中国处于快速城市化进程中,房地产市场处于结构性上升通道中,即一、二线城市上涨动力强劲,三、四线城市上涨乏力。

---

① 这一模式尽管主张政府干预,但也强调干预与市场原则一致。

从国际经验来看，绝大多数国家是通过大城市战略完成人口集聚过程，当然中国特有的国情决定我们不一定走大城市道路，因为中国拥有全球最大、覆盖面最广的高铁网络，这有可能使中国跨越郊区化阶段直接走向城市带。因此，整个房地产市场的长效机制应围绕核心城市展开。

根据以上分析，我们将房地产市场长效机制的理念凝练成："围绕核心城市弱化土地资本化功能，通过租赁化解住房市场结构性矛盾，保障住房保有权，形成房价稳定预期。"这句话包括政策应用范围、政策应用的工具箱以及达成目标三个内容。政策应用范围明确为一、二线核心城市，政策目标是形成房价稳定预期，具体手段（即工具箱）包括两个：一是弱化土地资本化功能，二是扩大租赁市场和保障住房保有权。整个长效机制内容背后的理论支撑是"社会型市场"的德国模式。

三 房地产长效机制的主要抓手

（一）扩大租赁市场和保障住房保有权

1. 扩大租赁市场的核心抓手

中国住房市场总量趋于均衡，关键问题是少部分人持有多套住宅，如何将空置住房投放到租赁市场是关键。

经过 40 多年的发展，中国城镇住房总量趋于平衡，套户比由改革开放时的 0.8 上升至 2018 年的 1.09 ［见图 6-6（a）］。一般而言，套户比小于 1，表明一国住房供给总体不足；套户比等于 1，表明一国住房总体基本供求平衡；考虑到休闲度假需求、因人口流动带来的人宅分离等情况，成熟市场的套户比约为 1.1。从国际来看，当前美国、日本、德国的套户比分别为 1.15、1.16 和 1.02，这表明中国城镇住房市场总量趋于平衡 ［见图 6-6（b）］。

如何改变总量均衡、结构失衡的局面？笔者认为控房价是实现扩大租赁市场的核心抓手。住房空置而不投放至租赁市场的重要原因是：房价

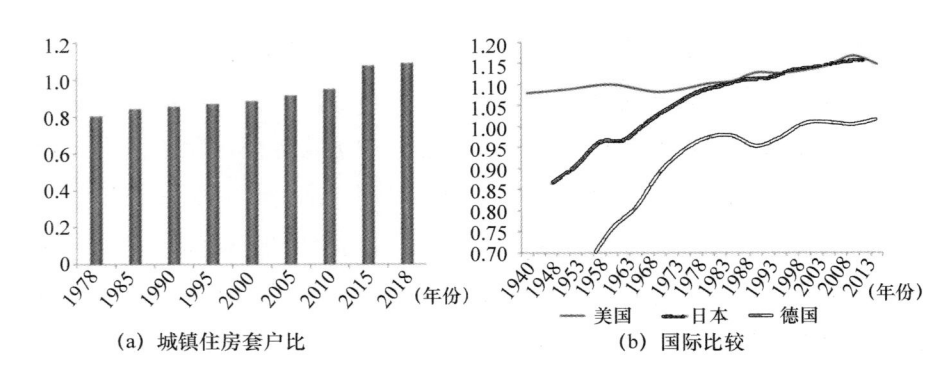

图 6-6 中国城镇套户比及国际比较

资料来源：国家统计局、住建部。

上涨过快，房东可以从资本利得中获利，并不在于微薄的租金收益率。2019 年以来中央多次强调"不再把房地产作为短期刺激经济的手段"，由于限购政策一直未放松，房地产市场预期明显改变，房价上涨停滞使得原本空置或转卖的房东将房源投向租赁市场，有效扩大了供给。根据贝壳研究院的统计，随着二手房交易量的下降，租赁成交面积呈上升趋势[①]。这一统计结果有效支撑了控房价的正确性，应长期坚持。

2. 长租公寓爆雷问题及应对

当前长租公寓爆雷不断，且头部长租公寓的爆雷引发严重的社会问题。这自然引起人们对长租公寓模式的争议，甚至也有人提出不应发展租赁市场的质疑。笔者认为住房租赁市场是要发展的，因为一个可与购买市场相抗衡的租赁市场是形成房价稳定预期的关键。长租公寓在整个租赁市场中也发挥着积极作用，它对租住住房的改造可以缓解租赁住房品质较差的矛盾。

导致长租公寓爆雷的主要原因是租金贷的滥用、"高进低出"和"长收短付"的高风险经营模式，其目的是通过金融杠杆和经营杠杆扩张规

---

① 贝壳研究院：《2018 年中国住房租赁白皮书》，2018 年，第 30 页。

模，抢占市场。然而长租公寓本质上是不具有"互联网+"性质的，加之疫情和经济下行，利润难以覆盖杠杆成本，最终不可为继。

针对长租公寓爆雷问题应该对症下药，即重点解决资金链过长或租金贷权责不对等的问题：其一，对于分散式长租公寓"二房东"模式向"托管"模式转变，这样可以避免应用金融杠杆扩张的情况；对于匹配租客需求的房屋改造所需要的资金可以由房东自己出资或房东贷款，长租公寓仅负责运营、维护收取一定的管理费。在这种模式下，长租公寓就避免了资金池的问题。其二，对于集中式长租公寓，如何筹集资金进行项目改造、建设共享空间；借助"基础设施REITs"的东风，大力推进租赁房REITs的建设，用长钱、权益的钱去支持，避免杠杆。同时交易结构还需进一步减少，减少金融交易结构就是对实体经济（租赁市场）最大的支持。

3. 扩大租赁市场的具体措施

除了鼓励市场机构参与到租赁市场，同时也需要鼓励社会化租赁，这就需要一系列配套政策：第一，设定租金涨幅上限，其目的是通过限制租金上涨引导租赁需求。具体原则是年增长率略高于当地GDP增速，防止租金过度分割经济增长成果。如年增长率不超过6%，或3年累计增长不超过18%。

第二，广泛的租客保护政策，其目的是形成租房稳定的预期，让租客有家的归属感，这也是住房保有权的基础之一。具体来讲：其一，期限保护政策。租赁缔约时期限由租客和房东共同商议，但房东不得提出3年以下的期限要求，除非租客自己主动提出。租客提出3年期限要求，房东不得拒绝，3年以上情形由双方共同商议。上述租金上限以及期限保护政策可以使得租客获得低价稳定预期。其二，付款方式[①]由租客确定，租客可以选择有利于自己的付款方式，房东不得拒绝。其三，

---

① 这里付款方式指按月、按季还是按年支付。

租金支付的违约责任向租客倾斜。当租客连续6个月未支付租金时,房东才可进行民事诉讼。然而,作为对房东的一种补偿,可引入租金保险机制,将对租客的信用监督由第三方承担。其四,购买优先权政策。当房东有出售意向时,当期的长期租赁租客有优先购买权。

第三,租客补贴的广覆盖原则。租赁补贴不仅针对低收入人群,而且可以覆盖"租金当期支出超过当期家庭收入1/3"①的群体。这里收入不仅包括工薪收入,而且应包括其他劳动收入和各类资产性收入,当然这对税收征管提出了更高的要求。其好处还包括,将补贴由原有的较长的考察期缩短,从而更加动态化。这对于小企业主和创业者而言免除了居住方面的后顾之忧,形成了生活保障的有效托底,有利于增强经济活力。政府补贴的金额应限于租金支出与家庭收入比例的差额。当然,政府也应对不同规模家庭的租房面积有所限定。

第四,房东出租的相关政策优惠。如果在扩大租赁需求的同时,租赁市场的供给跟不上,也会导致租金的上涨,打破我们稳定价格的期望。对于房东个人出租和社会化租赁的情况,应给予个人所得税和企业所得税方面的减免,在住房保有方面,应给予部分税收减免;对于短期买卖房屋应课以重税。对于租赁市场明显短缺的时段,政府可考虑给予出租者一定补贴。

4. 租售同权的具体措施

当前租售不同权的主要表现是基础教育受教育权的不平等。《世界人权宣言》第26条规定,受教育权是基本人权。因此,解决基础教育受教育权不平等的问题只能从供给侧着手。

加强基础教育资源的投入。从中国财政教育支出的现状来看,解决这一问题有很大空间。首先,从总量规模上看,2015年中国财政教育支出为2.6万亿元,占GDP的比重为3.8%,这与同期OECD国家5%

---

① 这一设定只是采取国外经验的参考,各地政府可根据当地财力进行调整。

的比重还有很大差距。其次，从支出结构上看，教育支出中央财政负担4.9%，地方财政负担95.1%。最后，教育支出的级次结构比例不合理，高等教育得到了财政教育经费的过分倾斜，对基础教育的公共投入力度则严重过低。中国目前经济已发展到一定程度，以有限财力培养拔尖人才从而在某些领域实现赶超已不是迫切任务；相反，加强基础教育投入，为人才"金字塔体系"夯实基础应成为教育共识。在这一思想指导下，可考虑基础教育责任适度上移，中央财政可考虑以专项转移支付的方式解决基础教育投入失衡的问题，专项转移支付用以供给能力不足的小学的校舍建设和教师聘用。

引入竞争机制，化解空间失衡局面。尽管上述措施能够解决供给问题，但优质教育资源是稀缺的，依然会存在空间结构失衡的矛盾。目前采取了扩大学区片（形成教育资源带）、随机派位方式降低热点学校需求，然后由于不存在价格调节机制，再多的供给也跟不上旺盛的需求。那么如何改变基础教育资源的"马太效应"呢？可以用教育券让优质的教育资源从供给端流动起来。教育券让学校产生竞争的机制是：政府的补贴不直接划给学校，而是用教育券的形式将补贴的分配权交给学生，学校按照学生上交的教育券向政府领取补贴和经费。如果一个学校获得的教育券多，政府部门就会增加补贴和经费，一方面支持扩张，另一方面学校可以聘请更好的老师、购置更好的设备，教育券就是家长给学校的投票。在教育券的制度下，学校之间是竞争的，学校之间的教育资源是流动的，学校为获得家长的认可有更大的动力提高教育质量。通过这种竞争方式，优质的教育资源就可能被分散，学校之间固化的层级就会被打破，从而避免了基础教育资源在空间上的固化，有利于公共服务的均衡化。

（二）开征房产税，弱化土地资本化功能

土地财政是导致中国房价高企的特有体制因素，通过开征存量房产

税可以弱化土地资本化功能，改变地方财政依赖土地出让收入的局面。从理论上讲，房价的上涨很大一部分是因为周边基础设施投资产生的收益，而基础设施投资的资金来源主要来自土地出让收入；对存量房征税是对这种外部效应的修正，是一种庇古税，征收后有利于城市基础设施的建设和运营。关于房产税是否可以替代土地出让收入，一些学术文献进行了测算。雷雨恒的测算表明，开征房产税有助于缓解地方财政困境且不明显增加居民负担；但该测算方法未考虑减免对象并将征收率设定为1，这并不合理①。李文采用四种方案进行了测算，认为房产税距离地方税种还有一定差距②。郑思齐等的测算考虑免征条件以及各种税基的分布情况，其测算结果不仅对标地方税收收入，而且还对标土地出让收入，这一研究显然更为合理③。该文的测算结果表明：以人均居住面积为征收条件，房产税税收额占土地出让金的比例在一线城市约为10%，在二、三线城市约为8%；以住房价值为征收条件，房产税税收额占土地出让金的比例在一线城市约为20%，在二、三线城市约为10%。考虑到土地出让收入是以批租方式（即一次性收取70年）收取的，如果以年租制计算房产税完全能够覆盖土地出让收入，甚至可以覆盖土地增值税以及相关税收。

考虑到房价快速上涨导致的分配不公问题以及对畅通国内大循环的障碍，房产税的功能定位也应考虑收入再分配的调节功能。詹鹏和李实应用2002—2009年城镇住户调查数据估算了房产税的收入再分配效应，其结果表明采用累进的税率结构能够降低收入不平等，且按家庭总面积

---

① 雷雨恒：《对我国开征房产税的税收收入与税收负担的计量研究》，《财政研究》2014年第9期。

② 李文：《我国房地产税收入数量测算及其充当地方税主体税种的可行性分析》，《财贸经济》2014年第9期。

③ 郑思齐、孙伟增、满燕云：《房产税征税条件和税收收入的模拟测算与分析——基于中国245个地级及以上城市大样本家庭调查的研究》，《广东社会科学》2013年第4期。

减免比按人均面积减免效果好①。

结合国际经验以及上述实证研究，房产税开征应遵循以下原则：第一，将提升城市基础设施质量和公共服务水平作为根本目的。当前中国以土地出让金为主的城市开发模式和融资体制，导致房价泡沫和地方债务高企；征收房产税与地方政府提供基础设施和公共服务是激励相容的，有利于改变土地出让收入过度依赖的问题；同时在土地规模扩张有限、城市更新的大背景下，有利于促进土地集约利用，并实现地方政府职能由"建设型政府"向"服务型政府"转变。

第二，"宽税基、低税率、严征管"是房产税征收的普遍原则。从国际经验来看，凡是房地产税政策比较成功的国家或地区，普遍采取"宽税基"的做法，对社会中的不动产普遍进行评估和征税，然后再对部分特定财产类型（如公共设施）、部分特定人群（如低收入弱势群体）减免征收房产税。"宽税基"又是"低税率"的前提条件，这主要是从居民负担角度考虑，保持较低的税率有利于降低征收成本，上文所有文献设定的税率都没有超过0.8%，在这样的情形下即可以保证房产税税收额对土地出让收入的一定替代。"严征管"则可以保证累进税制结构的实现，从而发挥再分配的作用。

第三，基于大数据的不动产价值评估和征管是大势所趋。从国际经验来看，以住房价值为税基是普遍原则，考虑到不同城市之间的差异亦可采取"住房价值—住房面积"的复合征收方式②，但一线城市应以住房价值作为税基征收。以住房价值为税基会导致征收成本的上升，这主要体现在住房价值评估上，评估工作需要评估者有较高的专业知识和评估经验，同时每套物业评估花费时间长，工作效率相对低。但在大数据、互联网的新时代，不动产价值评估和征管的成本可以通过不同数据

---

① 詹鹏、李实：《我国居民房产税与收入不平等》，《经济学动态》2015年第7期。
② 郑思齐、孙伟增、满燕云：《房产税征税条件和税收收入的模拟测算与分析——基于中国245个地级及以上城市大样本家庭调查的研究》，《广东社会科学》2013年第4期。

的整合、新技术的应用来大大降低。

(三) 对政策应用范围的探讨

大多数国家在城市化进程中采取了大城市战略完成人口集聚过程，而且首位城市在城市人口中的比例极高。在高峰时期，5个英国城市人口中有1个居住在伦敦，4个法国城市人口中有1个居住在巴黎；亚洲完成城市化的国家中，高峰时期日本3个城市人口中有1个是东京人，韩国2.5个城市人口中有1个是首尔人；以国土面积较大的俄罗斯和美国为例，前者最大城市人口占城市总人口比例为11.4%，后者为7.1%。因此，大多数国家的住房政策也主要针对特大城市。

中国的城市化进程有可能改变城市化的一般规律，其背后的推动因素来自高铁。截至2019年中国的高铁里程已经达到3.5万千米，排名第二的日本高铁里程数仅有3041千米。中国高铁里程数不仅远超排名第二的国家，更重要的是已经形成网络，这就可能改变过去首位城市过度集中的局面。中国高铁重塑城市化规律主要表现在城市化发展的第三阶段，即中国可能跨越城市发展的郊区化阶段直接过渡到城市带阶段，这为解决大城市病以及重构城市与区域空间结构提供了新的契机。这也是《建议》强调"发挥中心城市和城市群带动作用，建设现代化都市圈"的原因所在。

高铁促进城市带形成的根本原因在于：快速、高频的运输服务产生了明显的"时空压缩"效应，使得交通可达性的范围远超基于高速公路的汽车运输。高铁可达性的增强是把双刃剑，它既可能进一步强化"核心—边缘模式"，也可能促成"多中心化模式"的形成。前者的典型案例是日本，随着新干线的建设，东京获得了最大的增长，大阪次之，而位于新干线中间位置的名古屋由于初始规模小而增长缓慢，甚至在某些领域出现负增长。导致这一现象的原因是，具有多项竞争优势的大城市在高铁"时空压缩效应"的帮助下获得了更大的规模经济，形成了极化现象。如何破解大城市虹吸效应这一难题，关键点是小城市应发展自己的特色产业，与大城市形成专业分工的互补发展模式。支撑这一模式的典型案例是法国里尔：里尔原本是一个传统的工业城市，随着1993年巴黎—里尔高铁的开通和1994年欧洲之星的开通，里尔提出了建设欧洲服务中心的目标，目前已成功转型为一座商务城市。

在落实房地产长效机制过程中，我们也应注意到高铁对城市化规律的改变以及对房价的影响。对于一线城市而言，尽管高铁开通可以在一定程度上缓解房价上涨的速度，然而在城市化进程还未结束的背景下，一线城市人口和资源依然面临较大压力。因此，发展住房租赁市场抑制房价泡沫依然十分必要，在这个过程中应尤其注重发展针对低端劳动者的租赁市场。因为高端商务人士可以通过高铁分流出去，形成跨城通勤模型，低端劳动者却难以承受高铁通勤成本。然而，低端劳动者提供的（餐饮、保洁、快递等）生活服务业是整个城市服务业竞争力的重要部分，解决他们的住房痛点整个服务业就有活力。在具体政策实施过程中一方面应成立专门机构提供有效供给，另一方面还应通过政府补贴降低租赁价格。

对于二线城市应分两类情况看待：一类是位于一线城市1小时都市圈范围内的，如天津、杭州。由于高铁的"时空压缩效应"，这类城市须意识到自己在部分空间上已成为一线城市的卫星城，而且承载的是高端商务人士。从区域大局观出发，这类城市在房地产调控政策上应围绕高铁站加大土地供给，合理规划，以高端商务人士的生活服务为导向进行产业规划。这既可以缓解一线城市的"大城市病"，也可以形成自身城市发展的新格局。另一类是处于区域中心地位的二线城市，如武汉、重庆。这类城市一方面要通过增加土地供给有效抑制房价，让市民买得起房，有归属感；另一方面针对短期外来务工人员，要大力发展租赁市场。

（执笔人：蔡　真）

#第七章

人口老龄化与养老保险第三支柱建设

目前,中国是世界上唯一一个 60 岁以上人口超过 2 亿和唯一一个 65 岁以上人口超过 1 亿的国家,未来几十年,中国老龄化程度及其在世界各国中的排名还将不断提高。中国属于"未富先老",居民的养老意识和养老人均储备不足,因此,为老龄人口提供生活保障、促进人民群众安居乐业、维护中国经济增长动力和社会运行活力,成为影响中国发展的全局性的问题。2020 年 10 月,党的十九届五中全会指出,要"健全多层次社会保障体系,实施积极应对人口老龄化国家战略";2020 年 11 月,"十四五"规划建议,要"健全覆盖全民、统筹城乡、公平统一、可持续的多层次社会保障体系"。

中国养老保险的第一支柱不断推进发展,统筹性不断提高,但毕竟独木难支,2000 年后替代率下降,现收现付制的设计也使其成为国家重要的隐形债务负担。中国养老保险的第二支柱中的职业年金的扩面完成,企业年金的发展则由于企业普遍负担较重而徘徊不前。中国养老保险的第三支柱目前严重缺位,亟须发展壮大。中国金融业应当将发展第三支柱产品服务作为长期的重要战略:一方面满足居民多层次的养老保障需求,降低养老保障制度的运行成本,促进经济社会稳定繁荣;另一方面,壮大金融部门业务规模、优化业务结构,为资本市场引入长期稳

第七章 人口老龄化与养老保险第三支柱建设

定资金,提升金融的治理能力。本章从分析中国人口老龄化状况开始,落脚到为建设养老保险第三支柱提出具体的对策建议。

一 中国人口老龄化形势

(一)老龄化程度不断提高

过去几十年中,虽然中国老龄化程度不断加深,但是由于初始期的儿童和青少年人数多,所以从全球范围来看,中国目前的老龄化程度并不算严重(见表7-1)。中国的老年负担系数[①]自20世纪70年代起不断上升,2020年到达18.5%,与世界平均水平(16.3%)基本持平,明显低于美国(28.4%)、日本(52.0%)、西欧(35.8%)等发达国家(32.7%),也低于金砖国家中的俄罗斯(25.3%),但高于印度(11.3%)、巴西(15.5%)和南非(7.5%)。事实上,使用养老负担系数衡量"人口红利"(Demographic Dividend)在一定程度上解释了上述世界主要经济体在过去较长时间中的经济增长速度[②],并且对金融业和金融市场的很多基础性变量也有重要影响。

表7-1　　　　　中国和世界的老年负担系数　　　　　(单位:%)

年份	1950	1960	1970	1980	1990	2000	2005	2010	2015	2020
中国大陆	8.5	7.6	8.4	9.6	10.2	11.3	12.0	12.2	14.1	18.5
世界整体	9.9	10.1	11.2	12.1	12.0	12.8	13.2	13.3	14.3	16.3
发达国家整体	13.6	15.2	17.9	20.4	21.0	23.7	25.1	26.1	29.1	32.7

[①] 老年负担系数("65岁以上人口数"/"20—64岁人口数")是老年人口数与年轻人口数之比。其中,老年人口多取65岁以上,也可取70岁以上或60岁以上,年轻人口的下限可取15岁、20岁或25岁。

[②] Bloom D. E., D. Canning, and J. Sevilla, 2003, *The Demographic Dividend: A New Perspective on the Economic Consequences of Population Change*, Rand Corporation.

续表

年份	1950	1960	1970	1980	1990	2000	2005	2010	2015	2020
美国	14.2	17.3	19.1	20.4	21.6	20.9	20.7	21.8	24.6	28.4
日本	9.9	10.4	11.4	14.7	19.3	27.3	32.1	37.9	46.2	52.0
西欧	17.2	19.6	23.5	25.7	23.5	26.3	28.8	30.6	33.3	35.8
不发达国家（除中国）	7.6	7.4	8.0	8.4	8.4	9.0	9.3	9.5	10.0	11.0
印度	6.4	6.4	7.3	7.7	7.9	8.6	9.0	9.3	9.9	11.3
俄罗斯	8.7	10.5	13.6	17.2	17.2	20.4	22.1	19.9	20.8	25.3
巴西	6.5	7.1	7.9	8.2	8.4	9.6	10.5	11.4	13.1	15.5
南非	8.0	6.1	5.7	6.2	6.6	7.3	7.6	7.9	7.9	7.5

资料来源：联合国经济和社会事务部人口司。

中国人口老龄化形势很严峻（见表7-2）。中国老年负担系数在2020年突破20%，处于快速上升状态，预计将在21世纪末达到64.3%。21世纪后的90年中，中国老龄负担系数将一直高于世界整体水平，并预计从21世纪下半叶起高于发达国家的整体水平，2035年前后超过俄罗斯，2040年前后超过美国，2060年前后超过西欧，在世界主要经济体中仅次于日本。从全球来看，中国老龄化速度很快，老龄化挑战也格外严峻。中国经济已经从高速增长转向中高速增长的新常态，未来几十年，即使中国经济能继续保持中高速增长，并在2025—2030年成为世界第一经济体（按货币的名义价格折算），中国的养老保障形势仍然很严峻。

表7-2　　中国和世界的老年负担系数（2025—2100年预测值）　　（单位:%）

年份	2025	2030	2035	2040	2050	2060	2070	2080	2090	2100
中国大陆	22.2	27.4	35.1	41.8	47.5	58.3	58.2	60.6	63.4	64.3
世界整体	18.2	20.5	22.9	25.0	28.4	32.3	34.3	36.9	39.5	41.8

续表

年份	2025	2030	2035	2040	2050	2060	2070	2080	2090	2100
发达国家整体	36.8	40.7	43.7	46.3	50.8	54.6	54.5	56.4	58.0	59.1
美国	32.5	36.0	38.1	39.0	40.4	44.5	48.3	51.1	52.2	54.1
日本	54.8	57.7	62.0	70.7	80.7	83.3	81.9	82.9	81.9	80.8
西欧	39.9	45.5	50.8	53.2	55.7	57.9	59.0	60.3	62.2	64.1
不发达国家（除中国）	12.4	13.9	15.4	17.0	20.7	24.5	27.8	30.9	34.0	36.9
印度	12.7	14.1	15.7	17.6	22.5	28.8	35.5	40.8	45.0	49.8
俄罗斯	30.6	34.7	34.6	35.5	41.7	47.2	40.1	41.9	47.1	47.6
巴西	18.4	22.0	25.7	29.3	39.5	49.7	58.9	63.7	68.2	70.4
南非	10.5	11.4	12.3	13.5	17.4	21.8	23.2	26.8	30.4	33.3

资料来源：联合国经济和社会事务部。

（二）人口老龄化的影响因素

中国的人口老龄化是由人口生育率的快速下降和人均寿命的逐渐延长造成的。

随着经济社会的快速发展以及计划生育政策的实施，中国的生育率处于较低水平，且生育政策放松后，生育率回升也不明显（见图7-1）。在总和生育率指标[①]上，中国2019年为1.69，显著低于人口平稳发展所需的总和生育率水平（2.1），因此，如果持续下去，不仅中国老龄化会加剧，而且人口总量也会减少。面对"刘易斯拐点"[②]的迹征越来越明显，中国开始逐步调整计划生育政策：2011年11月，各地全面实施"双独二孩"政策；2013年12月，全面实施"单独二孩"政策；2015年10月，实施"全面二孩"政策。生育政策调整起到了一定的效果，2011—2015年中国的总和生育率与2006—2010年相比有小幅

---

① 该指标是指，假设妇女按照某一年的年龄别生育率度过育龄期，平均每个妇女在育龄期生育的孩子数。

② 蔡昉：《刘易斯转折点——中国经济发展新阶段》，社会科学文献出版社2008年版。

回升（1.64 回升至 1.69）。根据抽样调查，育龄妇女生育率也从 2010 年的 35.89‰ 上升到 2019 年的 44.01‰。不过，中国人口粗出生率在 1987 年达到 22.33‰ 的高点后，几乎一路下降，2019 年已经降至 10.94‰；2011 年后，粗出生率没有回升，这主要是由于育龄妇女的人口占比在下降，以及妇女在育龄阶段推迟生育，属于阶段性因素。总之，放松生育管制以及推出其他鼓励生育的政策起到了一定效果，但是效果远低于预期。

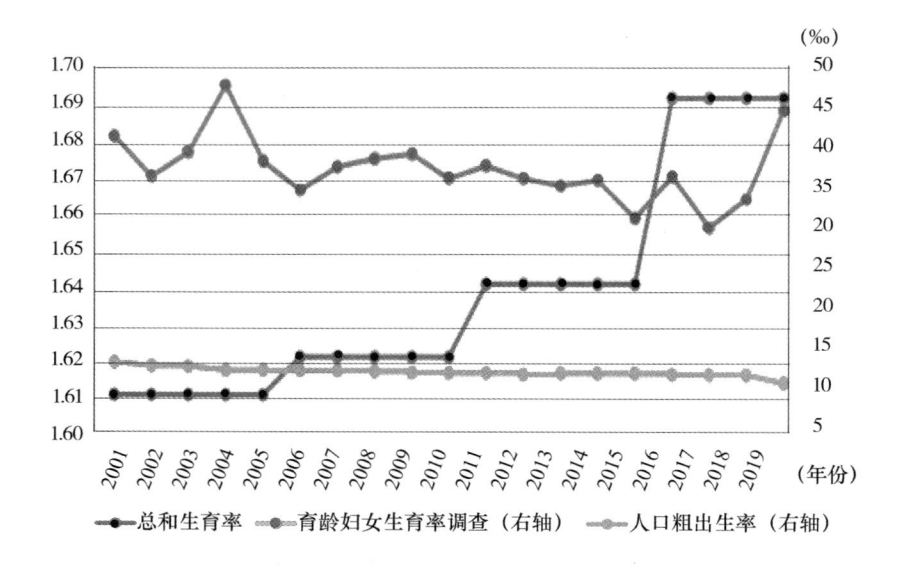

图 7-1 中国人口生育情况（2001—2019 年）

资料来源：国家统计局、联合国经济和社会事务部。

1978 年以来，中国的人口死亡率较为稳定，仅从 6.25‰ 上升到 2019 年的 7.14‰，居民的人均预期寿命逐渐延长，老年人数量迅速增加（见图 7-2）。中国人口的预期寿命从 1981 年的 66.77 岁逐步提高到 2019 年的 77.30 岁。2019 年，中国人口预期寿命高于绝大部分同等经济发展程度的国家，与世界高收入国家的差距仅为 3.57 岁。作为这一发展成就的重要结果之一，从 2005 年至今的 15 年的时间里，中国 60 岁及以上人口数从 1.442 亿人提高到 2.539 亿人，增幅达 76.02%，65 岁及以上人口数从 1.006 亿人提高到 1.760 亿人，增幅达 75.03%。目前，中国是世界上唯一一个 60 岁以上人口超过 2 亿以及唯一一个 65 岁以上人口超过 1 亿的国家。

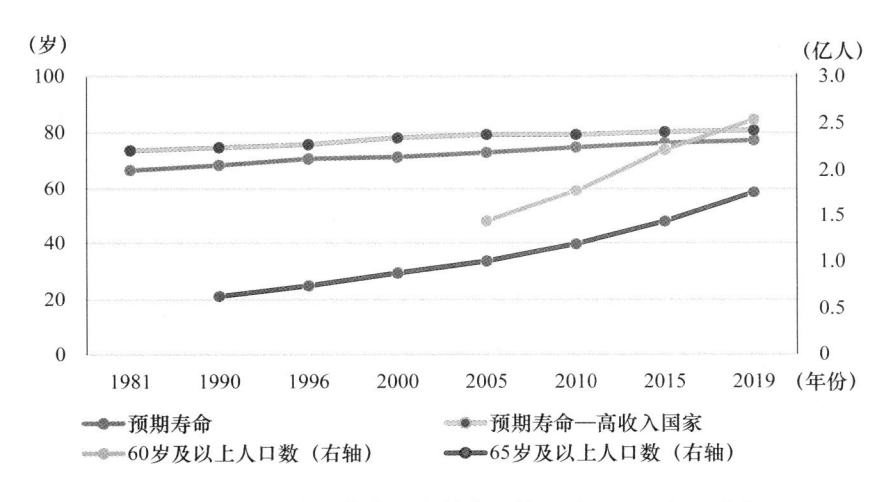

图 7-2　中国人口寿命和老龄人口情况（1981—2019 年）

资料来源：国家统计局、《中国统计年鉴》。

总之，中国出生率长期处于较低水平，使得中国人口老龄化程度不断加深，而这一形势今后能否以及在多大程度上得到扭转，尚待长期观察。

二　老年人收入和财产状况：中美比较

在老龄化进程加快的背景下，要思考"靠什么养老"的问题。关于中国老年人财务状况的调查很少，本节基于较为权威的调查数据，考察了中国老年人的收入和财产状况，并将其与美国老年人的情况进行比较，分析异同。中国的保险和养老金市场发展不足，总规模尚不足美国的 10%，而在美国金融体系中，居民大量持有保险和养老金资产①。本节也能反映出中美两国在金融结构上的重要差异。

（一）老年人收入状况分析

以第四次中国城乡老年人生活状况抽样调查②的约 22 万名 60 周岁以上老年人为样本，受访老年人的人均年收入为 2.39 万元；老年人收入存在较大的城乡差异，城乡之比为 3.14∶1，反映了中国典型的二元经济特点；老年人收入的性别差异则不大。

分析城镇老年人和农村老年人的收入来源（见表 7-3）。对于城镇老年人，养老保险的收入占比高达 71.0%，其他六类收入的占比均未超过 10%。农村老年人的收入来源较为分散，子女亲戚给予排第一，占比为 25.4%，养老保险收入排第二，占比为 24.1%，非农劳动性和农林牧渔业劳动所贡献收入的占比仍然较高，分别为 17.0% 和 16.9%。新型农村社会养老保险（"新农保"）在农村居民养老中发挥作用的空间很大。

表 7-3　　　　　　中国老年人收入构成（2014 年）　　　　（单位:%）

城镇老年人		农村老年人	
养老保险	71.0	子女亲戚给予	25.4
子女亲戚给予	9.9	养老保险	24.1

---

① 谢伏瞻：《于变局中开新局——世界百年未有之大变局下的中国经济新发展格局》，载中国社会科学院经济研究所《中国经济报告 2020：大变局下的高质量发展》，中国社会科学出版社 2020 年版。

② "中国城乡老年人生活状况抽样调查"是由全国老龄办主办、各省级老龄办协办的专项老龄国情调查，自 2000 年以来，该调查已经开展了 4 次。第四次调查的时点为 2015 年 8 月 1 日，调查范围由 20 个省区市扩展到 31 个省区市，样本规模增加到 22 万。

续表

城镇老年人		农村老年人	
劳动性	7.6	非农劳动性	17.0
房租	3.0	农林牧渔业劳动	16.9
利息	2.4	土地承包	7.0
补助性	2.4	补助性	6.7
其他（含第二支柱、第三支柱、抚恤金等）	3.7	其他（含抚恤金、房租收入、利息收入等）	3.4

资料来源：第四次中国城乡老年人生活状况抽样调查。

作为对比，考察美国老年人的收入构成情况（表7-4）。其一，各收入组人群中，大部分人能获得政府社保收入；但是，政府社保收入占总收入的比重会随着收入水平的提高而降低，从低收入组的85.0%降低到高收入组的18.1%。对于"低""中低""中高"收入组的人群，政府社保收入的重要性显著大于劳动性收入和资产性收入之和。其二，"低""中低"收入组的人群普遍没有社会养老保险收入①，可见，在养老财务保障问题上，美国算不上是福利国家。随着收入水平的提高，社会养老保险收入获得率逐步提升，其占总收入的比重也逐步提升，可见，社会养老保险收入是区分不同阶层的标志之一。其三，不出意料，总收入中劳动性收入比重和资产性收入比重均随着收入水平的提高而提高。

表7-4　　　　美国65岁及以上老年人构成（2013年）　　　（单位：%）

按收入水平分组	获得某项收入的人口比重				某项收入占总收入的比重			
	低	中低	中高	高	低	中低	中高	高
政府社保收入（Social Security）	73.3	94.6	90.1	78.1	85.0	83.5	56.5	18.1

---

① 养老金收入包括雇主发起的养老金（含军队的退休支付）、退伍军人养老金、商业年金、周期性保单分红、401（k）账户、Keogh计划、个人退休账户等。

续表

	获得某项收入的人口比重				某项收入占总收入的比重			
社会养老保险收入（Pension Income）	5.4	19.8	52.3	56.2	2.5	6.2	21.1	21.8
劳动性收入（Earnings）	4.3	8.2	22.6	51.3	2.3	4.2	12.9	43.7
资产性收入（Asset Income）	26.4	40.1	57.0	74.8	2.7	3.7	6.8	13.8
社会救助和公共补贴收入（SSI/Public Assistance）	8.0	2.2	0.7	0.4	6.6	1.0	0.2	0.0
其他收入（Other Income）	2.5	5.0	8.4	12.6	1.0	1.5	2.6	2.6

资料来源：Current Population Survey data；Poterba J. M., 2014, "Retirement Security in an Aging Society", National Bureau of Economic Research Working Paper, No. w 19930。

（二）老年人财产状况分析

在分析养老保障问题上，对财产进行"存量"分析比对收入进行"流量"分析更能反映真实情况。不过，较之收入状况，财产状况调查的难度要大很多，分析难度也更大。北京大学中国健康与养老追踪调查（China Health and Retirement Longitudinal Study，CHARLS）项目组对中国50—60岁老年人进行了抽样调查（2014年）。对于很特殊的养老金资产，鉴于居民在现收现付制下的养老金领取权是一种或有资产，所以采用调查者不同年龄的生存概率折算今后各年的养老保险收入（假设实际增长率为0），而对于各类实物资产，均采用2.5%的年化增长率[①]。

由表7-5可见，总体上看，老年人的资产总额为36.79万元；分结构看，城乡差异很大，城乡之比为4∶1，显著大于城乡收入的差距，这也反映了中国典型的二元经济特点；性别差异则不大。分析城镇老年人和农村老年人的资产构成（见表7-6）。对于城镇老年人，养老保险是第一大资产，占比达到53.67%，住房是第二大资产，占比为

---

① 赵耀辉等：《中国健康与养老报告》，北京大学中国健康与养老追踪调查项目组，2019年。

30.57%，流动资产（主要是金融资产）排第三，仅占 9.55%。对于农村老年人，住房是第一大资产，占比为 48.10%，养老保险是第二大资产，占比为 21.42%，土地排第三，占比为 11.64%。

表 7-5　　　　中国 50—60 岁老年人资产金额（2014 年）　　　（单位：万元）

老年人总体	城镇老年人	农村老年人	男性老年人	女性老年人
36.79	79.91	20.00	40.93	32.87

资料来源：中国健康与养老追踪调查（CHARLS）。

表 7-6　　　　中国 50—60 岁老年人资产构成（2014 年）　　　（单位:%）

	老年人总体	城镇老年人	农村老年人	男性	女性
养老金资产	40.56	53.67	21.42	40.76	40.28
住房资产	37.24	30.57	48.10	36.40	38.19
土地资产	4.69	0.22	11.64	4.13	5.35
流动资产	8.58	9.55	7.20	10.55	6.22
耐用消费品资产	3.29	2.63	4.38	2.92	3.73
其他固定资产	2.95	3.13	2.77	1.50	4.67

资料来源：中国健康与养老追踪调查（CHARLS）。

表 7-7 报告了美国 51—60 岁中老年人家庭的财产中政府社保资产和社会养老保险资产的构成情况。第一，整体而言，政府社保资产占家庭总资产的比重为 28%，社会养老保险资产的比重为 24%，二者占比较接近。第二，不同资产水平的家庭的资产构成显著不同。政府社保资产占家庭总资产的比重随着家庭总资产的增加不断减少，这是由于，收入越低的人群越依赖政府，或者说政府社保制度的设计有"亲贫性"。第三，随着家庭总资产的增加，社会养老保险资产占家庭总资产的比重基本上都在增加，不过最富有的 10% 的家庭的该比重低于最富有的 10%—20% 的家庭。这是因为，即使不参加养老保险计划，最富有家庭

也有足够财富维持生活。这支持了保险领域经典的"S"曲线,即保险需求随着收入水平的提高而增加,直到收入水平达到很高的水平。

表 7-7　　　　　　美国 51—56 岁人口家庭的资产构成

	←更贫困　　更富裕→				整体
	10%	10%—20%	80%—90%	90%—100%	
政府社保资产（2010 年美元）	65819	125364	285379	289698	208096
占总资产的比重（%）	88	72	21	12	28
社会养老保险资产（2010 年美元）	2445	11531	402127	595128	178007
占总资产的比重（%）	3	7	29	24	24
其他资产（2010 年美元）	6730	36034	700225	1544980	360822
占总资产的比重（%）	9	22	54	64	48
总资产（2010 年美元）	74994	172929	1387731	2429807	746924

注：样本中剔除了资产最低的和最高的各 1% 的家庭。

资料来源：National Research Council, and Committee on Population, 2013, *Aging and the Macroeconomy: Long-term Implications of an Older Population*, National Academies Press。

从居民的养老保险资产占总资产的比重看,中国城镇老年人已经与美国水平相当,但中国农村老年人明显低于美国。考虑到中国居民的资产总量明显低于美国居民,并且差距大于两国居民收入的差距,中国应当继续建设养老保险网,尤其是要加快发展三支柱中的薄弱内容。

三　养老保险的第一支柱和第二支柱分析

养老保险体系有全球通行的"三支柱"的划分[①]：第一支柱是基本

---

① 2005 年,世界银行在三支柱模式的基础上增加了零支柱（即提供最低保障水平的非缴费型保障）和第四支柱（家庭互助等非正规保障形式）,扩展为五支柱模式。制度分析通常仍采用的是三支柱模式。

养老保险或政府养老金,在中国是指城镇职工基本养老保险和城乡居民基本养老保险;第二支柱是单位补充养老保险或雇主养老金,在中国指职业年金和企业年金;第三支柱是个人养老保险,典型的是个人商业养老保险,也包括真正能发挥养老目的的储蓄存款、理财产品、目标基金、住房金融化等商业产品服务。1991年,国务院在总结部分省市试点经验的基础上,颁发了《国务院关于企业职工养老保险制度改革的决定》,提出逐步建立起基本养老保险、企业补充养老保险和职工个人储蓄性养老保险相结合的多层次保障制度。

(一) 基本养老保险"一支独大",但替代率下降

1. 城镇职工基本养老保险制度自身压力较大

建设全国统一的城镇职工基本养老保险制度,是基于1997年7月国务院发布的《关于建立统一的企业职工基本养老保险制度的决定》(国发〔1997〕26号)和1998年8月国务院发布的《关于实行企业职工基本养老保险省级统筹和行业统筹移交地方管理有关问题的通知》(国发〔1998〕28号)。前者明确了按照社会统筹和个人账户相结合的原则,建立全国统一的企业职工基本养老保险制度,规范和统一了企业和个人缴纳基本养老保险的比例、基本养老保险计发办法,建立和完善了离退休人员基本养老保险的正常调整机制,提出了养老保险基金应当实行省级统筹。后者将铁道部等11个部门的基本养老保险行业统筹移交地方管理,将养老保险金由差额拨付改为全额拨付。2005年12月,国务院发布《关于完善企业职工基本养老保险制度的决定》(国发〔2005〕38号),明确了企业和个人的缴费比例,调整了个人账户规模和养老保险计发办法,建立了基本养老统筹基金省级调剂制度,要求自由职业者、城镇个体工商户参加基本养老保险,改进了基本养老保险费征缴机制和基本养老保险基金管理制度。

城镇职工养老保险采取单位和个人共同缴费、社会统筹和个人账户相结合、财政承担额外支出责任的模式。单位缴纳比例为20%，2019年5月起，单位缴费比例高于16%的，可以降低至16%，该部分缴费计入社会统筹部分，实行现收现付制，即使用正在工作人群的缴费作为给退休人群发放的养老金。个人缴纳比例为8%，计入个人账户，实现完全积累制。参保职工退休后每月领取的养老金 = 基础养老金 + 个人账户养老金。基础养老金 = 职工所在省级地区在岗职工上年度的月平均工资 × （1 + 本人平均缴费指数） ÷ 2 × N%，其中，N 为缴费年限；本人平均缴费指数 = $(\sum_{i=1}^{N} \frac{W_i}{A_i}) / N$，其中，$W_i$ 是第 i 年该职工个人平均缴费工资，A_i 为第 i 年的上年度该职工所在省级地区在岗职工月平均工资。个人账户养老金 = 个人账户储存额 ÷ 计发月数，其中，"计发月数"根据退休年龄确定，退休年龄越大、计发月数越少，例如，40岁、60岁和70岁退休的人所对应的计划月数分别为233个月、139个月和56个月。

分析城镇职工基本养老保险的参保情况。图7-3显示，无论对于企业还是机关事业单位，城镇职工基本养老保险的在职人数（缴费人数）和离退休人数（领取养老金人数）都在不断增加。2000年，企业的参保人数负担系数（离退休人数与在职人数的数量之比）为0.32，2019年为0.38，主要是从2015年开始增长。2015年之后的中国老年负担系数较快上升，所以如果保持现行退休政策，中国城镇职工养老保险参保人员的负担系数在2050年将"翻一番"，压力很大。机关事业单位人员退休较多，参保人负担系数在2000年为0.16，到2019年已经上涨至0.52。

分析城镇职工基本养老保险的保障程度。利用公开数据计算城镇职工基本养老保险的替代率。第一步，将每一年度的"基本养老保险基金支出"除以参与养老保险中的"离退休人数"得到离退休人员人均基本养

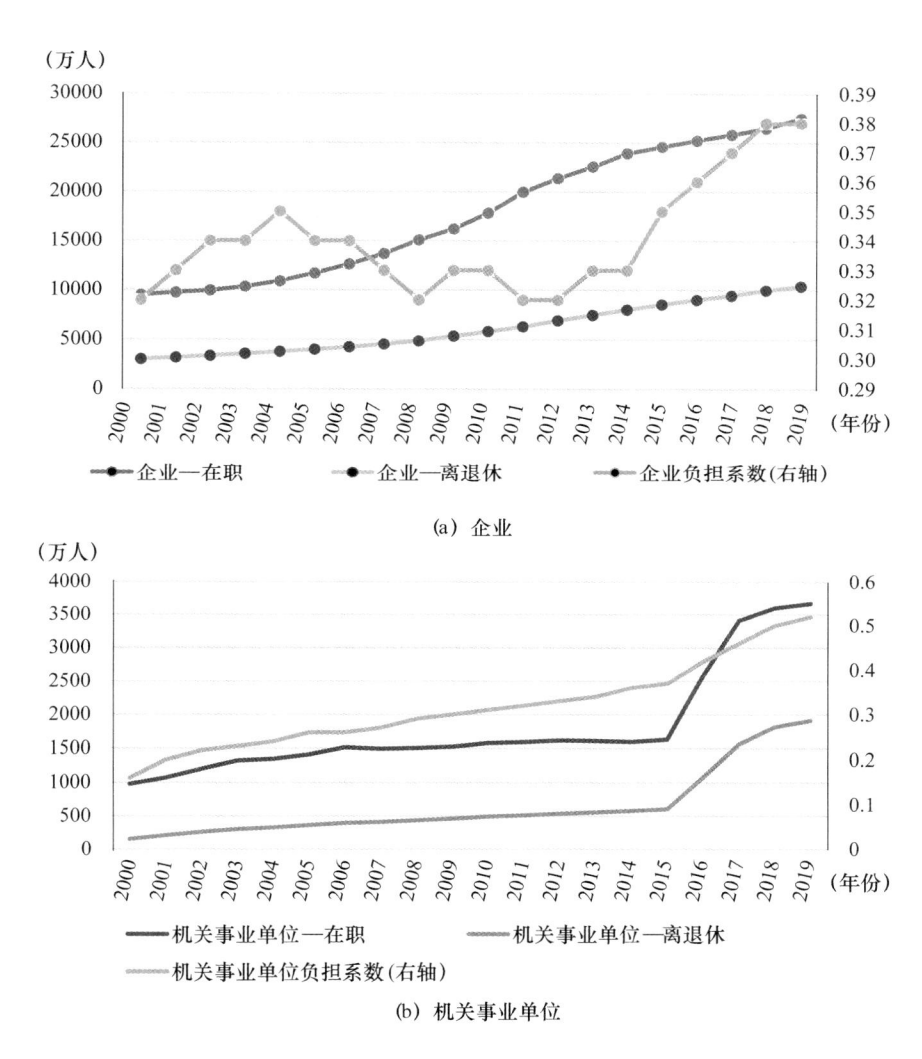

第七章 人口老龄化与养老保险第三支柱建设

(a) 企业

(b) 机关事业单位

图 7-3 城镇职工基本养老保险参保情况（2000—2019 年）

资料来源：《中国统计年鉴》、中华人民共和国人力资源和社会保障部。

老金水平。第二步，将当年人均基本养老金领取水平除以当年的"城镇在岗职工平均工资"，得到基本养老保险替代率。1989—2011 年，中国每年都提高了养老金领取水平，但是由于职工工资水平增长速度更快，中国职工基本养老保险替代率从2000年的71%开始下降,到2019年降至43%(见表7-8),远低于当初制度设计的目标替代率①。

表7-8　　　　　城镇职工基本养老保险的保障程度

年份	2000	2001	2002	2003	2004	2005	2006	2007	2008	2009
基金支出(亿人)	2116	2321	2843	3122	3502	4040	4897	5965	7390	8894
年末离休退休人数(万人)	3170	3381	3608	3860	4103	4368	4635	4954	5304	5807
城镇在岗职工平均工资(万元)	0.94	1.09	1.24	1.4	1.6	1.84	2.1	2.49	2.92	3.27
替代率	0.71	0.63	0.63	0.58	0.53	0.5	0.5	0.48	0.48	0.47
年份	2010	2011	2012	2013	2014	2015	2016	2017	2018	2019
基金支出(亿人)	10555	12765	15562	18470	21755	25813	31854	38052	44645	49228
年末离休退休人数(万人)	6305	6826	7446	8041	8593	9142	10103	11026	11798	12310
城镇在岗职工平均工资(万元)	3.71	4.25	4.76	5.24	5.74	6.32	6.9	7.61	8.47	9.34
替代率	0.45	0.44	0.44	0.44	0.44	0.45	0.46	0.45	0.45	0.43

资料来源:《中国统计年鉴》、中华人民共和国人力资源和社会保障部。

2. 城乡居民基本养老保险的保障有限

城乡居民基本养老保险是由城镇居民社会养老保险和新型农村社会养老保险整合而成。(1)城镇居民社会养老保险(以下简称"城居保")覆盖城镇户籍非从业人员,于2011年起试点,于2012年在全国所有地区推行。"城居保"有两个特点:一是资金来源除个人缴费外,还有政府补贴,个人缴费越多,政府补贴也越多,且个人缴费和政府补贴全部计入参保人的个人账户;二是城居保的养老金由基础养老金和个人账户养老金两部分构成,基础养老金由政府全额支付,个人账户养老金水平由账户储存额决定。参保居民年满60周岁,可按月领取养老金,

---

① 根据国际劳工组织《社会保障最低标准公约》,养老金替代率大于71%时,可维持退休前的生活水平,如果低于50%,则生活水平较退休前会有大幅下降。

终生领取。(2)新型农村社会养老保险(以下简称"新农保")以保障农村居民年老时的基本生活为目的,于2009年开展试点,于2012年在全国所有地区推行。它采取个人缴费、集体补助、政府补贴相结合的筹资模式,养老待遇由社会统筹与个人账户相结合。

"新农保"与"城居保"实施后,存在着城乡相关政策不一致、标准高低错落、管理资源分散等矛盾,因此,自2013年起,先后有15个省份针对这些矛盾,推进两项制度合并实施。2014年2月,国务院印发《关于建立统一的城乡居民基本养老保险制度的意见》(国发〔2014〕8号),决定将"新农保"与"城居保"合并实施,建立全国统一的城乡居民基本养老保险制度。当前,各省份对于城乡居民养老保险的缴费比例、待遇确定的规定有所不同。

居民调查数据也能反映出,社会养老保险(第一支柱)是中国老年人最主要的养老依靠。表7-9显示,2015年,中国60岁以上老年人中有养老保险的占到了96.3%,其中,有社会养老保险(第一支柱)的比重为91.2%。进一步将第一支柱细化为五个部分,可见,第一支柱的快速增长主要归因于新型农村养老保险政策的推行,在被调查老年人中的覆盖率从2011年的24.5%上升到2015年的57.9%。

表7-9　　　　60岁以上老年人的养老保险覆盖率　　　　(单位:%)

	2011年	2013年	2015年		2011年	2013年	2015年
养老保险	52.6	93.1	96.3	——城镇居民社会养老保险	1.5	2.5	3.0
——社会养老保险(第一支柱)	48.2	83.1	91.2	——新型农村社会养老保险	24.5	52.6	57.9
——政府机关/事业单位退休金	11.5	10.1	9.9				
——企业职工养老保险	9.5	15.8	16.3	——企业补充养老保险(企业年金)	1.0	1.2	1.6
——城乡居民养老保险	1.2	2.0	4.2	——商业养老保险	1.5	3.6	5.2

资料来源:中国健康与养老追踪调查(CHARLS)。

人口老龄化造成养老金领域人数与工作年龄人数不断上升，造成"现收现付制"为主导的基本养老保险制度存在较大的隐形债务负担规模[①]。对此，国内外官方和学术组织进行过很多测算，如原劳动部社保所、世界银行、原国务院体改办、财科所等，估算的结果不尽相同，平均约为3.5万亿元[②]。目前国家主要采用两种"增收"和一种"节支"的方法解决基本养老保险的精算"缺口"。"增收"方法包括：一是划拨国有资本做实个人账户，计划先划拨10%的国有资本；二是改善养老金投资体制，提高投资的市场化程度以提高投资收益率，例如，根据人社部的数据，截至2019年年底，已有22个省份签署了基本养老金委托投资合同，委托总金额达10930亿元。"节支"方法是严格退休制度，减少"早退"的程度，延后养老金的领取时间。

目前国家正在设计的"延迟退休"方案也能较大程度地缓解养老保险收支的精算缺口。考虑到人们的工作意愿差别大，所以预计将制定一个更高的法定退休年龄，作为领取养老金的年龄，而不是设计强制退出劳动市场的年龄。延迟退休影响基本养老保险的机制主要是"代际关系"。允许和鼓励延迟退休，使得工作和休闲可以在一生中更均匀地分布，能够优化社会整体资源配置和个人一生资源配置，从而通过经济增长来提升养老金的积累。虽然延迟退休要个人多缴费几年，做出了贡献，但是国家可通过提高养老金发放标准来适当补偿延迟退休的人。

（二）职业年金完成扩面，企业年金规模很小

养老保险的第二支柱是雇主主导的，包括职业年金和企业年金，

[①] 社会保障体系的资金缺口，特别是养老保障体系的资金缺口，已经成为发达国家全面性经济危机最重要的诱因。

[②] 李扬、张晓晶等：《中国主权资产负债表及其风险评估》（上、下），《经济研究》2012年第6、7期。

二者分别存在于机关事业单位职工和企业单位的工作人员。

中国职业年金正式启动于 2015 年 1 月 14 日国务院印发的《关于机关事业单位工作人员养老保险制度改革的决定》（国发〔2015〕2 号），此前，职业年金制度于 2008 年在山西、上海、浙江、广东、重庆 5 省（直辖市）开展了试点。雇主单位和职工的参与均是强制性的，职工不需要特殊的操作。在缴费比例上，雇主单位按本单位工资总额的 8% 缴费，职工个人按本人工资的 4% 缴费。缴费的积累采用个人账户模式，是完全积累制的。职业年金采用信托管理模式（而非契约管理模式）。职业年金的领取较为机械，有第一支柱个人账户的特点，采取退休后每月领取的方式。建立职业年金本身就是政府的责任，所以享受了较好的税收优惠政策。

职业年金虽然建立时间不长，很快基本实现了全覆盖。根据人社部的数据，截至 2019 年年底，有 2970 万人参加了职业年金，覆盖率达到了 82%；截至 2020 年 3 月，已有 23 个省份和中央单位的职业年金计划正式启动投资运营，其他省份也会在 2020 年全面落地实施。中国机关事业单位人数近年增长缓慢，目前接近 4000 万人，而按照全国就业人员年平均工资和 12% 的缴费比例计算，2020 年的职业年金缴费接近 4000 亿元。

中国企业年金始于 2004 年 1 月施行的《企业年金试行办法》（劳动和社会保障部令第 20 号），2017 年 12 月发布了《企业年金办法》，于 2018 年 2 月施行。雇主企业参与企业年金是自愿性的。在缴费比例上，企业每年的缴费不超过本企业员工工资总额的 8%，而企业和职工个人缴费合计不超过本企业职工工资总额的 12%。与职业年金一样，企业年金也采用信托制。企业年金实行完全积累制，每个职工均有个人账户。该账户中企业缴费及其投资收益的所有权可以直接给职工个人，也可以在 8 年之内逐步转移给职工个人。企业年金的领取较为灵活，可在退休后一次性领取，也可分期领取。

企业年金采取领取时再交税的制度设计，不过，在缴费阶段的税优幅度较低。企业符合国家规定的缴费部分（4%以内），缴费可以在税前扣除，个人缴费可以从当期的应纳税所得额中扣除；在基金积累阶段，暂不征收个人所得税；在职工达到法定退休年龄时，按"工资、薪金所得"计征个人所得税。此外，企业年金的备案流程较烦琐，支出方式设计不够灵活。对比一些发达国家，企业计算当期的应纳税所得额时可以扣除员工总额比例在美国、加拿大、澳大利亚分别是15%、18%、20%。

企业年金的覆盖面仍然很小，表7-10显示，2019年，中国建立企业年金的企业个数和参与的职工人数分别为9.60万家和2548万人，企业年金积累资产达到了17985亿元，自2007年起，三者分别实现年均增长9.83%、8.95%和23.07%；但是，以参与城镇职工基本养老保险的职工人数作为基数，2019年企业年金参与率仅为5.86%，且停滞不前。企业年金参与者存在显著的制度性差异，参与企业主要是国有企业和金融机构，中小企业占参与企业的比重则不足1%。即使多种所有制经济共同发展，新经济催生了一大批优质企业，中国企业年金制度的参与者结构也没有明显变化。表7-9中的调查数据显示，中国60岁以上老年人在2015年参加了企业年金的比重仅为1.6%。在养老保险体系健全的国家中，企业补充养老保险的覆盖率在法国、荷兰、丹麦、澳大利亚等国达到或接近100%，美国、英国、德国等也超过了50%，所以中国的企业年金很单薄。考虑到中国企业部门的杠杆率高的特点，以及中国在下大力气降低企业负担，所以企业年金覆盖率和保障程度在短期内难以较快提升。

第七章　人口老龄化与养老保险第三支柱建设

表7-10　全国企业年金发展情况(2007—2019年)

年份	2007	2008	2009	2010	2011	2012	2013	2014	2015	2016	2017	2018	2019	年均增长率(%)
建立企业个数(万个)	3.20	3.31	3.35	3.71	4.49	5.47	6.61	7.33	7.55	7.63	8.04	8.74	9.60	9.83
参加职工人数(万人)	929	1038	1179	1335	1577	1847	2056	2293	2316	2325	2331	2388	2548	8.95
积累资金总额(亿元)	1519	1991	2533	2809	3570	4821	6035	7689	9526	11075	12880	14770	17985	23.07
参与职工基本养老保险职工数(万人)	20136	21891	23549	25707	28391	30426	32218	34124	35361	37930	40293	41902	43488	6.65
企业年金参与率(%)	4.61	4.74	5.01	5.19	5.55	6.07	6.38	6.72	6.55	6.13	5.80	5.70	5.86	

注：中国企业年金制度于2004年基本形成，从2006年下半年起开展市场化投资运作，2007年开始有完整的、跨年度的统计数据，故历年情况从2007年起始。

资料来源：《2019年度全国企业年金业务数据摘要》《中国统计年鉴》，国家统计局。

· 215 ·

四 养老保险的第三支柱力量薄弱

养老保险第三支柱的本质是个人承担责任的商业性质的保险体系。界定"第三支柱"养老保险不应当限于产品服务的名称,而要抓住其发挥的"功能"。2019年6月,人社部提出多类金融产品都可以成为养老第三支柱的产品。此外,"以房养老"、符合条件的长期护理保险等也有转化为第三支柱产品的潜质。第三支柱是中国金融业远没有充分发挥作用的一个领域。

(一)商业养老保险进展较缓慢

按照是否享有税收优惠政策,商业养老保险划分为个人税收递延型商业养老保险和普通养老年金保险。

个人税收递延型商业养老保险起步很晚,发展迟缓。面对国内养老保障的巨大潜力,结合国际经验,保险监管部门长期推动出台支持商业养老保险的税收优惠政策。2010年之前,原保监会与上海、天津等城市进行了个人税收递延型商业养老保险制度设计,作为应对城市人口老龄化和建设国际金融中心的重要内容。随着与财税、人保部门的协同推进,2017年国办发布意见,明确在2017年年底前启动个人税收递延型商业养老保险试点。2018年5月,财政部等5部委联合发布《关于开展个人税收递延型商业养老保险试点的通知》(财税〔2018〕22号),标志着第三支柱个人养老金制度的正式落地。试点在福建省、上海市和江苏苏州工业园区实施,鼓励以"收益稳健、长期锁定、终身领取、精算平衡"为原则,开发设计税延型养老保险产品,采用"EET税收优惠模式",但限额按照应税收入的6%和1000元/月(或12000元/年)孰低的办法确定。由于税收优惠激励不足、申请税优的流程较为烦琐、机构投资者发展不足等原因,个人税延型商业养老保险发展缓慢,根据银保监会的数据，截至 2020 年 4 月底，共有 23 家保险公司参与个人税收递延型商业养老保险试点，累计实现保费收入仅为 3 亿元，参保人数仅为 4.76 万人。

普通养老年金保险规模有限，占寿险业务的比重比偏低。根据银保监会的数据，2020 年第一季度的商业养老年金保险保费收入为 325 亿元，有效保单为 6883 万件，期末有效承保人次为 6758 万，积累的保险责任准备金超过了 5320 亿元。2020 年第一季度，普通养老年金保险的保费收入和保单件数分别仅占寿险公司整体的 2.48% 和 2.29%。美国的年金保险业务的准备金远超过人寿保险业务的准备金。养老年金保险发展迟缓，被称为"年金谜题"，其原因包括：死亡率方面的逆向选择很严重，寿命长短只能决定终身寿险保险金的领取时间，但决定年金的领取期数和领取总额。故逆向选择对年金保险造成的影响远大于寿险；年金保险在领取期具有不可赎回性从而会造成流动性风险；人们对长寿风险认知不足、有维持现状偏差、行为惰性等不理性心理。

近年来，中国年金保险业务发展很快，保费收入占比已经接近或超过寿险业务。然而，很多产品的持续期不长，有"保险理财"的特点，而一些持续期较长的产品的长期储蓄性强，但很少承担长寿风险。中国服务于老年人的人身险不多，根据银保监会的数据，截至 2019 年，中国老年人保险产品供给覆盖 5900 多万人，其中 35.5% 的 65 岁及以上老年人已购买了商业保险，能承担长寿风险的年金保险的占比非常小。表 7-9 的调查数据显示，在 2015 年，仅有 5.2% 的 65 岁及以上老年人持有商业养老保险，且该"商业养老保险"还包括了人寿保险和两全保险。

针对商业养老保险进展缓慢的情况，国家多次提出了要求。2019年 12 月 30 日国务院常务会议上指出，"中国已进入老龄化社会，60 岁及以上老年人已达 2.5 亿人，但基本没有适应他们需求的商业保险产品""加快发展商业养老保险"。2020 年 12 月 9 日，国务院常务会议上部署了促进人身保险扩面提质、稳健发展的措施,为了满足人民群众多样化需求,提出"加快发展商业健康保险""将商业养老保险纳入养老保障第三支柱加快建设"两大发展路径。

(二)养老存款和理财产品尚开发不足

中国居民均有节俭储蓄的传统,金融资产中存款一直是最大的一类金融资产(见表7-11)。存款占居民部门金融资产的比重在1995年和2018年分别达到了75.5%和54.4%。中老年人群对存款有更大的偏爱,存款多的居民也确实对于养老的财务支出有更大的"底气"。但是,以存款来实现养老的目的,在长寿风险应对、投资积累上的效率均是低的。从国际惯例来看,存款并不是属于养老金资产,也不计入养老储备。因此,与房产一样,存款可以成为各类第三支柱养老保险产品的重要转化来源。

表7-11　　　　　　　　中国居民部门金融资产构成

	1995年		2007年		2018年	
	金额(万亿元)	占比(%)	金额(万亿元)	占比(%)	金额(万亿元)	占比(%)
通货	0.7	16.3	2.5	7.8	6.4	4.4
存款	3.3	75.5	19.2	60.2	78.6	54.4
保险准备金	0.1	1.2	2.7	8.5	18.0	12.5
证券	0.3	7.0	5.5	17.2	14.5	10.0
特定目的载体	0.0	0.0	1.7	5.3	24.9	1.5

注:基于中国家庭金融调查(CHFS)等调查项目的数据也可计算中国居民家庭的(金融)资产构成情况。

资料来源:中国人民银行资金流量核算、金融账户资产负债核算,引自易纲《再论中国金融资产结构及政策含义》,《经济研究》2020年第3期。

中国的银行理财市场发展很快，养老理财产品也有一定的规模。商业银行网点众多，有庞大和较成熟的理财顾问团队，专业知识和稳健性较好，所以加强发展养老业务是有自身优势的。不过，当前养老理财产品真正发挥养老功能的占比并不高，产品期限在1年以下的占七成左右，3年以上的占比很低，所以与其他理财产品的实质性差异不大。较之其他理财产品，养老理财产品以封闭式运作为主，开放式的也多为定期开放式，并且更追求稳健收益。截至2020年7月，已有16家银行发行了140多款养老理财产品，新成立的银行理财子公司普遍将养老产品作为战略发展方向之一。商业银行特别是大中银行较擅长把握经济周期，在风险控制和投资上有深厚积累，在供给真正的养老理财产品上有潜力和竞争力。

相对美国的个人退休储蓄账户（Individual Retirement Account，IRA）和英国的收入支取计划（Income Drawdown），中国养老存款和理财产品很有市场。在美国，IRA是1974年根据《职工退休收入保障法》设计的，个人自愿参与，享有延迟纳税，IRA的所得收益持有一定年限以上的免税，直到退休后提取资金时才缴纳所得税。在英国，2008年国际金融危机爆发后，资本市场收益差，导致年金支付率常年低下，加之人们的寿命延长造成年金的购买愿望低落，保险公司向客户销售年金的难度增大。收入支取计划应运而生，其给参与人权利选择养老保险个人账户投资种类（如股票、股权、不动产）的权利，以及何时从养老保险个人账户中支取资金以及支取多少资金，符合条件的取回额免交收入税和资本利得税。IRA和收入支取计划这两种税收优惠力度大、设计简明且透明的养老金融产品发展得很好，中国设计制度时可以参考。

（三）养老目标基金还有待观察

养老目标基金是指用于养老目的的投资基金，特点包括：采取稳健的资产配置策略，追求长期可持续的投资回报；鼓励投资人长期持有，通常设置封闭期和投资者持有期限。中国的养老目标基金自2018年2月证监会发布实施《养老目标证券投资基金指引（试行）》起正式出现，养老基金产品开始进行规范化运作。养老目标基金采取基金中基金（Fund of Fund，FOF）的形式，以降低投资收益波动。

养老目标基金的特殊性主要在于投资策略。2018年8月，证监会批准了8家基金公司的养老目标基金，包括8只养老目标日期基金和6只养老目标风险基金。养老目标日期基金也被称为"生命周期基金"，设定参与人的目标退休日期，在初期投资较为激进，而随着接近目标退休日期，基金会追求更小的投资波动。养老目标风险基金也被称为"生活方式基金"，其在既定的风险程度基础上，追求投资收益的最大化。投资风险不随参与者的年龄而变化。养老目标风险基金在投资策略上，可以设定监测的风险指标——标准差、在险价值、期望损失等，追求将该指标设定在目标区间之内，可以简单地采用固定大类资产配置的做法。美国的养老目标基金中，目标日期基金的占比在70%以上。

伴随着中国整个基金行业的快速发展，养老目标基金也发展很快。根据中国基金业协会的数据，截至2020年10月，中国养老目标基金总户数已超148万户，几乎全为个人投资者，基金规模超过353亿元，近一年的平均净资产增长率达24.21%，并且回撤率较低（-0.01%至-9.52%之间）。养老目标基金要持有较长时间才能赎回。中国的目标日期基金一般要求持有至少3年或5年，目标日期平均在2035年前后，而目标风险基金一般要求持有至少1年，锁定的期间要求不长。此外，近两年多的时间还不能构成一个金融周期，所以养老目标基金的表现需要在更长的时期中去分析。

（四）"以房养老"成效低于预期

中国的"以房养老"产品通常指老年人住房反向抵押养老保险。2013年9月国务院《关于加快发展养老服务业的若干意见》（国发

〔2013〕35号）提到"开展老年人住房反向抵押养老保险试点"（以下简称试点）；2014年7月京沪穗汉4城开启试点；2016年7月将试点时间延长至2018年6月30日，并将试点范围扩大至各直辖市、省会城市、计划单列市以及江苏、浙江、山东、广东等部分地级市；2018年8月，银保监会宣布将"以房养老"业务扩大到全国。本质上讲，"以房养老"是"住房抵押"与"终身年金保险"的结合。

较之"终身年金保险"，"以房养老"保险能节约"两个成本"，规避或大幅减轻"两个风险"，但也多出了"三个风险"。节约的两个成本：一是心理不适成本，即老年人居住于自有住房要比租住同样房子的效用更高；二是一次性的搬家成本。规避或大幅减轻"两个风险"：规避了房租上涨风险，即"以房养老"参与者居住于自有住房，不会面临房租上涨风险；减轻了流动性风险，即"以房养老"参与者在急需用钱时可以退保来应对流动性需求。节约"两个成本"和规避房租风险对养老者有利，也未损害保险人利益，所以提高了"以房养老"这项业务的效率。减轻流动性风险对养老者有利，而这种缘自个体的流动性风险转移给资金池巨大的保险人来承担和分散更具效率。多出的"三个风险"：一是房价风险，即若房价大幅下降，今后的房产处置所得将小于保险人已支付的保险金和相关费用，保险人受损，而若房价上涨，"非参与型""以房养老"的保险人不能获得这部分收益，"参与型""以房养老"的保险人按合同约定可以分享一部分房价上涨的收益，但是养老者可以选择退保来谋求独享这部分收益；二是利率风险，即利率上涨则会激励参与者退保，将住房变现资金偿还保险人已经支付成本，再将剩余资金投资于高利率产品；三是道德风险，即参与者有激励减少对住房的维护，从而降低住房价值。直接看来，房价风险和利率风险对保险人不利而对参与者有利，但保险人不能白白承担这两项具有系统性的风险，故只有提高反向抵押保险的附加费用率，这表现为手续费率高、养老收入领取率低。如在美国，按照参与者平均的预期余命估算，老年人住房反向抵押贷款的参与者所能领取的养老金仅是住房价值的50%左右。

中国的"以房养老"开展状况很不理想,市场前景不明。2015年3月,幸福人寿推出第一款产品,2016年10月,人保寿险成为经营该业务的第二家公司。到2019年9月末,"以房养老"的有效保单仅为129件,共有129户家庭191位老年人参保。因此,"以房养老"保险对居民养老的作用几乎可以忽略。"以房养老"保险的前景不明,有些问题不容易解决:一是传统观念根深蒂固,即老年人认为自己的房屋应该由子女等后辈继承;二是法律障碍较多,土地使用权续期、房产抵押登记、交易税费等方面办理较为烦琐,且存在政策不确定性;三是死亡率方面的逆向选择严重,即预期余命越长的人越会参与,使得费用率很高;四是保险公司的精算定价和投资能力有待提升。

五 加快建设养老保险第三支柱的对策建议

加快建设养老保险第三支柱需要全社会行动,金融、财政、人社等部门组织协调,各类机构共同发力。先要营造外部环境,而规范产品是前提,加强税收优惠是撬板,最重要的仍是提升相关金融产品服务的综合竞争力。建设养老保险第三支柱的过程也是金融业扩大市场规模、优化业务结构和提高发展质量的过程。

(一)提升居民的养老金融素养

中国居民的养老金融素养有待提升。金融素养包括金融感知、金融态度、金融知识、金融技能、金融行为等层次。金融素养显著影响人们在多种经济社会活动中的选择,是居民综合素质的重要内容。发达国家的相关调查显示,居民的金融素养明显不高,而新兴市场国家和发展中国家更是如此,所以中国应当加快这方面的建设。养老金融素养是金融素养中的薄弱环节,这是因为:养老金融是基于保险保障机制的,而在相关调查中,风险分散、补偿和给付是常见金融概念中很难理解的内容；中国居民长期有"家庭养老"的传统，新中国成立后"养老靠政府"的观念逐渐根深蒂固，所以人们对于通过市场化的产品服务来养老的心理准备不足；养老金融涉及生命周期、税收优化等内容，产品结构较为复杂。

提升养老金融素养对中国居民非常重要。对于消费者，由于快速发展的普惠金融而可以享受更多的金融服务，所以提高自身的养老金融素养，更能够选择合适的金融产品服务，避免被信息充分的供给者"割韭菜"，最终提升获得感和满意度。对于金融机构，居民的养老金融素养提高了，能降低业务宣传等客户培养成本以及客户沟通成本。对于监管者，提高居民的养老金融素养能促使消费者形成维护自身权益的意识和能力，有利于防范金融风险的形成。

中国在提升居民的养老金融素养时应当注意如下内容。一是这不仅是金融监管者的职责，需要国家层面的战略设计，纳入国民教育体系。老年人的金融素养不足往往是年轻时期没有足够的金融知识和经验所致。建议将养老金融的基本内容定位为常识类知识，纳入到义务教育阶段的课程中，并在大学或高中阶段的教育中增加有关课程，甚至将其作为必修课。这能培育年青一代的储蓄意愿、风险管理意识等，塑造其金融行为。

二是综合运用各种渠道宣传养老金融知识。研讨会、课堂培训等有针对性的渠道可以促进人们参与和互动，而大众传媒和艺术表演等渠道有助于影响广大人群，因此，多元化工具有助于匹配不同受众。在数字时代，要提升年青一代的养老金融素养需要，加强运用数字媒体。例如，在某些交互式的消费者接触界面中嵌入"高频""简短""有趣"的教育类游戏或短视频，不仅能随时随地地利用"可教育时刻"（Teachable Moments），而且还能依靠网上的"自发传播"扩大教育受众，尤其是影响青少年一代。

三是建议在讲到相关场景时，联系具体的养老金融产品服务，从而既提升从业者开展养老金融素养活动的积极性,也有利于帮助(潜在)消费者进行选择。对于产品服务类信息,要注意提供更好而非更多的信息,因为太多的信息会让消费者感到困惑,分散他们对最重要信息的注意力,让他们感到困惑,导致做出不明智的决策。

(二) 明确第三支柱养老保险的标准和账户规则

当前对于第三支柱养老保险还没有明确的标准,使得养老保障储备的统计"五花八门",税后优惠制度的设计难以推进,市场上的产品名称也容易让消费者误解。因此,明确第三支柱养老保险的标准是一项"当务之急"。

标准要基于产品的实质功能,涵括保险、银行、证券、基金多个经营主体,容纳多类机构的产品形式。设立"第三支柱"的标准,建议引入"养老风险测试",即通过情景分析,根据有代表性的客户群体主体,检测"参与者从产品现金流中取回的金额是否能用于养老的财务支出":奖励长时期的分期领取,惩罚一次性或短期领取;鼓励供给者承担长寿风险,即寿命越长,参与者领取的总金额越多;尽量避免养老金积累期的现金分红,避免加重产品的短期投资性和复杂性。商业保险、储蓄存款、理财、基金、信托、基于房产的金融产品只要能实现养老的目的、符合"标准",均可以纳入"第三支柱"中。在产品的保障机制上,采用缴费确定型(Defined Contribution, DC)、给付确定型(Defined Benefit, DB)和混合型均是可以的。但是为了保障参与人的权益,建议要求产品或计划给予保底的养老金领取承诺。

为个人建立第三支柱的综合账户,采用"总—分"型的制度设计。为了激励个人承担责任,并区别于第一支柱的"社会统筹和个人账户相结合"以及第二支柱"单位账户"为主,建议第三支柱完全采取个人账户进行基金缴存和投资积累。考虑到第三支柱养老保险包括多类产品,金融管理部门可以采取"总—分账户"的模式,在税收优惠上对接"总账户",在缴费和具体投资管理上对接"分账户"。各分账户之间要允许进行转接,以适应参与者的风险偏好和资金需求的变化;但是,转移要付出一定费用,以防范参与者"非理性"的过度操作损害自身利益以及影响金融机构的投资管理。

第三支柱设计的个人账户要能够与第一支柱和第二支柱的个人账户对接,增强可迁移性。允许职工在退休时将第一支柱和第二支柱的归属个人的资金转移到第三支柱,提高市场化投资水平,并促进年金化发放。此外,在制度进一步整合时,要打通房产和普通存款转化为第三支柱产品的"通道"。

(三) 加强税收激励

完善已有税优政策。一是试点地区扩面。根据美国、英国、加拿大等国家的经验,税优政策能显著推动第三支柱养老保险发展。税延型个人商业养老保险政策在目前优惠制度设计和个税政策调整的双重影响下,受益者局限于较高收入群体,所以建议将税延型商业养老保险政策向全国推开,一方面使更多居民,特别是不发达地区的居民享受税收优惠政策;另一方面减少中国税收优惠政策碎片化。二是加大税优政策优惠力度。在基金缴纳阶段,提高个人所得税的税前扣减标准;在基金积累阶段,继续免除资本利得税;在基金领取阶段,特别是在退休后逐步领取时,降低税率,对于个人当年/当月领取的年金未超过个人所得税的免征额的,考虑免税。三是在税收优惠设计上,考虑发展第三支柱对缓释财政养老负担、稳定劳动市场、促进长期机构资金供给的重要意义,通过系统和动态的分析,加强税收优惠。四是允许和估计个人直接参加,促进新产业新业态从业人员和各种灵活就业人员参加。

基于个人综合账户,统筹设计各类第三支柱养老保险产品的税收优惠政策。在继续商业养老保险、养老目标基金税优政策的基础上,推出对真正具有养老功能的养老存款和理财产品、养老信托、老年人住房反向抵押保险的税收优惠政策。税收优惠的门槛要基于包括了所有第三支柱产品的个人综合账户来确定。这样设计的优点在于：促进个人积累资金的同时，限制由于税优政策带来的居民财富不平等程度的扩大；让各类第三支柱产品有较为公平的竞争环境；方便个人进行养老资产的管理。

（四）引入竞争促进产品服务创新

第三支柱养老保险是个人的商业性的保险，所以应当发挥各类机构的优势、适度竞争，促进产品服务创新，提供多层次、差异化的服务。竞争包括如下维度。一是不同机构类型之间的竞争。保险公司、商业银行、基金公司、信托公司等之间均改进自身产品，提供第三支柱的养老保险服务。二是同行业的不同企业之间的竞争。一个行业内部要授权多家企业提供产品，借鉴企业年金投资管理人的有益经验，通过"内部资本市场"机制提高产品服务绩效。三是与企业年金计划的竞争。让雇员既可以通过所在企业参加第二支柱养老保险，又可以以个人身份参加第三支柱养老保险，利用雇主群体和雇员群体之间就劳动条件的谈判机制，促进这两个支柱的竞争和共同发展。四是不同地区之间的竞争。不同地区的经济发展和居民收入财富差别很大，而在养老保险问题上又面临人均寿命的差别，这使得税收和费率设计上如何权衡"效率"和"公平"有难度。建议在第三支柱的产品认定标准和税收优惠上继续坚持"全国一致"的原则，最多可以在待遇领取年数和待遇领取金额上适当考虑参与者退休时常住地的情况。

第三支柱养老产品服务创新要有一定的普惠金融的理念，关注合适性和公平性。一是合适性。鼓励金融机构提供承担更多长寿风险的平价的产品，在保障层次和费用上是目标细分客户真正需要的。合适的收益和费用共同创造了保险产品的价值。二是公平性，即符合平等和正义的原则。金融机构经常会为了收取高费用、激励客户的稳健行为而采取歧视性做法。当价格和利益成正比时，这种歧视可能是合理和有效率的，但可能带来社会认为的不公平的结果。建议汲取企业年金制度设计的经验，让所有人有机会享受第三支柱养老保险的税收优惠。

第三支柱养老产品服务创新要借助行为金融学和市场营销学的一些研究成果，提升人们积累养老储备的意识。一是促进"自我控制"。"时间不一致"的概念揭示了人们在不同时间点的偏好会相互冲突的情形[1]，而为了解决自我控制问题，建议让客户以分期付款的方式支付保费、能够经常看到自身养老财富的积累。二是瓦解"过度自信""锚定损失"。人们往往对自己遇到积极事件和消极事件的可能性有偏乐观的估计，例如，当人们不清楚自己经历困难的可能性有多大时，可能低估保险的价值。因为丧失某物的可能性会比获得某物的可能性更能刺激需求，所以要让人们意识到存在"人还活着、钱没了"的痛苦。三是利用心理账户。人们通常把自己的财富归类到与特定消费目标相关的单独的心理账户中。建议将保险与特定收入流相联系，提升人们对第三支柱养老保险产品的接受度。四是消除行动障碍。在研究决策时，经济学家往往强调个体内在特征的影响，而较少关注外部环境因素的力量，而在实践中，人们的行动往往受到一些看似无关紧要的外部因素的不恰当的影响。建议采取"默认加入""工资自动扣缴机制""多机制扣款"等制度设计，推动人们加入第三支柱养老保险。

（五）鼓励产品服务的简明和透明

第三支柱养老保险产品是面向大众的，期限较长、资金较大、退出成本较高，所以要注意"服务客户"，避免走上"不当创新""不当激励""不当收费"等不利于服务实体的歪路上。在保险业，个人税延型养老保险和税优型健康险发展缓慢，而各地的惠民保发展迅速，一个重

---

[1] Sandroni A., and F. Squintani, 2007, "Overconfidence, Insurance, and Paternalism", *American Economic Review*, 97（5）：1994 – 2004.

要原因就在于操作上的简明和透明。当前,应当注意提升养老保险产品的简明化和透明性。

产品的简明化。产品说明中的附加选项可能改变决策背景,让决策者的注意力偏离有意义的选项,而选项过多会让决策者难以承受,导致拖延症或不作为。例如,在美国实行的一种快速注册机制(Quick Enrollment TM),允许员工以预先设定的供款额注册退休账户,其参保率比员工需要从一系列储蓄账户选项中做选择的情况下要高出两倍[1]。在金融、电信等行业,提高产品的复杂性能让消费者变得更无知识,从而对产品指定更高的价格[2]。因此,简明化是为了将消费者利益放在中心位置。养老保险产品简明化要让客户容易理解、容易比较、容易购买、容易管理,并且公平、没有出人意料的风险。建议各类金融机构要从产品条款设计、价格表达方式、购买流程、监管信息以及产品信息更新等方面追求简明化。为了实现简明化,应当加强借助数字技术的力量。

产品的透明性。透明是指表达清晰、公开和无欺诈。做到了透明性才能让养老保险客户的判断建立在充分、准确的信息基础上,例如,收费机制应当简单透明,以使消费者能够容易识别并能够对费用进行评价,尤其是对于组合产品;参保人账户中资金流量和存量的信息要清晰透明,供随时查询,以维护参保人长期进行养老储蓄的信心和意愿;应当向客户提供前瞻性的风险—收益特征分析。

(六) 推动金融机构完善产品治理和管理机制

首先,明确产品提供者的责任。一是产品提供阶段:成立产品批

---

[1] Dalal A., and J. Morduch, 2010, "The Psychology of Microinsurance: Small Changes can Make a Surprising", Microinsurance Innovation Facility, International Labour Organization, September.

[2] Carlin B. I., 2009, "Strategic Price Complexity in Retail Financial Markets", *Journal of Financial Economics*, 91 (3): 278 – 287.

准委员会，其应当由企业的高级管理者组成，人员覆盖全部的前台和后台的职能；新产品上市需要先完成内部产品批准过程，并由产品批准委员会签字同意；在产品得到批准后的整个生命周期内，提供者应常规性地检查产品。二是产品终结阶段：终结的理由应当公正、合理，并告知客户；不能损害消费者权益，确保给消费者发送的终止通知的内容、时间符合法律和合同要求；明确所有尚未支付的利益，调整市场价值，妥善处理终结/去授权成本。三是企业应当设计和维护防火墙以避免或控制既有的或潜在的产品交易过程中的利益冲突。在不能避免冲突的情况下，需要最小化冲突，并向消费者披露。

其次，健全养老保险产品设计。一是明确目标市场。产品设计者尤其应当：关注产品的保障和投资的成分、目标客户的知识和经验、投资期限等；确保目标客户，特别是中老年人，能理解产品及其风险；实现产品的投资目标和利润—风险组合与目标市场匹配。二是完善产品内容。产品提供者尤其应当满足：产品设计和销售方式是公正的，能够满足目标市场需要；产品成本是清晰和明确的；产品生命周期内的风险都被识别出来并被有效管理，产品的风险应当与利润基本对等；设计产品的假设应当是基于市场的、公正的和无偏的；任何税收相关的事项被识别和评估，税收相关的风险被披露和有效管理。三是选择销售和售后渠道。企业要控制销售过程，选择的分销商能理解产品，并覆盖目标市场；对分销商提供充分、持续的培训；在产品生命周期内得到分销商的常规性反馈。四是企业应确保在产品售出后，持续地提供服务；持续披露产品的相关信息；处理消费者的投诉。

（七）基于长期视角配置权益类、成长性资产

鼓励养老保险产品投资资本市场和非标资产，降低政策约束。一方面，从国际经验来看，养老金要获得长期和较合理的投资回报，离不开大量配置于资本市场。保险公司等在管理第三支柱养老金时，要汲取第

一支柱养老金管理的正反两方面的经验以及企业年金投资管理的经验，加强在资本市场配置资产，减少对流动性资产的配置。另一方面，养老金投资对资本市场和国民经济发展有很大好处。养老金有望成为资本市场的一根"定海神针"和第一大类机构投资者，明显改善中国资本市场的投资主体结构。养老金入市将提高中国的直接融资比重，降低中国企业部门较高的"杠杆率"。

中国正处于经济转型升级时期，"新经济"在不断崛起，因此中国养老金投资应当更关注战略新兴产业和科技创新企业。从国内外经济结构变迁看，"新经济"的投资回报率虽然短期波动较大，但长期的平均回报率较高。此外，战略新兴和科技创新领域对外部有正向溢出效应，所以对其投资有积极的社会意义。

养老金的委托人和受托人在评价投资管理人的投资回报时需要有长期视角，提升投资组合的风险容忍度，不太关注短期回报。养老金是用于养老的，负债的久期较长，所以其可配置长期资产。委托人和全社会要更习惯于从较长期的视角评价养老金的投资业绩，例如采用"夏普比率"这样的指标衡量投资收益率时，应当采用更长时间窗口来计算作为分母的投资收益的波动率。对于这一点，可以参考社保基金理事会的投资经验：其不满于处于政策优势地位，加强了委托投资和市场化运营后，近几年的投资收益率明显高于旧体制时，在机构投资者中也表现较突出，即使调整投资资产类型、行业等因素，仍然有超额投资收益。此外，对于固定收益类投资，可以采用摊余成本法进行会计核算。

养老金投资可以关注环境、社会和治理（Environment, Social and Governance，ESG）的标准，不过当前不宜作为唯一的标准。这是考虑到如下因素：ESG评级的"分类法"（Taxonomy）可能不是基于经过严格证实的客观事实，而更多的是建立在个人主观信念、伦理观点或偏好的基础上；无法有效测量资金委托人/收益人对可持续性的偏好；存在"漂绿"情况，一些声称采用ESG投资的基金的表现其实难以持续；关于"采取 ESG 投资是否提升了基金的投资收益"的研究结论分歧很大[①];ESG 投资的实施可能造成投资上的"从众"行为和"绿色泡沫"。如果基于 ESG 标准进行投资,建议设计专门基金,供个体投资者自行选择。

(执笔人:王向楠)

---

① Friede G., T. Busch, and A. Bassen, 2015, "ESG and Financial Performance: Aggregated Evidence from more than 2000 Empirical Studies", *Journal of Sustainable Finance & Investment*, 5 (4): 210 – 233.

第八章

资本市场高水平开放的战略

以国内大循环为主、国内国际双循环相互促进的新发展格局，要求中国资本市场通过高水平对外开放不断完善市场功能和提高国际化水平。为统筹各项开放措施，本章从战略高度系统梳理以往开放政策的不足、"十四五"时期实体经济发展对资本市场开放的新要求，以及国际国内发展环境的新变化，并在此基础上提出下一阶段资本市场开放的指导思想、基本原则和主要目标。本章认为，资本市场开放需要遵循为实体经济服务、兼顾开放与安全和以我为主等基本原则，重点要在提高国际化水平、探索深层次开放措施以及发挥区域性国际资本市场功能等方面取得明显进展。

当前，突如其来的新冠肺炎疫情使世界百年未有之大变局加速演化，国际经济、政治和金融环境深刻变化。世界经济增长低迷，保护主义、单边主义抬头，全球化贸易、产业与金融体系正经受巨大考验，给中国经济社会发展带来巨大挑战。在这一背景下，中国决定坚定不移地推进高水平对外开放，以改革开放的确定性应对外部环境的不确定性，推动形成以国内大循环为主体、国内国际双循环相互促进的新发展格局，实现经济高质量发展。资本市场承担着资本与实体经济良性互动的枢纽功能。其对外开放的质量和水平既决定了双循环发展格局能否顺利形成，也会对中国经济发展质量产生重大影响。

第八章 资本市场高水平开放的战略

一 中国资本市场开放的简要回顾

"以开放促改革、以改革促发展"是多年来中国经济社会发展实践的重要成功经验。回望过去，中国资本市场的发展之路也是一条对外开放之路。自 2001 年加入 WTO 起，中国资本市场对外开放明显提速，在开放中实现探索健康发展。按照开放的广度和深度，这一历程可以基本分为三个阶段：第一阶段（2002—2013 年）：这一阶段确立了合格境外机构投资者（QFII）、合格境内机构投资者（QDII）与人民币合格境外机构投资者（RQFII）等制度，初步实现了额度管理下的"引进来"和"走出去"。第二阶段（2014—2017 年）：沪深港通、债券通相继落地，明晟（MSCI）等主要国际指数将 A 股纳入，推动对外开放呈现双向可扩容格局。第三阶段（2018 年至今）：2018 年 4 月，习近平主席在博鳌亚洲论坛上指出"中国开放的大门不会关闭，只会越开越大"，为资本市场的对外开放按下了"快进键"。此后，中国人民银行行长易纲进一步明确将大幅度放开金融业对外开放，提升国际竞争力。由此，金融领域开放政策逐步落实，如 2019 年 6 月国务院金融稳定发展委员会发布金融业对外开放 11 条措施、证监会推出进一步扩大资本市场对外开放 9 项举措。2020 年新冠肺炎疫情也没有打乱中国资本市场对外开放的节奏，各项开放措施陆续稳步推出。

表 8-1　　　　　　　　中国资本市场对外开放的历程

时　间	事　件
2002 年	实施合格境外机构投资者（QFII）制度，首家中外合资基金管理公司招商基金成立
2005 年	熊猫债暂行管理办法，允许国际开发机构在境内发行人民币债券
2008 年	国务院明确进一步放开境外机构和企业在境内发行人民币债券

续表

时 间	事 件
2011 年	实施人民币合格境外机构投资者（RQFII）制度
2013 年	中国人民银行会同中国证监会与外汇管理局联合颁布《人民币合格境外机构投资者境内证券投资试点办法》，赋予了 RQFII 投资者进入中国银行间债券市场的资格。同年，中国人民银行印发《关于合格境外机构投资者投资银行间债券市场有关事项的通知》，允许 QFII 在获批额度内进入银行间债券市场。自此，RQFII 和 QFII 投资者正式进入银行间市场，开启了银行间债券市场对外开放的新纪元
2013 年 12 月	中国人民银行发布《关于金融支持中国（上海）自由贸易试验区建设意见》，规定自由贸易账户体系内机构、企业和个人可从事各种投资交易活动
2014 年 11 月	"沪港通"启动
2015 年 10 月	中国人民银行、证监会等多部门联合发布《进一步推进中国（上海）自由贸易试验区金融开放创新试点加快上海国际金融中心建设方案》，率先提出实现人民币资本项目可兑换
2016 年 2 月	国家外汇管理局发布《合格境外机构投资者（QFII）境内证券投资外汇管理规定》，放宽 QFII 额度管理，简化 QFII 审批程序
2016 年 9 月	国家外汇管理局发布《关于人民币合格境外机构投资者（RQFII）境内证券投资管理有关问题的通知》，放宽 RQFII 额度管理，由审批制改为备案+审批制
2016 年 12 月	"深港通"启动
2017 年 6 月	宣布 A 股将被纳入 MSCI 新兴市场指数
2017 年 7 月	"债券通"启动
2017 年 7 月	《银行间债券市场开展信用评级业务有关事宜公告》发布，对符合条件的境内外评级机构进入银行间债券市场开展业务予以规范
2017 年 12 月	证监会开展 H 股上市公司"全流通"试点，优化境内企业境外上市融资环境，深化境外上市制度改革
2018 年 3 月	沪深交易所发布《关于开展"一带一路"债券试点的通知》
2018 年 4 月	把互联互通每日额度扩大四倍，即沪股通每日额度从 130 亿元人民币调整为 520 亿元人民币，港股通每日额度从 105 亿元人民币调整为 420 亿元人民币
2019 年 6 月	"沪伦通"启动，证监会推出进一步扩大资本市场对外开放 9 项举措
2019 年 9 月	取消 QFII 和 RQFII 的额度限制
2019 年 10 月	提前一年于 2020 年 1 月、4 月、12 月依次放开对期货、基金和证券公司的外资股比限制
2020 年 9 月	富时罗素公司宣布中国国债将被纳入富时世界国债指数（WGBI），QFII、RQFII 资格和制度规则合二为一并取消委托中介机构数量限制，新增允许 QFII、RQFII 投资全国中小企业股份转让系统挂牌证券、私募投资基金等交易

资料来源：根据公开资料整理。

在"引进来"方面。一是外资机构纷纷加速来华,队伍不断壮大。截至2020年9月,国内已有7家外资控股券商,8家外资参股券商;1家外资控股基金管理公司,43家外资参股基金管理公司;合格境外机构投资者(QFII)230余家,花旗银行、渣打银行、三菱东京日联银行等成为QFII托管行;另外有70余家境外证券机构设立代表处。随着中国证券基金业对外资进一步开放,由外资控股的证券公司和基金管理公司数量还会进一步增加。二是外资不断加大对中国资本市场的配置力度。据证监会数据显示,截至2020年12月末,境外投资者通过沪深港通QFII和RQFII持有A股市值2.5万亿元,占流通股市值近4%,与2019年同期相比规模增加7000亿元,占比上升0.7个百分点。此外,MSCI、富时罗素指数和标普道琼斯指数将A股纳入因子分别提升到了20%、25%和25%,全球三大债券指数均将中国债券纳入其主要指数,中国资本市场的国际影响力与日俱增。三是中国债券市场吸引力持续提升,境外机构持续不断增持。与股票市场开放相似的是,债券市场也采用了直接引入投资者和金融基础设施互联互通并存的开放模式。2020年以来,境外投资机构持续增持中国债券,月均交易量超7500亿元,月均净买入量超1200亿元。目前境外机构持债总规模超过2.8万亿元,较2019年年底增长了27%。尤其是自"债券通"推出以来,境外机构持债规模以年均40%的速度增长。四是期货市场国际化品种范围不断扩大。2015年,经国务院批准,拟在境内开展原油期货交易,并引入境外投资者。外汇管理局配合境内特定品种期货对外开放总体部署,制定了外汇管理的相关配套政策,对境外投资者投资境内特定品种期货不设投资额度限制,资金汇出入自由便利,境外投资者可以汇入人民币或外币资金作为保证金进行投资。目前,中国已经有原油、铁矿石、PTA、20号胶等多个境内特定品种,风险管理工具日益丰富,全球定价影响力正在稳步提升。

中国金融报告 2020

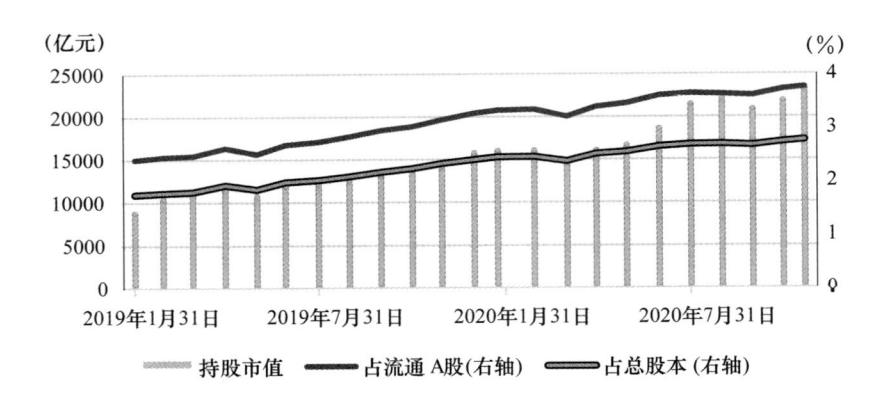

图 8-1 境外投资者对 A 股市场的投资

资料来源：Wind、沪深交易所。

在"走出去"方面。国内机构和企业"走出去"的步伐进一步加快。2016 年至 2020 年 6 月 30 日，累计共有 136 家境内企业到境外发行上市，证监会已经核准了 3 家企业发行沪伦通 GDR 的申请。截至 2020 年 6 月，共有 34 家证券公司、26 家基金管理公司在境外设立、收购或参股 61 家证券经营机构，21 家期货公司在中国香港、新加坡等地设立子公司，业务延伸到美国、英国等国家和地区，1 家期货公司还成为伦敦金属交易所的圈内会员。此外，沪港通、深港通和沪伦通的相继开放，极大地促进了内地与香港市场、境内与境外市场的双向开放进程。

总体来讲，中国 20 年资本市场对外开放已取得突出成绩，并形成一定特色。一是开放步伐稳健，有效防控风险。中国资本市场以逐步的、有序的方式推进对外开放，过程中未发生过对资本跨境流动、外汇稳定、货币政策执行以及宏观经济稳定明显不利影响的风险事件。二是有效支持了国内经济发展。中国优质企业通过境外上市融资，在获取资金支持的同时，完善了公司治理的现代化转型，为其成长壮大奠定了制度基础。三是推动了人民币国际化进程。资本市场对外开放与人民币国际化进程相辅相成，相互促进，人民币资本项下可兑换程度和资本市场的实际开放程度都已达到较高水平。四是提升了国内资本市场全球竞争力，市场监管不断向国际标准看齐。资本市场对外开放促使国内市场主体借鉴国际实践经验，在竞争中学习提高，为客户提供更好的服务，提高机构国际竞争力和抗风险能力。与此同时，市场机制设计和金融监管标准也不断与国际标准接轨，以适应更高水平的对外开放。

二 资本市场对外开放的短板

改革开放以来，特别是加入 WTO 以来，中国资本市场开放进程不断加快，在发行、投资、服务等领域的改革都取得一定进展，但仍存在一些问题和不足，亟须补足。

第一，投资便利化不足，仍存在较多核心领域限制性措施。一方面，中国资本市场仍有一些项目不可兑换，或可兑换程度较低，如国内个人对外投资、境外企业来中国上市；另一方面，部分项目的兑换存在准入条件过于苛刻、程序烦琐、限制较多等问题，便利性不够，如中国股票或债券市场虽已通过沪港通、深港通、债券通等机制实现了双向对外开放，但仍存在额度管理、收益汇出等管制障碍。又如目前中国衍生品市场只有部分市场对少数特定外资机构开放。此外，债券市场较股票市场相比开放程度较小。根据中国欧盟商会的一份报告，外资机构对中国债券市场的证券发行和评级业务提出了更高的开放诉求，包括扩大债券承销市场准入、允许外资银行参与"债券通"做市商服务、允许更多外资信用评级机构参与国内债券评级业务等方面。债券发行手续繁复，政策连贯性、一致性较差。

此外，中国债券市场还存在管理办法不明，政策一致性、连续性较差等问题。例如，债券发行审批一事一议现象普遍存在，容易受监管部门窗口指导，不利于发行机构抓住发行窗口，提高融资效率，降低发行成本。

上述资本市场投资开放便利化不足将影响中国对外经贸往来，不利于发挥外资在优化国内资本要素配置的积极作用。下一步，应立足长远，在更多领域尝试实行准入前国民待遇、负面清单、白名单制度，完善市场机制，提升相关政策的连贯性与一致性。通过不断引入国际一流机构，形成与国内机构之间的良性竞争与互动，提升国内机构公司治理、业务拓展、风险管理以及合规经营水平，在充分服务实体经济的同时，满足境内外市场主体的多样化需求，充分利用境内外两个市场、两种资源。

第二，对外开放"引进来"与"走出去"之间发展不均衡。资本市场对外开放"引进来"和"走出去"要并行扩大，均衡发展，但目前，中国资本市场两者发展不均衡问题较为突出。例如，一级市场上"走出去"快于"引进来"，目前约有1000家国内公司赴境外上市，国外公司尚无在境内上市的先例；二级市场上"引进来"快于"走出去"，QFII和RQFII的投资额度已基本放开，但QDII与RQDII仍有额度限制。债券市场只放开了境外资金北上投资境内债券，境内资金南下投资境外债券尚未开放，这样不利于资金双向交流互动。

因此，未来随着境内外资参股或控股金融机构规模逐渐壮大，以及国内居民财富实现全球资产配置的需求不断提升，资本市场双向开放的紧迫性将进一步提升。中国资本市场开放要秉承"自主开放、合作共赢"的基本方针，避免单向开放，抓住"一带一路"倡议契机，实现资本市场"进得来，出得去"双向开放。未来可择机适度提高或完全放开QDII、QDIE、QDLP等投资限额，适时开通债券通南向通，探索启动QDII2，扩大境外投资范围，提升境内投资者境外投资便利性，更好分享全球投资机会。

第三，中资机构国际竞争力不足，金融基础设施建设滞后。目前，中国证券、基金、投资银行以及服务中介等市场主体与境外机构仍存在不小差距。国内证券公司产品和利润结构单一，国际市场参与经验不足，尚未树立全球知名品牌和声誉。成熟资本市场与国际一流的会计、审计、支付、法律、评级、金融基础设施等中介配套服务密不可分，其提供的专业服务构成了资本市场的重要支撑。通过中介机构勤勉、专业、审慎的核查工作可以有效防范各类欺诈行为发生，有力提升信息披露质量，充分保障投资者知情权，进而推进资本市场的健康有序发展。现实中，中国资本市场仍存在个别中介机构罔顾法律责任和社会信任，热衷业务招揽，片面追求业务规模的现象。未来可以考虑允许国际一流投资银行、会计师事务所、支付机构、评级机构、律师事务所等在中国独立执业，通过市场竞争提高中国机构整体服务水平和国际化程度。同时，有助于推进中国会计标准和国际标准趋同、互认，加快中国金融基础设施与国际社会互联互通。此外，中国也应努力培育若干精通国内、国际市场规则、具有国际竞争力的金融机构"走出去"参与国际资本市场。

三 新发展格局对资本市场开放的新要求

当今世界正处在"百年未有之大变局"，2019年年底以来，新冠肺炎疫情在全球肆虐，使得这场大变局来得更为猛烈，变得更为迅速。全球经济受到严重冲击，蛰伏多年的孤立主义、保守主义再度横行，国际贸易和国际金融活动大幅收缩。为应对国际经济政治格局的剧烈变化，中央提出要加快构建以国内大循环为主体、国内国际双循环相互促进的新发展格局，再次强调中国经济长期健康发展必须立足国内。为促进新发展格局的形成，中央在"十四五"规划建议中明确提出要畅通国内大循环，以国内大循环吸引全球资源要素，充分利用国内国际两个市场两种资源，积极促进进口和出口、引进外资和对外投资协调发展，为此我们要坚持实施更大范围、更宽领域、更深层次的对外开放。新发展格局对资本市场对外开放提出了新的要求。

第一，资本市场开放要更好地服务于高水平开放经济新体制。开放经济体制泛指贸易投资全面对外开放的经济体制。但是开放经济体制并不必然导致经济高质量增长。历史上，拉美和东南亚一些经济体盲目对外开放，开放程度超过了本国经济和社会可承受范围，遭受了严重的福利损失。"十四五"规划建议提出的建设更高水平的开放型经济新体制，显然不是单纯强调要扩大对外开放的范围，而是要通过建立新的开放经济体制，推动实现国内国际双循环相互促进的新发展格局，实现更加讲求质量和效益的"引进来"和"走出去"。资本市场是促进资本与实体经济良性循环的枢纽，具有对资源进行优化配置的功能。在"引进来"方面，资本市场需要识别那些真正符合中国实体经济发展要求、具有比较优势的国外产业和外资企业进入中国市场，并且为其提供优质的资本市场服务。在"走出去"方面，资本市场通过识别和服务于国内优质企业和海外优质项目，满足企业进行海外投资的资金需求并提供相关服务，帮助企业分担对外投资风险。

第二，开放要为"一带一路"高质量发展创造条件。"一带一路"倡议正在得到越来越多的国家和地区的支持与响应。中国参与"一带一路"建设的模式，也在从前期以政府主导的模式，转向政府、企业和金融机构按照市场化原则共同参与的多元模式。中央提出，要坚持以企业为主体，以市场为导向，遵循国际惯例和债务可持续原则，健全多元化投融资体系，支持"一带一路"高质量发展。资本市场需要以更加积极主动的方式参与其中。一方面，要按照市场化原则对国内企业参与"一带一路"建设提供必要的资金支持；另一方面，要根据自身能力为"一带一路"沿线国家的政府融资、项目融资和企业融资提供服务，不断扩大双向投资。

第三，开放要有力支持资本市场深层次改革。中国资本市场改革正在走向深入：股票发行注册制即将全面铺开，退市制度改革已经启动，提高上市公司质量的自查和监管工作已经持续了一段时间，投资端改革

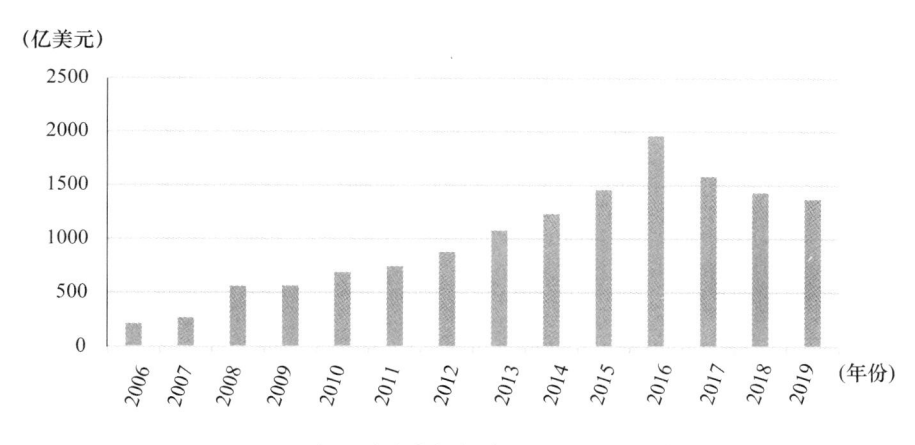

图 8-2　中国对外直接投资（2006—2019 年）

资料来源：Wind、国家外汇管理局。

将成为下一步改革的重头戏。可以说，"十四五"时期是中国资本市场从"大"走向"强"的关键时期，不仅需要深化改革和释放市场活力，也需要通过对外开放引进国外先进的市场监管经验和各类市场主体的宝贵操作经验。同时，改革的顺利进行需要有良好稳定的市场环境，唯有高水平开放才有可能实现这一目标。如果盲目扩大开放导致不必要的市场动荡，我们将难以完成改革任务。因此，我们既要积极扩大制度性开放，同时也要保持谨慎态度，把握好节奏，保留必要的监管权，以便让开放更好地服务于改革。

第四，开放要推动完善国际金融治理。国际金融治理是全球治理的组成部分，目前的治理模式是由国际组织主导、相关国家政府支持和主要国际金融机构普遍参与的治理模式。当前的国际金融治理主要是由发达国家控制的，对于中国等新兴市场国家的诉求反映不够充分。为了让国际金融治理能够更加平衡地反映不同类型国家的利益诉求，各国的金融市场和金融机构都应该积极参与治理，提供具有普适性的发展理念、监管规制和交易规则，并逐渐形成各国都遵守的共同治理原则。为此，中国资本市场需要大力增强跨国服务功能，增加国际交流，不断提升自身在国际资本市场的重要性。要向国际社会广泛传播和示范中国资本市场在新发展理念、社会责任投资、混合所有制以及法制化市场化发展方面的成功经验，推动国际金融治理更多地借鉴中国经验。

第五，开放要切实维护国家经济金融安全。安全是发展的前提，发展是安全的保障。"十四五"时期，统筹发展和安全，建设更高水平的平安中国，是中国的一项重大任务。就资本市场开放而言，一方面要通过市场开放引入优质国际资源支持实体经济发展；另一方面也要严防扩大开放可能引发的风险隐患。如短期资本跨境流动的风险、外部市场冲击的风险、资本市场定价权外移的风险、市场大幅震荡的风险等。市场开放既要确保开放收益，同时又要守住不发生系统性风险的底线，在发展与安全之间保持好平衡。

四 "十四五"时期中国资本市场开放面临的国内外环境

"十四五"时期国际经济政治环境不确定性加大，国际经济合作将持续受到保护主义干扰。中国面临的经济结构调整任务艰巨，社会保障与就业压力增加，实体经济高质量发展迫切需要深化改革和高水平对外开放。

新冠肺炎疫情在全球肆意蔓延，"逆全球化"或将对世界格局产生深远影响。经过全国上下和广大人民群众的艰苦努力，中国疫情防控取得阶段性胜利，社会经济秩序稳步恢复。但境外疫情却呈扩散蔓延态势，全球经济贸易增长受到严重冲击。从目前来看，短期内全球疫情仍难以得到有效控制，国际货币基金组织预测疫情将导致2020年全球经济下降4.4%，发达国家将下降5.8%（见表8-2）。中国是唯一实现正增长的主要经济体。与此同时，疫情影响将不仅停留在经济、金融层面，预计世界格局也将随之发生深刻变革。

英国公投脱欧、特朗普当选美国总统等事件标志着民粹主义与传统建制派之间的冲突达到新高度，贸易保护主义、单边主义和"逆全球化"思潮进一步升温。特别是，美国政府大搞单边主义和保护主义，致使以WTO为核心的全球贸易治理机制正陷入瘫痪境地。在其他重大国际问题上，美国以牺牲别国和世界整体利益为代价，正变成一个纯粹的利益索取者。国家利益已经取代意识形态，日益成为主导国际关系的核心因素。在这种情况下，国际产能合作和金融合作受到前所未有的冲击。

表8-2　　　　　　　　主要经济体的经济增长预测　　　　　　　　（单位：%）

年份	2019	2020（预测）	2021（预测）
发达国家	1.7	-5.8	3.9
美国	2.2	-4.3	3.1
欧元区	1.3	-8.3	5.2
日本	0.7	-5.3	2.3
英国	1.5	-9.8	5.9
新兴市场与发展中国家	3.7	-3.3	6.0
中国	6.1	1.9	8.2
印度	4.2	-10.3	8.8
俄罗斯	1.3	-4.1	2.8
巴西	1.1	-5.8	2.8
全世界	2.8	-4.4	5.2

资料来源：IMF。

扩大开放能够强化金融供给侧结构性改革，助力国内经济高质量发展。经济高质量发展需要从规模速度型粗放增长转向质量效率型集约增长，从"增量扩能"为主转向"调整存量、做优增量"并举，由传统增长动能向新动能转换。由于高质量经济发展将更多依赖长期资本投入和技术创新，当前迫切需要强化金融供给侧结构性改革，实现金融供给与实体经济需求之间的有效匹配。而用好、用活、用对资本市场对外开放、打造一个开放、规范、透明、有活力、有韧性的资本市场，是提升中国资金要素配置效率，促进实体经济获取更多新鲜血液、释放发展活力的关键所在。其一，有助于建立更具包容性、适应性的多层次资本市场，提供多元化融资渠道和工具。利用资本市场的价格发现功能，促进资金流入实体经济经营效益高和需求迫切的领域，在提升直接融资比例、资金配置效率的同时，带动其他生产要素合理流动。其二，有助于产业结构优化调整和转型升级。传统产业改造提升与新技术、新业态、新模式等新动能的发展壮大都需要资本市场发挥平台作用，调整资本要素在不同部门配置，促进产业结构优化升级，推动经济发展实现质量变革、效率变革、动力变革。其三，有助于优质企业做大做强。开放的资本市场可通过高效、透明的定价机制和灵活多样的支付工具及融资手段，帮助企业充实资本、提升盈利水平和市场竞争力，助力行业领军和龙头企业的培育，通过头雁效应和集聚效应辐射带动上下游产业链企业加速发展。

中国资本市场基本制度与层次体系虽已确立，但尚处于由大变强的关键阶段，定价和融资等市场功能尚未有效发挥、行政干预特征明显、上市主体质量有待提高、投资者结构尚待优化等制度性、结构性问题仍待解决，而高质量的对外开放就是解决上述问题的重要途径之一。

"一带一路"沿线项目催生巨量国际融资需求。"一带一路"沿线项目建设融资需求巨大，需要中国构建国际化资本市场提供支持。"一带一路"是打造中国经济对外开放新格局、促进沿线国家和地区共同繁荣的重大倡议，大部分项目涉及公用事业、能源、交通、航运等基础设施建设领域，对长期项目资金需求巨大。据亚洲开发银行测算，2016—2020年，除中国外，亚太地区国家每年仅在基础设施投资方面的需求约为5000亿美元，但公共部门和私人部门所能提供的资金总额每年仅为2000亿美元。"一带一路"沿线项目投融资需求为中国资本市场深化改革开放带来了机遇。一方面，当前"一带一路"项目融资仍以美元计价为主，加快境内市场的对外开放，有助于扩大人民币计价、结算、投资范围，构建人民币回流机制，提高境外资金配置效率，引导国内融资成本下行；另一方面，"一带一路"建设中涉及的融资服务、资产管理、投资顾问、并购重组、风险管理等需求也可以助推国内金融服务机构走出国门，提升投资银行业务竞争力。因此，建设国际化的资本市场，让"一带一路"优质项目公司回归本土开展股权、债券融资意义重大。

综上所述，资本市场对外开放是中国以开放应对国际格局变化的重要途径，支持实体经济创新创造的关键抓手，是缓解企业融资难、融资贵问题的可选路径，是帮助"一带一路"沿线投融资需求的必要手段，还是满足人民群众日益增长的财富管理需要的必然要求。因此，进一步推动资本市场高质量双向对外开放，恰逢其时，势在必行。

五 "十四五"时期资本市场开放的战略框架

为贯彻落实中国"十四五"总体规划，以更高水平开放促进资本市场深化改革和完善功能，更好地支持实体经济发展，有必要在战略层面对资本市场开放做出总体部署，以便在今后制定各项开放措施和配套措施时能够有所遵循。

（一）"十四五"时期资本市场开放的主要目标

资本市场更大范围、更宽领域、更深层次开放取得显著成果，开放性制度设计和保障体系更加完善，开放条件下市场运行稳健，功能不断强化，扩大开放与深化改革相互促进，开放进程与金融监管能力彼此适应，资本市场国际化取得明显进展。

（二）市场开放应遵循的基本原则

更好地服务实体经济高质量发展。资本市场的主要任务是服务实体经济，要按照建设更高水平开放型经济新体制要求，围绕中国经济对外开放的具体需要，有前瞻性地研究制定资本市场开放的重点内容和具体步骤，确保资本市场开放与经济领域其他开放措施协调配套，共同支持经济高质量发展。

坚持系统观念。在深入研究市场运行规律的基础上，以增强市场功能为目标，统筹规划各项改革和开放措施，理顺资本市场与金融体系其他组成部分的关系，促进国内和国际资本市场有效联通。

平衡好发展与安全。扩大资本市场开放要与现有金融监管能力和风险管理能力相适应，在确保国家经济和金融安全的前提下，研究推出具体开放政策，注意监测开放进程中新增的不稳定因素，保持开放政策应有弹性，及时采取措施防范化解风险隐患，守住不发生系统性金融风险的底线。

坚持"以我为主"。牢牢把握开放主动权，根据本国需要制定资本市场开放战略，独立自主地制定和执行开放政策和开放时间表，坚决不受制于人，不屈从于霸权主义，不以资本市场开放为代价交换其他利益。

坚持党的全面领导。坚持和完善党对资本市场的领导，不断优化党领导资本市场开放的体制机制，强化党对制定开放政策的部门、交易场所和主要参与主体的领导，确保中央的政策意图在所有开放政策中得到全面体现。

（三）"十四五"时期资本市场开放的重点任务

按照"十四五"规划建议要求，以实体经济高质量发展为根本指针，综合考虑中国资本市场当前的发展阶段和金融业对外开放总体水平，兼顾扩大开放与金融安全，"十四五"时期资本市场高水平开放应努力完成以下重点任务。

第一，显著提高国际化水平。进入资本市场的外国金融机构、企业和投资者明显增加，活跃度提高，持有中国金融资产规模明显增加，外资企业在国内资本市场建立稳定融资渠道，资本市场主要指数对国际市场影响力提升，国内金融机构、企业和投资者"走出去"步伐加快，金融机构国际竞争力持续提升，资本市场法规体系更好地对接国际市场，优质外资中介机构有序进入国内资本市场提供服务。

第二，探索深层次对外开放。在确保国家金融安全的前提下尽快取消影响外资机构和企业在国内展业和融资的行政管制措施，全面落实外商投资准入前国民待遇和负面清单制度，有序吸纳国际组织和外资机构参与中国资本市场规则制定，创造条件推动资本市场开放与资本项下可兑换配套改革，抓紧整合"陆股通"和QFII\RQFII制度，进一步便利外国投资者进入，支持外国投资者参与衍生品市场交易，研究制定防范短期跨境资本流动风险的应对预案。

第三，强化区域性国际资本市场功能。以"一带一路"沿线国家为对象，不断扩展资本市场服务范围，扩大熊猫债发行规模，完善国际债券交易机制，创造条件提高各层次股票市场和债券市场开放水平，稳慎推进人民币国际化，营造以人民币自由使用为基础的新型资本市场交易关系，加强与"一带一路"沿线国家的资本市场合作，积极提供对外培训和技术支持，探索在国内资本市场和离岸市场发行多币种证券，为正当的融资资金汇出提供便利。

第四，参与国际资本市场治理。认真研究和借鉴国际资本市场最佳实践，在会计与审计制度、跨境监管合作、ESG投资和投资者保护等领域同成熟市场国家建立对话磋商机制，积极参与国际证监会组织等多双边组织的监管文件制定和讨论，坚决反对霸权主义、孤立主义对国际资本市场合作的干扰。

第五，完善开放市场的内在稳定机制。完善资本市场开放措施的有效性评价和风险评估机制，强化对外开放政策的韧性与弹性，提高规则制定和执行的透明度，优化争议解决机制，有效保护外资机构合法权益，引导国内外市场主体建立稳定预期，增进双方互信，减少市场噪声交易，扩大多空双向交易规模，强化市场内在稳定功能。

对外开放是促进资本市场深化改革、创新发展的关键举措，把握好开放的力度、领域和时机将对增强资本市场功能发挥"四两拨千斤"的巨大作用。"十四五"时期，只要我们做到积极谋划，主动作为，一定能够凭借强大的战略定力和雄厚的市场资源实现资本市场高水平开放，促进双循环新发展格局更快形成。

（执笔人：张跃文、赵金鑫）

第九章

扩大金融开放促进双循环

改革开放以来，中国金融体系不断完善发展，金融体系开放程度不断提高。特别是2018年以来，中国金融开放呈现加速趋势，准入前国民待遇原则确定、负面清单管理模式实施以及金融市场双向开放力度加大，为国内国际两个市场统筹和内外经济互动提供了重要的支撑。在以国内大循环为主体、国内国际双循环相互促进的新发展格局中，金融改革开放是中国经济发展模式转型升级的重要任务，是构建开放型经济新体制的基本保障。

金融开放一般由金融业开放和资本项目开放两个相互关联但又有所区别的层面所组成。2008年国际金融危机以来，国际金融市场波动更为频繁，金融风险加速累积，新兴经济体金融稳定和金融安全面临日益严峻的挑战。在危机中，由于具有资本项目管制，中国金融部门受到的冲击相对较小，且在政策应对中较快恢复。但是，这可能逐步形成了对资本项目管制的路径依赖，基于此，中国金融开放包括金融业开放存在不尽如人意之处。虽然，中国政府一直强调金融开放的重要性，并出台诸多政策来实施金融开放战略，但是，境外经济体和金融机构对中国金融开放的"获得感"似乎不强，"满意度"似乎也不高。国内金融开放初衷与外部相关机构感知的落差成为一个重要的政策议题。

在双循环新发展格局中，国内国际双循环相互促进是全面建设社会主义现代化国家的基本保障，中国需要更大程度的改革与开放。但是，金融部门开放与其他领域开放存在重大的差异性，金融体系是管理风险的部门同时又是风险产生的领域。金融开放并不必然带来金融风险，但是，金融开放重构金融风险的总量与结构，政府当局必然要考虑潜在的金融风险。从初衷上，中国金融开放是为了更好地服务改革开放大局，为了更好地服务实体经济发展大局，为了推动形成国内国际双循环相互促进的新发展格局，但是，金融风险特别是系统性金融风险防控是金融工作永恒的主题。金融开放与金融稳定有效统筹是金融改革开放的应有之义。

一　中国金融开放 40 年回望

随着改革开放的日益深化，中国逐步建立健全现代金融体系，中国金融开放也持续推进[①]。虽然，中国金融体系发展起步较晚，但是，早在改革开放初始，中国金融部门就开启了对外开放的历史进程[②]。1979 年日本输出入银行在北京设立代表处，这是中国批准设立的第一家外资银行代表处。1982 年中国批准香港南洋商业银行在深圳设立分行，开始引入外资金融营业性机构。改革开放以来，中国金融开放大致可以分为五个阶段。

（一）第一阶段：1978—1992 年金融开放尝试期

这一时期的金融开放，主要是加大利用外资力度"引进来"，扩大外汇储备规模，吸收先进的技术与经验，增加国内就业机会，以支

[①]　王爱俭、方云龙、王璟怡：《金融开放 40 年：进程、成就与中国经验》，《现代财经》2019 年第 3 期。

[②]　北京国际金融论坛课题组、王元龙：《中国金融对外开放：历程、挑战与应对》，《经济研究参考》2009 年第 4 期。

持国内经济恢复，并大力发展"有计划的商品经济"。注重机构的引入和布局。一是银行、证券和保险等行业开始逐渐建立与引进外资相匹配的政策法规与制度。二是以上海为代表的金融对外开放的窗口先行一步，为后续金融开放试水与积累经验。三是汇率改革取得稳定汇率和增加储备的重要成果，对后续货币政策实施、汇率形成机制改革深化和金融市场开放产生深远的影响。截至1993年年底，外资金融机构在中国19个城市设立了302家代表处，集中在北京、上海和广州等地。15个国家和地区的30多个金融机构在中国13个城市设立了93家营业性机构。

（二）第二阶段：1993—2001年金融开放全面探索期

1993年中共中央出台《关于建立社会主义市场经济体制若干问题的决定》，国务院颁布《关于金融体制改革的决定》（国发〔1993〕91号），从顶层设计上完成了对中国金融开放政策的初步设计，开启了中国金融开放的全面探索进程，掀起了金融开放新一轮高潮。首先，无论是银行业、证券业还是保险业，均以开放包容的姿态欢迎外资金融机构在华设立机构并展业，对外资金融机构来华实施一系列优待条件，使外资金融机构来华呈现持续加速的良好势头。其次，中国经济体制改革取得突破性进展，加快建立社会主义市场经济体制的步伐，对外贸易全面发展，外商投资显著增加。再次，以市场供求为基础的、单一的、有管理的浮动汇率制度正式形成，建立了新的外汇体制基本框架。最后，这个阶段中国金融开放的总体特征仍然是"引进来"占绝对主导地位。截至2001年年底，外资银行经营性机构达177家，资产总额达450亿美元。

（三）第三阶段：2002—2007年金融开放提速期

2001年年底中国正式加入WTO后，中国金融开放开始从自我的政策初探向WTO框架下的承诺实施转变，中国金融开放进入一个全面提速期。在政策层面上，2002年的第二次全国金融工作会议要求对金融机构体系、市场体系、监管体系和宏观调控体系进行进一步完善，开启新一轮金融改革，以适应中国加入WTO的新形势并履行加入WTO的相关金融改革与开放承诺。相对于此前的初步探索式金融开放，加入WTO的金融开放范围更广、力度更大且呈现双向开放的态势。这个阶段中国金融改革开放最为重要的工作是开启人民币汇率形成机制改革。从2005年7月21日开始，中国终止本质为紧盯美元的固定汇率制度，开始实行以市场供求为基础、参考一篮子货币进行调节、有管理的浮动汇率制度。但是，该阶段金融开放广度和深度上仍有待进一步改善，与金融业开放相匹配的资本项目开放整体处于较为审慎状态。这其中主要根源在于金融管理部门认为更高水平的金融对外开放前，国内金融体系改革以及金融机构发展的"家庭作业"需要率先完成。

（四）第四阶段：2008—2017年金融开放权衡期

2008年国际金融危机的爆发，促使中国对开放政策做出深刻反思，尤其对外进一步扩大开放呈现出一定的权衡思维，中国在部分领域呈现审慎态度，更多从"走出去"角度来考虑金融开放问题，但对外开放整体战略没有改变[1]。2009年4月国务院决定在上海和广州、深圳、珠海、东莞（广东4市）等城市开展跨境贸易人民币结算试点，人民币国际化迈出了重要一步。其后，人民币国际化在这个阶段中实施了人民币跨境贸易结算、离岸市场发展和双边本币互换"三位一体"的发展策略[2]。在把外资银行"请进来"的同时，中资银行也在积极"走出去"，切实推进双向开放。2013年伴随着"一带一路"倡议的提出与推进，中国金融双向开放的特征日益明显。在这个阶段，人民币汇率形成机制

---

[1] 北京国际金融论坛课题组、王元龙：《中国金融对外开放：历程、挑战与应对》，《经济研究参考》2009年第4期。

[2] 张明：《人民币国际化的过去、现在和未来》，《国民财富大讲堂》的发言，2020年。

改革在曲折中前进，证券业及其相关资本项目下的对外开放是这个阶段的一大亮点，银行业对外开放的政策基调没有改变，对外资银行业务扩展的限制进一步放宽，外资银行的设立与发展自由度进一步提高。

由于内外复杂因素综合影响，外资银行业在华发展呈现"弱势"特征。2011年外资银行资产规模占比约为2%，也是外资银行资产规模占比最高的时期，后逐渐下降至2016年第三季度的1.24%。2016年第四季度开始占比有所提升，基本稳定在1.6%左右[1]。同时，由于"绿色通道"减少和金融监管强化，对资本项目特别是跨境资本流动等的监管有所加强，而外资银行基本业务更多涉及跨境资金交互，从而使得外资银行在业务开展中受到了较大的"技术性"约束。例如，部分地区的监管机构对资金汇出采用"严控"政策，影响了外资银行正常汇兑结算业务[2]。由于银行业在中国金融体系中占据主导地位，银行业对外开放的问题特别是外资机构在华的自我发展、市场竞争和监管适应问题成为这个阶段较为凸显的政策议题，也是中国与其他经济体在双边和多边对话中的重要议题。

表9-1 中国主要金融机构/市场主营业务发展

机构/市场	主营业务指标	2010年规模（亿元）	2018年规模（亿元）	增幅（%）
商业银行	新增人民币贷款	79451	156712	97.2
大型商业银行	新增人民币贷款	40822	63388	55.3
全国性中小型银行	新增人民币贷款	23456	97915	317.4
农村金融机构	新增人民币贷款	9656	20002	107.1
外资金融机构	新增人民币贷款	1628	908	-44.2
商业银行	理财产品资金余额	28000*	321000*	1046.4

---

[1] 中国金融四十人论坛：《感知政策的温度》，2020外滩金融开放报告，2020年。
[2] 中国金融四十人论坛：《感知政策的温度》，2020外滩金融开放报告，2020年。

续表

机构/市场	主营业务指标	2010年规模（亿元）	2018年规模（亿元）	增幅（%）
政策性银行	债券发行量	13193	34340	160.3
保险公司	保费收入	14528	38017	161.7
保险公司	赔付总额	3200	12298	284.3
信托公司	管理资产规模	30405	227013	646.6
企业集团财务公司	债权总额	13441	57909	330.8
债券市场	债券发行量	95238	184713	93.9
股票市场	非金融企业境内股票融资	5786	3606	-38.7
证券公司	证券承销和保荐业务收入	252	2663	956.7
基金管理公司	管理资产规模：公募	25207	130347	417.1

注：*商业银行理财产品资金余额原始数据以万亿元为单位，数据取小数点后两位。

资料来源：Wind、金融统计年鉴和中国证券业协会。

（五）第五阶段：2018年至今主动加速开放期

随着中国金融部门去杠杆和系统性金融风险防控取得积极进展，同时中国经济发展模式转型、经济结构优化以及内外经济互动要求匹配更加市场化的金融体系，叠加中美经贸摩擦的外部冲击，中国自2018年进入一个主导加快金融开放的历史进程。2018年4月10日，国家主席习近平在博鳌论坛发表重要讲话时指出，"中国开放的大门不会关闭，只会越开越大"，并要求加快对外开放步伐，大幅放宽包括金融业在内的市场准入。中国金融行业对外开放进入新的历史阶段，银行业、证券业、保险业等开放进程不断加速，外资金融机构的商业存在日益拓展。以银行业为例，截至2019年年底，中国共有外商独资银行41家，网点数超过20个的外资银行有20家（见图9-1）。

2018年4月10日习近平主席在博鳌论坛上的讲话后，中国人民银

第九章 扩大金融开放促进双循环

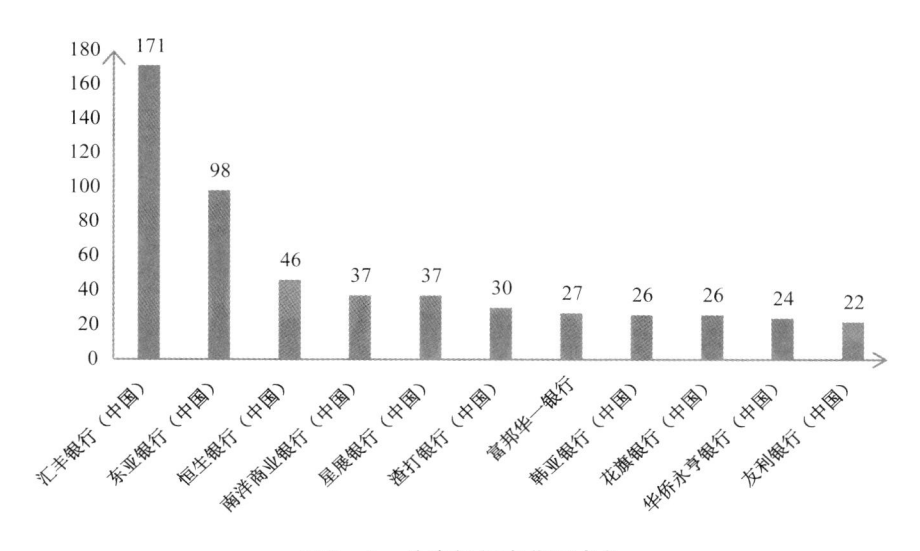

图 9-1 外资银行在华网点数

汇丰银行（中国）	171
东亚银行（中国）	98
恒生银行（中国）	46
南洋商业银行（中国）	37
星展银行（中国）	37
渣打银行（中国）	30
富邦华一银行	27
韩亚银行（中国）	26
花旗银行（中国）	26
华侨永亨银行（中国）	24
友利银行（中国）	22

资料来源：中国金融四十人论坛：《感知政策的温度》，2020外滩金融开放报告，2020年。

行行长易纲于4月11日在分论坛"货币政策正常化"上宣布了扩大金融业对外开放的11项具体措施和时间表（"老十一条"）。2019年7月20日，国务院金融稳定发展委员会办公室公布了11条更新的金融对外开放措施（"新十一条"）。两个重要的开放政策不仅涵盖了金融业和金融市场开放，同时还将开放主体的范围从银行、金融资产管理公司、证券公司、基金管理公司、人身险公司和期货公司扩展到了货币经纪公司、评级机构等支持类主体。外资金融机构和个人金融资产整体规模在持续上升（见图9-2）。2018年以来，中国金融开放进入一个主动推进的加速期，以"新老十一条"为代表的重大开放政策得以落实并取得重大进展，但是，相对于双循环新发展格局以及内外经济互动内在要求，相对于发达经济体，甚至部分新兴经济体的开放发展，相对于准入前国民待遇原则和负面清单管理模式，中国金融体系改革与金融开放仍然存在较大的改进空间。

(亿元)

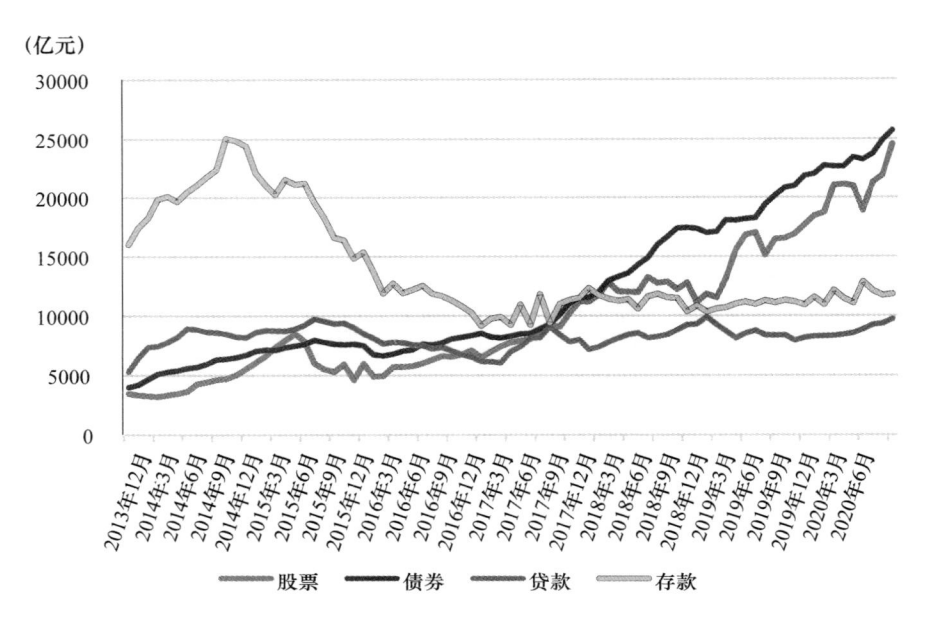

图9-2 境外机构和个人持有境内人民币金融资产情况

资料来源：Wind。

二 金融服务业开放的政策实践：基于负面清单的比较

2018年以来，中国持续加大金融开放力度，国务院金融稳定发展委员会、中国人民银行、银保监会等相关部门推出一系列政策，在市场准入、业务范围、经营便利等方面政策不断优化。中国人民银行行长易纲曾多次表示，中国将遵循以下三条原则推进金融业对外开放[①]：一是

---

① 《中国人民银行易纲行长在博鳌亚洲论坛宣布进一步扩大金融业对外开放的具体措施和时间表》，http：//www.pbc.gov.cn/goutongjiaoliu/113456/113469/3517821/index.html，2018年4月11日；《中国人民银行易纲行长在2018年金融街论坛年会上的讲话》，http：//www.pbc.gov.cn/goutongjiaoliu/113456/113469/3548100/index.html，2019年5月29日；中国人民银行：《2019年第一季度中国货币政策执行报告》，2019年5月17日。

准入前国民待遇和负面清单原则；二是金融业对外开放将与汇率形成机制改革和资本项目可兑换进程相互配合，共同推进；三是在开放的同时，要重视防范金融风险，要使金融监管能力与金融开放度相匹配。金融服务业开放中非常重要的一个国际实践就是采用负面清单管理模式。这种模式也在国内成为贸易金融开放的基本准则。

本小节将基于负面清单管理模式来评估中国金融业开放的政策实践，提出中国金融业开放与其他经济体金融业开放的差异性[①]。在国际经贸条约谈判中，负面清单是对条约中义务提出保留的一种方式。在谈判中，一般对协定中的义务提出保留主要有两种模式，即正面清单模式与负面清单模式。负面清单模式是"缔约国对协定中的一般性条款达成共识，然后列出所有不适用于这些条款或不符合其义务的个别措施"。当前，在世界各国推进金融服务业开放的进程中，负面清单管理模式被越来越多地采用。

中国在金融开放过程中持续探索并积极实现负面清单模式。2013年，中国人民银行前行长周小川在中法金融论坛上发表讲话指出，中国金融业"要放宽市场准入，要使金融业在竞争性市场上为国内的经济活动和跨境的经济活动提供更好的金融服务"，"从市场准入的角度来讲，中国会继续扩大对外开放，将管理从正面清单转到负面清单，研究实施准入前国民待遇"。2015年10月，"金改40条"明确提出"要不断扩大金融服务业对内和对外开放，对接国际高标准经贸规则，探索金融服务业对外资实行准入前国民待遇加负面清单管理模式"。2013年9月，上海自贸区公布了中国首个真正意义上的"负面清单"，即《中国（上海）自由贸易试验区外商投资准入特别管理措施（负面清单）（2013）》。随后，上海自贸区在2014年4月公布了2014版负面清单，而国务院办公厅于2015年4月下发了同时适用于上海、广东、天津和福建四个自贸试验区的《自由贸易试验区外商

[①] 值得重点提及的是，金融开放主要涉及金融服务业（或金融业）开放和金融市场开放，而金融市场开放更多与资本项目开放紧密关联。在讨论负面清单管理模式时，主要适用于金融服务业开放。

投资准入特别管理措施（负面清单）》，即2015版负面清单。2020年6月，国家发改委、商务部发布《自由贸易试验区外商投资准入特别管理措施（负面清单）（2020年版）》。至此，金融业准入的负面清单已经正式清零。

更多的外资和外资机构正在有序进入中国金融市场，呈现百花齐放的新格局。由于各国尚没有单独针对金融业外商准入的负面清单，仅在自贸区负面清单中有针对金融业的若干规定。通过比较国际上最具有代表性的自由贸易协定中的金融负面清单内容来分析各国的金融业开放政策，具有较强的代表性和操作性。

（一）金融服务业负面清单条款数目的国际比较

世界主要国家在金融服务业负面清单中所设置的条款数目存在较大的差异。从图9-3可以看到，发达程度相似的国家之间签署的负面清单中不符措施条目接近。而在发达程度存在差异的国家之间所签署的负面清单中，发达程度较低的国家比发达程度高的国家限制措施更多。具体

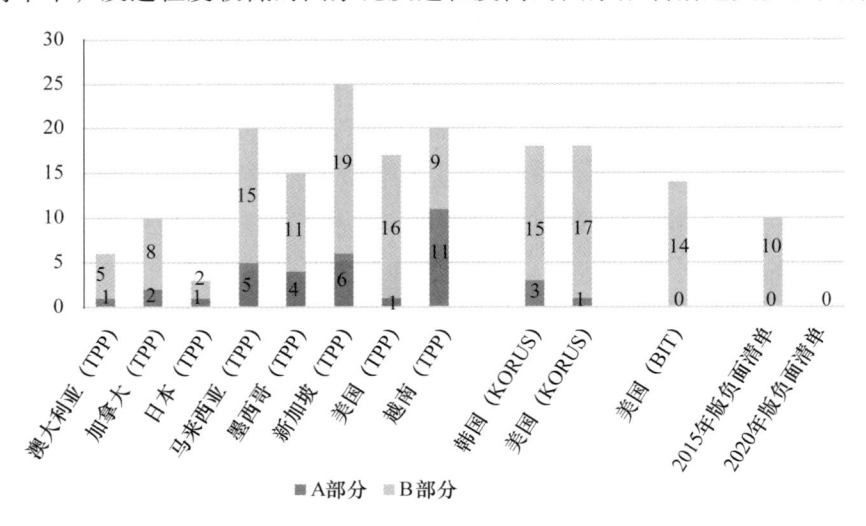

图9-3 金融服务业负面清单中的条款数目

资料来源：TPP、KORUS、BIT协议文本及中国政府发布的《外商投资准入特别管理措施（负面清单）》（2015年版、2020年版）。

来说，发达水平相似的美国和韩国，其金融负面清单的条款数均为 18 条，而同为东南亚国家的马来西亚、新加坡和越南因为经历了亚洲金融危机，在金融业开放中较为审慎，均设置了 20 余条限制条款，明显多于金融体系发展比较完善的澳大利亚、加拿大和日本等发达国家（均不超过 10 条）。

就负面清单的条款类型而言，各国间也存在一定的结构性差异。澳大利亚、加拿大、日本、美国和韩国等发达国家主要使用现行不符措施（即 B 部分），而马来西亚、墨西哥、新加坡和越南等国家使用"有权采取或为任何措施"或者"有权采取，但不局限于以下措施"（即 A 部分）比例则较高。

（二）金融服务业不同行业负面清单条款数目的国际比较

在金融服务业开放的具体实践中，通常将金融服务业开放负面清单中的产业划分为保险产业和银行及其他金融服务产业这两个部分。相比于保险产业，银行及其他金融服务产业在绝大多数国家和地区都受到了更为严厉的监管限制。在图 9-4 中可以看到，针对银行及其他金融机

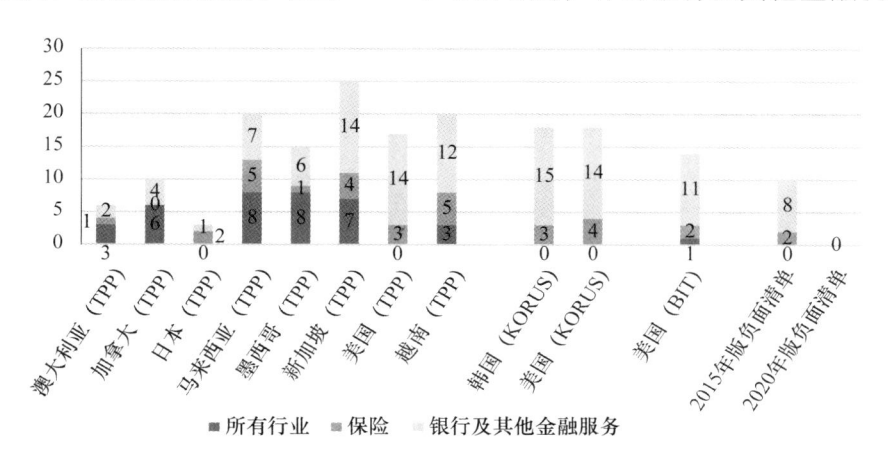

图 9-4　金融服务业中不同行业负面清单中的条款数目

资料来源：TPP、KORUS、BIT 协议文本及中国政府发布的《外商投资准入特别管理措施（负面清单）》（2015 年版、2020 年版）。

构设置的条款占到了金融负面清单条款数目的 80% 左右。这一情况在发达国家和发展中国家均具有普遍性。

在《外商投资准入特别管理措施（负面清单）（2020 年版）》中，尽管已取消了对银行业、保险业相关的外资持股比例限制、总资产规模要求等数量型限制，但包括公司治理、关联交易、股东资格等外资股权投资方面的一系列机制性监管规则，还有待进一步的明确与细化。

（三）金融服务业负面清单不符措施条款内容分布的国际比较

通常来说，各自由贸易协定中关于金融负面清单不符条款内容可以分为准入限制、业务限制、董事会成员限制、针对本国的特殊政策、其他保留条款、地方政府和其他七种类别。其中，准入限制和业务限制是限制条款最多的两个类别（见表 9-2）。

表 9-2　　金融服务业负面清单不符措施条款的内容分布

协议类别	国家	准入限制	业务限制	董事会成员限制	针对本国的特殊政策	其他保留条款	地方政府	其他
TPP	澳大利亚	0	2	1	2	0	1	0
	加拿大	4	2	1	0	0	0	0
	日本	1	1	0	0	1	0	0
	马来西亚	8	5	1	4	2	0	0
	墨西哥	6	3	1	3	1	0	1
	新加坡	15	5	2	2	4	0	0
	美国	4	4	1	3	0	4	1
	越南	11	4	1	3	3	0	0
KORUS	韩国	4	10	1	2	1	0	0
	美国	4	4	1	2	1	5	1
BIT	美国	4	4	1	2	0	2	1

续表

协议类别	国家	准入限制	业务限制	董事会成员限制	针对本国的特殊政策	其他保留条款	地方政府	其他
2015年版负面清单	中国	8	4	0	0	0	0	0
2020年版负面清单	中国	0	0	0	0	0	0	0

资料来源：TPP、KORUS、BIT协议文本及中国政府发布的《外商投资准入特别管理措施（负面清单）》（2015年版、2020年版）。

1. 准入限制

准入限制是控制开放的最常见的手段。准入限制所采用的手段主要包括本地化、股权限制、资质要求、机构数量、机构形式以及代理要求等。这其中，资质要求、本地化要求和股权限制是调控金融服务业开放程度的关键手段。

资质要求是对于外国金融服务提供者在进入阶段的主体资格进行限制，包括股东机构类型、资产规模、母公司经营业绩、信用评级、利润率、授权进入等指标。例如，越南政府要求在国内设立分行的外国商业银行，其母公司总资产要超过200亿美元；韩国政府则要求只有符合"国际公认的金融机构"才可以持有韩国商业银行或银行控股公司10%以上的股份。

股权限制也是在国际上的金融负面清单中采用较多的一种方法。例如，墨西哥政府规定，任何自然人或法人都不能拥有信用社超过15%的股权；越南政府则要求，境外机构或个人持股不得超过银行总资本的30%。

本地化要求也是准入限制中使用较多的条款。部分国家对银行或其他金融机构在当地分支机构的数量进行要求。例如，马来西亚政府对外资银行分支机构在全国范围内的分布进行了界定，其规定外资银行只被允许建立最多8个分支机构，且符合1（市场中心）∶2（半城市）∶1（非城市）的比率。

在《外商投资准入特别管理措施（负面清单）（2020年版）》中，金融业准入的负面清单已正式清零。但外资在机构准入和展业限制解除后，仍需申请诸多许可，面临不少操作性问题，对金融业开放的诉求依然较多，金融业向负面清单管理的转变仍存在较多工作。

表9-3　　　　　　　　　　准入限制的条款内容

协议类别	国家	准入限制	资质要求	股权限制	机构数量和形式	本地化	代理要求
TPP	澳大利亚	0	0	0	0	0	0
	加拿大	4	2	0	0	2	0
	日本	1	0	0	0	1	0
	马来西亚	8	5	2	0	1	0
	墨西哥	6	4	1	1	0	0
	新加坡	15	7	2	0	5	0
	美国	4	2	1	2	1	0
	越南	11	6	2	0	0	1
KORUS	韩国	4	2	1	1	0	0
	美国	4	2	1	0	1	0
BIT	美国	4	2	1	0	1	0
2015年版负面清单	中国	8	4	5	0	0	0
2020年版负面清单	中国	0	0	0	0	0	0

资料来源：杨嬛、赵晓雷：《TPP、KORUS和BIT的金融负面清单比较研究及对中国（上海）自由贸易试验区的启示》，《国际经贸探索》2017年第4期；作者整理。

2. 业务限制

业务限制是指在金融业开放的负面清单中，东道国对某些敏感业务禁止外商投资者进入而设置的特殊条款，主要包括完全限制、带豁免的限制或带门槛的限制和互惠条件限制。完全限制明确禁止外资进入到某些产业或业务。如在韩国，只有韩国交易所可以开展证券或期货业务。带豁免的限制或带门槛的限制则是指东道国对外资金融机构的进入，提出附件条件。如澳大利亚要求，外国银行的分支机构只能收取 25 万澳元以上的开户存款。互惠条件限制则要求，如果该外商投资者的母国对东道国开放了某项业务，东道国也将对外商投资者开放这项业务。

需要注意的是，负面清单清零不代表对金融业务的开展没有任何限制。负面清单模式下，金融机构的展业仍必须满足资质要求、持牌经营。此外，负面清单清零也不意味着监管清零。负面清单模式下，监管部门将更多的资源从准入管理转向事中、事后监管对金融业务的开展进行约束和管理。

表9-4　　　　　　　　　　　　业务限制的类别

协议类别	国家	业务限制	完全限制	带豁免或门槛限制	互惠条件	其他条件
TPP	澳大利亚	2	1	1	0	0
	加拿大	2	2	0	0	0
	日本	1	1	0	0	0
	马来西亚	5	2	2	1	0
	墨西哥	4	0	4	0	0
	新加坡	5	3	3	0	0
	美国	4	2	0	2	0
	越南	4	4	0	0	0
KORUS	韩国	10	5	3	0	2
	美国	4	2	0	2	0
BIT	美国	4	2	0	2	0
2015年版负面清单	中国	4	2	2	0	0
2020年版负面清单	中国	0	0	0	0	0

资料来源：杨嬛、赵晓雷：《TPP、KORUS 和 BIT 的金融负面清单比较研究及对中国（上海）自由贸易试验区的启示》，《国际经贸探索》2017 年第 4 期。

3. 董事会成员限制

在董事会成员的限制方面，各个国家对董事会成员中本国居民的数量进行了明确的要求。通常而言，本国居民被要求占进入该国外资金融机构董事会成员的大多数。

除对董事会成员中本国居民的数量有要求外，在某些重要职务的任职条件上，部分国家也做出了限制和约束。例如，在美国，国家银行的所有董事都必须是美国公民；在韩国，住房金融公司的所有董事会成员都必须是韩国公民；在越南，公司高管在履任期间必须居住在越南。

在《外商投资准入特别管理措施（负面清单）（2020年版）》中，金融业负面清单已清零。需要注意的是，"外商投资准入负面清单"和"市场准入负面清单"因有其各自的措施范围和适用维度，并未纳入全部的金融业开放措施，因此清单的缩减与金融业的开放程度实际上并不完全等同[①]。例如，中国人民银行于2020年11月发布关于《金融控股公司董事、监事、高级管理人员任职备案管理暂行规定（征求意见稿）》，通过正面清单和负面清单，明确金融控股公司董监高的任职条件。也就是说，外商投资者在满足"外商投资准入负面清单"的基础上，仍需满足国内层面的"市场准入负面清单"。

三 金融开放在双循环中的重要作用

以国内大循环为主体、国内国际双循环相互促进的新发展格局是中国与世界经济互动到了特定阶段且面临特定外部冲击后的战略总结与部署。回顾中国改革开放40多年的历史进程，可以看到中国坚持内部经济与外部经济有效统筹的政策大框架并没有发生系统性变化，只是内部

---

① 马兰：《中国金融业深化对外开放的负面清单机制研究——基于CPTPP和GATS的比较分析》，《金融监管研究》2019年第9期。

和外部谁为主体的战略选择根据国内外政治、经济和金融等发展趋势进行动态调整、主动适应和积极应对。金融循环是国内外两大循环的重要组成部分，是双循环体系不可或缺的基本机制之一。

（一）加大金融开放是防止"硬脱钩"的基础保障

在开放条件下，金融体系资源配置功能在全球体系中进行配置，并形成相互链接的全球产业链和国际金融市场体系。虽然，中国金融和经济体系面临内外多项显性风险，但是，为了保持与全球产业链的链接实现金融体系对全球化资源配置的服务功能，中国需要继续坚持改革开放的发展战略。一方面，加速对内开放进程，注重公平市场环境建设，给予不同产权属性和境内外的微观主体平等的经济金融参与权，以培养内部竞争有效的市场体系，形成更加完善的金融功能；另一方面，积极扩大开放，秉承国民待遇原则，通过深化金融对外开放和促进国内金融改革、提升市场机制弹性来缓释外部因素对国内经济金融体系的冲击，这是金融稳定的重要内容，亦是系统性风险防范的重要任务，也是金融资源配置功能发挥的内在要求。

相对于贸易开放，金融对外开放在双循环中具有更为重要的作用。由于中国存在资本项目管制，中国金融体系与境外金融市场的关联性要远远弱于国际贸易投资系统。国际金融体系与贸易体系最为重大的差异是金融系统存在"自循环"，即缺少中国，以美元为核心的国际货币金融体系基本仍然可以维持正常运转，但是，中国如果缺少了外部金融支持，那么经济双向互动甚至内循环将会面临巨大的困难。2019年，中国GDP占全球比重约16.6%，贸易占全球比重约13.2%，而截至2020年6月末人民币国际支付市场份额占比仅为1.76%[①]（见图9-5）。大体上，国际金融存在两个循环：一是与国际贸易相关的贸易渠道，二是

[①] 中国银行业协会：《人民币国际化报告（2019—2020）》，2020年8月31日。

与金融市场自身相关的金融渠道。贸易渠道主要是通过商品和服务贸易进行，主要体现在国际收支平衡表中的经常项目上。金融渠道主要分为直接投资、证券投资、其他投资和衍生品等，主要体现在国际收支平衡表中的资本项目上，另外，金融渠道还包括估值效应等。

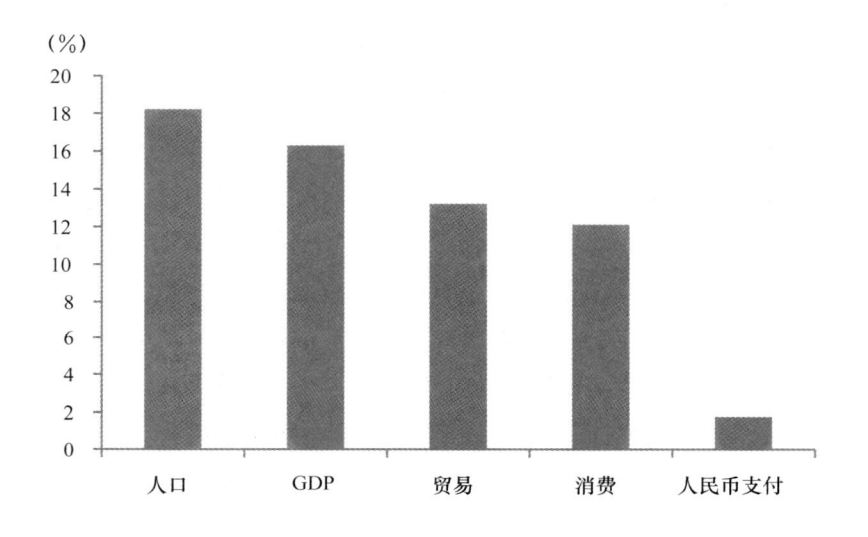

图 9-5 中国重要经济变量的全球占比

注：人民币支付为 2020 年 6 月末数据，其余为 2019 年年底数据。

资料来源：CEIC、Wind 以及作者计算。

在新冠肺炎疫情全球大流行和中美博弈深化的过程中，产业链、贸易投资和金融体系面临显著的"硬脱钩"风险，加大金融开放是防范"硬脱钩"的有效举措和基本保障。一方面，通过金融开放可以有效地促进与贸易项目相关的资本流动和资源配置，使得贸易关联和产业链关联能够有效弥合，缓释疫情以及个别国家单边主义对全球产业链合作的破坏，防止出现"硬脱钩"；另一方面，通过金融开放可以更好地联结境内外金融机构并有效促进其在中国的商业存在，通过业务关联强化内外互动，使得中国可继续强化与国际金融体系的链接机制，为境内企业甚至政府提供境外金融资源，以在更广泛的范围内实现储蓄投资转换，促进中国经济维持平稳较快发展态势。

（二）加大金融开放是缓释中美经贸摩擦的重要方式

过去2—3年，中美经贸摩擦不断深化甚至引发较为严重的冲突，形成了以关税和技术为代表的双边摩擦格局，同时，中国金融摩擦亦有所呈现。2019年8月美国政府超越《贸易便利化和贸易执行法》的相关标准将中国列为汇率操纵国。这是1992—1994年后，中国再次被美国列为汇率操纵国。但是，实际上，中国并不符合美国政府自身制定的判断汇率操纵行为的主要标准，将中国列为汇率操纵国是特朗普政府实施的无理、无据的偏激型政策。得益于人民币形成机制改革，人民币汇率水平与经济基本面基本相符，国际收支整体处于平衡状态，2020年1月美国政府宣布取消对中国"汇率操纵国"的认定。倘若不是中国在2018年以来在金融开放领域做出了诸多努力，与金融开放相关的利率、汇率等要素定价市场化改革取得积极进展，同时国际收支呈现基本平衡状态，美国政府可能就不会在"汇率操纵"上这么快就放弃对中国的操纵认定。

2018年以来，中美经贸摩擦不断加剧，经贸问题与国家安全问题交织。中国在面临复杂而严峻的国内外形势下，大力推进金融业对外开放，一系列政策措施密集出台。新冠肺炎疫情给世界带来了广泛影响，但是中国对外开放进程没有因疫情放缓，包括美国金融机构在内的国际社会对中国在过去2年以及疫情防控的紧张过程中继续扩大金融开放给予了非常积极的评价，并认为金融开放对于缓释中美两国的紧张状态具有缓解作用，同时将促进两国未来的金融经济合作。外资机构对中国政府2018年以来的开放举措持有高度积极和赞赏的态度。2019年美国商会报告[①]

---

① 美国商会：《美国企业在中国2020年白皮书》，2020年5月31日。

中提出，中国改善营商环境的努力得到了多个国际机构的肯定。在世界银行 2020 年《营商环境报告》中，中国的排名从第 45 位上升至第 31 位，是改善最大的 10 个国家之一。一项金融开放调查研究指出，美国金融机构对中国金融开放程度改善方面感受最为强烈，欧盟国家的金融机构感受次之。对比不同商会对中国金融开放的态度，89% 的美国商会成员认为中国金融开放程度有明显改善，欧盟为 71%[①]。

随着拜登总统上台，美国对外政策可能会逐步回归到正常轨道，中美之间可能从目前较为紧张无序、缺乏沟通和较难合作转向以积极对话、利益博弈、竞争合作和互惠互利的状态。这将为中国实施更好水平开放提供重要的政策空间。在重回双边和多边政策框架之后，美国金融机构将会寻求更多的境外业务机遇，而作为全球第二大经济体、第一大贸易国、第二大资本市场，中国将成为美国金融机构海外扩张的重点目的地。这给予中国金融开放新的机遇的同时，也对中国在准入前国民待遇原则、负面清单管理模式、法治、公平、透明的营商环境建设等提出了更高的要求。拜登政府下的中美金融关系可能重回沟通对话渠道，缓释中美紧张状态的同时，竞争合作下的利益博弈可能进一步深化，对中国金融体制机制改革的要求可能进一步强化。

（三）加大金融开放将更好地统筹国内国际双循环

双循环新发展格局仍延续此前中国内外两个大局和内外两个市场统筹的政策逻辑，仍然注重内外资源的互动。在新发展格局中，更好地利用外部资源是内循环的畅通和稳定的有力支撑。纵观中国金融开放的历程，整体是一个机构、资金和资源"引进来"的过程。虽然，国际金融危机之后，中国金融开放呈现日益显著的"双向开放"进程，但是，中国金融机构"走出去"仍然处在初步探索阶段，这就从本质上约束

---

① 中国金融四十人论坛：《感知政策的温度》，2020 外滩金融开放报告，2020 年。

了国内金融机构以及国内金融部门与外部市场体系的关联和整合程度。叠加资本项目的管制，中国金融部门整体仍然相对分离于国际金融市场体系，尚未建立起内外两个市场相互统筹的资源配置体系。

中国金融部门"走出去"明显弱于"引进来"的水平，中国金融体系尚未实现真正的内外双循环。这主要有几个方面的原因。一是中国改革开放的政策基调或目标主要是吸引外部资源到中国内地市场体系，进而对内地的资本形成、投资储蓄转换以及经济增长提供有效支撑。二是中国存在资本项目管制，对资本外流特别是个人资本流出存在较大的制度约束，使得金融机构"走出去"缺乏微观主体、业务及资源支撑。三是中国金融部门资源内外互动呈现重要的公私结构特征，对于私人部门，中国经济主体主要以资源引入为主，呈现对外部的净负债；对于公共部门，中国主要以政府外汇储备资产投资为支撑，对外配置资金和资产，而外汇管理部门作为统一出口在投资方面"走出去"。四是中国金融部门整体呈现对外部金融市场"水土不服"的状况。类似外资金融机构不适应国内市场环境和监管体系，中国金融机构也难以适应外部金融市场竞争及监管合规要求。一定程度上，中国金融机构"走出去"所付出的成本和努力不比外资金融机构小，特别是中国金融机构的合规成本也是非常之高。

人民币国际化以及"一带一路"倡议是中国金融体系"走出去"以及内外金融资源相互统筹的重要尝试。"一带一路"倡议中的金融机构及业务"走出去"更多是与"一带一路"倡议相关的贸易投资关联在一起的。过去一段时间，由于中美经贸摩擦，中国金融机构"走出去"受到了较大的冲击，内外资源统筹与整合的程度有所弱化。例如，国家开发银行和中国进出口银行对外信贷的规模大幅度减少（见图9-6），这代表着内外两个市场以及内外两类资源的互动在实质性降低。高水平"走出去"并与内部市场体系形成有效统筹与融合，是未来双循环新发展格局中，内外经济循环相互促进的重大任务。

(10亿美元)

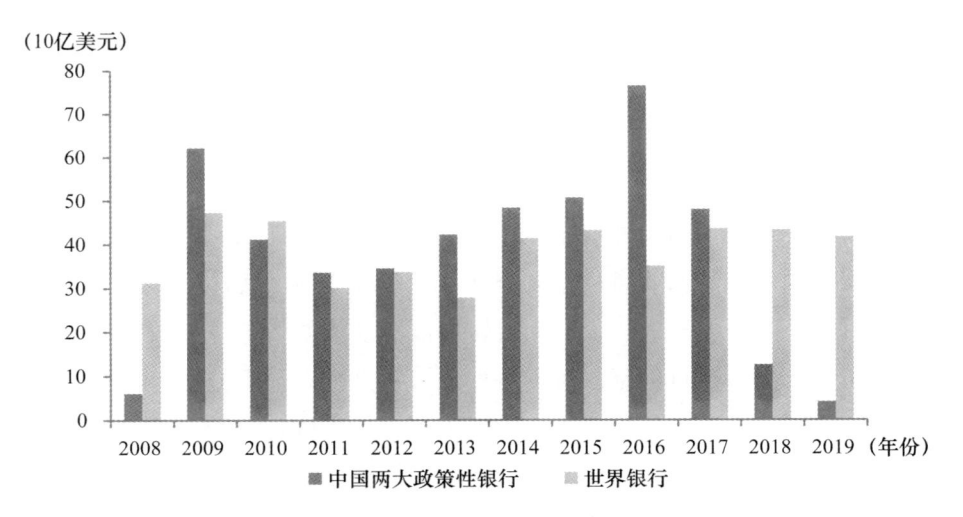

图 9-6 中国两大政策性银行与世界银行的贷款规模变化

资料来源：Global Development Policy Center of Boston University，World Bank。

（四）加大金融开放将有力促进国内金融改革

改革开放 40 多年，中国经济发展和金融发展取得举世瞩目的成就。中国金融开放的基本逻辑是以中国国情为基础，以开放推动国内改革为目标，同时充分考虑到中国金融市场的承受能力，并与中国金融监管能力相匹配，避免为追求开放而开放，最终实现金融改革开放促进国内经济发展的目的[1]。但是，在适应第二个一百年发展目标，适应双循环新发展格局，以及适应市场在资源配置中发挥决定性作用等要求上，国内金融体系仍然存在较多短板，并对全面建设社会主义现代化国家形成显著的制约。通过开放促改革，一直是改革开放 40 多年来的重要政策逻辑，确实国内金融体系改革仍然有很多"家庭作业"需要完成[2]，这也是制约

---

[1] 潘功胜：《深化外汇管理改革，扩大外汇市场开放》，2019 年 6 月 13 日在第 11 届陆家嘴论坛的讲话。
[2] 陆磊：《在开放中变革、融合与创新的金融机构体系》，《清华金融评论》2018 年第 12 期。

中国实施更高水平金融开放的重要原因。国内金融改革需要补足四个短板：一是金融要素定价市场化体系亟待健全；二是金融市场竞争水平有待提高；三是直接融资与间接融资的结构完善；四是金融消费者保护。

例如，在直接融资与间接融资的结构上，世界各国金融发展模式存在较大的差异，对应不同的机构体系、融资结构和产品服务，但大致可以分为资本市场主导的融资结构和以银行信贷为主导的融资结构，前者以美国、英国等为代表，后者以德国、日本及中国等为典型。从过去一段时间的发展对比看，中国直接融资占比不仅大幅低于英美两国，同时也显著低于德国、日本。一是中国直接融资占比相对较低。2019 年，中国直接融资（以企业债券余额和非金融企业境内股票余额计）占比为 12.2%，其中，非金融企业境内股票余额占比仅为 2.9%[①]。二是中国直接融资体系的规模和占比波动巨大，使得其融资功能缺乏稳定保障。从直接融资的结构来看，债券市场发挥了更为重要的融资功能，但是，债券市场融资规模及其对社会融资贡献的波动较为显著（见图 9-7）。三是中国股权融资的比重偏低。股权融资一直是中央政府和相关管理部门着力提升的融资渠道，但是 2016—2019 年，非金融企业境内股票融资在新增社会融资规模中的比重整体是明显下行的。四是外资金融机构在国内资本市场以及直接融资体系中的地位和作用仍然非常有限。外资券商机构数量相对较少，同时外资券商业务范围受到一定限制。外资证券机构只获得最基础的资质，如经纪、自营和投资咨询业务，整体在一级市场上的业务规模及占比极其有限，而一级市场是发挥资本市场融资功能的关键。

在金融消费者保护方面，首先，国内缺乏专门的金融消费者保护法律。《中华人民共和国消费者权益保护法》和其他金融相关法规对于金融消费者保护普遍存在针对性不足、可操作性不强等问题。其次，监管部门缺乏有效的协调机制，尤其是对于新兴金融领域的消费者保护存在

---

① 中国金融四十人论坛：《感知政策的温度》，2020 外滩金融开放报告，2020 年。

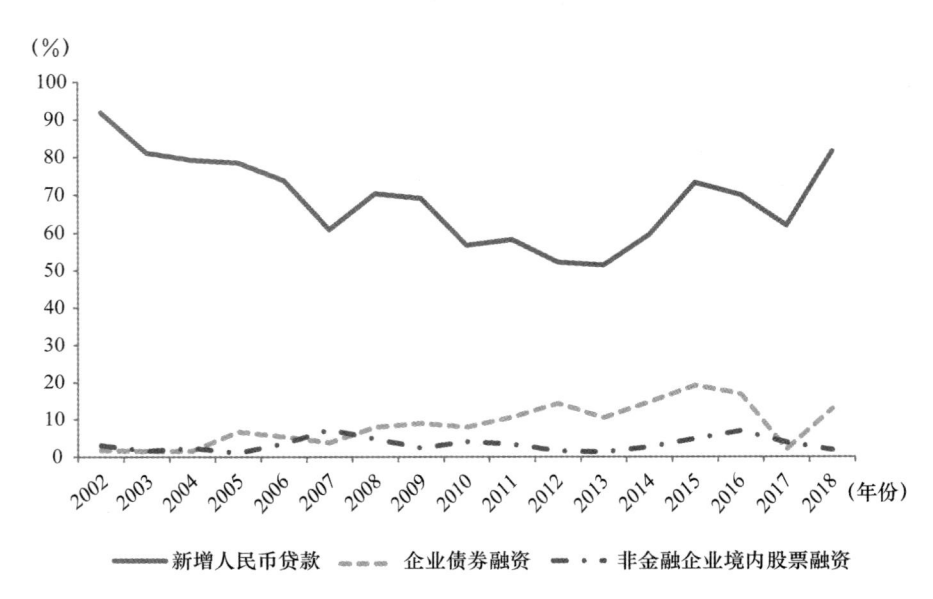

图 9-7　各类融资占国内新增社会融资的比例变化

资料来源：Wind。

职责不明、沟通不足的问题。再次，缺乏金融消费者纠纷解决的有效机制，导致金融消费者被侵权时，不仅权益难以得到实现，还容易由于过于激进的维权方式影响社会稳定。最后，消费者权益保护和执行较难。例如，消费者较难从违法违规的金融机构或相关主体获得权益赔偿。对于国内消费者保护如果不健全，很难让外资金融机构确定国内金融市场和金融体系能够有效保护境外金融消费者。这个问题将在金融开放深化特别是涉及个人的资本项目逐步开放后更加凸显出来。

（五）加大金融开放是提升金融监管和金融治理水平的重要动力

长期以来，改革开放是中国的基本国策，金融开放的政策初衷是毋庸置疑的。但是，外资金融机构在中国金融开放的政策感知中存在政策落实不到位、技术性难题多、开放获得感不足等"感知"，其中与中国金融监管与金融治理体系完善和能力提升是相关的。中国可以通过更大范围、更高水平的开放,深化金融监管体系改革,提升金融治理能力,更好地监管内外金融机构,促进金融更高效地服务实体经济和双循环新发展格局。

与外资金融机构的预期相比较,中国金融监管当局确实存在制度、体制、技术和服务上的改善空间。例如,监管材料报送呈现多头需求状态,不仅中央政府监管机构和派出机构要求信息报送,而且地方监管机构也要求信息报送,甚至各地方政府非金融监管部门都要求信息报送,更为重要的是,不同机构要求信息报送的内容差异不大但格式要求又大相径庭。再例如,外资银行合规意识非常强,极少出现"擦边球"状况。外资银行一旦发现稍与监管发文条款不一致,就认为需要主动与监管机构沟通,但部分条款沟通跨监管部门处室,甚至跨不同监管机构,沟通成本高、耗时长,而且不一定能有反馈,甚至出现不同部门给出不同意见的状况。外资金融机构对监管政策及其实施面临技术性难题,甚至感觉被"重点照顾"或被"歧视"。当然,这种感知落差与中国金融机构"走出去"过程中的政策感知是相似的。最后,相关行业具体业务的准入有待进一步放宽。例如,对外资金融机构的一级市场业务准入要求较高或牌照相对较少,使得外资金融机构在一级市场以及交易环节的优势难以发挥,整个市场的竞争水平和定价机制也难以健全。以 2019 年第三季度为例,外资银行在国内债券市场发行规模仅为 785 亿元,占比仅为 0.29% (见表 9-5)。

表 9-5　　　　　　2019 年第三季度各类银行债券发行情况

	债券发行(10 亿元)	占所有银行债券发行比(%)
中资大型银行	11659.10	42.78
中资中型银行	11654.80	42.77
中资小型银行	3860.00	14.16
外资银行	78.50	0.29
农村信用社	0.10	0
城市信用社	0	0

资料来源:CEIC、《中国人民银行统计季报》以及作者计算。

在交易环节,从债券回购的情况来看,无论是债券买断式回购还是质押式回购,无论是待购回债券余额还是待返售债券余额,外资银行在其中所占比例都比较小,基本上所占比例低于全国性商业银行及其分行、城商行、农商行(见图9-8)。

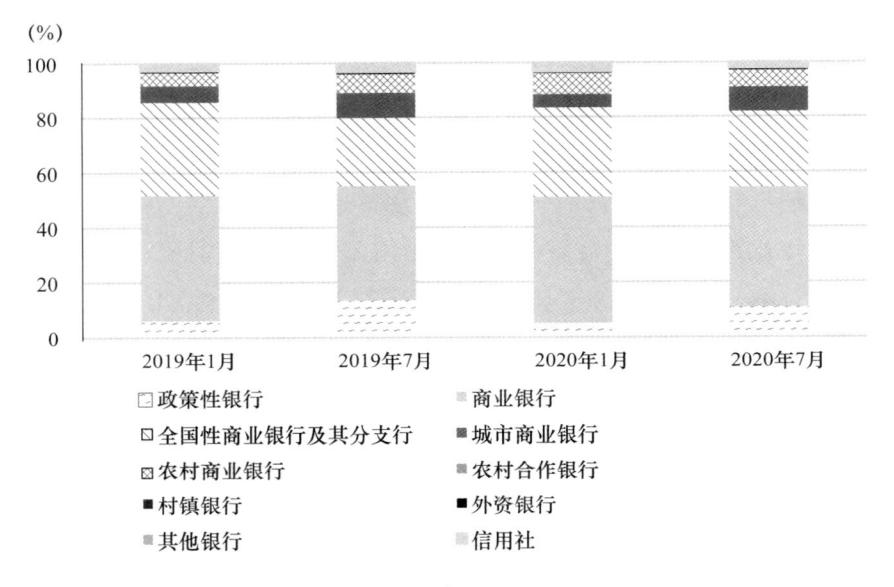

图9-8 外资银行买断式回购:待购回债券余额

资料来源:Wind。

四 加大金融开放力度实现高水平开放的政策改进

(一)强化中美财经对话与金融合作,谨防金融"硬脱钩"

美国拜登政府支持采用较为严格的政策来应对新冠肺炎疫情、认为贸易规则及市场竞争力比关税更为重要、强化多边主义来促进全球治理等,这为中美之间重新强化政治交往、经济互动和利益关联等提供了机遇。中国应积极主动与拜登政府及相关部门进行沟通交流,建立相互信任的对话机制，重点在技术合作、贸易投资、市场开放等进行双边交流，并在疫情全球大流行的政策应对、国际金融市场稳定以及区域与全球金融风险处置等多边议题上开展合作。积极利用拜登政府的政策调整，着力于强化和重新连接中美之间多渠道对话交流。中国应该充分利用拜登当选来重启中美经济对话，填补双方金融、贸易、科技等"合作缺口"，避免贸易、产业或金融"硬脱钩"，优化国内国际两个市场的统筹，使得国内国际双循环相互促进。

（二）加大金融服务业开放力度，提升外资机构在华商业存在

国内国际双循环新发展格局的构建是需要通过市场微观经济主体来实现的，金融开放以及金融循环需要以金融机构为支撑、以金融产品和服务为媒介、以金融市场为渠道来进行的。要把金融改革和开放任务落实到位，同时根据国际经济金融发展形势变化和中国发展战略需要，研究推进新的改革开放举措。一是落实准入前国民待遇加负面清单制度，重点推动金融机构、产品和服务体系的开放，有序推进重要金融市场对外开放，在持股比例、设立形式等方面给予外资更大的空间。二是重点改进股比管理，放宽银行业、证券业和保险业的外资准入限制，着力扩大国内股票和债券市场开放。支持符合条件的国家和地区主权机构和商业机构等投资境内债券市场，支持符合条件的外国政府类机构、国际开发机构、境外金融机构及非金融企业在境内发行人民币债券。三是大力放开外资金融机构的业务牌照或准入标准。以业务拓展作为核心支撑，着力放开外资金融机构的业务准入，提升外资金融机构在境内服务的对象范围，扩大相关领域的业务品种，使得外资金融机构可将更多的网点、业务、人才、研发、信息等配置于中国境内，将境外金融资源更多用于国内大循环。

（三）以开放促改革，着力畅通国内大循环

以金融开放为突破，倒逼国内金融体系改革，以金融要素价格市场

化改革、金融机构市场化主体建设、金融市场资源配置机制完善为支撑，进一步发挥市场在储蓄投资转换以及资源要素配置中的决定性作用。在金融要素市场化改革上，学习发达经济体货币政策及流动性管理经验，强化货币市场短期利率的基础地位，逐步弱化甚至取消存贷款基准利率，消除信贷市场利率和货币市场利率的"双轨制"。继续完善人民币汇率形成机制以提升汇率定价市场化水平，基于贸易权重的货币篮子来完善人民币汇率形成机制。扩大国债市场规模夯实国债收益率曲线完善的"物质基础"，确定国债收益率作为无风险收益率的"政策定位"，逐步强化其长期利率的"政策锚"。

在金融机构体系市场化发展上，大力引进外资金融机构，重点发展多层次、差异化的存款性金融机构，尤其是构建多层次、广覆盖、有差异的银行机构体系，避免简单的网点扩张而非功能拓展；借力新兴技术构建技术水平强、覆盖广度全、服务效率高、商业可持续好的数字普惠金融机构体系；大力发展并发挥专业性金融服务机构的供给，尤其是着重提高法律、会计、审计、评级等专业服务的市场约束力。

在金融市场体制机制建设上，一是加速对内开放进程，注重公平市场环境建设，给予不同产权结构的微观主体平等的经济金融参与权和资源配置权，以培养国内大循环竞争有效的市场体系和更加完善的金融功能。二是积极扩大对外开放，以对外开放促进内外循环、畅通国内循环，以统筹内外两个市场和内外两个大局为关键举措，"引进来"和"走出去"相结合，通过深化金融对外开放和提升市场机制弹性来优化内外金融市场对实体经济的支持功能。三是以监管改革为核心推进金融治理体系建设。着力提升金融监管与治理的统筹水平，有效提升监管能力和监管水平。重点把控分业监管与混业经营、内部市场与外部市场、内资机构与外资机构的监管统筹水平，实质提升金融治理水平和治理能力现代化建设。在借鉴国际经验的基础上，以国际监管标准或惯例为指导，建立健全内资外资统一化监管框架，强化行为监管和功能监管。有效界定金融监管机构的金融发展、金融监管和消费保护等职能，营造法治公平监管环境并完善消费者保护机制。

（四）全面实施负面清单，做好金融开放与国际标准的衔接工作

自由贸易协定下的金融负面清单是联结国内改革措施和国际开放规则的桥梁，做好国内金融改革下市场准入负面清单与自由贸易协定下的金融负面清单的衔接工作，对于提高中国的金融开放效率至关重要。现阶段，中国自由贸易协定下的金融业负面清单虽已清零，但还面临国内外负面清单发展不平衡等问题。境外经济体和金融机构对中国金融开放的"获得感"不强，"满意度"不高，其根本原因在于，国内金融改革措施范围小于自由贸易协定中的开放范围，自由贸易协定下金融业负面清单的缩减本身并无法代表中国金融业开放的真实水平。

进一步提高中国的金融开放效率，需完善《自由贸易试验区外商投资准入特别管理措施（负面清单）》和《市场准入负面清单》的匹配性，在《自由贸易试验区外商投资准入特别管理措施（负面清单）》逐步成熟的基础上，对国内《市场准入负面清单》予以修订完善，与国际层面的负面清单规则相衔接①。同时要坚持动态调整的政策逻辑，无论是国际负面清单还是国内负面清单的修订，并不是只减不增，应是有增有减。要坚持严格合法依规增减，充分把握金融服务业"特许"经营的性质，预留监管政策空间、防范金融风险。

（五）守住风险底线，审慎推进资本项目自由化

借鉴国际经验，建立适当的外资投资安全审查制度，以作为负面清单管理模式下的金融安全保障。有效统筹金融开放与资本项目自由化，

---

① 马兰：《中国金融业深化对外开放的负面清单机制研究——基于 CPTPP 和 GATS 的比较分析》，《金融监管研究》2019 年第 9 期。

着重探索资本项目不能完全开放的条件下如何更加有效地实施金融市场双向开放，同时注重风险防控，避免内外风险共振。统筹协调人民币汇率形成机制、资本项目开放和人民币国际化等改革进程，逐步推进人民币国际化和人民币资本项目可兑换，重点把控资本项目管理这一"最后防火墙"，循序渐进推进资本项目开放。

（执笔人：郑联盛、李俊成、张弛、丁一）

第十章

双循环背景下金融科技的助力与挑战

受到经济发展新常态、新冠肺炎疫情、国际政治经济环境变化等多重因素的影响,中国经济发展与金融安全受到了一定的冲击。党的十九届五中全会审议通过的《中共中央关于制定国民经济和社会发展第十四个五年规划和二〇三五年远景目标的建议》指出,虽然和平与发展仍是时代的主题,但当前和今后一定时期内,国际环境日趋复杂,"逆全球化"、单边主义、霸权主义等仍将对中国的发展造成影响。中国崛起已经成为国际关系中不可忽视的重大事件,虽然中国始终坚持和平崛起的原则,但是个别国家为了维护其霸权地位,有极大可能对中国通过发起贸易战、金融制裁等方式在经济领域进行打压。

习近平总书记在新的经济形势下指出,中国应逐步形成以国内大循环为主体、国内国际双循环相互促进的新发展格局。改革开放的实践证明,经济发展尤其是实体经济的发展离不开国际金融体系的支持和帮助。国际大循环无须赘言,在国内大循环的构想中,在生产端,通过供给侧结构性改革、产业优化升级等措施,帮助中国制造更深入地参与全球产业链;在消费端,建设国内消费市场的目标不仅限于承载国内的产品和服务,更要通过打通内部经济循环,不断扩大内需潜力,由内而外建设国际化的消费市场,以国内市场的发展配合对外开放的发展战略。因此,稳定、可靠、高效的国际金融体系是构建双循环发展格局,尤其是提高对外开放水平的必要保障。但是，当前国际金融市场仍然以美元体系为主导，美元霸权仍然深刻影响着国际金融体系与中国资本市场的安全与稳定。在此背景下，金融科技为应对金融制裁风险，在与国际金融体系全面脱钩的威胁下实现突围，以及促进国际金融体系的多元化发展，提供了一定的解决思路。

构建双循环的新发展格局离不开高质量的金融服务，同时金融科技的发展要以服务实体经济为根本目标。金融科技可以发挥其对传统金融体系提质增效的功能，充分利用其普惠性、智能化、高度适应性等特点，一是完善消费市场结构，扩大内需；二是合理调配生产领域的资金需求，促进供给侧结构性改革；三是实现调控政策的精准触达，实现金融业治理体系和治理能力现代化；四是以金融科技国际交流与合作以及数字金融机构基础设施建设为契机，强化与国际金融体系的关联性，提升国内金融系统的开放格局，更好地利用国际金融资源推动国内经济发展。总之，发展金融科技有助于完善国内金融体系，优化国际金融环境，为加快构建双循环的新发展格局提供助力。

一　双循环与金融科技的发展概况

（一）构建双循环新发展格局的内涵

在不同历史时期，根据国内外政治经济环境的变化，中国不断调整着经济发展战略。改革开放之前，中国的经济发展以内循环为主，虽然初步建立了工业体系，但是产业发展极不均衡，没能形成现代化的市场经济体系。改革开放初期，中国经济发展逐步由内循环向外部扩展，就内部市场而言，劳动力获得了解放，民营企业迅速发展，市场经济体系逐步发展成熟。这一时期的对外经济交流逐步增多，中国企业通过开展加工贸易逐步参与到全球产业链当中。自加入WTO之后，中国出口导向型的经济发展模式逐步占据主导地位，以外循环为核心，通过吸引外资、提高国内市场开放水平、完善内部市场基础设施建设，使得中国经济内循环的质量得到一定程度的提高。但是当前随着国际政治经济形势的变化，中国过于依靠外循环发展模式的缺点逐步放大并影响到中国的经济安全，此时提出构建双循环的发展格局，是应对当前经济发展实践问题的必然需求[1]。

实现双循环发展格局的作用在于，一方面将提高中国的经济自主权；另一方面将提高中国在国际经济体系中的话语权。构建双循环的发展格局，首先要求以内循环为主体[2]，其原因在于，第一，出口导向型的经济发展模式易于受到国际政治经济环境变化的影响。第二，新冠肺炎疫情对中国出口贸易的影响在一定时期内还将持续，出口对经济发展的贡献后劲不足。第三，中国经济发展存在地域发展不均衡、贫富差距较大的特点，对于国内消费市场的开发力度有待加强。其次，应坚定不移地走对外开放的发展道路，内循环与外循环缺一不可。内循环并非要形成自给自足的封闭经济体系，而是要通过打通内部经济循环，更好地连接国内市场与国际市场，提升国内经济实体参与外循环的能力和质量。以扩大内需为动力，优化国内产业结构，改变以往在国际产业链中处于价值链中下游的情形。最后，双循环经济发展模式需要更为高效、全面与稳定的金融支持。第一，内循环想要实现扩大内需及产业结构升级，需要扩大金融服务的覆盖范围。第二，金融体系的运转效率直接决定着中国企业"引进来"与"走出去"的能力和水平。提高金融效率是加强对外开放与提高外循环能力的基本保障。第三，传统的国际金融体系是在美国主导下建立的以美元为核心的金融体系[3]，美国有能力将中国排除在美元体系之外从而实现对中国金融体系的打压和破坏，进而影响到中国实体经济的发展以及双循环发展格局的建设。因此，发展金

---

[1] 郭晴：《"双循环"新发展格局的现实逻辑与实现路径》，《求索》2020年第6期。
[2] 伍山林：《"双循环"新发展格局的战略涵义》，《求索》2020年第6期。
[3] 张燕玲、李普：《美国全球金融战略分析》，《中国金融》2020年第4期。

融科技无疑为应对上述问题提出了较为可行的方案。

（二）金融科技的演进历程、现状与重要性分析

科技进步是生产力发展的核心要素，科技与金融的结合具有客观性。早在第一次工业革命时期，技术的推广与应用便离不开金融创新带来的资金支持。从金融发展的角度，彼时的创新主要依靠金融业自身形而上的逻辑变革推动，技术运用的作用并不显著。当工业革命发展至信息技术革命时期，科技进步逐渐成为引领金融创新的主要力量。自20世纪80年代起，金融业借助计算机技术的辅助，将部分以人工进行的业务以数字化方式进行替代，此时具有代表性的成就一是实现了办公系统自动化，提高了金融机构内部业务流程办理的效率；二是ATM和POS机的应用拓展了银行的业务范围。但是，这一阶段的信息技术尚不足以带动金融业深层经营逻辑的变革。自20世纪90年代中期起，互联网技术被广泛应用，金融业的业务范围脱离了地域与空间限制，业务内容与经营逻辑第一次因技术发展而产生变革[1]。时至今日，科技发展已经成为推动金融业创新发展的主要动力，科技的作用已不只停留在提高金融效率之工具的意义上，而是开始以科技创新引领金融业深层经营逻辑的变革。

当前，金融科技的发展已经历了最初的探索阶段，虽然不同国家或国际组织对金融科技的定义有所区别（见表10-1），但不影响其被大多数国家和地区视为促进金融业转型升级的核心战略[2]。例如，美国2017年出台的《金融科技框架》白皮书，将金融科技纳入国家竞争力发展战略；2019年美国议会代表相继提出了《金融科技保护法案》

---

[1] 巴曙松、白海峰：《金融科技的发展历程与核心技术应用场景探索》，《清华金融评论》2016年第11期。

[2] 胡滨、程雪军：《金融科技、数字普惠金融与国家金融竞争力》，《武汉大学学报》（哲学社会科学版）2020年第3期。

(H. R. 56，*Fintech Protection Act*），以及《金融科技法案 2019》（H. R. 1491，*Fintech Act of 2019*），不断通过立法解决金融科技发展过程中已经暴露或可能出现的问题，修正金融科技的发展路径。英国金融监管局早在 2016 年就提出了针对金融科技发展的沙盒监管模式。2018 年出台了《英国金融科技产业战略》，明确英国金融科技的发展目标是使英国成为国际领先的金融科技发展中心。日本 2018 年提出了《日本金融数字化战略》，对金融科技的发展前景、监管变革等问题进行了回应。2019 年中国人民银行发布了《金融科技（FinTech）发展规划（2019—2021年）》；2020 年党的十九届五中全会包含提升金融科技水平、增强金融普惠性的会议精神。

表 10 - 1　　　　　　　　　　**金融科技概念对比**

机构名称	相关定义
金融稳定理事会（FSB）	新兴技术带来的金融创新，能创造新的业务模式、应用、流程和产品
国际证监会组织（IOSCO）	金融科技是指有潜力改变金融服务行业的各种创新的商业模式和新兴技术
美国国家经济委员会（NEC）	以金融科技涵盖不同种类的技术创新，这些技术创新影响各种各样的金融活动，包括支付、投资管理、资本筹集、存款和贷款、保险、监管合规以及金融服务领域里的其他金融活动
英国金融行为监管局（FCA）	金融科技主要是指创新公司利用新技术对现有金融服务公司进行去中介化
新加坡金融管理局（MAS）	金融科技是指通过使用科技来设计新的金融服务和产品

资料来源：赛迪《2020 金融科技发展白皮书》。

现阶段中国金融科技的发展无论在技术、产品和服务创新还是实践领域都处于国际领先地位，尤其是科技企业对金融科技发展的带动作用尤为明显。毕马威（KPMG）和金融科技投资公司 H2 Ventures 联合发布的"2019 年全球金融科技 100 强榜单"显示，中国有 7 家公司位列前 50，其中 3 家公司排名前 10。虽然鼓励金融科技发展必然要承担相应的风险。长期以来，中国对金融科技实践的监管环境较为宽松，加之中国营商环境总体上不断优化，消费市场规模日益扩大，为科技企业探索金融科技领域创造了良好的市场环境、政策环境以及监管环境，以阿里巴巴、腾讯等公司为代表的科技企业在金融科技应用实践方面取得了大量成果。传统金融机构借助自身的经验和资本优势，通过与科技企业合作或采取独立研发的方式，也不断在金融科技领域探索新的业务模式，拥有良好的金融创新发展趋势。就国内市场而言，移动支付、智能投顾、数字信贷等金融科技服务场景在中国金融市场的大规模应用，一是降低了金融业本身的运营成本，提高了业务办理效率。二是使得金融服务能够覆盖更为广泛的长尾客户群体，推动实现普惠金融的同时扩大了消费市场需求[1]。三是通过丰富的金融科技实践，积累了技术迭代所必需的宝贵经验。为云计算、大数据、区块链、人工智能等技术的进一步发展提供了实践基础，从而有助于实现金融科技发展的良性循环。从国际市场角度来看，中国金融科技的发展成果受到了一些国际组织、主权国家及社会公众的认可，为中国实体企业"走出去"提供了更为优质的金融服务，为人民币国际化提供了技术支持，提高了未来中国在国际金融体系建设中的话语权。

二 金融科技对加快构建双循环新发展格局的作用

构建双循环新发展格局要以国内大循环为主体，国内国际双循环相互促进。马克思主义政治经济学将社会再生产分为生产、分配、交换、消费四个部分，构建完善的内循环发展格局本质上就是要畅通国内再生产的各个环节，使得再生产过程相互适应，始终处于健康、可持续的发

---

[1] 黄余送：《我国数字普惠金融的实践探索》，《清华金融评论》2016年第12期。

展路径之上①。

　　金融业在社会再生产过程中一方面起到工具作用，为再生产的各个环节提供资金支持或流通手段；另一方面，金融业的发展将反向拉动再生产环节的建设，尤其是金融科技的应用，使得金融业在优化国内大循环过程中的能动性更为凸显。例如，在生产环节，金融科技的应用改变了征信方式，使得中小企业更易于获得资金支持。在分配环节，互联网银行、移动支付、智能投顾等技术运用打破了金融服务的地域限制，降低了资本市场的投资门槛，有利于拓宽居民财产性收入渠道，缩小贫富差距。在流通环节，数字金融基础设施建设极大地提高了金融业的运转效率，进而缩短了市场主体间的交易周期。在消费环节，数字消费信贷以及物联网技术的发展，有助于扩大消费市场规模，催生新的消费需求，进而实现以消费促进生产，以生产创造需求的良性循环。

　　国际循环无论是吸引外资、加强国内市场的开放程度，还是提高出口贸易对经济发展的贡献度、提升中国制造在国际产业链、价值链分工中的地位，都需要相应的国际金融市场服务。金融科技的发展有助于连通国内外资本市场，逐步降低对美元体系的依赖，维护国际金融体系的繁荣与稳定，为双循环发展格局提供高效、高质量的国际金融服务。发展金融科技对快速构建双循环新发展格局的作用主要体现在以下几个方面。

（一）推动金融业转型升级，更好地服务实体经济

　　第一，金融科技的发展经历了信息化、网络化、智能化三个阶段，技术运用使得金融机构在成本可控、风险可控的前提下扩大了客户规模。例如银行、证券公司可以利用网络触达更为广泛的用户群体。依托

---

① 张慧君：《推动形成"双循环"新发展格局的马克思主义政治经济学解读》，《哈尔滨市委党校学报》2020年第6期。

互联网技术产生的股权众筹等投资模式，能够吸引更多的长尾客户参与到投资活动之中。

第二，移动支付和数字货币的应用，将减少现金的使用，提高资金流转效率。实践中，中国第三方移动支付发展速度较快（见图10-1）。现金流通具有较高的应用成本，如现金制造成本与远程交易成本。数字货币的应用将降低预防性货币需求，弱化现金的储蓄功能，提高资金流转效率。此外，移动支付的应用也可以改变实体企业的经营逻辑。例如传统零售业可以通过移动支付获得大数据信息，进而对用户需求有更为精准的认识和了解，有助于上述企业以用户需求为出发点，经营逻辑由B2C升级为C2B2C，生产更符合市场需要的产品。

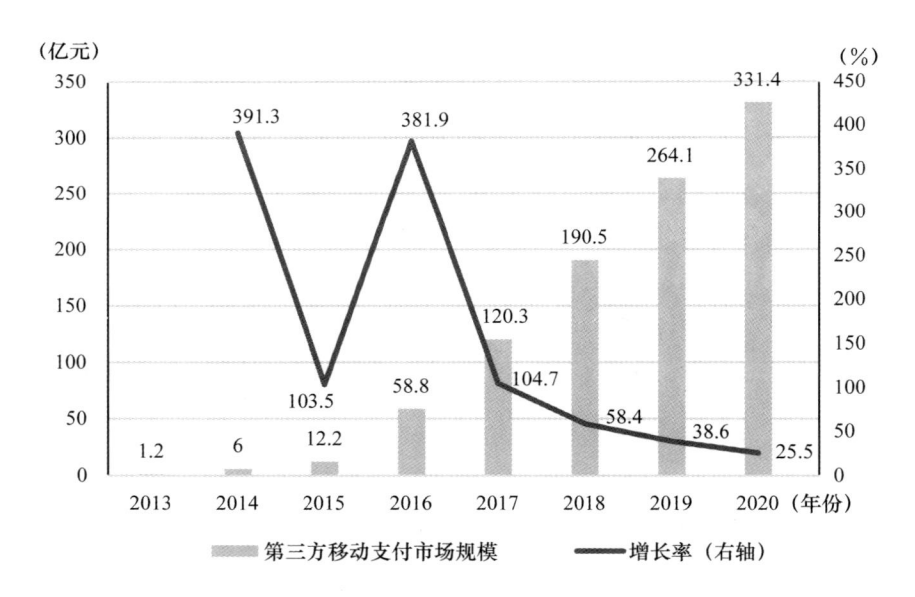

图10-1　中国第三方移动支付交易规模（2013—2020年）

资料来源：蚂蚁金服集团研究院。

第三，金融业务的数字化、智能化转型除了降低金融业本身的运营成本外，还可以有效应对金融风险，降低金融机构的风险控制成本。例如，

第十章　双循环背景下金融科技的助力与挑战

根据金融加速器理论[①]，不完全信息对于借款者和贷款者关系的重要影响是它使银行获得关于企业项目的信息的成本较高，因此传统信贷与抵押物价值的关联性较强，从宏观角度易于导致经济发展的周期性波动。基于大数据风控技术的数字信贷业务，能够降低征信对抵押物价值的依赖，降低企业贷款的顺周期性，有助于促进金融稳定（见图10-2）。

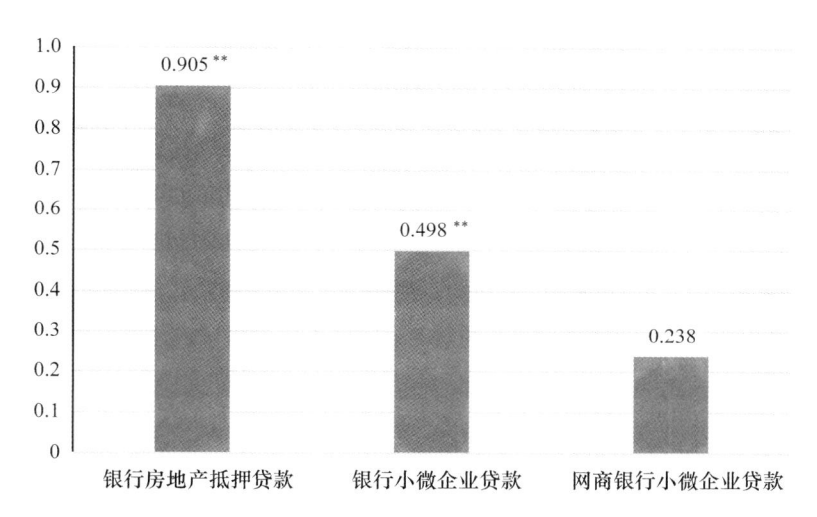

图 10-2　三种信贷模式受房地产价格周期的影响

注：＊＊代表5%置信区间。
资料来源：蚂蚁金服集团研究院。

第四，在数字经济背景下，传统金融行业必须走数字化转型发展的道路，金融科技企业的发展对传统金融机构发挥出鲇鱼效应。例如，Jaksic 和 Marinc 认为，倘若传统消费信贷企业想要在未来的竞争中获得优势，必然会更加注重金融科技创新[②]。传统金融机构的数字化转型能

[①] Bernanke B., Gertler M., Gilchrist S., 1998, "The Financial Accelerator in a Quantitative Business Cycle Framework", *Working Papers*, 1 (99): 1341-1393.

[②] Jaksic M., and Marinc M., 2017, "Relationship Banking and Information Technology: The Role of Artificial Intelligence and FinTech", *Risk Management*, 21 (1): 1-18.

够为实体企业提供更为全面的金融服务。此外，金融科技的运用依托于数字金融基础设施建设，数字金融基础设施具有广泛的应用场景，对促进金融业、实体产业乃至整个社会的数字化转型发展都具有重要作用，以金融科技发展带动的大数据、人工智能等技术的迭代发展，在实体经济领域也具有广泛的应用场景。例如，以大数据等技术为依托的数字征信，不仅可以提高贷款活动中对借款人资信考察的效率和准确性，还有助于提高实体企业在商业交往的失信成本，亦有助于提升社会整体信用水平。

第五，金融科技发展推动了金融监管变革，使得金融监管更为精准和高效，有助于实现调控政策的精准触达，在双循环建设中更好地引导资本市场发挥服务实体经济的作用。双循环发展格局的建设，一方面需要完善市场机制，充分发挥市场在资源配置中的决定性作用；另一方面需要政府部门发挥主观能动性，通过宏观调控的方法引导经济发展方向。数字经济背景下，传统的金融监管手段已不能满足金融创新的发展需求，监管科技的应用有助于提升金融创新的监管能力。此外，金融科技与监管科技可以依托同样的数字经济基础设施开展活动。因此，金融科技的升级将有能力带动监管科技的发展。充分运用监管科技具有诸多优势，其一，大数据、云计算等技术运用可以提高监管信息获取与分析的效率和质量，为监管政策制定提供依据。其二，根据梅特卡夫定律（Metcalfe's Law）和里德定律（Reed's Law），互联网技术的内生因素决定其有将更多用户纳入网络连接的动力，加之大数据可以对用户进行更为精确的分类，政策传导的范围、效率与精确度都将得到提高。

（二）改善区域经济与居民收入不平衡现象，满足企业与消费者的金融需求

第一，金融科技具有普惠性的发展基因，能够从规模、质量、效率等多维度促进消费，扩大内需。中国金融科技发展至今，始终将普惠金

融作为重要的发展目标,这与中国经济建设发展阶段、金融市场发展阶段、政策导向等因素有关,尤其是由科技企业主导的金融科技业务,其商誉积累、资金实力等方面短期内无法与传统金融机构相比较,因此传统金融机构无法覆盖的长尾客户群体成为金融科技企业的主要服务对象。同时,正是由于长尾客户的存在,为金融科技的发展提供了实践基础。中国人民银行发布的《普惠金融指标分析报告(2018)》显示,截至2018年,中国有39.88%的成年人通过银行获得过贷款,22.85%的成年人通过银行以外的机构、平台获得过借款。由此可见,中国仍有37.27%的成年人没有个人信贷。此外,金融科技中的互联网、移动支付等技术运用,可以有效提高中小城市、农村地区金融服务的可得性,激发此类下沉市场的内需潜力。因此,金融科技的发展能够有针对性地解决中国消费市场普惠性贷款需求无法得到满足的问题,从而起到扩大消费市场规模的作用。

第二,金融科技的应用能够有效降低信贷成本。由于传统金融机构在风控、合规等经营模式上付出的成本相对固定,不以客户群体的特点不同而有所变化,因此其客户多为具有稳定工作和收入、征信记录良好、还款能力强的高净值客户。金融科技企业通过大数据、人工智能等技术运用,以较低成本实现了为包括次级客户在内的不同客户群体提供个性化金融服务的能力。此外,金融科技可以有效缓解传统信贷过于依赖抵押物价值的痛点。整体上看,数字消费信贷主要采取小额、分散的贷款策略,违约风险的集中度较低。贷前审核方面,数字消费信贷在传统财务、抵押等信贷信息外,还可以收集客户的实时信息、行为偏好等数据,通过模型分析可以拥有比传统消费信贷更为有效的风险控制能力。贷后管理方面,数字消费信贷机构通过运用大数据模型、依托实体消费场景,可以有效识别多头信贷,实时跟踪贷款使用情况,可以有效防止欺诈和挪用。

第三,金融科技可以拓宽居民财产性收入渠道。一方面,利用信息技术和互联网资源，使得更多居民可以便捷地享受金融服务，降低投资成本。通过智能投顾等技术，可以优化投资选择，切实增加居民财产性收入，实现二次分配的公平性与效率性。另一方面，增加居民财产性收入的同时，也扩大了资本市场的资金来源渠道，有助于更好地满足实体经济发展的资金需求。

第四，上文已述及，金融科技有助于实现普惠金融，除了个人消费领域更加易于获得普惠性贷款外，小微企业融资同样可以受益。此外，开展 B2C 经营模式的平台公司涉足金融科技领域，其先天具有大数据存量优势，使得生产企业更易于获得贷款。利用金融科技向中小企业提供贷款可以降低小微企业的波动性。Bolton 等的研究表明，企业信贷可得性与波动性呈负相关，其原因在于，当企业经营因外部环境变化受到冲击时，企业能够获得必要的流动资本帮助其渡过难关[1]。Chen 等的研究考察了某电商平台商户获得的贷款额度与其商品销量波动性之间的关系，其回归结果显示，获得平台的授信额度可以显著降低企业在线商品销量的波动性，而且这种效应具有明显的逆周期性[2]。该研究还证实了，获得互联网融资授信的中小微企业面临破产或退出市场风险的概率更低；面对自然灾害、经济下行和竞争者掠夺等冲击时，其销量的波动性更小。

（三）保障开放环境下的金融稳定，支持外循环发展格局构建

无论是内循环还是外循环，都需要维护和发展市场、产业链等经济发展要素对外开放的格局。对外开放面临的，堪称"灰犀牛"的风险，便是国际金融体系中长期存在的单边主义、保护主义等问题。例如在当前中美关系中，美国对中国发展主要的压制手段是制造贸易摩擦。但是

---

[1] Patrick Bolton, et al., 1996, "Optimal Debt Structure and the Number of Creditors", *Journal of Political Economy*.

[2] Tao Chen, Yi Huang, Chen Lin, and Zixia Sheng, 2019, "Finance and Firm Volatility".

第十章　双循环背景下金融科技的助力与挑战

当贸易摩擦无法实现其目的时，美国便会采取金融制裁或以金融制裁相威胁。实体经济与金融业属于鱼与水的关系，实体经济的发展离不开金融业的扶持。无论上述何种对金融业的影响，都将传导至实体经济领域。倘若中国金融机构的国际业务甚至整体运行受阻，实体企业无论在国际还是国内开展贸易、投资和其他金融活动时将面临交易、支付、结算以及利率与汇率风险，中国经济发展将因此受到较大影响，双循环建设也将直接面临威胁。但是，金融科技的出现和发展，为建设多元化国际金融体系提供了现实路径。

第一，借助金融科技的力量，能够加快提高人民币的国际化水平。实现高水平的人民币国际化是应对金融打压的有效方法之一，人民币国际水平越高，中国受到单边金融制裁的影响则越小。金融科技以网络化、数字化为依托，相较于传统金融机构开展海外业务需在域外建立实体网点相比，更易于进入域外的金融市场。例如，中国的支付企业已经在不少国家和地区开展电子钱包等业务，在美元体系之外探索建立人民币的跨境支付结算系统。

第二，金融科技的支付系统、区块链等技术创新具有去中介化的特点。例如，通过 Ripple 支付体系可以绕过 SWIFTS 结算系统，既提高了国际汇款的效率、降低了汇兑成本，也可以提高国家或其他实体对国际支付结算体系进行人为控制的难度。与 SWIFTS 相比，Ripple 系统正处于发展起步阶段，其缺点也比较明显。例如，Ripple 系统具有匿名化的特点，不利于外汇管理以及对洗钱等金融犯罪活动的监管[1]。虽然 Ripple 系统尚不具备大规模推广应用的条件，但类似系统的出现有助于降低中国在国际经济、金融交往中对美元体系的依赖。因此，中国应积极参与相关领域的研究与实践，推动国际金融支付、结算系统的多元化发展。

第三，中国具有参与国际数字金融基础设施建设的技术储备、市场

---

[1] 单科举：《Ripple 与 SWIFT 比较分析研究》，《金融理论与实践》2016 年第 10 期。

实践、标准制定等能力，有助于提高中国在未来国际金融体系中的话语权。例如，美元体系的形成，与美国在传统金融领域对金融基础设施的控制力有相当的关联。发展金融科技需建设新的、数字化的金融基础设施。广义的金融基础设施是指为金融活动提供公共服务的硬件设施和相关制度安排，狭义金融基础设施主要指各金融参与机构用于支付、清算、结算、登记等多边系统和运作规则。国际清算银行支付与结算委员会（CPSS）和国际证监会组织（IOSCO）将金融基础设施分为支付系统、中央证券托管系统、证券结算系统、中央对手方、交易数据库五类。除了上述基础设施的数字化建设外，金融科技的应用还需有相应的技术支撑，例如数字消费信贷的正常开展，需要大数据、人工智能、区块链、网络技术及相关的监管、法律制度等多项数字金融基础设施的支持。提高中国在国际数字金融基础设施建设中的参与度，包括提供相应的核心技术，提高在国际金融科技监管制度制定中的话语权，有助于降低中国未来被排除出国际金融体系的风险。

三　金融科技助力双循环面临的问题

科技本身是中性的，不具有价值上的评判意义，但是科技的运用却可能产生正面或负面的效果。倘若对金融科技不予以全面、合理、合法、审慎的规制与监管，则其负面效应可能对金融发展造成损害，不但不利于双循环建设，反而可能成为双循环构建中的堵点。因此，了解金融科技助力双循环可能产生的问题并提出解答，是充分发挥金融科技应用正向价值的客观需求。金融科技既存在自身发展问题，又有在双循环建设中可能出现的问题。上述问题既可能单独发生，也可能交互产生，对构建双循环的新发展格局造成不利影响。金融科技的本质是技术驱动下的金融变革，其最终目的在于提高金融效率、降低金融风险。虽然当前金融科技正处于迅速发展阶段，但仍不足以化解传统金融行业的固有风险，反而因为创新型技术的应用，一方面可能使得传统金融风险出现新的变化[①]；另一方面可能因技术的固有特性或技术不成熟等问题导致新的金融风险。传统金融风险、金融科技自身风险与金融科技在助力双循环过程中产生的风险相互叠加，可能引发以下问题。

（一）产生具有新特点的流动性风险、市场风险和技术风险，可能影响金融机构稳健运营

金融科技可能因金融环境或科技应用产生风险，对金融机构运营的安全性造成影响，进而影响金融服务的稳定性。保障金融机构运营安全是充分发挥资本市场作用，推动金融服务实体经济，畅通经济循环的前提条件。

第一，流动性风险在金融机构内部表现为资产流动性风险与负债流动性风险[②]，化解资产流动性风险要求金融机构妥善分配资金，达到投资与资金储备之间的平衡；负债流动性风险需防范挤兑等短期内资金大规模赎回事件的发生。移动支付、互联网借贷等金融科技的应用使得资金流转效率大为提高，一方面提高了金融机构开展业务的利益驱动力，可能引发更多不理性的投资行为；另一方面客户对于金融产品的兑付效率需求也随之提高，对金融机构资金调配与应用能力提出了更高的要求。此外，人工智能的应用可能引发"合成谬误"并加剧流动性风险[③]。人工智能的应用可能得出对个体投资者而言最优的投资决策，但是这样的投资策略易于被机械性复制从而引发羊群效应。倘若发生风险事件，极易引发群体行动导致挤兑。

---

① 朱太辉、陈璐：《Fintech 的潜在风险与监管应对研究》，《金融监管研究》2016 年第 7 期。

② 方意等：《金融科技领域的系统性风险：内生风险视角》，《中央财经大学学报》2020 年第 2 期。

③ 尹振涛、范云朋：《监管科技（RegTech）的理论基础、实践应用与发展建议》，《财经法学》2019 年第 3 期。

第二，传统金融机构面临的市场风险主要包括利率风险和汇率风险①。国内大循环建设将进一步完善市场机制，不断推进利率市场化改革。在外循环建设过程中，金融机构参与国际资本市场的程度将不断加深，利率和汇率波动对金融机构的影响将逐渐加强。此外，传统金融机构尤其是商业银行在市场竞争中可以灵活运用利率手段提高自身的市场竞争力，科技主导型的金融科技企业应对市场风险的经验不足，在与传统金融机构的竞争中可能处于不利地位。

第三，技术应用风险包括技术发展不完善引发的原生性技术风险，以及因操作不规范或受到恶意攻击而产生的次生性技术风险。其一，金融科技的应用依赖于底层技术的有效性、安全性。技术发展具有渐进式的特点，技术进步离不开实践支持。金融科技监管需平衡技术发展的实践需求与金融安全需求，在风险可控的前提下采取沙盒监管、合作监管等方式鼓励金融科技的发展。其二，金融科技的应用需要高效、稳健运行的网络等基础设施。例如，2016年杭州某处光纤意外损坏导致大量支付宝用户无法登录。大规模的断网现象不仅影响当下的金融服务，更有可能因支付、结算延迟导致大规模的流动性风险或市场风险。

（二）信用风险仍然客观存在，可能影响投资与消费市场建设

在金融领域信心比黄金更重要，信用风险可能导致国内投资与消费市场萎缩，与双循环建设扩大内需的核心要求背道而驰。科技对金融的影响只存在于产品、服务与业务模式方面，金融业的信用内核并未发生改变②。金融科技的应用虽然能在一定程度上降低信息不对称带来的信用风险，但是，一方面无法完全消除信息不对称的情形，另一方面也产

---

① 刘孟飞：《金融科技的潜在风险与监管应对》，《南方金融》2020年第6期。
② Citigroup, 2016, "Digital Disruption: How FinTech is Forcing Banking to a Tipping Point", Research Report.

生了新的诱发潜在信用风险因素。

第一，金融科技应用带来的金融产品创新，通常缺乏完整经济周期的检验，或是具有复杂的产品结构，使得信用风险具有隐蔽性。一方面，监管部门及投资者、金融消费者难以在事前察觉；另一方面，当风险发生造成损失后，难以确定责任承担主体，提高投资者与金融消费者的维权门槛。第二，金融科技采用的底层技术具有同质化的发展倾向，信用事件的影响范围更广。个体信用风险更易于在行业内进行传播，进而引发系统性风险。此外，金融科技提高了资金、信息的流转效率，同时也加剧了风险的传播效率。第三，金融科技产品和服务的对象多为长尾客户群体，并且征信更加注重行为信用而非抵押品价值。此类人群抗风险能力差，易于受到外部经济环境的影响而产生信用风险。第四，有部分金融机构借助金融科技的概念，利用监管漏洞从事高风险的金融活动甚至金融违法犯罪活动，逃避风险责任，进而产生信用风险。

（三）可能产生数据泄露与滥用现象，需要更加重视数据安全和金融消费者的隐私保护

金融科技企业与客户之间，应将客户数据收集与保护问题置于首位。传统金融机构在业务模式的选择上倾向于以产品为中心，金融科技企业则多以客户为中心，弥补了传统金融服务覆盖范围不足的问题，有助于打通经济内循环的各个环节，使得消费与生产之间的互动关系更为协调。金融科技应用以客户为中心的特点使得与客户有关的数据资源成为金融科技企业的核心资产之一。实际上，金融科技的应用基本上是围绕用户数据的采集与分析展开。数据安全不仅关系到金融科技产品和服务的质量，更涉及客户隐私保护和公共安全问题，因此应赋予金融科技企业更多的注意义务。

保护数据安全应从以下几个方面予以考量：其一，数据收集阶段，应保持数据收集的最低限度。广义的大数据信息采集并没有明确的应用目的，而是想通过数据分析找出可用信息进而应用于金融产品或服务创新。此时的数据采集应对个人信息进行模糊化处理，防止他人利用该信息反向定位到个体。其二，数据保存阶段，应当提高数据安全防护技术，降低数据被盗风险。其三，明确数据权利主体及责任承担主体。参考欧盟《一般数据保护条例》的规定，任何已识别或可识别的与自然人相关的个人数据，其权利归属于该自然人，其享有包括知情同意权、修改权、删除权、拒绝和限制处理权、遗忘权、可携权等一系列广泛且绝对的权利。根据上述规定，金融科技企业在收集个人数据前应履行告知义务并取得权利人同意。其四，数据使用应当遵循公平原则，金融科技企业不得利用数据优势对金融消费者进行歧视性差别对待。其五，数据分享是否需要取得原始权利人同意尚存在争议。例如掌握用户数据的科技企业与金融机构合作，是否可以直接向该金融机构提供用户数据？2020年10月16日发布的《商业银行法（修改建议稿）》第七十六条规定，收集、保存和使用个人信息需取得本人同意。该规定引起了较大争议，倘若按此规定执行，必然会提高数据收集与应用的成本，降低效率。笔者认为，应当对数据进行分类管理，模糊使用的数据可以不再经由本人同意，但是可以追溯到个体的数据，在不同应用主体，甚至是同一主体在其不同产品和服务项目上的使用，都应当取得权利人本人或其监护人的同意。其六，在数据跨境流动方面，应坚持安全有序原则。对于涉及国家安全的数据信息应严格限制其向境外输出；对于企业发展需要的数据，应设立相应制度规范鼓励其有序跨境流转。此外，应妥善解决国内数据治理机制与国际数据管理体系的衔接问题，在提升开放水平的背景下，提高中国的数据利用与治理能力。

（四）存在潜在的市场垄断问题，金融供给侧结构性改革还需营造公平竞争的市场环境，充分发挥市场机制的作用

垄断对相关市场发展带来的危害无须赘言，双循环的经济格局建设为保持市场活力必然要解决垄断问题。此外，推动金融供给侧结构性改革需发挥市场机制，引导相关市场主体充分竞争，优胜劣汰。从金融业本身来看，完善金融供给侧结构性改革，能够集中优势资源促进金融业转型升级，以更高质量的金融服务助力双循环建设。金融科技领域产生垄断的原因主要有三个方面：其一，监管者为应对金融科技创新带来的未知风险，倾向于强化资本监管，希望通过提高注册资本的方式降低风险水平，由此形成了行业准入的资金壁垒。其二，金融科技的发展依托于科技进步与创新，因此掌握核心技术的企业具有相应的技术垄断优势。其三，上文已提及，金融科技对数据具有较强的依赖性，掌握数据资源的平台公司等企业拥有数据垄断优势。

金融科技企业的垄断问题不同于制造业或其他实体企业的垄断问题。首先，二者的共性在于垄断者滥用优势地位从事不正当竞争的行为，例如平台企业要求经营者独家经营，抑或利用信息优势对消费者进行大数据杀熟等行为，必须予以禁止。其次，金融科技领域技术垄断的产生具有客观性，并不必然导致对创新的遏制效果。徐欣等为解释金融科技领域的技术垄断问题提出了垄断式创新的概念，认为市场对金融产品具有"共识需求"，客观上会导致金融科技产品占据垄断地位。此外，金融科技创新以需求而非技术进步为驱动力，即便某项金融产品或服务居于垄断地位，需求的变化仍然会驱动该领域的创新[1]。李怀和高良谋的研究认为，在具有信息标准化需求的技术竞争市场，必然会出现垄断。但是垄断并非竞争的结果，而是下一轮竞争的开端[2]。因此，在金融科技领域，对垄断行为的价值判断应基于其行为结果而非事实状态。只要未对市场创新造成影响，便应当承认其存在的价值。最后，为

---

[1] 徐心、张晓泉、陈伊凡：《垄断式创新：金融科技的底层逻辑》，《经济观察报》2020年6月1日第23版。

[2] 李怀、高良谋：《新经济的冲击与竞争性垄断市场结构的出现——观察微软案例的一个理论框架》，《经济研究》2001年第10期。

构建双循环的发展格局，应在国内大循环中建设多层次资本市场以满足市场主体多样化的投融资需求；金融科技企业的准入门槛可以适当降低；金融监管应更加注重动态的资本约束而非一次性的注册资本要求。金融科技企业垄断地位的判定应结合该企业在国际大循环中的参与程度正确划分相关市场。鼓励中国的金融科技企业与域外企业进行竞争，有助于中国金融科技企业提高自身的科技水平和业务水平、扩大经营范围，更好地助力双循环建设。

（五）构建高水平、高质量对外开放格局，还需在对外交往中关注核心技术与数据安全保护问题

在双循环建设中，金融科技企业可能存在赴境外上市或引入外资股东的情形。其原因在于，一是满足公司发展的资本需求。部分金融科技企业具有独特的股权架构，尤其是采用同股不同权的股权结构，难以符合国内的上市条件。此外，中国金融市场中科技创新以及科技驱动的金融业务创新速率较高，金融科技企业想要取得竞争优势必然要提高研发效率，因此对资金获取的时效性要求较高。例如与美国相比，中国的上市审核周期较长。因此，部分公司选择赴境外上市融资。当然，随着中国证券发行注册制改革的推广与完善，国内股票发行与上市的效率将不断提高。二是在金融科技企业开展境外业务时，容易受到地方保护主义的干扰与阻挠。吸引境外投资者，可以加深两国间的利益关系，有助于降低贸易摩擦的强度及发生概率，有助于金融科技企业在当地顺利开展业务。三是随着中国对外开放水平不断提高，加之中国资本市场不断发展完善，投资渠道拓宽，投资便利性不断增强，国内市场的繁荣发展对外资的吸引力不断增强，提高中国金融科技企业引入外部投资的可能性。

外资股东的加入除了具有上述优势外，还可能对金融科技企业甚至国家安全带来一定的风险。其一，高科技技术流失风险。金融科技的产品与服务创新依托于一定的核心技术，该技术的获取通常需要大量投资以及时间积累，倘若技术外泄将极大减损该金融科技企业的市场竞争力。其二，客户与市场资源的流失风险。上文已提及，金融服务具有共识需求，在某一金融服务领域优先获得垄断地位的金融机构客观上可以占有该区域内的大部分客户及市场资源。倘若该金融产品、服务或技术被域外企业复制或转移至域外，则会减损中国金融科技企业在国际市场的市场份额及竞争力。其三，公司财务运营风险。正常情况下投资以追求利润为目的，但是境外资本易于受到国际政治环境变化的影响，可能会因政治目的，通过抛售股份，恶意利用股东身份进行审计、查账等方式影响公司财务及运营稳定，乃至影响公司的正常经营。此外，在境外上市的公司需接受境外资本市场的监管规制，更加易于出现上述问题。其四，可能导致数据泄密进而影响国家金融安全。金融科技企业通常掌握大量的国内客户及市场数据，此类数据宏观上可以反映中国在经济领域的发展特点、现状等信息；微观上还包含大量的个人及企业信息。倘若国外掌握上述信息，可能对相应行业或实体进行精准打击，进而影响金融科技企业的利益与国家金融安全。因此，金融科技企业在吸引与利用外资过程中应加强风险意识，注重股权管理。例如可以将外资股权设置为不包含投票权的优先股，通过股东协议与公司章程完全掌握公司的控制权等。

四 金融科技助力双循环的发展策略与政策建议

构建双循环的新发展格局，是在总结发展经验，对当前国内外政治经济形势进行分析的基础上，为应对中国经济发展面临的问题提出的解决方案。中国经济发展面临的主要问题包括以下三个方面：其一，因外部政治环境变化引发经济摩擦的风险增强。其二，产业链、供应链与需求链具有发展不均衡的问题，以往外向型的经济发展模式难以继续。其三，收入分配及区域发展不均衡。这不仅是中国经济发展过程中长期存在的问题，也是影响国内消费市场升级、畅通国内大循环的核心问题[①]。

金融科技为应对上述问题，助力双循环建设，提供了有益的解决思路：其一，金融科技可以通过创新支付、结算体系，从国际金融的美元体系中实现突围。其二，发展金融科技从金融属性而言，有助于宏观调控政策的精准触达，向供给侧结构性改革以及产业结构优化升级提供高质量的金融服务。从其外部性而言，有助于提升实体经济的科技水平，以数字化金融基础设施建设服务于全社会的数字化转型发展。其三，金融科技具有网络化属性和普惠属性，在提供金融产品和服务时受地域限制较小，服务对象主要是传统金融机构覆盖不到的长尾客户群体，一方面有助于促进中小企业融资，扩大生产规模；另一方面有助于提高居民财产性收入，拓宽消费信贷渠道，有效扩大内需。为规范金融科技发展，进一步提高金融服务实体经济的效率和质量，更好地助力双循环建设，本章在总结金融科技与双循环建设实践的基础上提出如下建议。

（一）将发展金融科技提升至国家战略层面，将金融科技创新作为推动双循环新发展格局建设的助推器

当前中国金融科技取得了良好的发展势头，创新型金融产品和服务能够得到有效的推广与实践。金融科技发展可以获得良好的外部环境，离不开监管赋能与相应的政策支持。但是，一方面，金融科技的创新过程伴随着金融风险的暴露过程，例如近些年滥发虚拟货币，P2P 爆雷，

---

① 许光建、乔羽堃、黎珍羽：《构建国内国际双循环新发展格局若干思考》，《价格理论与实践》2020 年第 1—4 期。

利用科技手段创造复杂金融产品结构逃避监管、转嫁责任等现象频发，给金融消费者造成了大量损失，对金融监管提出了新的挑战[①]。另一方面，中国金融科技的发展水平虽位于世界前列，但与美国相比差距明显，并且互联网发展水平还有拉大的趋势[②]。发展金融科技作为金融业转型升级的主要动力来源已为多数国家所认可。为了增强中国参与国际金融体系建设的能力，提高在未来国际金融体系中的话语权，必须以明确、持续的政策支持促进金融科技创新，支持金融科技发展。

（二）提升监管能力，为构建双循环发展格局提供高效、稳定、高质量的金融支持

金融科技的产生和发展自下而上推动着金融监管变革。对中国而言，改革开放以来的金融体系建设基本上是自上而下进行，上层建筑变革对于市场建设的引领作用较为明显，传统的金融体系建设尚有域外较为成熟的金融系统可供借鉴。但是现阶段中国金融科技的发展水平位于国际前列，同多数资本市场发达的国家和地区一样面临着为应对金融科技发展而进行的监管变革。监管的有效性一方面与科技水平、资本、人才储备等因素一道决定了金融科技的发展上线；另一方面，对风险的控制水平又决定了金融科技的发展下线以及金融科技对传统金融体系的冲击程度。建立符合金融科技发展需求的监管体系，有助于促进中国金融市场发展实现弯道超车，增强中国资本市场的国际竞争力，为双循环建设提供高效、稳定以及高质量的金融保障。

传统金融监管面对的困境主要体现在以下几个方面：其一，金融科技与传统金融产品和服务之间的冲突与融合问题。金融科技并非独立生

---

① 胡滨：《金融科技是提升中国金融业全球竞争力突破口》，《当代金融家》2019年第7期。
② 闫德利：《我国数字经济并没有传说中的那么强——基于中美比较视角》，https：//www.sohu.com/a/424387487_455313，2020年11月22日。

长的自治系统，无法对其单独设立监管体系。对金融科技企业、产品与服务的监管应与传统金融机构及其业务采取一致的监管标准，以实现两者之间的公平竞争①。但是，传统金融监管理念以控制风险为核心，其树立的审慎监管原则、理论与实践方式并不完全适应金融科技发展的监管需求，例如传统金融消费者保护监管机制，在应对金融科技产品的投资者保护方面，可能面临层次性失效的风险②。其二，金融科技监管理念的冲突问题。一方面，金融科技的发展是对未知领域的探索，需要适当宽松的监管环境，提高监管容忍度，坚持审慎包容的监管导向③；另一方面，金融科技应用中的羊群效应、同质化效应以及高速传播效应使得风险更易累积和扩散，从而引发更大规模的系统性金融风险④，因而在监管理念上更应强调安全价值。

总体而言，金融科技背景下的金融监管，应当从监管理念到监管手段进行全方位升级。首先，应当树立主动监管、科技监管与金融监管并重、安全价值与效率价值并重但更加注重效率的监管理念。主动监管要求提高监管的前瞻性，以柔性监管的方法与被监管主体共同探索监管及产品和服务发展的进路。科技监管与金融监管并重，要求既要注重对传统金融风险的监管，也要注重对科技应用，如网络安全、技术漏洞等，引发风险的监管⑤。在安全价值与效率价值的评估中，应向效率价值倾斜。在风险可控的情况下，应给予金融科技创新更大的探索空间。其次，应坚持监管中性原则，对国有金融机构和民营金

---

① BIS Annual Report, 2019, "BigTech in Finance Opportunities and Risks", 30 June.
② 杨东：《监管科技：金融科技的监管挑战与维度建构》，《中国社会科学》2018年第5期。
③ 侯东德、田少帅：《金融科技包容审慎监管制度研究》，《南京社会科学》2020年第10期。
④ 周仲飞、李敬伟：《金融科技背景下金融监管范式的转变》，《法学研究》2018年第5期。
⑤ 李广子：《金融与科技的融合：含义、动因与风险》，《国际经济评论》2020年第3期。

融机构，对传统金融机构和金融科技企业应公平对待，监管标准应当统一。再次，鉴于金融科技具有服务范围广，产品结构复杂等特点，在监管主体的选择上应注重联合监管，即金融监管部门与公安、工商部门，行业协会等应积极探索联合监管的方式，提升监管有效性。最后，就监管手段而言，从宏观上看，目前已提出并在多个国家开始应用"监管沙盒"的方法应对金融创新。微观上看，监管机构应积极发展监管科技，探索以技术驱动的创新型监管方法，实现监管科技与金融科技的共同发展。

（三）完善金融科技市场准入制度，规范市场竞争，建设多层次资本市场，以市场需求为导向提供金融产品和服务，助力扩大内需

调整市场准入监管要求，注重事中、事后监管，防范垄断造成的不正当竞争，促进金融市场健康发展。金融科技的运营实体主要分为两类，一是传统金融机构设立金融科技部门，或与金融科技企业合作开展金融科技业务；二是科技企业或平台企业，跨界金融领域开展金融科技业务。从畅通国内大循环，满足市场需求的角度出发，金融科技服务应当具有层次性，进而要求金融科技应当具有多样化的运营实体。以往依靠提高注册资本、限定金融机构营业范围等方式防范金融风险的监管思路，不利于促进金融科技发展。

第一，建议适当降低金融科技企业的最低注册资本限制，引入更多市场主体参与竞争。对不同资产规模的经营实体，准确划分相关市场，在不同层次的市场中采取差异化监管策略。第二，金融科技企业多通过互联网开展业务，受地域限制较小，应摒弃地域限制的监管理念，树立行业监管理念，逐步适应并过渡到允许跨界发展的监管理念。第三，金融科技监管应科技与金融监管并重，科技监管要求监管者除金融知识外，还应具有一定的科技知识储备。一方面，建议提升金融科技企业内部治理效果，确立具有科技知识背景的高管强制任职制度；另一方面，

建议充分利用行业协会对相关金融科技企业的理解优势，注重发挥行业协会的监管职能，完善金融科技的协同共治体系。

（四）注重发挥金融科技的正外部性，推动金融业数字化转型升级，助力实体经济发展

第一，金融科技产品与服务创新依托于云计算、大数据、区块链、人工智能、物联网、5G 网络等底层技术的发展。科学技术是第一生产力，上述科技发展不仅可以应用于金融科技创新，对促进实体经济发展，尤其对提高制造业科技水平，促进产业结构优化升级具有重要作用。有助于促进由"中国制造"向"中国智造"转型升级，改善中国长期以来在国际产业链、价值链分工中处于中下游的不利地位。

第二，金融科技为传统金融业、实体经济的数字化、科技化、智能化转型发展起到了示范作用，有助于促进传统金融机构的数字化转型升级，促进实体经济领域的产业结构优化升级。目前金融科技企业与传统金融机构服务对象的定位不同，但是金融科技的运营模式具有被传统金融机构复制的客观条件。限于金融科技的发展阶段，为有效控制风险，目前金融科技服务集中于普惠金融、小额信贷等领域。但是随着实践积累，技术进步与监管能力的提升，金融科技的应用范围将大为扩展。金融科技企业通过加强市场竞争，能够促进传统金融机构提高危机意识和竞争意识，促进其主动加快数字化转型升级。

第三，资本市场的发达程度是衡量国家或地区营商环境的重要指标。2019 年世界银行发布的《营商环境报告》中，中国营商环境排名位列全球 190 多个经济体中的第 31 位，比上一年度提升 15 位。发展金融科技，有助于提高中国市场环境的国际声誉，进而加强中国与国际社会的经贸往来，加深利益联结，减少贸易摩擦，有助于促进国内大循环与外循环相互促进，共同发展。

（五）加强金融科技领域的国际合作，改善国际资本市场单一化的状态，为双循环建设提供良好的外部金融市场环境

金融科技的发展为建设多元化国际资本市场提供了契机，中国应加强金融科技领域的国际合作，共同维护国际金融体系的繁荣与稳定①。

第一，上文已提及，市场对金融产品具有共识需求，国际数字金融基础设施建设与运行更加需要各个国家或其他金融主体的积极参与。倘若缺乏应用主体，无论技术、产品或服务如何先进，都无法实现金融业资金融通的基本目的。第二，金融科技以科技发展驱动金融创新，金融科技发展所需要的底层技术众多，包括但不限于需要互联网、区块链、人工智能、计算机、芯片等软件与硬件的支持。核心技术的研发需要大量人力、物力支持。技术迭代与研发周期较长，某一单一国家或经济体独立进行研究或许可能成功，但在效率上则远不如合作研究。第三，在技术研发和数字金融基础设施建设方面采取合作态度，更易于形成共识需求，能够减少金融产品和服务域外推广的阻力。第四，在外循环的发展战略中，应鼓励实体企业在对外经贸往来过程中积极应用中国金融科技的发展成果，带动贸易伙伴加入中国倡导建立的金融科技生态圈，形成实体经济与金融科技相互促进、共同发展的双循环发展格局。

（六）加强金融科技企业对外融资的指导和监测，降低核心技术与关键信息的外流风险，为建设高质量的对外开放市场保驾护航

构建双循环的新发展格局，一方面，应当加强中国资本市场建设，提高资本市场的包容度，满足不同类型企业的融资需求。倘若能够将更多优秀的、具有广阔发展前景的金融科技企业留在国内资本市场上市，不但有助于提高该金融科技企业运营的安全系数，更加能够便利中国居

---

① 郑联盛：《美国金融制裁：框架、清单、模式与影响》，《国际经济评论》2020年第3期。

民投资，共享金融科技的发展成果。另一方面，随着中国不断加强金融领域的对外开放，外资入股金融科技企业不可避免。

为应对外资入股金融科技企业的风险，一是要加强金融科技企业对外融资的事前指导，提高企业对外融资的安全意识。二是增强外资入股金融科技企业的安全审查。例如，美国有一系列的外资并购审查法案以及系统的审查规则，并在2017年开始对《外国投资风险审查现代化法案》(FIRRMA)进行修订，扩大了审查范围，加强了对核心技术的保护力度[1]。中国应研究学习美国外资并购审查体系的成功经验，通过立法对外资入股的情况加以规制。

具体制度方面，一是应当设立多部门联合的外商投资审查常设机构。目前中国的外国投资风险审查依托于发改委、商务部牵头设立的部际联席会议制度，但是随着外国投资频率增加、范围扩大，该制度已不能适应现阶段的外国投资风险审查需求。二是可以根据金融科技企业的特点与重要性程度，设置不同的外资准入要求。发改委在2018年发布的针对外资的市场准入负面清单，以及国务院办公厅发布的《关于建立外国投资者并购境内企业安全审查制度的通知》(国办发〔2011〕6号)等，在审查层级划分上较为粗放。应当设置更为精准的准入要求，如设立禁入清单、附条件准入清单等，并根据科技发展变化适时进行调整。三是应当对重要金融科技企业的股权变动情况进行监测，设立股权变动主动报备制度以及相应的责任制度。

（七）加强金融科技人才的培养力度，为双循环打通人才要素流通渠道

金融科技属于知识密集型产业，对从业人员素质要求较高。国际人力招聘公司Michael Page（中国）发布的《2018年中国金融科技就业报

---

[1] 孟雁北：《美国外资并购国家安全审查制度内含悖论》，《中国外资》2020年第5期。

告》显示，92% 的金融科技企业正面临严重的金融科技专业人才短缺问题；45% 的受访雇主表示他们面临的最大招聘困难是难以找到符合特定职位需求的人才。首先，在教育改革方面，建议设置跨学科的人才培养机制。美国研究型大学在跨学科培养科技人才方面处于领先地位，而且近些年发展迅速，2016—2017 年颁发了 3.08 万个跨学科本科学位，比 2000—2001 年增长了 195%[①]。金融科技发展尤其需要具有科技、金融、法律等综合性知识的人才储备。其次，实施相应的人才保障措施，既要能吸引人才，也要留住人才[②]。最后，应当建设促进金融科技发展的人才梯队。一是金融科技产品与服务的研发人才；二是金融科技企业或业务的管理、运营人才；三是数字金融基础设施的操作、运营人才；四是金融监管人才，通过人才梯队建设助力金融科技的健康、可持续发展。

五 结语

在构建双循环的新发展格局过程中，金融科技对内可以助力普惠金融，为扩大内需，畅通经济内循环提供更为精准、高效、高质量的金融服务；对外为建设稳定、可靠、高效的国际金融市场提供了相应思路，有助于加强中国与国际资本市场的链接程度，为经济外循环提供金融保障。未来应继续保持包容审慎的态度鼓励金融科技发展。虽然金融创新可能引发多种金融风险，为金融监管带来新的压力和挑战，但是金融科技指明了金融业转型升级的发展方向。中国应把握此次机会，一方面，提升金融业发展质量与金融服务水平，更好地服务实体经济发展；另一

---

① 陈翠荣、敖艺璇：《美国研究型大学跨学科培养科技人才的主要路径与保障机制》，《中国高校科技》2020 年第 4 期。
② 刘勇、曹婷婷：《金融科技行业发展趋势及人才培养》，《中国大学教学》2020 年第 1 期。

方面，加强金融科技研究与实践方面的对外交流与合作，利用中国金融科技发展的优势地位，积极参与国际数字金融基础设施建设，提高中国在国际金融体系中的话语权，与其他国家和国际组织一道，共同维护国际资本市场的繁荣与稳定。

（执笔人：尹振涛、陈冠华）

第十一章

数字金融视角下中小微企业融资制度

中小微企业（Micro, Small and Medium-sized Enterprises, MSMEs）是提高经济增长、拉动社会就业和促进发展创新的重要驱动力。党中央、国务院一直重视中国中小微企业发展，将之作为战略性举措在制度和政策上不断改革和创新，推动中小微企业发展壮大[1]。当前，全球经济面临重大衰退风险，中国也可能在"后疫情"较长时期内面对变幻莫测的国际环境和挑战，中小微企业已成为中国"惠民生，保就业，稳增长，扩内需"的重要抓手。"融资难"和"融资贵"是困扰中小微企业发展壮大的世界性难题。探索中小微企业融资"难和贵"的复杂成因，完善中小微企业金融支持体系，扩大金融服务的覆盖面和渗透率，优化中小微企业金融生态环境，其理论和政策意义可谓是历久弥新[2]。

---

[1] 2019年12月18日中国国家统计局发布的第四次全国经济普查报告指出，2018年年底，中国共有中小微企业法人单位1807万家，比2013年年底增加966.4万家，增长115%。占全部规模企业法人单位（以下简称全部企业）的99.8%，比2013年年底提高了0.1个百分点。中小微企业也日益成为吸纳社会就业主体。2018年年底，中小微企业吸纳就业人员23300.4万人，比2013年年底增加1206.8万人，增长5.5%。占全部企业就业人员的比重为79.4%，比2013年年底提高了0.1个百分点。

[2] 李扬：《完善金融的资源配置功能——十八届三中全会中的金融改革议题》，《经济研究》2014年第1期。

中小微企业融资"难和贵"既有自身经营发展中的内在因素约束，亦有制度和技术方面的成因[1]。中小企业经营风险高，银企之间信息不对称，抵押品不足等自身方面天然不足是导致中小微企业"融资难"的主要内部因素[2]。Levine认为融资约束与企业规模成反比关系，中小微企业规模小、信息不透明等不足和特点可能致使交易成本提升和信息不对称加重，从而导致中小微企业融资约束[3]。信息不透明，金融部门难以评估中小微企业的偿还能力和偿还意愿，削弱了（大型）金融机构的资金供给，这是许多发展中国家中小微企业无法获得外部融资的主要原因[4]。由于存在信息不对称，在不恰当的激励环境下，中小微企业也可能受利益驱使传递虚假信息动机，导致逆向选择和道德风险[5]。规模小，抗风险能力弱，相较于大型企业，中小微企业缺乏股权融资、债券融资等进入门槛较高的长期融资渠道，资本市场对中小企业融资支持作用有限[6]。

在制度和政策方面，中小微企业融资支持体系缺位和异化是导致中小企业融资"难"和"贵"的重要原因。优化金融结构、改进银行抵押要求以及完善中小微企业金融支持政策是改善中小微企业融资约束的重要政策和环境变量。政府不仅要完善金融体系结构，加强金融生态环

---

[1] Cull R., and L. C. Xu, 2005, "Institutions, Ownership, and Finance: The Determinants of Profit Reinvestment among Chinese Firms", *Journal of Financial Economics*, 77 (1): 117 – 146; Beck T., and A. Demirguc-kunt, 2006, "Small and Medium-size Enterprise: Access to Finance as a Growth Constrain", *Journal of Banking & Finance*, 30 (11): 2931 – 2943.

[2] 谭之博、赵岳：《企业规模与融资来源的实证研究——基于小企业银行融资抑制的视角》，《金融研究》2012年第3期。

[3] Levine R., 2004, "Finance and Growth: Theory and Evidence", *Social Science Electronic Publishing*, 1 (5): 37 – 40.

[4] Saeed A., and M. Sameer, 2015, "Financial Constraints Bank Concentration and SMEs: Evidence from Pakistan", *Studies in Economics and Financial*, 32 (4): 503 – 524.

[5] 林毅夫、李永军：《中小金融机构发展与中小企业融资》，《经济研究》2001年第1期。

[6] Carbo-Valverde S., F. Rodriguez-Fernandez, and G. Udell, 2009, "Bank Market Power and SME Financing Constraints", *Review of Finance*, 13 (2): 142 – 163.

第十一章 数字金融视角下中小微企业融资制度

境整体建设,同时,要重视对中小企业金融支持政策与制度环境优化①。中小微企业融资涉及风险和交易成本问题,政府应建立规范、完善的契约和信息管理体系,采取诸如发挥竞争机制,完善相应监管框架,改进信用信息管理体系,鼓励金融机构间信息共享等措施为中小企业建立声誉抵押机制,缓解担保不足问题②。相对于其他融资方式,中小微企业更依赖银行融资,银行由于其自身的专业化特性,在获取和识别信息能力方面具有比较优势。有效应对信息不对称问题及其所引致的道德风险和逆向选择问题是获得外部资金支持的一个重要前提。中小银行在为中小微企业提供金融服务上具有规模经济和代理成本方面的比较优势。目前,中国金融体系仍然是以国有大型商业银行为主体,这种集中度高、竞争度低的金融体系在为中小企业融资服务方面具有天然的劣势③。另外,鉴于地方政府对金融市场的深度参与,中国中小企业在融资需求方面还存在着与地方政府和国有企业激烈而又不平等竞争局面,地方政府融资能够通过挤出中小企业贷款这一渠道对整个经济体系的资源配置产生影响④。

技术方面约束亦一直是制约中小微企业融资服务的重要因素。选择和采取高效和实用的技术手段,有效应对信息不对称问题及其所引致的

---

① 吴晓俊:《地方政府对中小企业融资成本影响的实证研究》,《财政研究》2013 年第 9 期; Hezron M. O., and L. Hilario, 2016, "Factors Influencing Access to Finance by SMEs in Mozambique: Case of SMEs in Maputo Central Business District", *Journal of Innovation and Entrepreneurship*, 5 (1): 13 – 30.

② Beck T., 2007, "Financing Constraints of SMEs in Developing Countries: Evidence, Determinants and Solutions", Financing Innovation-oriented Business Evidence to Promote Entrepreneurship (KDI Conference working paper).

③ 刘畅、刘冲、马光荣:《中小金融机构与中小企业贷款》,《经济研究》2017 年第 8 期; 张一林、林毅夫、龚强:《企业规模、银行规模与最优银行业结构——基于新结构经济学的视角》,《管理世界》2019 年第 3 期。

④ 陆正飞、何捷、窦欢:《谁更过度负债:国有还是非国有企业》,《经济研究》2015 年第 12 期; 王永钦等:《识别中国非金融企业的影子银行活动——来自合并资产负债表的证据》,《管理世界》2015 年第 12 期; 刘畅、曹光宇、马光荣:《地方政府融资平台挤出了中小企业贷款吗?》,《经济研究》2020 年第 3 期。

道德风险和逆向选择问题是破解中小微企业融资困境的重要前提。相对于大型企业而言，中小微企业经营和财务信息一般是难以量化和传递的软信息（Soft Information），在技术方面难以对其风险进行度量、定价和管控。数字技术和金融科技发展为提升中小企业金融服务效率，改善融资活动信息不对称甚至重构中小微企业金融支持和服务体系提供了新的视角和手段。数字金融通过大数据、云计算和移动互联网拓展了信息获取规模，增强了金融可用性，提高了服务模式灵活性，科技和金融深度融合是提升金融服务效率的关键所在[1]。移动支付、大数据征信等数字技术增加金融服务提供商对中小微企业信息收集，改变了金融流通渠道和信贷可获得性，增强了对中小企业提供数字信贷的潜在市场认识，有助于提高中小企业未来获得信贷的可能性[2]。Mocetti 等发现拥有更多信息和技术的银行，更愿意采用数字化信贷支持手段将委托决策权下放，扩大对中小微企业贷款规模[3]。赵岳和谭之博对比电子商务引入前后信贷模型变化，发现引入电子商务能够极大缓解信贷双方信息不对称问题，从而替代担保资产，起到甄别企业信息，挖掘企业质量的作用[4]。姚博将数字供应链金融与传统供应链金融对比发现，数字供应链金融授信主体呈现跨行业、跨企业、多客户特点，有助于建立在线供应链内部封闭授信系统，弱化担保或实物抵押要求，提高核心企业风险预警责任

---

[1] Zavolokina L., 2015, "FinTech Transformation: How IT Enabled Innovations Shape the Financial Sector", *Financial Innovation*, 9 (5): 75 – 88; Pana E., S. Vitzthum, and D. Willis, 2015, "The Impact of Internet-Based Services on Credit Unions: A Propensity Score Matching Approach", *Review of Quantitative Finance and Accounting*, 44 (2): 329 – 352.

[2] Claessens S., T. Glaessner, and D. Klingebie, 2016, "Electronic Finance: Reshaping the Financial Landscape Around the World", *Journal of Financial Services Research*, 22 (1): 29 – 61.

[3] Mocetti S., M. Pagnini, and E. Sette, 2017, "Information Technology and Banking Organization", *Journal of Financial Services Research*, 51 (3): 313 – 338.

[4] 赵岳、谭之博：《电子商务、银行信贷与中小企业融资——一个基于信息经济学的理论模型》，《经济研究》2012 年第 7 期。

和信息披露水平,对中小企业融资支持效果显著提高[①]。

诚然,数字金融是金融未来演进和发展的方向,它在扩大金融服务范围,提高金融效率,增强金融普惠性,改善信息不对称等诸多金融服务和支持方面所显现的作用已愈益明显,但不顾现实条件过度或不适当发展则可能诱导金融风险。例如,相对于传统金融而言,网贷平台搜寻成本更低,网络经济效益更显著[②],但相应的制度和金融生态体系尚未建立起来,导致中国以网贷为代表的互联网金融行业野蛮生长,风险剧增。再例如,尽管基于数字技术发展起来的互联网金融具有较强的技术溢出效应,显著提高传统银行运营效率。但是,对数字技术吸纳能力的不同差异可能会导致主要服务中小微企业的中小型金融机构更加处于竞争劣势。为此,需要转变监管理念,提高监管水平,改善监管方式,从制度和政策上建设和完善相适应的金融基础设施和金融生态体系,以维护数字化转型过程中金融稳定[③]。

一 数字金融视角下中小微企业融资支持作用机理

(一)中小微企业融资支持作用机理

中小微企业融资是世界各个经济体在不同发展阶段面临的共同问题。当代中国处于经济转型和结构调整的特殊历史时期,中小微企业融资困境表现得更为突出和复杂。由于中小微企业独有的特点,传统金融机构的常规业务很难直接服务于其金融需求,高效的金融支持体系不可

[①] 姚博:《数字供应链金融促进中国制造业转型升级研究》,《上海金融》2017年第12期。

[②] 李建军、王德:《搜寻成本、网络效应与普惠金融的渠道价值——互联网借贷平台与商业银行的小微融资选择比较》,《国际金融研究》2015年第12期。

[③] 谢平、邹传伟、刘海二:《互联网金融的基础理论》,《金融研究》2015年第8期;李克穆:《互联网金融的创新与风险》,《管理世界》2016年第2期。

或缺，这也是各国政府努力追求的目标之一。从本质上看，中小微企业金融支持体系的有效性建立在其提升的金融供给匹配了企业的个性化金融需求，因此，明确中小微企业金融需求实质和理顺金融支持体系的内在机理是提升金融支持体系效率的前提。这也是数字金融视角下利用金融科技手段完善金融支持体系的基础。本节采用委托—代理的分析框架，从中小微企业努力程度的影响因素出发，探讨中小微企业的金融需求实质和金融支持体系的内在机理。

第一，从委托代理关系上看，中小微企业金融支持体系的实质是一系列的激励合同。面向企业和公众的金融市场或金融产品可以看作由政府进行管理的金融资源，政府以委托人（Principle）的身份将金融资源委托给中小微企业，中小微企业作为代理人（Agent）利用金融资源进行生产经营活动。政府委托的目的是社会福利最大化，而中小微企业的天然诉求是利润最大化，因此，在这个委托代理关系中，政府需要设计金融支持体系（即一系列激励合同），一方面保证中小微企业能够付出足够多的努力，提升金融资源的使用效率；另一方面保证中小微企业利润最大化的目标与政府全社会福利最大化的目标相一致。

第二，中小微企业愿意付出的努力程度极大地影响了金融资源的使用效率，而其努力程度又由两方面共同决定。一是中小微企业承担的风险，二是中小微企业所获的激励。因此，为了鼓励中小微企业增强努力程度，提升金融资源的效率，政府在金融支持体系的具体路径上，应当从风险和激励两个角度进行考量。风险承担方面，金融支持体系需要能够通过具体的数字金融技术拓宽金融服务的触达范围，稳定宏观经济金融环境，提高金融服务效率，改善中小微企业的风险偏好，增强其承担风险的意愿，使其积极参与到金融市场中，提升努力水平，更加有效地利用金融资源；激励获得方面，金融支持体系应当利用金融科技手段减少委托代理关系中（即政府和中小微企业之间）的信息不对称问题，使得优质的金融资源更加准确地"激励"给更愿意提升努力水平并有效利用金融资源的中小微企业，形成"努力"和"激励"之间的良性互动，从而实现全社会的福利改进。中小微企业融资支持体系机理如图 11-1 所示。

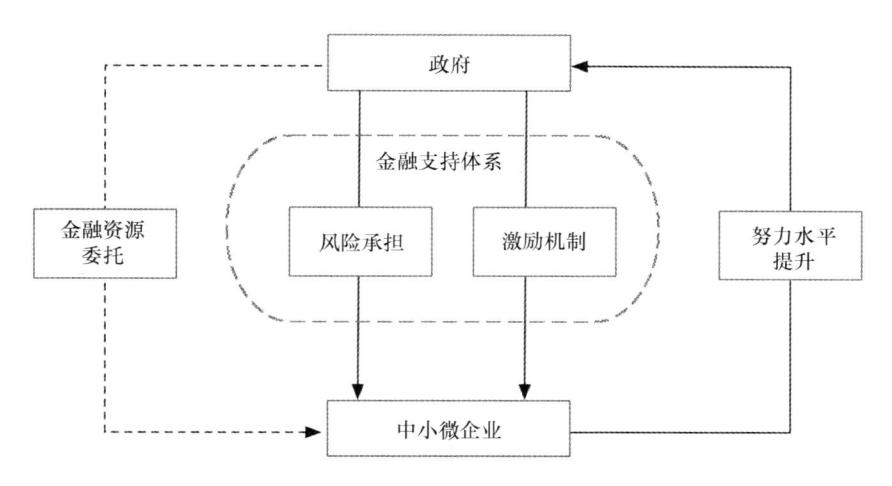

图 11-1　中小微企业融资支持体系机理示意

资料来源：作者绘制。

（二）数字金融环境下中小微企业融资体系风险承担和激励机制

数字金融不断发展，各地政府和业界机构积极利用金融科技手段和工具，为中小微企业量身定制和开发金融产品和服务，增强金融支持力度，鼓励中小微企业利用金融资源进行创新。然而，相关风险也由于金融支持体系的不完善而不断积聚。企业努力与激励没有较好地匹配，一些没有付出努力的企业反而获得了更多的资源，导致社会上风险事件时有发生，极大地损害了金融支持的有效性与中小微企业的积极性。因此，基于数字金融提升金融支持效率、完善风险承担机制和激励真实努力水平的政策体系亟待建设。

数字金融发展对中小微企业融资支持影响效果体现在两个方面：一是数字金融通过中小微企业群体风险偏好、最优风险分担比例、成本系数以及外部环境下波动性等因素对中小微企业群体努力水平和最优风险承担产生作用，从而对社会福利产生影响，在此称为风险承担渠道；二是数字（金融）技术发展为委托人准确和客观观测代理人中小微企业努力程度提供技术手段和工具，改善委托代理中的信息不对称问题，优化激励合约设计，使得代理人支付与其努力水平相关性提高，有助于社会福利的帕累托改进，在此称为合约优化渠道。这集中体现在"风险"和"激励"两个方面。为此，在数字金融环境中，中小微企业融资支持体系建设实践应从以下几个方面着手进行。

其一，提升金融服务的触达范围。中小微企业并不都分布在大中型城市，与大中型商业银行实体网点的分布有一定的差异，传统金融服务难以惠及这些企业。数字金融视角下的金融支持体系应当有效利用包括互联网技术在内的科技手段，增强信息获取的规模和质量，提高信息利用的效率，加强具体金融服务的个性化、多元化和安全性，突破地理位置限制，将更多更好的金融服务提供给中小微企业，改善其风险偏好，提升其努力水平。

其二，提高金融服务的效率。数字金融所依托的区块链、大数据和人工智能等具体技术在管理信用风险和匹配成交信息等方面拥有巨大的优势。金融支持体系在这些数字技术基础上，一方面可以降低金融交易成本，进一步提升中小微企业融资效率（如降低利率，提升贷款比例，延长融资期限等）；另一方面还可以有效管理中小微企业的经营状况和财务信息，减少企业合规与机构监督的成本。

其三，优化金融服务的激励机制。数字技术的发展在将业务惠及更广泛的中小微企业时，也会催生一定的风险，这是由中小微企业自身的生产经营活动和企业主的风险偏好决定的。因此，良好的金融支持体系还需要进一步通过技术手段加强金融基础设施建设（如利用大数据等技术建设新型征信体系），以便可以更加准确地将企业的努力水平和得到的激励回报匹配起来，减少政府与企业间的信息不对称，促进金融资源的有效配置。数字金融环境下中小微企业融资支持激励机制如图 11-2 所示。

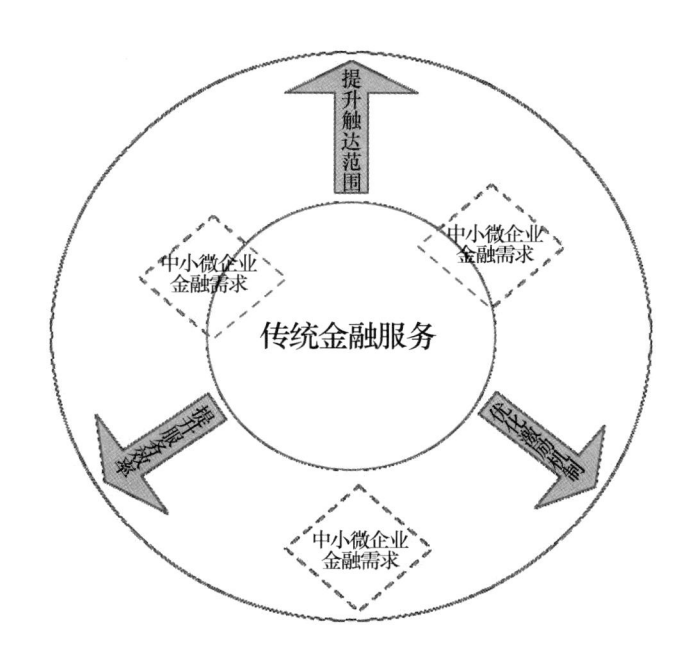

图 11-2 数字金融环境下中小微企业融资支持激励机制
资料来源：作者绘制。

二 数字金融视角下中小微企业融资支持的国际实践

中小微企业融资约束是普遍性世界难题。2018 年 1 月，世界银行联合 IFC 等机构发布全球 128 个发展中国家中小微企业融资缺口调查评估报告[①]，结果表明：（1）全球发展中国家受融资约束的中小微企业总

---

① 详细结果参见 World Bank, 2017, "MSME Finance Gap: Assessment of the Shortfalls and Opportunities", *Financing Micro, Small and Medium Enterprises in Emerging Markets*。

计高达6520万家，占比为46%，融资缺口5.2万亿美元，占发展中国家GDP总量的19%。相较而言，欧美发达国家中小微企业信贷缺口占GDP总量的12%，比发展中国家低7个百分点。其中，美国只有4%的企业融资需求未能得到满足，德国获得全额贷款的比例高达77%，拒绝率仅为4%[①]。（2）发展中国家1.41亿家微型企业融资缺口为7188亿美元，高达全部融资需求的81%。在中小微企业全部融资供给中，96%提供给了中小企业，微型企业仅得到4%的供给份额。（3）发展中国家中小微企业对非正规部门的融资需求为2.9万亿美元，占GDP的11%。非正规融资需求与正规融资需求比例在不同国家和地区差异较大，整体平均水平为33%，低收入国家最高，比例为80%，高收入国家比例为32%。（4）中国中小微企业融资需求规模为4.4万亿美元，但信贷供给仅为2.5万亿美元，满足率仅为57%。融资缺口为1.9万亿美元，占GDP的17%，在全部发展中国家中处于中游水平。由于中小微企业数量多、角色重，在解决就业促进民生发展方面具有重要作用，世界主要经济体在解决中小微企业融资缺口方面均做出了努力和安排，旨在提升中小微企业承担风险的能力，增强其承担风险的意愿和相应的努力水平。

一是完善法律法规，创造适合中小微企业成长的良好法治环境。例如，美国1953年针对中小企业颁布的《小企业法》(*The Small Business Act*)，为保护美国中小微企业发展，维护市场公平竞争奠定了法律基础；印度政府于2006年出台《中小微企业发展法案》，围绕中小微企业发展需要，构建中小微企业金融支持和服务体系，推动印度中小微企业创新发展；此外，日本和韩国的《中小企业基本法》也分别针对各自国内的中小微企业融资提供了重要的法律支撑。

---

① 数据来源于美国独立企业联合会2019年4月调查报告和欧洲中央银行2018年4—9月欧元区企业融资状况调查报告。

二是设立负责中小微企业发展的职能部门，统筹中小微企业发展相关事项。例如，美国1953年成立中小企业管理局（SBA），既是中小企业政策的参与制定者和具体执行者，也是涉及中小企业金融服务的支持机构；印度的中小微企业部（Ministry of Micro, Small and Medium Enterprises）负责统一管理与协调包括金融支持和服务在内的各项中小微企业发展相关事项；德国联邦政府在经济部设立中小企业管理局，同时，各州也设立相应机构，负责研究促进中小企业政策制度，制订扶持和资助中小企业发展计划。

三是建立政策性金融机构。为尽力解决中小企业融资需求不能得到满足的问题，许多国家和地区设立了专门政策性金融机构，为中小企业提供较为多元和稳定的资金来源。例如，英国设立的英国企业银行（Britain Business Bank）为在传统渠道难以获得资金的中小微企业提供融资辅导和支持；日本专门为有融资需求的中小微企业设立了中小企业信用金库、中小企业金融公库和中小企业信用保险公库；此外，韩国的中小企业银行（Industrial Bank of Korea）、法国的中小企业发展银行（BDPME）、印度的小产业发展银行（SIDBI）等均是各国为改善中小微企业融资缺口所设立的政策性金融机构。

四是建立信用担保体系。中小微企业的经营风险高，可抵押的资产相对较少，建立信用担保体系也是全球各大经济体支持中小微企业发展的常见手段。例如，美国中小企业管理局对于申请担保并获批准的小企业，在逾期不能归还商业银行贷款时，管理局保证支付不低于90%的未偿部分（担保总额不超过75万美元，担保部分不超过贷款的90%）；印度政府联合印度小产业发展银行成立中小微企业信用担保专用基金，为印度中小微企业运营资金和设备贷款提供担保；日本采用了地方担保和政府再担保的两级信用担保体系，即地方信用担保协会对企业承保后，再由政府的"中小企业信用保险公库"对担保协会进行再担保，极大地增强了中小企业从金融机构获得资金的能力，目前约有50%的中小企业使用该制度。

五是加强多层次资本市场建设，拓宽中小微企业直接融资渠道。目前，世界主要经济体针对中小微企业创业阶段的风险特征，均鼓励和支持风险投资与私募股权（VC/PE）市场发展，同时政府也会设立风险投资和引导基金，结合社会资本共同支持中小微企业发展。此外，各国还加快了"二板市场"建设，进一步拓宽中小微企业直接融资渠道。例如，美国NASDAQ市场、日本JASDAQ市场主要旨在为具有良好发展前景的高科技创新型中小企业提供资金支持；英国的中小企业成长基金（BGF）作为专为中小企业服务的私募股权基金，将英国政府、银行和社会资本整合在一起，旨在为中小企业的发展提供长期稳定的资金支持。

随着互联网技术逐步发展，金融科技和数字金融的出现为缓解中小微企业融资约束提供了新的突破口，成为促进中小企业金融支持和服务创新发展的重要手段[1]。2016年杭州G20峰会发布中国参与制定的《G20数字普惠金融高级原则》和《G20中小企业融资行动计划落实框架》，象征着普惠金融和中小微企业融资体系从传统方式向数字化进阶[2]。2017年，美国国家经济委员会发布《美国金融科技框架白皮书》，强调金融科技能够促进普惠金融、为个体和小企业拓宽融资渠道，同时，从更广阔的角度看，能够重塑社会与金融服务的交互方式。数字金融生态的不断完善和金融科技的应用场景拓展，为各国在解决中小微企业"融资难、融资贵"这一古老问题提供新的路径和方法。近两年国际数字金融和金融科技相关政策如表11-1所示。

---

[1] 黄益平、黄卓：《中国的数字金融发展：现在与未来》，《经济学》（季刊）2018年第4期。

[2] 2016年G20普惠金融全球合作伙伴（GPFI）报告《全球标准制定机构与普惠金融——演变中的格局》（GPFI白皮书）提出数字普惠金融的概念，即"'数字普惠金融'泛指一切通过使用数字金融服务以促进普惠金融的行动。它包括运用数字技术为无法获得金融服务或缺乏金融服务的群体提供一系列正规金融服务，其所提供的金融服务能够满足他们的需求，并且是以负责任的、成本可负担的方式提供，同时对服务提供商而言是可持续的"。

第十一章 数字金融视角下中小微企业融资制度

表 11-1　近两年国际数字金融和金融科技相关政策、事件统计

政策、事件	时间	主要内容
印度央行成立深化数字支付发展委员会	2019年1月	为了鼓励支付数字化，并通过数字化提高金融包容性，印度央行决定成立一个深化数字支付的高级别委员会。该委员会将审定印度支付数字化的现有状况，查明生态系统中目前的差距，并提出弥补这些差距的办法。委员会的目标是评估目前（印度）普惠金融的数字支付水平，进行跨国分析，以找出可采用的最佳做法，以便通过更多地使用数字支付加快经济和普惠金融的数字化
亚太金融科技网络正式成立	2019年1月	9个国家和地区的金融科技协会宣布联合成立一个亚太地区金融科技网络，促进该地区金融科技的跨境创新。该协会网络将主要关注监管科技、区块链、支付系统、人工智能和普惠金融几大领域，并就此开展一系列的合作活动
韩国金融服务委员会FSC发布新规，推动银行与金融科技企业合作	2019年2月	允许金融科技企业进入银行支付网络，以鼓励发展新的支付服务和金融领域更大竞争
美国金融业监管局设立金融创新办公室	2019年4月	美国金融业监管局（Financial Industry Regulatory Authority，FINRA）宣布设立金融创新办公室，以应对整个金融行业创新带来的机遇和挑战。此举将进一步增强其识别、理解和促进市场金融创新的能力，从而加强投资者保护和市场诚信
欧洲银行管理局拟开展多项金融科技相关工作	2019年5月	欧洲银行管理局（European Banking Authority，EBA）发布2018年年报，将理解金融创新带来的风险和机遇作为2019年的工作重心之一。相关工作计划包括：一是调整监测创新的方法，建立"创新雷达"以识别和跟踪金融创新；二是研究金融科技对支付机构与电子货币机构商业模式的影响和大数据与数据分析应用，发布相关报告；三是继续推进当前工作，制定一个共同框架，支撑监管当局对加密资产活动的监测，并开展相关产品和服务的评估；四是主持召开欧洲创新促进者论坛，促进金融科技监管协调合作
国际清算银行宣布设立创新中心	2019年7月	国际清算银行（BIS）宣布设立创新中心，促进央行在创新金融技术领域的合作
欧洲银行管理局发布《金融科技对支付和电子货币机构商业模式影响报告》	2019年7月	报告旨在概述当前的金融科技发展、相关监管条例、产业创新，提高对影响商业模式的主要趋势的认识。报告认为，金融科技对支付和电子货币机构业务模式的影响主要体现在：机构不断拓展新业务，如从企业对个人市场拓展到P2P市场；投资支付基础设施和技术发展，信息和通信技术支出将持续增加；依赖外包进行各种运营和后台活动；有意参与《欧盟支付服务修订法案（第二版）》监管下的新账户信息和付款服务

续表

政策、事件	时间	主要内容
美联储计划开发实时支付和结算服务	2019年8月	联邦储备银行将开发名为FedNow的全天候实时支付和结算服务，以支持美国更快的支付。促进可访问、安全和高效的美国支付系统是美联储核心职能的一部分，这将有助于将FedNow建设成为全国性的基础设施，金融服务行业可以在此基础上开发创新快速支付服务
新加坡金管局正式开放数字银行牌照申请	2019年8月	—
新加坡金管局携手德勤、标普推出金融科技研究平台	2019年11月	金融科技研究平台旨在帮助：通过提供金融科技企业的全面视图来提高透明度，包括它们在业务模型、用例、资金和技术堆栈方面的属性；通过允许用户在一个平台上轻松比较金融科技企业，并根据对用户最重要的参数，优先考虑他们可以与之合作的金融科技企业，从而加快决策制定速度
瑞士金融市场管理局颁发首张金融科技许可证	2020年3月	瑞士金融市场管理局（FINMA）向数字银行Yapeal颁发了首张金融科技许可证（FinTech Licence）
韩国首个金融数据交易所正式投入试运营	2020年5月	韩国首家金融数据交易所正式投入试运营。未来，该交易所将成为金融、电信和企业数据的重要交易场所，为推动韩国数据经济发展提供必要支持
美国国会代表提交《推进区块链法》提案	2020年5月	根据法律草案，该法案要求联邦贸易委员会和商务部长对区块链的用途和在美国的采用状况进行调查，为后期厘清各监管机构职责提供帮助
澳大利亚成立"国家区块链路线图指导委员会"	2020年6月	委员会由工业、科学、能源和资源部门（DISER）数字经济和技术部门数字经理构成。委员会提供有关行业可用的政府计划以及其他支持，研究风险投资计划的建议，就接下来要探索的两个区块链用例向政府提供建议

资料来源：宜信研究院、网络搜集。

三　中国中小微企业融资制度特色与发展完善

（一）中国中小微企业金融支持体系演进与特色

中国中小微企业是与改革开放一同成长起来的。1997年之前，中小微企业在此期间系统性的金融支持有限。1998年亚洲金融危机之后，国家加强了对中小微企业的金融支持和服务力度，出台了包括《关于进

第十一章 数字金融视角下中小微企业融资制度

一步改善对中小企业金融服务的意见》(银发〔1998〕278号)、《关于建立中小企业信用担保体系试点的指导意见》、《关于扩大对中小企业贷款利率浮动幅度的通知》(银发〔1998〕502号)等政策文件,督促银行等金融机构提高对中小微企业包括融资在内的金融服务支持。2001年中国推出"代办股份转让系统"(即三板市场),吸引有潜质的企业挂牌交易,其中多为中小企业。同时,着手创建创业板(即二板市场),加快中小微企业获取直接融资的场所建设。2002年,《中华人民共和国中小企业促进法》颁布实施,为中小微企业发展和相应金融支持服务体系建设提供了法律基础和保障。2004年,"中小企业板块"(即中小板)在深交所成立,再一次加大了中小微企业获取直接融资的机会。2008年国际金融危机之后,为应对冲击,促进经济发展转型升级,中小微企业的金融支持力度再次得到加大。中国人民银行和银监会等金融监管部门出台了许多具体政策和指导性意见,推动商业银行优化中小微企业贷款结构,提升金融服务综合水平。2009年中国创业板在深交所正式上市,为中国科技型中小企业提供直接融资渠道。2012年4月,国务院常务会议又研究部署了《关于进一步支持小型微型企业健康发展的意见》(国发〔2012〕14号)。2013年将原三板市场发展为"全国中小企业股权转让系统"(即新三板市场),鼓励创新、创业型中小企业融资发展。

2013年以来,伴随着中国经济"三期叠加"的转型升级,促进中小微企业和民营经济发展成为稳增长、稳就业和惠民生战略举措。2013年,国务院颁发《关于金融支持小微企业发展的实施意见》(国办发〔2013〕87号),要求从创新金融服务方式、拓展直接融资渠道、强化征信服务和信息服务,加大政策支持力度强化对中小微企业的金融支持。随后,各级政府和金融监管部门通过完善中小微企业金融服务、引导商业银行构设立专营部门、开展诸如"银行+政府+保险"、发行中小企业集合债业务等各项创新措施,努力缓解中小微企业所面临的融资

· 323 ·

难、融资贵问题。同时，国家开发银行、中国农业发展银行和中国进出口银行三家政策性银行不断探索新型金融支持和服务模式，提高对中小微企业的金融支持范围和效率[①]。2015年，国务院发布《关于促进融资担保行业加快发展的意见》（国办发〔2015〕43号），提升对中小微企业融资短板的信用担保支持。2018年国务院批准财政部发起成立"国家融资担保基金"，构建由政府主导的担保体系，缓解中小微企业、"三农"以及创新创业领域的"融资难与贵"问题。为适应新的经济、社会发展需要，2017年中国适时修订了《中华人民共和国中小企业促进法》，以更好地保护中小微企业合法权益，为中小微企业创造有利的发展环境。2019年，中国"科创板"在上交所正式上市，旨在充分发挥资本市场直接融资渠道的作用，进一步为科技创新型中小型企业注入资本动能，促进科研成果资本化，实现经济高质量发展。

除开机制设计与融资体系建设外，中国各职能部门还出台具体政策支持中小微企业融资。以2018年为例，随着国际国内政治经济形势发生复杂深刻变化，国务院和各部委出台了更多支持中小微企业融资的政策文件，全年共计9项，相关政策的直接效果显著。2018年各口径的小微企业信贷的同比增速都有所提高，信贷结构有所优化。2018年年底，小微企业贷款余额为33.5万亿元，有贷款余额的户数超过1800万户，同比增长28%。其中，普惠型小微企业贷款（单户授信总额1000万元以下的小微企业贷款）余额为9.4万亿元，同比增长21.8%，较各项贷款同比增速高9个百分点以上。有贷款余额的户数为1723万户，同比增加455万户。2018年中国中小微企业融资政策如表11-2所示。

[①] 例如，针对缺乏担保标的物的中小企业，国家开发银行推出了中小企业融资的"统借统还"贷款模式，该模式由借款平台作为贷款担保中介，解决国开行与中小企业信息不对称的问题。此外，国家开发银行主动与小额贷款公司联合，在全国各省份城市，推广"国开行—小额贷款公司—中小企业"模式，为中小企业的健康发展提供了有力的金融支持。

表 11-2　　　　　　　　2018 年中小微企业融资政策及效果

文件名	发布日期	发布单位	主要内容摘录
《关于开展投资管理型村镇银行和"多县一行"制村镇银行试点工作的通知》（银监发〔2018〕3号）	2018年1月9日	银监会	要加快完善多层次服务网络体系，积极向金融服务薄弱的乡镇和行政村延伸网点，扩大金融服务的覆盖面，提高服务的可得性。要立足"三农"和小微企业客户需求，积极探索支农支小商业模式，创新个性化、本地化的金融产品和服务，大力支持普惠金融发展
《关于 2018 年推动银行业小微企业金融服务高质量发展的通知》（银监办发〔2018〕29号）	2018年2月11日	银监会	自 2018 年起，在银行业普惠金融重点领域贷款统计指标体系的基础上，以单户授信总额 1000 万元以下（含）的小微企业贷款（包括小型微型企业贷款+个体工商户贷款+小微企业主贷款，下同）为考核重点，努力实现"两增两控"目标
《进一步深化小微企业金融服务的意见》（银发〔2018〕162号）	2018年6月25日	中国人民银行、银保监会、证监会、发改委、财政部	聚焦小微企业中的薄弱群体，努力实现单户授信总额 1000 万元及以下小微企业贷款同比增速高于各项贷款同比增速，有贷款余额的户数高于上年同期水平；重点引导银行业金融机构发放单户授信500 万元及以下的小微企业贷款以及个体工商户经营性贷款、小微企业主经营性贷款。从 2018 年 9 月 1 日至 2020 年年底，将符合条件的小微企业和个体工商户贷款利息收入免征增值税单户授信额度上限，由 100 万元提高到 500 万元
《关于推动创新创业高质量发展打造"双创"升级版的意见》（国发〔2018〕32号）	2018年9月26日	国务院	引导金融机构有效服务创新创业融资需求。加快城市商业银行转型，回归服务小微企业等实体的本源，提高风险识别和定价能力，运用科技化等手段，为本地创新创业提供有针对性的金融产品和差异化服务；完善定向降准、信贷政策支持再贷款等结构性货币政策工具，引导资金更多投向创新型企业和小微企业
《关于对小微企业融资担保业务实施降费奖补政策的通知》（财建〔2018〕547号）	2018年10月25日	财政部、工信部	中央财政在 2018—2020 年每年安排资金 30 亿元，采用奖补结合的方式，对扩大小微企业融资担保业务规模、降低小微企业融资担保费率等政策性引导较强的地方进行奖补
《关于聚焦企业关切进一步推动优化营商环境政策落实的通知》（国办发〔2018〕104号）	2018年11月8日	国务院	银保监会、税务总局要积极推进"银税互动"，鼓励商业银行依托纳税信用信息创新信贷产品，推动税务、银行信息互联互通，缓解小微企业融资难题

续表

文件名	发布日期	发布单位	主要内容摘录
《关于实施进一步支持和服务民营经济发展若干措施的通知》（税总发〔2018〕174号）	2018年11月16日	税务总局	深化"银税互动"助力民营企业便利融资。各级税务机关要联合银保监部门和银行业金融机构，进一步深入开展"银税互动"活动，并由"线下"向"线上"拓展，鼓励和推动银行依托纳税信用创新信贷产品，深化税务、银行信息互通，缓解小微民营企业融资难题
《促进大中小企业融通发展三年行动计划》（工信部联企业〔2018〕248号）	2018年11月28日	工信部、发改委、财政部、国资委	开展小微企业应收账款融资专项行动，充分发挥应收账款融资服务平台等金融基础设施作用，推动供应链核心企业支持小微企业供应商开展应收账款融资。开展中小企业知识产权质押融资和专利质押融资
《关于做好当前和今后一个时期促进就业工作的若干意见》（国发〔2018〕39号）	2018年12月5日	国务院	发挥政府性融资担保机构作用支持小微企业。各地政府性融资担保基金应优先为符合条件的小微企业提供低费率的担保支持，提高小微企业贷款可获得性

资料来源：各部委官网、互联网、清华大学互联网产业研究院。

不难看出，国家和社会均高度认可中小微企业在国民经济发展、产业转型升级和科技创新方面的重要作用，并在针对中小微企业获得高效金融服务的政策设计和实践方面做出了长期的探索，取得了显著成绩。但是，总体来看，中国监管部门和金融机构在为中小微企业提供包括融资在内的金融支持时还面临着一些问题，主要体现在以下几个方面。

其一，政策多，体系弱。中小微企业金融支持应形成一定的框架，围绕满足企业需求，促进企业努力，推动企业发展等目标形成层次丰富、指向明确和相互融洽的制度体系，在政策的设计过程中既要加强金融机构服务中小微企业的水平，也要注重通过市场化机制提升金融机构服务中小微企业的意愿。当下，中国中小微企业金融支持和服务政策实施及执行过多依赖于通过行政手段由商业银行等商业化金融机构承担，这势必与这些金融机构以营利性为目标的风险管理和经营行为相冲突。

其二，部门多，统筹弱。从委托代理关系上看，中小微企业最优金融支持政策和制度安排实质是政府（代表国家和社会）作为委托人如何设计和实施最优激励合约（最优政策和制度安排）实现委托人最优目标（通过对中小微企业金融支持实现惠民生、保就业，促进经济和社会福利最大化）。当下，中国政府部门根据职能和分工不同，承担委托人角色的机构包括中国人民银行、银保监会、证监会、财政部、发改委和工信部等，许多支持政策和文件也是以多部门联合发布的形式出台的，但尚没有总体统筹和牵头机构，影响了政策实施和制度建设效果。

其三，手段多，评价弱。目前，各级政府部门、监管机构以及各类金融机构的政策文件与具体措施更多偏向于行政化命令，旨在短期操作，未能形成长效的考评机制，这样有可能造成一些短视现象。长久之计是落实主体责任执行机构，建立合理、科学的考评体系，以政策性金融体系为支撑引导，激励各类商业性金融机构市场化参与，建立独立、完善又有各部门和各机构协调配合的高效、稳定和持久的中小微金融支持和服务体系。

其四，范围广，基建弱。近年来，数字金融与金融科技的发展促进了中小微企业和普惠金融服务范围扩大和服务深度下沉，但对包括金融信息和征信服务的（数字）金融基础设施建设也提出了更高要求，需要进一步加强金融基础设施的建设和完善，以适应中小微和普惠金融数字化转型与发展要求。

（二）数字金融环境下中国中小企业融资体系的发展与完善

数字金融和金融科技在中小企业金融服务中能够有效缓解信息不对称问题、降低金融服务成本、提高金融服务效率。基于数字金融和金融科技手段的应用，现有的诸多问题可以得到有效解决方案。数字金融与金融科技的发展和应用推动中小微企业金融服务更加智能化、便捷化，多种技术手段的融合应用以及综合性金融服务平台的搭建是未来金融科技的发展趋势。目前，中国金融科技和数字金融发展处于世界前列，尽管发生了一些风险事件，但总体上促进了市场竞争和创新，倒逼了传统金融数字化转型，涌现出诸如互联网银行、互联网小贷、大数据征信、数字供应链金融等多种新型金融机构和业态模式，提高了金融服务实体经济和中小微企业能力和动力。

其一，数字金融和金融科技发展拓宽了中小微企业金融服务的触达范围，也丰富了金融服务的供给，企业风险厌恶程度减弱。换言之，在数字金融和金融科技发展的大环境下，中小微企业承担风险的意愿得到了增强。此时，政府应着力发展各类债权性融资支持服务体系，以满足中小微企业融资需求，支持它们付出更多的努力，增加社会福利。同时，适当利用货币政策工具，推动更多金融机构丰富金融服务的产品和形式，针对一些风险较高、创新较大的企业（特别是科创型小微企业），可使用担保、财税和政策性融资等手段作为补充。

其二，数字金融与金融科技发展提高了金融服务效率，促进中小微企业金融服务下沉。相较而言，服务下沉所触达的中小微企业群体在融资和经营过程中努力所要求的补偿相对较低，努力的边际成本减小。理论上，努力的边际成本降低，放松了激励约束条件，从政府（社会）的角度看，促进了社会福利在更高水平上获得帕累托改进。诚然，这也可能扩大经济和金融风险，需要利用数字技术和金融科技发展所提供的手段和方法进行有效的风险管理与控制。

其三，数字化环境中，随着金融支持的范围扩大和服务下沉，服务对象规模更小，行业和市场竞争更加激烈，获得金融支持的中小微企业群体所面临的环境风险和自身不确定性增加，弱化商业银行等金融机构市场化参与意愿。为此，需要积极利用数字技术和金融科技发展成果，加强数字金融基础设施建设，完善社会信用和征信体系，提高信息透明度和及时性，改善中小微企业经营环境。

其四，数字金融与金融科技发展为优化中小微企业金融支持体系提供可行的手段和方法，提高中小微企业努力水平与收益水平相关性。金融科技赋能下的中小微企业金融支持覆盖了更多风险承担意愿较高的群体，提高了金融支持和服务的复杂性，但是，数字金融技术也为管理各类风险提供了具体路径。例如，人工智能在中小微企业金融服务中的应用可以提升金融机构对数据的处理能力，利用中小企业的大量数据，开发出适宜中小企业现状的金融产品；大数据在中小微企业金融服务中的应用可以增强金融机构的风险管控能力，帮助金融机构利用巨量数据分析中小微企业的可疑信息和违规操作，带来更加高效的风控管理，从而反作用于融资过程，提升中小企业融资可得性，降低融资成本；采用区块链技术构建中小微企业供应链金融体系，提高融资担保的效率和可行性。数字技术和金融科技发展有可能引入新的风险，但也产生了管理这些风险的工具和方法。

可见，金融科技和数字金融发展与应用为解决中小企业金融服务问题提供了创新产品、技术手段与系统支持。这一方面扩大了中小微企业的金融服务范围；另一方面，金融科技和数字金融的应用也推动了外部支撑环境的变革，为中小企业创造出更优质的发展环境。中国政府和金融监管当局对金融科技和数字金融发展一直持包容性态度，支持各类金融机构和平台规范发展。2015年中国人民银行等十部门发布的《关于促进互联网金融健康发展的指导意见》（银发〔2015〕221号）明确提出对互联网金融等新金融业态要求为"鼓励创新，防范风险，趋利避害，健康发展"。2019年中国人民银行发布实施《金融科技发展规划（2019—2021年）》，明确中国金融科技发展的思想、原则、目标、任务和保障措施，鼓励银行和各类金融机构依法合规发展金融科技，推动金融数字化转型，更好为包括中小微企业在内各类经济主体提供金融服务和支持。近两年来中国数字金融和金融科技相关政策和事件如表11-3所示。

表 11-3　近两年来中国数字金融和金融科技相关政策和事件统计

政策、事件	时间	主要内容摘录
中国香港金管局正式开始发放虚拟银行牌照	2019年3月	虚拟银行不设实体分行，只能透过互联网为客户开户和提供各类银行服务，虚拟银行的业务目标是面对广大市民和中小企业。引入虚拟银行是中国香港迈向智慧银行新纪元的关键举措，也是提升中国香港作为国际金融中心的优势的一个里程碑。虚拟银行除了能推动中国香港金融科技发展和创新，更可以为客户带来更好的体验和促进普惠金融
中国人民银行印发《金融科技（FinTech）发展规划（2019—2021年）》	2019年8月	到2021年，建立健全中国金融科技发展的"四梁八柱"，进一步增强金融业科技应用能力，实现金融与科技深度融合、协调发展，明显增强人民群众对数字化、网络化、智能化金融产品和服务的满意度，推动中国金融科技发展居于国际领先水平，实现金融科技应用先进可控、金融服务能力稳步增强、金融风控水平明显提高、金融监管效能持续提升、金融科技支撑不断完善、金融科技产业繁荣发展；确定了六方面重点任务：一是加强金融科技战略部署，二是强化金融科技合理应用，将金融科技打造成为金融高质量发展的"新引擎"，三是赋能金融服务提质增效，四是增强金融风险技防能力，坚决守住不发生系统性金融风险的底线，五是强化金融科技监管，六是夯实金融科技基础支撑
中国人民银行、国家市场监督管理总局联合发布《金融科技产品认证目录（第一批）》和《金融科技产品认证规则》	2019年10月	规则适用于金融科技产品，包括以下产品种类：客户端软件、安全芯片、安全载体、嵌入式应用软件、银行卡自动柜员机（ATM）终端、支付销售点（POS）终端、移动终端可信执行环境（TEE）、可信应用程序（TA）、条码支付受理终端（含显码设备、扫码设备）、声纹识别系统和云计算平台
中国香港金管局发布《人工智能高层次原则》	2019年11月	在治理方面，银行董事会及高管须为应用人工智能而导致的结果负责；在程序设计开发方面，银行应具备足够的专业知识，确保程序有恰当的可解释性，采用高质量数据，严格核实模型，确保程序的可审计性，对第三方供应商实施有效管理以及秉持道德操守、公正及透明度；持续监察及维护方面，银行须定期检视并持续监察程序运作，遵守数据保护规定，实施有效的网络安全措施以及风险缓释措施和应急计划
中国人民银行启动金融科技创新监管试点工作	2019年12月	中国人民银行积极构建金融科技监管基本规则体系，探索运用信息公开、产品公示、社会监督等柔性管理方式，努力打造包容审慎的金融科技创新监管工具，着力提升金融监管的专业性、统一性和穿透性

续表

政策、事件	时间	主要内容摘录
商务部等8部门发布《关于推动服务外包加快转型升级的指导意见》（商服贸发〔2020〕12号）	2020年1月	到2035年，中国服务外包从业人员年均产值达到世界领先水平。将企业开展云计算、基础软件、集成电路设计、区块链等信息技术研发和应用纳入国家科技计划（专项、基金等）支持范围。培育一批信息技术外包和制造业融合发展示范企业
中国人民银行在上海等6市（区）扩大金融科技创新监管试点	2020年4月	中国人民银行支持在上海市、重庆市、深圳市、河北雄安新区、杭州市、苏州市6市（区）扩大试点，引导持牌金融机构、科技企业申请创新测试，在依法合规、保护消费者权益的前提下探索运用现代信息技术手段赋能金融"惠民利企"，纾解小微民营企业融资难、融资贵、普惠金融"最后一公里"等痛点难点，助力疫情防控和复工复产，着力提升金融服务实体经济水平

资料来源：宜信研究院、网络搜集。

四 结语及政策启示

中小微企业融资难、融资贵问题一方面源于中小微企业自身生产经营活动的固有特征；另一方面也受到技术手段和相关制度因素的影响。由于中小微企业独有的特点，传统金融机构的常规业务很难直接服务于其金融需求，高效的金融支持体系不可或缺。政府主导的中小微企业金融支持体系一方面要保证中小微企业能够付出足够多的努力，提升金融资源的使用效率；另一方面也要保证中小微企业利润最大化的目标与政府全社会福利最大化的目标相互协调融洽。数字金融的发展和金融科技的应用通过"风险承担"和"激励获得"两条路径为提升中小微企业金融支持体系的建立提供了新思路、新手段。

目前，中国中小微企业金融支持和服务取得显著成绩，但仍存在着诸多问题。应当利用中国金融科技和数字金融发展优势，借鉴国际先进经验和理念，在政策和制度上对中国中小微企业金融支持和服务进行重构和完善。

其一，建设和完善匹配数字化中小微企业金融支持体系的政策和制度框架。中小微企业金融支持和服务是公共产品，与市场配置资源机制互相协同，因此，相关政策框架需有别于普通的金融监管，更应站在总体层面，根据实际情况，协调各层级部门，形成适应科技发展、应用科技手段的政策与制度设计。

其二，设立专门的领导组织和办事机构。中国与中小微企业金融服务相关的职能和监管部门分布在各部委，缺少统一领导和协调的组织，不利用相应政策落地实施。科技的发展和技术的应用一方面加大了金融服务的广度和深度；另一方面也增加了金融支持和监管的复杂度，因此，数字化视角下的金融支持体系建设需要跨部门、跨职能协同。国际经验表明，专司中小微企业金融支持的机构有助于提高管理效能，推动政策落地实施。

其三，完善政策性金融支持体系。数字金融发展在加强金融服务普惠性的同时，也增加了中小微企业金融服务的不确定性，不利于市场机制下的商业银行金融机构主动参与。国际实践表明，可考虑设立专门服务于中小微企业的政策性金融（银行）机构，同时发展各类商业性金融服务体系，形成以政策性金融支持为引导，以商业性金融为主体的市场化运营的金融支持体系，以满足中小微企业融资需求。

其四，加强金融基础设施的建设。数字金融的发展在为金融服务效率提升赋能时，本身也提供了管理和化解各类风险的手段和工具。政府在构建金融支持体系时要着重运用新兴技术管理新生风险，确保支持体系行稳致远。

（执笔人：黄国平、丁　一）

第十二章

构建金融支持创新驱动的体制机制

历经改革开放和长期努力,中国经济已经迈向高质量发展阶段,需求结构和生产函数发生重大变化。生产体系内部循环不畅、供求脱节、关键技术"卡脖子"问题突出。这要求发展转向更多依靠创新驱动,推动高质量发展。创新之于中国经济未来发展至关重要。除了提升国家核心竞争力,传统理论和经济发展实践还表明,创新企业是新增就业岗位的主要来源,创新具有经济社会稳定效应。但是鉴于创新的显著外部性特征,创新企业的金融支持往往存在市场失灵,以及外部资金支持的成本与其期望收益不匹配等问题,创新难以获得投资者支持。因此,推动高质量经济发展需要更多利好投资者的政策支持,鼓励投资者投资创新活动。金融体系如何支持中国经济向创新驱动方向转型?本章梳理了金融支持创新的基本理论线索,以此作为出发点,分析了国内金融体系支持企业创新的阻碍,最后提出国内金融体系支持创新驱动的改进建议。

一 金融支持创新的理论线索

何谓"创新"?简单来说,是指特定市场主体发明新技术或颠覆性技术,制造新产品或持续改善产品质量(产品升级换代),以及重新定义商业模式等一系列开拓性活动。从金融视角来看,创新与一般的企业行为不同，具有以下几个主要特征：一是创新的成本主要是研发的人力工资或智力报酬等；二是创新成果通常是不易被抵押的无形资产，基于创新的资本结构使企业不容易获得银行贷款；三是创新充满不确定性，一方面是创新自身以及创新的商业化应用面临的失败风险，另一方面是创新成功后核心人力资源离职带来的无形资产流失风险，都有可能会导致过高的创新沉没成本。因此，包括中国在内的世界各国和地区，金融支持创新都面临不同层面的问题，由此推动了相关理论向纵深发展。学术界有诸多理论讨论，大致的理论线索梳理如下。

（一）创新为什么难以得到金融投资支持

创新为什么不容易得到金融投资支持、经常存在资金缺口？直接原因可能是该地区或国家的金融体系不发达，没有能力支持。收入高、金融体系发达的国家，创新企业也能获得更高水平的金融支持，例如，当前全球主要的技术创新集中在高收入的发达国家如瑞士、瑞典、美国等。但究其根本原因，发现创新活动尤其是基础研究存在正外部性。因为创新成果的最初载体多是无形的知识，而知识一旦产生、公开就不能被独占，其创造的社会收益将高于私人收益，与之对应，其产生的私人成本也必然高于社会成本。由此，个人和企业无法从投资创新研发中获得完全对等的收益，从而不愿意对研发及创新活动积极投资，导致研发等创新活动难以获得融资。由此，创新活动的金融支持体系会存在市场失灵、产生创新投资缺口[1]。面临市场失灵，世界上不少国家出台了一

---

[1] Nelson R., 1959, "The Single Economics of Basic Scientific Research", *Journal of Political Economy*, 49: 297 – 306; Arrow K., 1962, "Economic Welfare and the Allocation of Resources for Invention", In Nelson, R. (eds.), *The Rate and Direction of Inventive Activity*, Princeton, New Jersey; Romer P., 1986, "Increasing Returns and Long Run Growth", *Journal of Political Economy*, 94: 1002 – 1037; Griliches Z., 1992, "The Search for R&D Spillovers", *Scandinavian Journal of Economics*, 94: S29 – S47; Hall B., 1996, "The Private and Social Returns to Research and Development", In Smith, B. and C. Barfield (eds.), *Technology, R&D, and the Economy*, Brookings Institution and the American Enterprise Institute, Washington, D. C.; Aghion P., and P. Howitt, 1997, *Endogenous Growth Theory*, MIT Press.

第十二章　构建金融支持创新驱动的体制机制

系列政策来支持创新，包括知识产权和专利保护制度、政府直接为创新企业提供资金资助、税收优惠政策、完善金融体系等，都能在一定程度上弥补市场缺陷，提高创新效率。政府在一国技术进步过程中扮演着不可或缺的角色。

但是，实践表明，即便政府部门构建了完善的创新支持政策体系，创新依然不容易得到金融投资支持。Schumpeter 提出了一个原因，即创新者和投资者往往不是同一主体，信息不对称导致了诸多交易摩擦[①]。尤其是在初创型创新企业中，创新的资金支持通常来自外部金融机构，而外部金融机构包含不同层次的投资者，其面临不同的税收和产业政策等。此时，创新者和投资者之间会出现如下情况：（1）创新者不能过多公开披露创新构思，由此导致创新者和投资者之间存在信息不对称，使得创新专利的实施率大打折扣。能进入实施阶段的创新则面临另一个问题，市场评判创新项目优劣的市场信号主要是研发开支高低，这最终导致创新普遍面临较高的外部资本成本[②]。（2）企业所有权和经营权分离，管理层存在道德风险。管理者作为代理人，比所有者更注重短期绩效，对投资风险的容忍度较低，由此会规避短期风险较高的研发项目，在兼并收购等短期绩效较高的方面会投入更多的资金[③]。因此，为防止这种倾向，实践中出现了诸多对管理层的长期激励手段如员工持股计划等，以激励企业创新[④]。（3）税收因素导致外部资金与留存收益投资成

[①]　Schumpeter J., 1942, *Capitalism, Socialism and Democracy*, Harper and Row, New York.

[②]　Anton J., and D. Yao, 1998, "The Sale of Intellectual Property: Strategic Disclosure, Property Rights and Incomplete Contracts", Wharton School Working Paper, University of Pennsylvania; Bhattacharya S., and J. Ritter, 1983, "Innovation and Communication: Signaling with Partial Disclosure", *Review of Economic Studies*, 50: 331-346.

[③]　Hall B., 1990, "The Impact of Corporate Restructuring on Industrial Research and Development", Brooking Papers on Economic Activity, 1: 85-136; Hall B., 1994, "Corporate Capital Structure and Investment Horizons in the United States: 1976-1987", *Business History Review*, 68: 110-143.

[④]　Pugh W., J. Jahera, and S. Oswald, 1999, "ESOPs, Takeover Protection and Corporate Decision Making", *Journal of Economics and Finance*, 23: 170-183.

本存在差距[1]。按照目前各国的政策，留存收益如果被用于其他外部经济活动，将被征收税率较高的普通所得税，而如果用于公司内部投资，其所得收益最终将被课征税率较低的资本利得税。因此，各国现有的税收政策降低了企业内部融资成本。

最终，创新企业面临的外部资本成本将高于内部资本成本。此时，企业会首选内部资金来支持创新，抗拒外部融资，由此存在资金投资缺口。诸多学者的实证研究也支持了创新企业的内部融资偏好。内部资金成本低于外部资金成本，企业的研发投资与其现金流存在正相关关系，留存收益等内部资金越多，其创新投资规模越大[2]。从成本视角来看，在股票市场高度发达的国家和地区，企业创新融资会首选发行股票，其次是内部留存收益，最后才是银行贷款。可见，创新投资缺口存在的另一个原因是，企业不愿意进行外部融资，尤其是银行借贷。

（二）不同法系对技术创新及其融资有影响

除了上述原因，法律体系对技术创新也有影响，法系不同，影响有差异。La Porta 等开创性地研究了全球 49 个国家和地区的《公司法》后认为，不同法系对于一国的经济金融发展产生了不同影响，在支持经济

---

[1] Auerbach A., 1984, "Taxes, Firm Financial Policy and the Cost of Capital: An Empirical Analysis", *Journal of Public Economics*, 23: 27–57.

[2] Hall B., 1992, "Research and Development at the Firm Level: Does the Source of Financing Matter?", NBER Working Paper No. 4096, June; Himmelberg C., and B. Petersen, 1994, "R&D and Internal Finance: A Panel Study of Small Firms in High-tech Industries", *Review of Economics and Statistics*, 76: 38–51; Brown W., 1997, "R&D Intensity and Finance: Are Innovative Firms Financially Constrained?", London School of Economics Financial Market Group; Bond S., D. Harhoff, and J. Van Reenen, 1999, "Investment, R&D and Financial Constraints in Britain and Germany", Institute of Fiscal Studies Working Paper No. 99/5, London; Bougheas S., H. Goerh, and E. Strobl, 2001, "Is R&D Financially Constrained? Theory and Evidence from Irish Manufactuing", University of Nottingham.

金融发展方面，普通法系优于大陆法系[1]。这是因为，在大陆法系国家，确定的成文法可能使创新面临制度层面的不确定性，甚至可能会"违法"，相应地给创新融资带来压力。而普通法系（如英国、美国）有更少的正式法律成文和更强的司法独立性。法无禁止即可为（只告诉你什么不可为，其余均合法），政府干预较少，基于判例的争端解决机制等都为企业技术创新留出了足够的市场空间。高度市场化行为形成了强有力的市场规则，包括市场会计规则、公司治理法律规则，以及完善的金融监管体系，这些制度对外部投资者的保护程度也较高，反过来又刺激投资者的投资意愿，促进了金融对企业创新的支持[2]。

相对而言，英美等普通法系国家形成的公司治理等法律体系，有利于保护企业创新的合法性，也有利于保护外部投资者。但法系不是决定创新的核心因素，典型的案例是大陆法系的瑞士，其创新能力在全球常年位居首位。这是因为，不同法系的国家和地区也一直在相互借鉴和融合。如盛行全球的普通法系内生了衡平法，以克服自身缺陷。而很多大陆法系国家的法律体系在促进技术创新方面进行了改进，如提高法律实施力度。事实也证明，法律实施程度高的德国和斯堪的纳维亚国家，其创新和经济发展强于法国[3]。同时，大陆法系国家也在借鉴普通法系国家在金融领域的做法，通过完善《公司法》《银行破产法》等公司治理相关的核心法律制度，加大对投资者的保护力度。

---

[1] La Porta R., F. Lopez-de-Silanes, A. Shleifer, and R. Vishny, 1998, "Law and Finance", *Journal of Political Economy*, 106 (6): 1113 – 1155; Rajan R., and L. Zingales, 1998, "Financial Dependence and Growth", *American Economic Review*, 88: 559 – 586; Demirgüç-Kunt A., and V. Maksimovic, 1999, "Institutions, Financial Markets and Firm Debt Maturity", *Journal of Financial Economics*, 295 – 336; Beck T., A. Demirgüç-Kunt, and V. Maksimovic, 2002, "Financial and Legal Constraints to Firm Growth: Does Size Matter?", World Bank, Working Paper, No. 2784.

[2] Djankov S., R. La Porta, F. Lopezde-Silanes, and A. Shleifer, 2003, "Courts", *Quarterly Journal of Economics*, 118: 453 – 517; La Porta R., F. Lopez-de-Silanes, C. Pop-Eleches, and A. Shleifer, 2004, "Judicial Checks and Balances", *Journal of Political Economy*, 112: 445 – 470.

[3] La Porta R., F. Lopez-de-Silanes, A. Shleifer, and R. Vishny, 1998, "Law and Finance", *Journal of Political Economy*, 106 (6): 1113 – 1155.

（三）风险投资是解决初创企业创新资金缺口的主要机制，但作用有限

上述理论分析表明，企业创新青睐内部融资。但现实情况是，初创型企业很少有足够的留存收益，必须通过外部融资支持创新，如银行贷款。但是科技创新企业没有足够的资产进行抵押，此时需要外部担保体系介入，进一步抬高了资金成本。而且，商业银行等传统金融中介有自身的监管要求，要求信贷违约率必须足够低，也就是说，商业银行对创新失败风险的容忍度一般较低，但创新企业无法彻底解决自身面临的风险问题。由此，二者的利益诉求难以匹配，这一核心矛盾不易解决。

可以看出，创新企业和金融中介之间的最佳创新契约至少应包含两个核心要素：一是短期内对创新失败风险有较高的容忍度，二是对长期的创新成功有丰厚的回报期望[1]。由此，才能实现创新企业和金融中介双赢。从发达国家实践来看，初创企业的创新活动主要由风险投资机构这一典型的非银行金融中介来支持。这类金融中介符合上述两个核心要素，对创新失败风险的容忍度高于商业银行，且愿意在长期获得高回报。全球首家风险投资公司——美国研究与发展公司成立于1946年，其性质是有限合伙制公司，主要运营模式是可公开交易的封闭式投资基金，其资本利得税由基金投资者缴纳而非有限合伙人。伴随20世纪其国内科技水平的高度发展，美国的风险投资行业发展水平也处于全球前列。

还有一个关键问题是，风险投资公司到底如何解决创新投资中的信息不对称问题，从而均衡了研发者和投资者的成本与期望收益。从实践来看，这类机构主要是利用了一定的风险控制手段，降低了信息不对称程度，继而降低了整个投资周期的风险，包括：在投资之前，集中专业

---

[1] Manso G., 2011, "Motivating Innovation", *Journal of Finance*, 66: 1823 – 1866; Tian X., and T. Wang, 2014, "Tolerance for Failure and Corporate Innovation", *Review of Financial Studies*, 27: 211 – 255.

第十二章　构建金融支持创新驱动的体制机制

人才对创新企业进行充分的尽职调查，有效甄别创新的真伪和质量；分阶段、分轮进行长期投资，而非一次性短期投资，通过逐步考核企业创新成果和绩效，再决定后续投资力度；由头部风险投资机构联合多家风险投资机构，进行联合投资或辛迪加投资，共同分担风险；设计分配公司控制权的有效机制，通过提高公司治理水平促进创新，同时降低创新企业 IPO 时的溢价率[1]；保持灵活的退出机制等。以上风控手段起到了关键作用，也被学者们的研究所证实[2]。至此，风险投资机构实现了对高风险的接纳和控制，最终才能获得高回报。实践也不断证明，风险投资是一个高风险和高回报的行业。据不完全统计，在风险投资行业，约 85% 的投资资金无法回收，约 10% 的投资资金能带来约 3 倍的收益，约 5% 的投资资金能带来 10 倍以上的收益。这是风险资本的赚钱逻辑：即大多数项目是亏损的，少数项目可以赚大钱，而且业内优秀的投资人普遍有能力获得逐步抵消全部内生风险的收益率。

但是，风险资本支持创新融资的总体作用有限：一是其依然给企业带来了高昂的资本成本，至少高于内部融资成本；二是风险投资行业在

---

[1] Barry M., C. Muscarella, J. Peavy, and M. Vetsuypens, 1990, "The Role of Venture Capital in the Creation of Public Companies: Evidence from the Going-public Process", *Journal of Financial Economics*, 27: 447 – 472; Megginson W., and K. Weiss, 1991, "Venture Capitalist Certification in Initial Public Offerings", *Journal of Finance*, 46: 879 – 903; Nahata R., 2008, "Venture Capital Reputation and Investment Performance", *Journal of Financial Economics*, 90: 127 – 151.

[2] Chan Y., 1983, "On the Positive Role of Financial Intermediation in Allocation of Venture Capital in A Market with Imperfect Information", *Journal of Finance*, 38: 1543 – 1568; Sahlman W., 1990, "The Structure and Governance of Venture Capital Organization", *Journal of Financial Economics*, 27: 473 – 524; Marx L., 1994, "Negotiation and Renegotiation of Venture Capital Contracts", University of Rochester Working Paper; Hellman T., 1998, "The Allocation of Control Rights in Venture Capital Affiliation?", *Journal of Finance*, 59: 1805 – 1844; Bergemann D., and U. Hege, 1998, "Venture Capital Financing, Moral Hazard and Learning", *Journal of Banking and Finance*, 22: 447 – 471; Cornelli F., and O. Yosha, 2003, "Stage Financing and the Role of Convertible Debt", *Review of Economics Studies*, 70: 1 – 32; Kaplan, S., and L. Stormberg, 2003, "Financial Contract Theory Meets the Real World: An Empirical Analysis of Venture Capital Contracts", *Review of Economics Studies*, 70: 281 – 315.

国际上已发展数年，自身规模急剧膨胀，机构之间的竞争也引发了行业的混乱和低效，如抬高了风险投资的估值[①]；三是企业创新的过程只是企业发展的一个典型阶段，风险投资也只是企业创新之初的需要，在创新后期，风险投资需要适时退出，完成投资获利。此时创新企业若要从投资阶段平稳过渡到获利阶段，就需要发达的股票市场紧随其后，帮助企业顺利进行 IPO。

（四）股权融资是上市企业创新首选

创新企业在风险投资退出之后能进入公开上市的股票市场，是对双方均有利的选择，完整的风险投资机制需要稳健的退出、承接机制——股票市场，尤其是服务中小型创新企业上市、制度健全的 IPO 市场。IPO 市场决定了风险投资机构能否获得适当的激励，从而更有动力筛选和监督好企业，也决定了创新企业控制权能否顺利从风险资本机构转移至企业家，最终决定了企业自身以及风险投资行业能否长期可持续发展。这一观点与全球发展实践高度相符——在银行主导型金融体系如德国和日本，这一所有权转移和过渡的过程不容易实现[②]；而拥有发达股票市场的美国，最终则成为全球风险投资行业的聚集地，大量天使基金、种子基金或创业基金等支持创新的风险资本基金云集于此地，反过来又促进了美国的科技创新。

无论从风险投资顺利退出还是企业融资偏好、融资成本等视角，股权融资都是企业创新、提高公司价值的首选。在支持企业创新方面，股

---

① Gompers P., and J. Lerner, 2000, "Money Chasing Deals? The Impact of Fund Inflows on Private Equity Valuations", *Journal of Financial Economics*, 55: 281–325.

② Black B., and R. Gilson, 1998, "Venture Capital and the Structure of Capital Markets: Banks Versus Stock Markets", *Journal of Financial Economics*, 47: 243–277; Jeng L., and P. Wells, 2000, "The Determinants of Venture Funding: Evidence Across Countries", *Journal of Corporate Finance*, 6: 241–289.

权融资效率优于银行信贷①。但前提是股票市场自身制度健全,有持牌的各类市场型中介、完善的法律监管制度和投资者权益保护制度等。例如,不健全的股市制度容易使创新企业丧失控制权或控制权被稀释,这也是很多企业反其道而行之,优先选择债务融资的基本出发点。

总体来看,风险资本支持了创新,促进了企业和经济创新,二者高度正相关②,但是,风险资本的作用有限,需要高度发达的股票市场等多层次金融体系共同支持。回到现实,回答中国创新企业面临的金融投资支持中面临的首要问题,即作为银行主导型金融体系,国内主要的金融中介——商业银行为什么支持创新的力度有限?

(五) 为什么商业银行支持创新的力度有限

讨论之前,需要先厘清另一个问题,即谁在主导创新活动,已上市企业还是未上市企业,大企业还是小企业。发达国家的实践表明,市场创新的实际主体通常是非上市企业、中小微企业,大企业通常凭借雄厚的资本实力收购小微企业的创新专利,提升自身的市场竞争力,且大企业通常有自己的公司风险投资部门(Corporate Venture Capital),替代普通的风险投资机构。在中国,国家知识产权局《2019年中国专利调查报告》显示,国内创新主体是企业。创新企业按性质划分,有限责任公司占比为51.4%;私营企业占比为15.7%,股份有限公司占比为15.1%,国有企业占比为8.5%,其他为9.3%。按企业规模划分,创新占比从高到低依次为:小型企业(35.2%)、中型企业(24.5%)、大型企业(20.6%)、微型企业(16.4%)、其他(3.2%)。国内创新

---

① Carpenter R., and B. Petersen, 2002, "Capital Market Imperfections, High-tech Investment and New Equity Financing", *Economic Journal*, 112: 54 – 72; Hsuan P., X. Tian, and Y. Xu, 2014, "Financial Development and Innovation: Cross-country Evidence", *Journal of Financial Economics*, 112: 116 – 135.

② Hellmann T., and M. Puri, 2000, "The Interaction between Product Market and Financing Strategy: The Role of Venture Capital", *Review of Financial Studies*, 13: 959 – 984.

主体结构与发达国家基本一致。

作为企业债务融资的最重要渠道，银行信贷能促进企业创新[①]。但实现"银行信贷促进创新"的基本前提是企业有足够的抵押资产获得银行信贷，创新企业很难满足这一前提。发达国家的实践表明，在政府资金支持之外，初创的、未上市的、中小微企业创新通常由一般的风险投资机构支持，大型企业创新多由自身的风险投资部门支持，且自身雄厚的资产可以支持其获得更多的银行信贷融资。

商业银行为什么不积极转型、投身风险投资领域以更好地支持创新？学者们对这一问题的经典解释有四：一是几乎所有国家都限制了银行自由处置股权，包括美国，主要目的是防止爆发挤兑风险并传染形成系统性风险；二是商业银行抵押模式较为固定，且不擅长评估和甄别轻资产、发展充满高度不确定性的创新企业和项目；三是目前大多数国家和地区的商业银行激励机制远不及风险投资机构有效，因而留不住专业的风投人才[②]；四是银行总体属于消极型投资者，除非发生严重违约事件，一般情况下并不主动介入企业的内部治理，发挥的风险管理作用有限。除此之外，笔者认为，大型商业银行通常被认定为本国、地区或全球的系统重要性金融机构，长期形成的这一基本角色会反过来推动监管机构通过宏观审慎政策等约束其投资高风险领域。因此，在现有的监管体制下，商业银行如果不改变传统信贷体系，其支持创新的直接力度必然有限。

反过来，从企业角度而言，企业融资结构中是否存在最佳杠杆率、最佳债权（银行信贷）比例？答案是肯定的。学者们研究这一问题的经典理论依据是啄食顺序理论、融资成本理论等。Bartoloni 认为

[①] Laeven L., and F. Valencia, 2012, "The Use of Blanket Guarantees in Banking Crises", *Journal of International Money and Finance*, 31: 1220–1248.

[②] ［美］布朗温·霍尔、内森·罗森伯格主编：《创新经济学手册》（第一卷），上海市科学学研究所译，上海交通大学出版社 2017 年版。

企业创新在面临内部融资不足时，首要选择是债权融资如银行信贷，可以实现企业价值最大化[①]。Kraus 和 Litzenberger 以及 Jensen 和 Meckling 认为，企业可以通过调整债权和股权的成本结构，实现最低代理成本，从而提高研发收益[②]。鞠晓生研究了中国非上市工业企业，认为企业负债率的提升有助于企业创新[③]。有国内学者研究了中国"去杠杆"时期的企业创新行为，认为企业杠杆率与创新风险之间存在倒"U"形关系，国内企业的最佳杠杆率为 43.1%，即在此杠杆率之内，创新风险较低，商业银行贷款会促进创新；超过这一杠杆率，创新风险会增加，过多的商业银行信贷会抑制创新，但不同规模、不同行业之间有所差异[④]。

（六）结论

上述理论分析表明，在支持企业创新的金融体系中，按照资本成本等综合因素考量，企业偏好的、适合支持创新的资金依次是：企业内部留存资金、大企业自身风险投资资金、外部风险资本、商业银行信贷及其他，已上市企业还可以通过资本市场融资。中小微初创企业因缺乏内部资金，外部资金通常是主要的融资手段，但缺乏抵押资产导致其难以获得银行信贷，风险投资是理论上的最佳支持方式；商业银行作为系统重要性金融中介不适合大规模介入风险投资领域；政府可以通过设立风

[①] Bartoloni E., 2013, "Capital Structure and Innovation: Causality and Determinants", *Empirica*, 40: 111–151.

[②] Kraus A., and R. Litzenberger, 1973, "A State-Preference Model of Optimal Financial Leverage", *Journal of Finance*, 28: 911–922; Jensen M., and W. Meckling, 1976, "Theory of the Firm: Managerial Behavior, Agency Cost and Capital Structure", *Journal of Financial Economics*, 3: 305–360.

[③] 鞠晓生:《中国上市企业创新投资的融资来源与平滑机制》,《世界经济》2013 年第 4 期。

[④] 王玉泽、罗能生、刘文彬:《什么样的杠杆率有利于企业创新》,《中国工业经济》2019 年第 3 期。

险投资基金等方式发挥一定的政策调节作用。总之，企业创新需要发达的风险投资机构、规范的股票市场、高度竞争的商业银行体系，以及完善的政府资金支持体系。

二　国内金融体系支持创新的阻碍何在

2020年《全球创新指数》显示，中国目前的创新水平在全球排名第14位。虽然中国的创新数量、速度已经今非昔比，但专利发明等基础性创新的实施率、产业化率都不够高，初创企业的生命周期也较为短暂，均低于排名靠前的发达国家如美国等。原因之一是金融支持体系不够完善，支持力度不够、不具有可持续性。金融体系发达不是创新的充分条件，但是必要条件。国内金融体系在配合实体经济多年追赶式、粗放式发展之后，没有及时转型并跟上国内科技近年来的创新速度。我们需要厘清金融支持创新的内在阻滞，为构建"创新友好型"金融体系做准备。

（一）国内创新及其金融支持概况

从专利申请数量这一衡量创新水平的重要指标来看，中国近几十年以来的创新速度在明显加快，尤其是最近5年。中国的专利申请数量已经从20年前年均200件左右攀升至世界第一，并在2015年已经开始超过美国成为全球第一大专利申请国，且专利申请以每年10%以上的增速仍在不断上升。2020年1—10月，中国发明专利申请123.2万件，发明专利授权41.3万件。截至2020年10月底，中国发明专利有效量为296.6万件，美国发明专利有效量在2018年6月已达到1000万件[1]。

---

[1] 国家知识产权局：《2019年中国专利调查报告》，2019年；国家知识产权局：《2018年世界五大知识产权局统计报告》，2020年。

第十二章　构建金融支持创新驱动的体制机制

如此高速的创新速度之下，国内初创型创新企业的生命周期却非常短。从企业注册量来看，中国目前平均每8分钟诞生1家企业，但从企业注销速度来看，初创期的失败率高于80%，企业平均寿命2.5年，远低于美国初创企业5—7年的存活期。最终导致整体创新质量不高，对经济的拉动作用有限。在芯片等诸多关键的基础研究领域，中国仍落后于发达国家，在中美经贸摩擦加剧的背景下，这些领域开始成为国内经济被卡脖子的关键环节。

从国家知识产权局《2019年中国专利调查报告》等公开的统计数据来看，国家层面的创新主要由财政资金支持，企业层面的创新则来自内部资金，个人层面的创新多为自筹，金融对创新的支持力度有限。具体而言，高校和科研单位研发创新主要由地方科技计划项目赞助，占比为62.3%，其余为企业委托横向资金以及国家级科技计划项目资助。国内企业研发经费支持结构如下：企业自有资金（90.2%）、其他资金（10.2%）、政府资金（9.0%）、无研发资金（3.7%）、境外资金（0.3%）。个人研发经费来源结构主要为个人积蓄（87.3%），其余为朋友资助（8.9%），银行贷款占比为5.2%。

国内创新的研发成本有多高？国家知识产权局《2019年中国专利调查报告》显示，国内研发成本分布结构如下：5万元以下（不含5万元）专利占比为27.0%；5万—10万元（不含10万元）占比为22.5%；10万—50万元（不含50万元）占比为24.1%；50万—100万元（不含100万元）占比为11.7%；100万—500万元（不含500万元）占比为6.7%；500万元以上占比为1.9%。由此可见，国内73.5%的创新成本在10万元以内，85.3%的创新包括发明专利、实用新型专利、外观涉及专利等，其成本均未超过50万元。总体来看，国内创新主体是企业，企业创新的主要资金来源为内部自有资金，高校和科研单位创新主要由财政资金支持；绝大多数创新的研发成本并不高。

从目前的创新效果来看，企业专利实施率（67.3%）和产业化率

（45.2%），均高于高校及科研单位（55.4%的实施率、18.3%的产业化率），其中中型企业的创新实施率（68.4%）和产业化率（50.6%）均最高；从有效专业产业化率来看，初创企业（5年以下、35.1%）低于其他企业（21年以上、47.6%）。也有学者利用公开数据测算了国内企业的创新效率，发现中国整体平均技术创新效率在0.5—0.6之间，且市场化导向的技术创新效率明显低于非市场化导向的技术创新效率，这导致创新资金投入并没有同步提高国内的技术水平和全要素生产率（TFP）[1]，国内创新投入转化为经济效益的效率不高。当然，创新效率主要与创新企业的市场结构、所有制结构等非金融因素高度相关，但提高金融体系支持创新的效率也同样重要。厘清金融体系支持创新的痛点、提高国内金融体系对创新企业的支持力度刻不容缓。

（二）创新的财政资金支持体系存在的问题

在全球，各国政府财政均参与支持创新，但支持方式、程度和最终效益不同，财政资金支持科技创新利弊共存。在政府主导型的创新体系中，政府在创新目标、资金安排、资源配置等方面与企业不同，容易扭曲市场对创新资金和资源的有效配置，整体创新效率不高。在国内，财政资金支持创新主要存在以下问题：一是财政资金管理效率不高。直接用于支持基础研究、创新等智力支持的财政资金比例不高，且资金管理制度僵化、不够灵活，创新者自身面临的私人成本过高，私人收益较低，造成创新动力不足。二是对财政资金支持创新没有设定科学的资金配比目标，对某一项潜在创新的资助取决于其过去的创新成果，而非未来的创新成果，在资助项目没有严格的后期管理制度的情况下，受资助

---

[1] 李小平、朱钟棣：《国际贸易、R&D溢出和生产率增长》，《经济研究》2006年第2期；高凌云、王永中：《R&D溢出渠道、异质性反应与生产率：基于178个国家面板数据的经验研究》，《世界经济》2008年第2期；肖文、林高榜：《海外研发资本对中国技术进步的知识溢出》，《世界经济》2011年第1期。

人容易出现道德风险，创新产出与资金支持不成正比。三是财政资金支持创新的程序不够透明与规范，导致部分从事创新研发的开发人员，不知道使用财政资金的合规边界在哪里，唯恐担心涉嫌违规使用财政资金等问题，影响研发人员的积极性。

（三）创新的金融支持体系存在的问题

第一，商业银行异质化竞争程度低、创新不足。作为银行主导型金融结构，中国现有的商业银行体系支持创新的供给不足。究其根本原因，一是利率尚未完全市场化，商业银行对市场风险的自主定价能力弱，中小商业银行尤甚，基本是随行就市，直接约束其高效供给信贷的能力。二是基于中小企业的融资担保体系供给不足，商业银行现有的抵押融资机制没有本质创新，难以满足轻资产、大数据等新型科技企业的信贷需求。三是商业银行之间的同质化竞争程度极高，异质化竞争程度低，导致信贷资金配置集中、配置效率低，信贷市场两极分化，大企业信贷资金过剩、中小企业融资难。融资难导致融资贵，但根本问题依然是融资难。

第二，风险投资行业发展缓慢，可得性不高，非银行金融中介参与风险投资领域的风控制度不健全。风险投资行业在中国的发展时间并不长，自1998年《关于加快我国的风险投资事业》提案出台以来，中国风险投资行业开始起步，最初的发展模式为政府主导。随着创业板的诞生，2009年前后出现爆发式增长，步入发展期。目前国内有近1000家风险投资机构，但融资可得性依然不高。事实上，除了专业的风险投资机构，中国的非银行中介机构有涉足风险投资领域、投资科技创新企业。从负债端来看，风险投资机构的资金来源有两类，一是自有资金，二是通过信托方式获得的高净值客户资金，一般以封闭基金的形式，封闭期多为5年以上。风险投资机构吸收资金的门槛非常高，其对客户的风险承受能力要求最高，因为资产端的资金面临高投资失败风险、长投资周期，短期几乎没有收益，从而资金的封闭期也较长。因此，国内普通居民财富直接进入风险投资机构、获取风险投资、企业创新收益的概率较低。如果投资意愿强烈，也只能通过母基金的方式进入科技创新投资领域。在风险投资领域治理体系不完善的情况下，国内一般投资基金也开始涉足或者向风险投资领域转型，部分期望收益率较高的高净值客户通过商业银行的私人银行部门、私募基金等也能进入风险投资领域。"资金从哪里来，资金到哪里去"，如何进行期限转换、流动性转换和信用转换，是保证金融中介稳健发展的关键。但这部分资金与商业银行存在紧密联系，在资产端投资明显存在高风险的情况下，极有可能引发刚性兑付风险、传染风险，威胁金融稳定。

第三，股票市场激励创新的制度不健全。一是与股市整体发展情况相关。股市理应成为经济发展的"晴雨表"，但国内股市在准入及运行方面受到的干预较多，政策比企业自身更重要，导致投资者预期不稳定，其关注企业自身创新有限，投机氛围浓，股票价格最终难以及时准确反映企业及市场的真实发展情况。二是股票定价问题。随着2020年3月《中华人民共和国证券法》修订、注册制实行以来，国内创新企业准入股市的门槛已降低，很大程度上缓解了风险投资与股票市场的低效对接问题。但股票发行定价依然存在行政化等非市场行为，没有形成市场主导的价格发现机制。三是收购与反收购问题。创新者更期望能对自身创新有更大的所有权，厌恶被收购。而国内股市在收购与反收购方面的制度不够完善，创新企业面临高收购风险。四是机构投资者不够发达，股票市场以散户为主，羊群效应明显，投资风险过大。五是上市企业公司治理法律制度不健全，且存在执行不到位的情况，例如投资者分红制度不完善，存在内部人损害外部投资者权益的情况。

第四，数字金融创新利用大数据控制小微初创企业信贷风险，但面临诸多发展问题。截至目前，面对轻资产的小微企业，基于电商平台的数字金融平台或机构与商业银行信贷的典型不同在于，其拥有来自电商平台个人消费形成的大数据，从而能对个人及小微企业现金流等更准确地"画像"，进而通过更强的风险定价能力降低信贷风险，形成相对较强的风险控制模式。但其本质是信贷模式，而不是股权投资模式，主要是对商业银行信贷形成替代效应，而不是对风险投资形成替代效应。数字金融机构依然需要自有资本来抵御风险。然而事实上，其利用长期宽松的监管环境形成的监管套利，通过对消费信贷资产证券化累积了高杠杆，抵御风险的自有资本比率并不高。另外，数字金融机构不是专业风险投资机构，只是通过消费信贷间接支持小微企业，并惠及其中部分创新型小微企业。其不是精确支持科技创新企业，仍通过对高风险信贷进行高利率定价支持创新，依然没有有效的机制应对初创型科技企业面临的长期投资风险。数字金融机构自身资源和技术优势尚没有很好地用来支持企业创新。

三　金融如何更好地支持国内创新

与以往时代、其他国家和地区不同，中国当前的金融体系支持科技创新具有特殊背景，即中国拥有总规模位于全球前列的国民储蓄率，居民财富管理有巨大的高收益率需求。如何引导社会资本有效推动科技创新？中国需要一个适合国情的新型金融中介体系和金融市场，更高效地连接居民财富和创新企业并控制风险，使得社会资本、创新企业和国家经济发展获得"三赢"。

但创新有不同的类别，政府和市场在支持创新方面有各自的优势。缓解现有金融体系支持创新的基本思路是，明晰科技创新的不同层级及战略定位，政府主导型科技创新领域要着重提高财政资金支持效率，市场主导型创新领域则需大力推动金融体系改革。按性质和特征，创新包括基础研究领域创新和应用领域创新。基础研究领域创新速度最慢，面临的风险也最高，与基础教育等软环境环节紧密联系。这一层次的创新需要教育体系同时转型，从教育理念、制度和政策方面共同营造创新的土壤和底层支持体系。因此，基础研究创新应该以国家为主导，由财政资金作为主要支持。但必须大力提高教育体系、科研等领域的财政资金运营效率，减少财政资金支持智力劳动的中间低效约束环节，完善资金支持的考核体系，提高智力报偿水平，让基础研究创新者有稳定的资金支持预期和保障体系。

笔者认为，对于一般应用创新领域，则应让位于市场资金配置，通过完善法律制度，让创新行为"法无禁止即可为"，让市场来主导科技创新资金配置。

（一）提升商业银行服务企业创新的能力

商业银行以及整个银行主导型金融体系应该如何改变自身以支持创新？前述理论分析表明有两条根本路径：一是推动银行业内部竞争，以降低所有企业的整体融资成本；二是利用大数据等金融科技，提高商业银行的风险定价和风险控制能力，减少其对初创企业的金融排斥。什么样的行业竞争适合国内银行业？推动银行业竞争的基本目的是增加创新企业的贷款可得性、降低整体的信贷成本，总体改善创新企业的融资环境。在风险管理手段不改变的情况下，跨期风险和潜在收益不能被完整识别，现有的市场竞争逻辑会加剧信贷成本之间的差异，轻资产的初创企业因高风险将依旧面临高融资成本，而重资产的大型企业仍将获得优惠贷款，现有经营模式下的同质化竞争对创新改善作用有限。因此，无论是引入不同类型的商业银行进行竞争，还是商业银行主动改变现有风险评估模式，其根本目的是提高风险定价能力，改变传统以抵押为主的融资模式，加大其对企业创新的支持力度。

（二）完善股票市场的发行、并购、投资者保护等制度

股票市场的发达程度与企业创新水平高度正相关，而与创新密切相

关的股票制度包括发行、并购等。从发行制度改革来看，国内股票市场注册制改革已经取得突破性进展：2018年科创板已实行注册制、2020年年中创业板存量板块也开始实行注册制。这一举措有利于推动科技创新的产业化率，让创新真正产生经济效益，同时也有利于普通投资者共享创新带来的社会效益。未来要继续扩大注册制适用范围，规范科创板、创业板股权激励制度、股票发行溢价（破发等问题）、股票减持、退市等制度，在持牌机构如券商、会计师事务所、律师事务所完善、规范发展的情况下，最大限度减少政府干预，降低初创企业上市的难度和交易成本，为风险投资机构顺利退出提供制度便利，培育风险投资发展的制度土壤。从企业并购制度来看，反收购是已上市企业维护自身创新权益的重要路径，应该用制度规范"宝万之争"这样的收购与反收购情况。最后，在发行、并购等制度较为完善之际，市场自身的运行风险将更加真实反映，普通个人投资风险加大。此时应完善退市制度、分红制度以及《中华人民共和国公司法》《中华人民共和国破产法》等，加大对外部投资者的保护力度，构建金融支持企业创新的法律基础。

（三）构建完善的风险投资行业发展体系

长期以来，中国的证券行业和券商等非银行金融中介主要业务集中在承销证券等一般性投行业务，在风险投资领域的投行业务严重不足，应大力鼓励并规范发展风险资本机构。

在实践中，政府通常会出台多项措施来推动风险投资机构和资本市场的发展。全球较为公认的做法包括：一是政府出台相关政策鼓励支持风险投资行业发展，如降低资本利得税等；二是政府设立风险投资机构，直接投资创新型的中小企业，如德国和瑞典等；三是引入国外机构投资者。诸多国内外发展实践表明，来自创新发达国度的国外机构投资者，通常对本地企业创新起到正面作用。

风险投资机构有较强的风险甄别和投资能力，能在资产端实现对创新风险的控制和定价，但其吸收高净值客户能力、获取资金的能力有限。在国内监管没有完全到位的情况下，商业银行有充裕的资金及资金增值的需求，风险投资机构与商业银行很容易形成合作关系，但风险投资机构的高风险投资与商业银行负债端客户的低风险承受能力并不匹配，二者如果合作，必须有严格的风险隔离措施。因此，规范国内资产管理市场是大力发展风险投资机构的基本前提。与此同时，应继续完善风险投资行业长效发展机制。2007年修订了《中华人民共和国合伙企业法》，为风险投资行业确立了发展的制度基础，应强化法律实施力度。但风险投资行业快速发展还需要多种制度和政策支持，如股权激励制度、股权退出制度等。

（四）引导数字金融等新型中介服务创新

数字金融机构服务小微企业，包括部分创新企业。提高全社会的普惠金融发展水平，确实能大大提高包括初创型创新企业在内的小微企业。数字金融机构通过其支付服务平台而掌握了大量客户的现金流等大数据，能及时处理客户信用、违约风险等非结构化、非标准化的信息，能对风险最大限度地精准定价，也同时降低自身投资风险，这一点与风险投资机构的高风险识别和控制能力一脉相承，也是其与传统金融机构最大的区别。

中国的创新主体是中小微企业，如何引导数字金融机构更好地服务创新？一是根据数字金融机构不同的投资类型，有意识地区分不同投资领域的相关税收、产业支持政策，对其投资创新型小微企业，给予直接和间接的政策优惠和支持，是直接有效的路径。二是鼓励支持数字金融机构成立专业的风险投资部门，隔离风险，鼓励其融合大数据优势、探索对初创型科技企业、个人科技创新的新服务模式，如为国内创新领域的企业和个人精准画像等，形成新的风险定价和管理模式。三是完善对数字金融机构的监管体系，通过穿透式监管降低其隐形杠杆，提高其资本充足率以提高抗风险能力。

（五）加大金融开放，在全球范围内为国内科技创新配置资本

利用国际风险投资资金，在全球为国内科技创新配置资本。从国际风险投资机构偏好来看，中国目前是国际风险资本青睐的投资地之一，但在亚洲次于新加坡、韩国，这一趋势仍将持续。从国内创新的资金支持结构来看，企业研发创新利用外资的比例仅为0.3%。如何吸引外资更好地支持国内创新？早在1995年，国内企业利用外资就有制度保障，当时就出台了《设立境外中国产业投资基金管理办法》，鼓励外国风险投资机构投资中国的创新型企业。当前形势下，应继续优化投资环境，提高市场法治水平。同时，还应鼓励各地区可以在自贸试验区内探讨跨境贷款、跨境股权融资、跨境发行债券、引入国际风险投资机构等多种方式，丰富创新企业的融资渠道。

四 结语

新冠肺炎疫情影响下，风险投资在全球出现剧烈下降，疫情成为最大的投资风险。疫情之下，创新的金融支持更是成为全球性难题。如何完善国内金融体系，提高金融支持创新驱动的效率？本章主要的研究结论如下：一是推动商业银行竞争，提高风险定价能力，改变传统以抵押为主的融资模式，加大其对企业创新的支持力度；二是完善股票市场与创新相关的上市、并购制度，发展机构投资者；三是推动完善风险投资行业发展；四是引导数字金融等新型金融中介服务创新；五是通过金融开放，利用全球资本为国内创新服务。

但创新是一个高度复杂的过程，不仅仅涉及金融体系。创新从申报发明专利到产业化，需要经历种子基金注入形成初创企业、风险投资注入支持创新、企业上市、风投退出等漫长的过程，前期涉及融资，后期

涉及上市等金融问题，但除了金融体系，创新的成效受多重因素影响，包括宽松的宏观调控如针对创新企业的减税政策、外部法律制度、产业政策、行业市场结构、知识产权保护制度、研发资本、创新人才激励机制等。因此，金融体系支持创新驱动型经济发展能否最终有成效，还需要其他非金融支持创新政策配套发展。

（执笔人：周莉萍）

参考文献

主报告

董昀、张明、郭强：《美国技术扩散速度放缓：表现、成因及经济后果》，《经济学家》2020年第7期。

郭树清：《金融科技发展、挑战与监管》，《中国银行保险报》2020年12月9日。

黄奇帆：《完善两项根基性制度：注册制与退市制度》，载《结构性改革：中国经济的问题与对策》，中信出版集团2020年版。

刘国强：《创新直达实体经济的货币政策工具》，《中国金融》2020年第24期。

魏伟、陈骁、张明：《中国金融系统性风险：主要来源、防范路径与潜在影响》，《国际经济评论》2018年第3期。

张明、陈骁、魏伟：《纠正金融改革与实体改革的节奏错配》，平安证券宏观报告，2017年6月18日。

张明、李曦晨：《人民币国际化的策略转变：从旧"三位一体"到新"三位一体"》，《国际经济评论》2019年第5期。

张明：《中国宏观杠杆率的演进特点、部门轮动与应对之策》，《上海金融》2020年第4期。

张晓晶、刘学良、王佳：《债务高企、风险集聚与体制改革》，《经济研究》2019 年第 6 期。

Bernard Snoy, Rapporteurs André Icard, and Philip Turner, 2019, "Managing Global Liquidity as A Global Public Good", RTI Paper No. 11.

Bils Ma, P. J. Klenow, and R. Cian, 2020, "Misallocation or Mismeasurement?", NBER Working Paper No. 26711.

IMF, 2020, "World Economic Outlook: The Great Lockdown", https://www.imf.org/en/Publications/WEO/Issues/2020/04/14/weo-april-2020.

IMF, 2021, "World Economic Outlook Update", https://www.imf.org/en/Publications/WEO/Issues/2021/01/26/2021-world-economic-outlook-update.

Pan Gongsheng, 2021, "How China is Tackling Fintech Risk and Regulation", *Financial Times*, January 27.

Subcommittee on Antitrust, Commercial and Administrative Law of the Committee on the Judiciary, 2020, "Investigation of Competition in the Digital Markets", https://judiciary.house.gov/uploadedfiles/competition_in_digital_markets.pdf.

第一章

江小涓：《中国的外资经济对增长、结构升级和竞争力的贡献》，《中国社会科学》2002 年第 11 期。

李扬、余维彬：《人民币汇率制度改革：回归有管理的浮动》，《经济研究》2005 年第 8 期。

李扬、张晓晶：《新常态：经济发展的逻辑与前景》，《经济研究》2015 年第 5 期。

余永定、覃东海：《中国的双顺差：性质、根源和解决办法》，《世界经济》2006 年第 3 期。

张平：《货币供给机制变化与经济稳定化政策的选择》，《经济学动态》

2017 年第 7 期。

Aghion Philippe, and Peter Howitt, 1992, "A Model of Growth Through Creative Destruction", *Econometrica*, 60 (2): 323 – 351.

Blanchard Olivier, and Michael Kremer, 1997, "Disorganization", *The Quarterly Journal of Economics*, 112 (4): 1091 – 1126.

Bridge Gavin, 2008, "Global Production Networks and the Extractive Sector: Governing Resource-based Development", *Journal of Economic Geography*, 8 (3): 389 – 419.

Coe Neil M., and Henry Wai Chung Yeung, 2019, "Global Production Networks: Mapping Recent Conceptual Developments", *Journal of Economic Geography*, 19 (4): 775 – 801.

Coveri Andrea, Claudio Cozza, Leopoldo Nascia, and Antonello Zanfei, 2020, "Supply Chain Contagion and the Role of Industrial Policy", *Journal of Industrial and Business Economics*, 47 (3): 467 – 482.

Crinò Rosario, and Laura Ogliari, 2017, "Financial Imperfections, Product Quality, and International Trade", *Journal of International Economics*, 104: 63 – 84.

David Paul A., 1985, "Clio and the Economics of QWERTY", *American Economic Review*, 75 (2): 332 – 337.

Debaere Peter, 2003, "Relative Factor Abundance and Trade", *Journal of Political Economy*, 111 (3): 589 – 610.

di Giovanni Julian, and Galina B. Hale, 2020, "Stock Market Spillovers Via the Global Production Network: Transmission of U. S. Monetary Policy", CEPR Discussion Papers.

Enderwick Peter, and Peter J. Buckley, 2020, "Rising Regionalization: Will the Post-COVID – 19 World See a Retreat from Globalization", *Transnational Corporations*, 27 (2): 99 – 112.

Grossman Gene, and Elhanan Helpman, 2005, "Outsourcing in a Global Economy", *Review of Economic Studies*, 72 (1): 135 – 159.

Henderson Jeffrey, and Khalid Nadvi, 2011, "Greater China, the Challenges of Global Production Networks and the Dynamics of Transformation", *Global Networks*, 11 (3): 285 – 297.

Hidalgo C. A., B. Winger, A. L. Barabási, and R. Hausmann, 2007, "The Product Space Conditions the Development of Nations", *Science*, 317 (5837): 482 – 87.

Hummels David, Dana Rapoport, and Kei-Mu Yi, 1998, "Vertical Specialization and the Changing Nature of World Trade", *Economic Policy Review*, 4 (2): 79 – 99.

Jackson Matthew O., 2014, "Networks in the Understanding of Economic Behaviors", *Journal of Economic Perspectives*, 28 (4): 3 – 22.

Jankowska Anna, Arne Nagengast, and José Ramón Perea, 2012, "The Product Space and the Middle-Income Trap: Comparing Asian and Latin American Experiences", OECD Development Centre (311).

Javaid Muhammad Nadeem, and Pier-Paolo Saviotti, 2012, "Financial System and Technological Catching-up: An Empirical Analysis", *Journal of Evolutionary Economics*, 22 (4): 847 – 870.

Kizdlyalli Husnu, 2019, *Economics of Transition: A New Methodology for Transforming a Socialist Economyto a Market-Led Economy and Sketches of a Workable Macroeconomic Theory*, Routledge.

Krugman Paul, 1991, "Increasing Returns and Economic Geography", *Journal of Political Economy*, 99 (3): 483 – 499.

La'O. Jennifer, and Alireza Tahbaz-Salehi, 2020, "Optimal Monetary Policy in Production Networks", National Bureau of Economic Research.

Mehlum Halvor, Karl Moene, and Ragnar Torvik, 2006, "Institutions and the Resource Curse", *Economic Journal*, 116 (508): 1-20.

Mlodawska Jolanta, 2011, "Japan's New Competitive Advantage: Enterprises' Innovative Initiatives and Government's Reforms", *Comparative Economic Research*, 14 (1-2): 61-80.

Wei Shang Jin, and Yinxi Xie, 2020, "Monetary Policy in an Era of Global Supply Chains", *Journal of International Economics*, 124.

Young Alwyn, 2000, "The Razor's Edge: Distortions and Incremental Reform in the People's Republic of China", *Quarterly Journal of Economics*, 115 (4): 1091-1135.

第二章

李扬、张晓晶:《失衡与再平衡——塑造全球治理新框架》,中国社会科学出版社2013年版。

Avdjiev S., Du W., Koch C., and Shin H. S., 2016, "The Dollar, Bank Leverage and the Deviation from Covered Interest parity", BIS Working Papers.

Cerutti E. M., Koch C., Pradhan S. K., 2020, "Banking Across Borders: Are Chinese Banks Different?", IMF Working Papers.

Gopinath G., Stein J. C., 2018, "Banking, Trade, and the Making of a Dominant Currency", NBER Working Papers.

Harper David R., 2017, "Understanding Liquidity Risk", *Investopedia*, December 19.

Hirai T., Marcuzzo M. C., Mehrling P., 2013, "Financial Globalization and the Future of the Fed", Keynesian Reflections.

Li X., Meng B., Wang Z., 2019, "Recent Patterns of Global Production and GVC Participation", *Global Value Chain Development Report 2019: Technical Innovation, Supply Chain Trade, and Workers in a Globalized World*, WTO.

Mehrling P., 2013, "The Inherent Hierarchy of Money", *Social Fairness and Economics: Economic Essays in the Spirit of Duncan Foley*, Routledge.

Pozsar Z., 2013, "Institutional Cash Pools and the Triffin Dilemma of the U. S. Banking System", Financial Markets, Institutions & Instruments.

Pozsar Z., 2014, "Shadow Banking: The Money View", SSRN Electronic Journal.

Pozsar Z., 2015, "A Macro View of Shadow Banking: Levered Betas and Wholesale Funding in the Context of Secular Stagnation", SSRN Electronic Journal.

Pozsar Z., 2020, "Global Money Notes 31: U. S. Dollar Libor and Swap Line Rollovers", Credit Suisse Economics Research.

Settlements B. F. I., 2020, "US Dollar Funding: An International Perspective", CGFS Papers.

Shin H. S., 2019, at the "Public Finance Dialogue" Workshop Arranged by German Federal Ministry of Finance and Centre for European Economic Research (ZEW), Berlin, 14 May.

Turner P., 2013, "Benign Neglect of the Long-term Interest Rate", BIS Working Papes No. 403.

第三章

刘金全:《我国经济增长的阶段性、波动性和在险增长水平度量》,《数量经济技术经济研究》2002 年第 8 期。

刘金全、张鹤:《经济增长风险的冲击传导和经济周期波动的溢出效应》,《经济研究》2003 年第 3 期。

刘树成:《论中国经济增长与波动的新态势》,《中国社会科学》2000 年第 1 期。

彭实戈:《非线性数学期望的理论、方法及意义》,《中国科学》2017

年第 47 期。

孙志华等：《非参数与半参数统计》，清华大学出版社 2016 年版。

严加安：《金融数学引论》，科学出版社 2012 年版。

张晓晶、刘磊：《宏观分析新范式下的金融风险与经济增长——兼论新型冠状病毒肺炎疫情冲击与在险增长》，《经济研究》2020 年第 6 期。

Adrian T., and N. Boyarchenko, 2012, "Intermediary Leverage Cycles and Financial Stability", Federal Reserve Bank of New York Staff Report.

Adrian T., N. Boyarchenko, and D. Giannone, 2019, "Vulnerable Growth", *The American Economic Review*, 109（4）：1263 – 1289.

Black F., 1987, *Business Cycles and Equlibrium*, New York：Wiley.

Brunnermeier M., and Y. Sannikov, 2013, "A Macroeconomics Model with a Financial Sector", *American Economic Review*, 104（2）：379 – 421.

Franta M., and L. Gambacorta, 2020, "On the Effects of Macroprudential Policies on Growth-at-Risk", *Economics Letters*, 196：1 – 3.

IMF, 2017, "Global Financial Stability Report：Is Growth at Risk", October.

Jorion P., 2007, *Value at Risk：The New Benchmark for Management Financial Risk*, McGraw-Hill, New York.

Peng S., 2004, "Filtration Consistent Nonlinear Expectations and Evaluations of Contingent Claims", *Acta Mathmaticae Applicatae Sinica*, 20：1 – 24.

Peng S., 2006, "G-Expectation, G-Brownian Motion and Related Stochastic Calculus of Itô's Type", *Stochastic Analysis and Applications*, Abel Symposium 2005, Abel Symposia 2, Edit Benth et al., Springer-Verlag.

Peng S., 2019, *Nonlinear Expectations and Stochastic Calculus under Uncertainty*, Springer.

Peng S., and S. Yang, 2020, "Autoregressive Models of Time Series under Volatility Uncertainty and Application to VAR Model", Papers

2011. 09226, arxiv. org.

Peng S. , S. Yang, and J. Yao, 2020, "Improving Value-at-Risk Prediction under Model Uncertainty", *Journal of Financial Econometrics*, Peprint.

Ramsey G. , and V. A. Ramsey, 1995, "Cross Country Evidence on the Link Between Volatility and Growth", *The American Review*, 85 (5): 1138 – 1151.

Wang Y. , and Y. Yao, 2001, "Measuring Economic Downside Risk and Severity: Growth at Risk", World Bank Working Papers 2474.

第四章

Bullock C. , Persons W. , and Crum W. , 1927, "The Construction and Interpretation of the Harvard Index of Business Conditions", *The Review of Economics and Statistics*, 9 (2): 74 – 92.

Burns A. , and Mitchell W. , 1946, "Measuring Business Cycles", National Bureau of Economic Research.

Duguay P. , 1994, "Empirical Evidence on the Strength of the Monetary Transmission Mechanism in Canada", *Journal of Monetary Economic*, 33: 39 – 61.

Freedman C. , 1994, "The Use of Indicators and the Money Conditions Index in Canada", Frameworks for Monetary Stability-Policy Issues and Country Experiences, IMF Working Paper, 3.

Goodhart C. , and Hofmann B. , 2000, "Financial Variable and the Conduct of Monetary Policy", *Quarterly Review* (Sveriges Riksbank-Swedish Central Bank), 12 – 17.

Leeuw F. , 1991, "Toward a Theory of Leading Indicators", *Leading Economic Indicators—New Approaches and Forecasting Records*, Lahiri, K. , Moore, G. , editors, Cambridge University Press.

Lucas R., 1997, "Understanding Business Cycles", *Carnegie-Rochester Conference Series on Public Policy*, 5: 7 – 29. Mitchell W., 1913, "Business Cycles", National Bureau of Economic Research.

Mitchell W., 1927, "Business Cycles: The Problem and Its Setting", National Bureau of Economic Research.

Moore G., 1950, "Statistical Indicators of Cyclical Revivals and Recessions", re-printed in Moore G., 1961, *Business Cycle Indicators*, Vol. 1, Princeton University Press, Princeton.

Shiskin J., and Moore G., 1968, "Composite Indexes of Leading, Coinciding, and Lagging Indicators, 1948 – 1967", National Bureau of Economic Research.

第五章

白俊、连立帅：《信贷资金配置差异：所有制歧视抑或禀赋差异？》，《管理世界》2012 年第 6 期。

曹廷求、朱博文：《银行治理影响货币政策传导的银行贷款渠道吗？》，《金融研究》2013 年第 1 期。

陈德球、刘经纬、董志勇：《社会破产成本、企业债务违约与信贷资金配置效率》，《金融研究》2013 年第 1 期。

戴亦一等：《社会资本与企业债务融资》，《中国工业经济》2009 年第 8 期。

方军雄：《所有制、制度环境与信贷资金配置》，《经济研究》2007 年第 12 期。

苟琴、黄益平、刘晓光：《银行信贷配置真的存在所有制歧视吗？》，《管理世界》2014 年第 1 期。

纪志宏等：《地方官员晋升激励与银行信贷》，《金融研究》2014 年第 1 期。

江伟、李斌：《制度环境、国有产权与银行差别贷款》，《金融研究》2006年第6期。

李广子、刘力：《产业政策与信贷资金配置效率》，《金融研究》2020年第5期。

李广子、刘力：《债务融资成本与民营信贷歧视》，《金融研究》2009年第12期。

李广子、熊德华、刘力：《中小银行发展如何影响中小企业融资？》，《金融研究》2016年第12期。

李志军、王善平：《货币政策、信息披露质量与公司债务融资》，《会计研究》2011年第10期。

李志赟：《银行结构与中小企业融资》，《经济研究》2002年第6期。

刘冲等：《政治激励、资本监管与地方银行信贷投放》，《管理世界》2017年第10期。

刘莉亚等：《竞争之于银行信贷结构调整是双刃剑吗》，《经济研究》2017年第5期。

柳春、张一、姚炜：《金融发展、地方政府帮助和私营企业银行贷款》，《经济学》（季刊）2020年第1期。

倪铮、张春：《银行监督、企业社会性成本与贷款融资体系》，《数量经济技术经济研究》2007年第11期。

潘红波、余明桂：《集团化、银行贷款与资金配置效率》，《金融研究》2010年第10期。

潘敏、张依茹：《股权结构会影响商业银行信贷行为的周期性特征吗》，《金融研究》2013年第4期。

钱先航、曹春方：《信用环境影响银行贷款组合吗》，《金融研究》2013年第4期。

饶品贵、姜国华：《货币政策对银行信贷与商业信用互动关系影响研究》，《经济研究》2013年第1期。

孙铮、刘凤委、李增泉:《市场化程度、政府干预与企业债务期限结构》,《经济研究》2005 年第 5 期。

谭之博、赵岳:《银行集中度、企业规模与信贷紧缩》,《金融研究》2013 年第 10 期。

魏锋、沈坤荣:《所有制、债权人保护与企业信用贷款》,《金融研究》2009 年第 9 期。

徐飞:《银行信贷与企业创新困境》,《中国工业经济》2019 年第 1 期。

徐明东、陈学彬:《中国微观银行特征与银行贷款渠道检验》,《管理世界》2011 年第 5 期。

尹志超、郭沛瑶、张琳琬:《"为有源头活水来":精准扶贫对农户信贷的影响》,《管理世界》2020 年第 2 期。

余明桂、潘红波:《政治关系、制度环境与民营企业银行贷款》,《管理世界》2008 年第 8 期。

张健华、王鹏:《银行风险、贷款规模与法律保护水平》,《经济研究》2012 年第 5 期。

张敏等:《政治关联与信贷资源配置效率——来自我国民营上市公司的经验证据》,《管理世界》2010 年第 11 期。

Allen F., J. Qian, and M. Qian, 2005, "Law, Finance and Economic Growth in China", *Journal of Financial Economics*, 77: 157 – 116.

Bae K., and V. Goyal, 2009, "Creditor Rights, Enforcement, and Bank Loans", *Journal of Finance*, 64: 823 – 860.

Berger A., and G. Udell, 2002, "Small Business Credit Availability and Relationship Lending: The Importance of Bank Organizational Structure", *Economic Journal*, 112: 32 – 53.

Berger A., and G. Udell, 2006, "A More Complete Conceptual Framework for SME Finance", *Journal of Banking and Finance*, 30: 2945 – 2966.

Claessens S., E. Feijen, and L. Laeven, 2008, "Political Connections and

Preferential Access to Finance: The Role of Campaign Contributions", *Journal of Financial Economics*, 88: 554 – 580.

Frame W., A. Srinivasan, and L. Woosley, 2001, "The Effect of Credit Scoring on Small-Business Lending", *Journal of Money, Credit and Banking*, 33: 813 – 825.

Giannetti M., and Y. Yafeh, 2012, "Do Cultural Differences Between Contracting Parties Matter? Evidence from Syndicated Bank Loans", *Management Science*, 58: 365 – 383.

Guiso L., P. Sapienza, and L. Zingales, 2004, "The Role of Social Capital in Financial Development", *American Economic Review*, 94: 526 – 556.

Hellman T., K. Murdock, and J. Stiglitz, 2000, "Liberalization, Moral Hazard in Banking, and Prudential Regulation are Capital Requirements Enough", *American Economic Review*, 90: 147 – 165.

Jimenez G., J. Lopez, and J. Saurina, 2013, "How does Competition Impact Bank Risk-taking?", *Journal of Financial Stability*, 9: 185 – 195.

Johnson S., P. Boone, A. Breach, and E. Friedman, 2000, "Corporate Governance in the Asian Financial Crisis", *Journal of Financial Economics*, 58: 141 – 186.

Kashyap A., J. Steinand, and D. Wilcox, 1993, "Monetary Policy and Credit Conditions: Evidence from the Composition of External Finance", *American Economic Review*, 83: 78 – 98.

Kerr W., and R. Nanda, 2009, "Democratizing Entry: Banking Deregulations, Financing Constraints, and Entrepreneurship", *Journal of Financial Economics*, 94: 124 – 149.

Khwaja K., and A. Mian, 2005, "Do Lenders Favor Politically Connected Firms? Rent Provision in an Emerging Financial Market", *Quarterly Journal of Economics*, 120: 1371 – 1411.

参考文献

Kishan R., and T. Opiela, 2000, "Bank Size, Bank Capital, and the Bank Lending Channel", *Journal of Money, Credit and Banking*, 32: 121 – 141.

Laeven L., and G. Majnoni, 2005, "Does Judicial Efficiency Lower the Cost of Credit?", *Journal of Banking & Finance*, 29: 1791 – 1812.

La Porta R., F. Lopez, and A. Shleifer, 2002, "Government Ownership of Banks", *Journal of Finance*, 57: 265 – 301.

La Porta R., F. Lopez, A. Shleifer, and R. Vishny, 1997, "Legal Determinants of External Finance", *Journal of Finance*, 52: 1131 – 1150.

Li H., L. Meng, Q. Wang, and L. Zhou, 2008, "Political Connections, Financing and Firm Performance: Evidence from Chinese Private Firms", *Journal of Development Economics*, 87: 283 – 299.

Nilsen J., 2002, "Trade Credit and the Bank Lending Channel", *Journal of Money, Credit, and Banking*, 34: 226 – 253.

Paravisini D., 2008, "Local Bank Financial Constraints and Firm Access to External Finance", *Journal of Finance*, 63: 2161 – 2193.

Petersen M., and R. Rajan, 1995, "The Effect of Credit Market Competition on Lending Relationships", *Quarterly Journal of Economics*, 110: 407 – 443.

Qian J., and P. Strahan, 2007, "How Laws and Institutions Shape Financial Contracts: The Case of Bank Loans", *Journal of Finance*, 62: 2803 – 2834.

Stein J., 2002, "Information Production and Capital Allocation: Decentralized versus Hierarchical Firms", *Journal of Finance*, 57: 1891 – 1921.

Uchida H., G. Udell, and N. Yamori, 2012, "Loan Officers and Relationship Lending to SMEs", *Journal of Financial Intermediation*, 21: 97 – 122.

第六章

［美］阿蒂夫·迈恩、阿米尔·苏非：《房债》，何志强、邢增光译，中信出版社2015年版。

何兴强、杨锐锋：《房价收入比与家庭消费——基于房产财富效应的视角》，《经济研究》2019年第12期。

贾国强：《哪些科技类上市公司在做房地产？》，《中国经济周刊》2018年第43期。

［瑞典］吉姆·凯梅尼：《从公共住房到社会市场——租赁住房政策的比较研究》，王韬译，中国建筑工业出版社2010年版。

雷雨恒：《对我国开征房产税的税收收入与税收负担的计量研究》，《财政研究》2014年第9期。

李文：《我国房地产税收入数量测算及其充当地方税主体税种的可行性分析》，《财贸经济》2014年第9期。

刘鹤：《加快构建以国内大循环为主体、国内国际双循环相互促进的新发展格局》，载本书编写组《党的十九届五中全会〈建议〉学习辅导百问》，党建读物出版社、学习出版社2020年版。

汪伟、沈洁、王文鹏：《房价与居民消费不平等》，《山东大学学报》（哲学社会科学版）2020年第6期。

徐滇庆：《房价与泡沫经济》，机械工业出版社2016年版。

颜色、朱国钟：《"房奴效应"还是"财富效应"？——房价上涨对国民消费影响的一个理论分析》，《管理世界》2014年第3期。

杨柳：《房价波动对居民消费水平影响的实证研究——基于面板门槛模型的再检验》，《价格月刊》2020年第11期。

余华义、王科涵、黄燕芬：《房价对居民消费的跨空间影响——基于中国278个城市空间面板数据的实证研究》，《经济理论与经济管理》2020年第8期。

郑思齐、孙伟增、满燕云：《房产税征税条件和税收收入的模拟测算与分析——基于中国 245 个地级及以上城市大样本家庭调查的研究》，《广东社会科学》2013 年第 4 期。

Campbell J., and J. Cocco, 2007, "How do House Prices Affect Consumption? Evidence from Micro Data", *Journal of Monetary Economics*, 54 (3): 591 – 621.

Defusco A., 2018, "Homeowner Borrowing and Housing Collateral: New Evidence from Expiring Price Controls", *Journal of Finance*, 73 (2): 523 – 573.

Iacoviello M., 2005, "House Prices, Borrowing Constraints, and Monetary Policy in the Business Cycle", *American Economic Review*, 95 (3): 739 – 764.

第七章

蔡昉：《刘易斯转折点——中国经济发展新阶段》，社会科学文献出版社 2008 年版。

李军、王丽民：《我国老年人的收入状况——基于第四次中国城乡老年人生活状况抽样调查数据的分析》，《老龄科学研究》2018 年第 6 期。

李扬、张晓晶等：《中国主权资产负债表及其风险评估》（上、下），《经济研究》2012 年第 6、7 期。

易纲：《再论中国金融资产结构及政策含义》，《经济研究》2020 年第 3 期。

赵耀辉等：《中国健康与养老报告》，北京大学中国健康与养老追踪调查项目组，2019 年。

Bloom D. E., D. Canning, and J. Sevilla, 2003, *The Demographic Dividend: A New Perspective on the Economic Consequences of Population Change*, Rand Corporation.

Carlin B. I., 2009, "Strategic Price Complexity in Retail Financial Markets", *Journal of Financial Economics*, 91 (3): 278-287.

Dalal A., and J. Morduch, 2010, "The Psychology of Microinsurance: Small Changes can Make a Surprising", Microinsurance Innovation Facility, International Labour Organization, September.

Friede G., T. Busch, and A. Bassen, 2015, "ESG and Financial Performance: Aggregated Evidence from more than 2000 Empirical Studies", *Journal of Sustainable Finance & Investment*, 5 (4): 210-233.

Sandroni A., and F. Squintani, 2007, "Overconfidence, Insurance, and Paternalism", *American Economic Review*, 97 (5): 1994-2004.

第八章

陈雨露、罗煜:《金融开放与经济增长:一个述评》,《管理世界》2007年第4期。

马勇、王芳:《金融开放、经济波动与金融波动》,《世界经济》2018年第2期。

张成思、朱越腾:《对外开放、金融发展与利益集团困局》,《世界经济》2017年第4期。

中国欧盟商会:《银行与证券工作组建议书(2020—2021)》,中国欧盟商会网站,2000年。

Bekaert G., Harvey C. R., and Lundblad C., 2011, "Financial Openness and Productivity", *World Development*, 39 (1): 1-19.

Gupta N., Yuan K., 2009, "On the Growth Effect of Stock Market Liberalizations", *Review of Financial Studies*, 22 (11): 4715-4752.

Law S. H., 2009, "Trade Openness, Capital Flows and Financial Development

Levine R., 2001, "International Financial Liberalization and Economic

Growth", *Review of International Economics*, 9 (4): 688-702.

第九章

北京国际金融论坛课题组、王元龙:《中国金融对外开放:历程、挑战与应对》,《经济研究参考》2009 年第 4 期。

陆磊:《在开放中变革、融合与创新的金融机构体系》,《清华金融评论》2018 年第 12 期。

马兰:《中国金融业深化对外开放的负面清单机制研究——基于 CPTPP 和 GATS 的比较分析》,《金融监管研究》2019 年第 9 期。

王爱俭、方云龙、王璟怡:《金融开放 40 年:进程、成就与中国经验》,《现代财经》2019 年第 3 期。

杨嬛、赵晓雷:《TPP、KORUS 和 BIT 的金融负面清单比较研究及对中国(上海)自由贸易试验区的启示》,《国际经贸探索》2017 年第 4 期。

张明:《人民币国际化的过去、现在和未来》,《国民财富大讲堂》的发言,2020 年。

中国金融四十人论坛:《感知政策的温度》,2020 外滩金融开放报告,2020 年。

第十章

巴曙松、白海峰:《金融科技的发展历程与核心技术应用场景探索》,《清华金融评论》2016 年第 11 期。

陈翠荣、敖艺璇:《美国研究型大学跨学科培养科技人才的主要路径与保障机制》,《中国高校科技》2020 年第 4 期。

单科举:《Ripple 与 SWIFT 比较分析研究》,《金融理论与实践》2016 年第 10 期。

方意等:《金融科技领域的系统性风险:内生风险视角》,《中央财经大学学报》2020 年第 2 期。

郭晴：《"双循环"新发展格局的现实逻辑与实现路径》，《求索》2020 年第 6 期。

侯东德、田少帅：《金融科技包容审慎监管制度研究》，《南京社会科学》2020 年第 10 期。

胡滨、程雪军：《金融科技、数字普惠金融与国家金融竞争力》，《武汉大学学报》（哲学社会科学版）2020 年第 3 期。

胡滨：《金融科技是提升中国金融业全球竞争力突破口》，《当代金融家》2019 年第 7 期。

黄余送：《我国数字普惠金融的实践探索》，《清华金融评论》2016 年第 12 期。

李广子：《金融与科技的融合：含义、动因与风险》，《国际经济评论》2020 年第 3 期。

李怀、高良谋：《新经济的冲击与竞争性垄断市场结构的出现——观察微软案例的一个理论框架》，《经济研究》2001 年第 10 期。

刘孟飞：《金融科技的潜在风险与监管应对》，《南方金融》2020 年第 6 期。

刘勇、曹婷婷：《金融科技行业发展趋势及人才培养》，《中国大学教学》2020 年第 1 期。

孟雁北：《美国外资并购国家安全审查制度内含悖论》，《中国外资》2020 年第 5 期。

伍山林：《"双循环"新发展格局的战略涵义》，《求索》2020 年第 6 期。

徐心、张晓泉、陈伊凡：《垄断式创新：金融科技的底层逻辑》，《经济观察报》2020 年 6 月 1 日第 23 版。

许光建、乔羽堃、黎珍羽：《构建国内国际双循环新发展格局若干思考》，《价格理论与实践》2020 年第 1—4 期。

闫德利：《我国数字经济并没有传说中的那么强——基于中美比较视角》，https：//www.sohu.com/a/424387487_455313，2020年11月22日。

杨东：《监管科技：金融科技的监管挑战与维度建构》，《中国社会科学》2018年第5期。

尹振涛、范云朋：《监管科技（RegTech）的理论基础、实践应用与发展建议》，《财经法学》2019年第3期。

张慧君：《推动形成"双循环"新发展格局的马克思主义政治经济学解读》，《哈尔滨市委党校学报》2020年第6期。

张燕玲、李普：《美国全球金融战略分析》，《中国金融》2020年第4期。

郑联盛：《美国金融制裁：框架、清单、模式与影响》，《国际经济评论》2020年第3期。

周仲飞、李敬伟：《金融科技背景下金融监管范式的转变》，《法学研究》2018年第5期。

朱太辉、陈璐：《Fintech的潜在风险与监管应对研究》，《金融监管研究》2016年第7期。

Bacchetta P., and Gerlach S., 1997, "Consumption and Credit Constraints： International Eevidence", *Journal of Monetary Economics*, 40（2）：207–238.

Bernanke B., Gertler M., Gilchrist S., 1998, "The Financial Accelerator in a Quantitative Business Cycle Framework", Working Papers, 1（99）：1341–1393.

BIS Annual Report, 2019, "BigTech in Finance Opportunities and Risks", 30 June.

Citigroup, 2016, "Digital Disruption：How FinTech is Forcing Banking to a Tipping Point", Research Report.

Dale W. Jorgenson, 2001, "Information Technology and the U.S. Economy", *American Economic Review*, 91 (1): 1–28.

Greenwood R., Landier A., and Thesmar D., 2015, "Vulnerable Banks", *Journal of Financial Economics*, 115: 471–485.

Jaksic M., and Marinc M., 2017, "Relationship Banking and Information Technology: The Role of Artificial Intelligence and FinTech", *Risk Management*, 21 (1): 1–18.

Tao Chen, Yi Huang, Chen Lin, and Zixia Sheng, 2019, "Finance and Firm Volatility".

第十一章

黄益平、黄卓：《中国的数字金融发展：现在与未来》，《经济学》（季刊）2018年第4期。

李建军、王德：《搜寻成本、网络效应与普惠金融的渠道价值——互联网借贷平台与商业银行的小微融资选择比较》，《国际金融研究》2015年第12期。

李克穆：《互联网金融的创新与风险》，《管理世界》2016年第2期。

李扬：《完善金融的资源配置功能——十八届三中全会中的金融改革议题》，《经济研究》2014年第1期。

林毅夫、李永军：《中小金融机构发展与中小企业融资》，《经济研究》2001年第1期。

刘畅、曹光宇、马光荣：《地方政府融资平台挤出了中小企业贷款吗?》，《经济研究》2020年第3期。

刘畅、刘冲、马光荣：《中小金融机构与中小企业贷款》，《经济研究》2017年第8期。

陆正飞、何捷、窦欢：《谁更过度负债：国有还是非国有企业》，《经济研究》2015年第12期。

谭之博、赵岳：《企业规模与融资来源的实证研究——基于小企业银行融资抑制的视角》，《金融研究》2012 年第 3 期。

王永钦等：《识别中国非金融企业的影子银行活动——来自合并资产负债表的证据》，《管理世界》2015 年第 12 期。

吴晓俊：《地方政府对中小企业融资成本影响的实证研究》，《财政研究》2013 年第 9 期。

谢平、邹传伟、刘海二：《互联网金融的基础理论》，《金融研究》2015 年第 8 期。

姚博：《数字供应链金融促进中国制造业转型升级研究》，《上海金融》2017 年第 12 期。

张一林、林毅夫、龚强：《企业规模、银行规模与最优银行业结构——基于新结构经济学的视角》，《管理世界》2019 年第 3 期。

赵岳、谭之博：《电子商务、银行信贷与中小企业融资——一个基于信息经济学的理论模型》，《经济研究》2012 年第 7 期。

Beck T., 2007, "Financing Constraints of SMEs in Developing Countries: Evidence, Determinants and Solutions", Financing Innovation-oriented Business Evidence to Promote Entrepreneurship (KDI Conference working paper).

Beck T., and A. Demirguc-kunt, 2006, "Small and Medium-size Enterprise: Access to Finance as a Growth Constrain", *Journal of Banking & Finance*, 30 (11): 2931 – 2943.

Carbo-Valverde S., F. Rodriguez-Fernandez, and G. Udell, 2009, "Bank Market Power and SME Financing Constraints", *Review of Finance*, 13 (2): 142 – 163.

Claessens S., T. Glaessner, and D. Klingebie, 2016, "Electronic Finance: Reshaping the Financial Landscape Around the World", *Journal of Financial Services Research*, 22 (1): 29 – 61.

Cull R., and L. C. Xu, 2005, "Institutions, Ownership, and Finance: The Determinants of Profit Reinvestment among Chinese Firms", *Journal of Financial Economics*, 77 (1): 117 – 146.

Hezron M. O., and L. Hilario, 2016, "Factors Influencing Access to Finance by SMEs in Mozambique: Case of SMEs in Maputo Central Business District", *Journal of Innovation and Entrepreneurship*, 5 (1): 13 – 30.

Levine R., 2004, "Finance and Growth: Theory and Evidence", *Social Science Electronic Publishing*, 1 (5): 37 – 40.

Mocetti S., M. Pagnini, and E. Sette, 2017, "Information Technology and Banking Organization", *Journal of Financial Services Research*, 51 (3): 313 – 338.

Pana, E., S. Vitzthum, and D. Willis, 2015, "The Impact of Internet-based Services on Credit Unions: A Propensity Score Matching Approach", *Review of Quantitative Finance and Accounting*, 44 (2): 329 – 352.

Saeed A., and M. Sameer, 2015, "Financial Constraints Bank Concentration and SMEs: Evidence from Pakistan", *Studies in Economics and Financial*, 32 (4): 503 – 524.

World Bank, 2017, "MSME Finance Gap: Assessment of the Shortfalls and Opportunities", *Financing Micro, Small and Medium Enterprises in Emerging Markets*.

Zavolokina L., 2015, "FinTech Transformation: How IT Enabled Innovations Shape the Financial Sector", *Financial Innovation*, 9 (5): 75 – 88.

第十二章

［美］布朗温·霍尔、内森·罗森伯格主编：《创新经济学手册》（第一卷），上海市科学学研究所译，上海交通大学出版社2017年版。

高凌云、王永中：《R&D溢出渠道、异质性反应与生产率：基于178个国家面板数据的经验研究》,《世界经济》2008 年第 2 期。

鞠晓生:《中国上市企业创新投资的融资来源与平滑机制》,《世界经济》2013 年第 4 期。

李小平、朱钟棣:《国际贸易、R&D 溢出和生产率增长》,《经济研究》2006 年第 2 期。

肖文、林高榜:《海外研发资本对中国技术进步的知识溢出》,《世界经济》2011 年第 1 期。

Aghion P., and P. Howitt, 1997, *Endogenous Growth Theory*, MIT Press.

Anton J., and D. Yao, 1998, "The Sale of Intellectual Property: Strategic Disclosure, Property Rights and Incomplete Contracts", Wharton School Working Paper, University of Pennsylvania.

Arrow K., 1962, "Economic Welfare and the Allocation of Resources for Invention", In Nelson, R. (eds.), *The Rate and Direction of Inventive Activity*, Princeton, New Jersey.

Auerbach A., 1984, "Taxes, Firm Financial Policy and the Cost of Capital: An Empirical Analysis", *Journal of Public Economics*, 23: 27 – 57.

Barry M., C. Muscarella, J. Peavy, and M. Vetsuypens, 1990, "The Role of Venture Capital in the Creation of Public Companies: Evidence from the Going-public Process", *Journal of Financial Economics*, 27: 447 – 472.

Bartoloni E., 2013, "Capital Structure and Innovation: Causality and Determinants", *Empirica*, 40: 111 – 151.

Beck T., A. Demirgüç-Kunt, and V. Maksimovic, 2002, "Financial and Legal Constraints to Firm Growth: Does Size Matter?", World Bank Working Paper, No. 2784.

Bergemann D., and U. Hege, 1998, "Venture Capital Financing, Moral Hazard and Learning", *Journal of Banking and Finance*, 22: 447 – 471.

Bhattacharya S., and J. Ritter, 1983, "Innovation and Communication: Signaling with Partial Disclosure", *Review of Economic Studies*, 50: 331 – 346.

Black B. , and R. Gilson, 1998, "Venture Capital and the Structure of Capital Markets: Banks Versus Stock Markets", *Journal of Financial Economics*, 47: 243 – 277.

Bond S. , D. Harhoff, and J. Van Reenen, 1999, "Investment, R&D and Financial Constraints in Britain and Germany", Institute of Fiscal Studies Working Paper No. 99/5, London.

Bougheas S. , H. Goerh, and E. Strobl, 2001, "Is R&D Financially Constrained? Theory and Evidence from Irish Manufactuing", University of Nottingham.

Brown W. , 1997, "R&D Intensity and Finance: Are Innovative Firms Financially Constrained?", London School of Economics Financial Market Group.

Carpenter R. , and B. Petersen, 2002, "Capital Market Imperfections, Hightech Investment and New Equity Financing", *Economic Journal*, 112: 54 – 72.

Chan Y. , 1983, "On the Positive Role of Financial Intermediation in Allocation of Venture Capital in a Market with Imperfect Information", *Journal of Finance*, 38: 1543 – 1568.

Cornelli F. , and O. Yosha, 2003, "Stage Financing and the Role of Convertible Debt", *Review of Economics Studies*, 70: 1 – 32.

Demirgüç-Kunt A. , and V. Maksimovic, 1999, "Institutions, Financial Markets and Firm Debt Maturity", *Journal of Financial Economics*, 295 – 336.

Djankov S. , R. La Porta, F. Lopezde-Silanes, and A. Shleifer, 2003, "Courts", *Quarterly Journal of Economics*, 118: 453 – 517.

Gompers P. , and J. Lerner, 2000, "Money Chasing Deals? The Impact of Fund Inflows on Private Equity Valuations", *Journal of Financial Econom-*

ics, 55: 281 – 325.

Griliches Z., 1992, "The Search for R&D Spillovers", *Scandinavian Journal of Economics*, 94: S29 – S47.

Hall B., 1990, "The Impact of Corporate Restructuring on Industrial Research and Development", *Brooking Papers on Economic Activity*, 1: 85 – 136.

Hall B., 1992, "Research and Development at the Firm Level: Does the Source of Financing Matter?", NBER Working Paper No. 4096.

Hall B., 1994, "Corporate Capital Structure and Investment Horizons in the United States: 1976 – 1987", *Business History Review*, 68: 110 – 143.

Hall B., 1996, "The Private and Social Returns to Research and Development", In Smith, B. and C. Barfield (eds.), *Technology, R&D, and the Economy*, Brookings Institution and the American Enterprise Institute, Washington, D. C. .

Hellmann T., and M. Puri, 2000, "The Interaction between Product Market and Financing Strategy: The Role of Venture Capital", *Review of Financial Studies*, 13: 959 – 984.

Hellman T., 1998, "The Allocation of Control Rights in Venture Capital Affiliation?", *Journal of Finance*, 59: 1805 – 1844.

Himmelberg C., and B. Petersen, 1994, "R&D and Internal Finance: A Panel Study of Small Firms in High-tech Industries", *Review of Economics and Statistics*, 76: 38 – 51.

Hsuan P., X. Tian, and Y. Xu, 2014, "Financial Development and Innovation: Cross-country Evidence", *Journal of Financial Economics*, 112: 116 – 135.

Jeng L., and P. Wells, 2000, "The Determinants of Venture Funding: Evidence Across Countries", *Journal of Corporate Finance*, 6: 241 – 289.

Jensen M., and W. Meckling, 1976, "Theory of the Firm: Managerial Behavior, Agency Cost and Capital Structure", *Journal of Financial Economics*, 3: 305 – 360.

Kaplan, S., and L. Stormberg, 2003, "Financial Contract Theory Meets the Real World: An Empirical Analysis of Venture Capital Contracts", *Review of Economics Studies*, 70: 281 – 315.

Kraus A., and R. Litzenberger, 1973, "A State-preference Model of Optimal Financial Leverage", *Journal of Finance*, 28: 911 – 922.

Laeven L., and F. Valencia, 2012, "The Use of Blanket Guarantees in Banking Crises", *Journal of International Money and Finance*, 31: 1220 – 1248.

La Porta R., F. Lopez-de-Silanes, A. Shleifer, and R. Vishny, 1998, "Law and Finance", *Journal of Political Economy*, 106 (6): 1113 – 1155.

La Porta R., F. Lopez-de-Silanes, C. Pop-Eleches, and A. Shleifer, 2004, "Judicial Checks and Balances", *Journal of Political Economy*, 112: 445 – 470.

Manso G., 2011, "Motivating Innovation", *Journal of Finance*, 66: 1823 – 1866.

Marx L., 1994, "Negotiation and Renegotiation of Venture Capital Contracts", University of Rochester Working Paper.

Megginson W., and K. Weiss, 1991, "Venture Capitalist Certification in Initial Public Offerings", *Journal of Finance*, 46: 879 – 903.

Nahata R., 2008, "Venture Capital Reputation and Investment Performance", *Journal of Financial Economics*, 90: 127 – 151.

Nelson R., 1959, "The Single Economics of Basic Scientific Research", *Journal of Political Economy*, 49: 297 – 306.

Pugh W., J. Jahera, and S. Oswald, 1999, "ESOPs, Takeover Protection and Corporate Decision Making", *Journal of Economics and Finance*, 23: 170 – 183.

Rajan R., and L. Zingales, 1998, "Financial Dependence and Growth", *American Economic Review*, 88: 559 – 586.

Romer P., 1986, "Increasing Returns and Long Run Growth", *Journal of Political Economy*, 94: 1002 – 1037.

Sahlman W., 1990, "The Structure and Governance of Venture Capital Organization", *Journal of Financial Economics*, 27: 473 – 524.

Schumpeter J., 1942, *Capitalism, Socialism and Democracy*, Harper and Row, New York.

Tian X., and T. Wang, 2014, "Tolerance for Failure and Corporate Innovation", *Review of Financial Studies*, 27: 211 – 255.

后 记

《中国金融报告》（此前为《中国金融发展报告》）作为中国社会科学院金融研究所的旗舰报告，至今已有不少年头。不过，由于类似的出版物较多，一段时间以来，我们的报告几乎被淹没，没有存在感。因此，对旗舰报告做出调整、重新出发成为大家的共识。

这次调整除了改名，还有两点变化。

一是写作体例上。不再把金融运行与发展的方方面面都描述一遍，因为在这些方面，《中国货币政策执行报告》和《中国金融稳定报告》已经做得很好了。从差异化角度出发，我们更应该聚焦问题，同时，就相关问题进行深入的学术讨论。问题导向与学术性是本报告的一个鲜明特色。

二是组织方式上。之前的写作一般是分好章节，大家各自去写。这次是多轮讨论，几上几下。从报告大纲的讨论到主报告的讨论再到章节的讨论，每位作者对整个报告的主旨都有深入的理解，这样在写作过程中才会有深度的参与感。而且，各章均几易其稿，有多次的修订。好文章是改出来的，好的学术更是打磨出来的。通过这种方式，大家也体会到了真正的团队合作。

就章节内容而言，谢伏瞻院长以"充分发挥金融在构建新发展格局中的关键作用"为题所作的序言，确定了全书的主题；主报告以及各章

后　　记

就是围绕这一主题展开的。第一章到第三章，是较为理论化的阐述，对于促进双循环、统筹发展与安全（风险）作了一些理论化的梳理。接下来的章节聚焦具体问题。第四章经济金融形势分析，基于高频数据是一个较新的视角；第五章至第九章，从银行、房地产、保险、资本市场、金融开放等多个层面，讨论双循环背景下金融的新定位；第十章到第十二章基于新发展格局的本质是实现高水平自立自强，侧重从金融科技、数字金融以及创新驱动角度，提出服务于双循环新发展格局的构建，金融亟待新变革。

特别感谢谢伏瞻院长为本报告欣然作序，这给了我们巨大的激励和鼓舞。报告的出版得到中国社会科学出版社赵剑英社长、王茵副总编及王衡责编的大力支持和帮助，在此一并表示感谢。

这次报告写作是一次全新的尝试。让我们一起见证《中国金融报告》和金融研究所的共同进步！

张晓晶

2021 年 3 月